Spinoza et les arts

La Philosophie en commun
Collection dirigée par Stéphane Douailler,
Jacques Poulain, Patrice Vermeren

Nourrie trop exclusivement par la vie solitaire de la pensée, l'exercice de la réflexion a souvent voué les philosophes à un individualisme forcené, renforcé par le culte de l'écriture. Les querelles engendrées par l'adulation de l'originalité y ont trop aisément supplanté tout débat politique théorique.

Notre siècle a découvert l'enracinement de la pensée dans le langage. S'invalidait et tombait du même coup en désuétude cet étrange usage du jugement où le désir de tout soumettre à la critique du vrai y soustrayait royalement ses propres résultats. Condamnées également à l'éclatement, les diverses traditions philosophiques se voyaient contraintes de franchir les frontières de langue et de culture qui les enserraient encore. La crise des fondements scientifiques, la falsification des divers régimes politiques, la neutralisation des sciences humaines et l'explosion technologique ont fait apparaître de leur côté leurs faillites, induisant à reporter leurs espoirs sur la philosophie, autorisant à attendre du partage critique de la vérité jusqu'à la satisfaction des exigences sociales de justice et de liberté. Le débat critique se reconnaissait être une forme de vie.

Ce bouleversement en profondeur de la culture a ramené les philosophes à la pratique orale de l'argumentation, faisant surgir des institutions comme l'École de Korcula (Yougoslavie), le Collège de Philosophie (Paris) ou l'Institut de Philosophie (Madrid). L'objectif de cette collection est de rendre accessibles les fruits de ce partage en commun du jugement de vérité. Il est d'affronter et de surmonter ce qui, dans la crise de civilisation que nous vivons tous, dérive de la dénégation et du refoulement de ce partage du jugement.

Dernières parutions

Thierry MARIN, *Les métaphysiques sacrificielles comme maintien de l'ordre cosmopolitique*, 2019.

Thierry MARIN, *Pour un communisme végétal. Critique des métaphysiques sacrificielles*, 2019.

Javier AGÜERO ÁGUILA, *Chili : les silences du pardon dans l'après Pinochet*, 2019.

Rafael VALIM, *État d'exception. La forme juridique du néolibéralisme*, 2019.

Louise FERTÉ, Anne-Claire HUSSER (dir.), *L'institution scolaire au prisme de la modernité. Jalons pour une étude des discours pédagogiques au XIXᵉ siècle,* 2019.

Régine FOLOPPE, *Baudelaire et la vérité poétique*, 2019.

Sous la direction de
Pierre-François Moreau et Lorenzo Vinciguerra

Spinoza et les arts

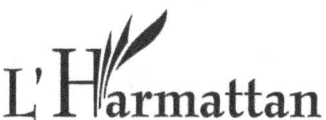

© L'Harmattan, 2020
5-7, rue de l'Ecole-Polytechnique, 75005 Paris

http://www.editions-harmattan.fr

ISBN : 978-2-343-16609-4
EAN : 9782343166094

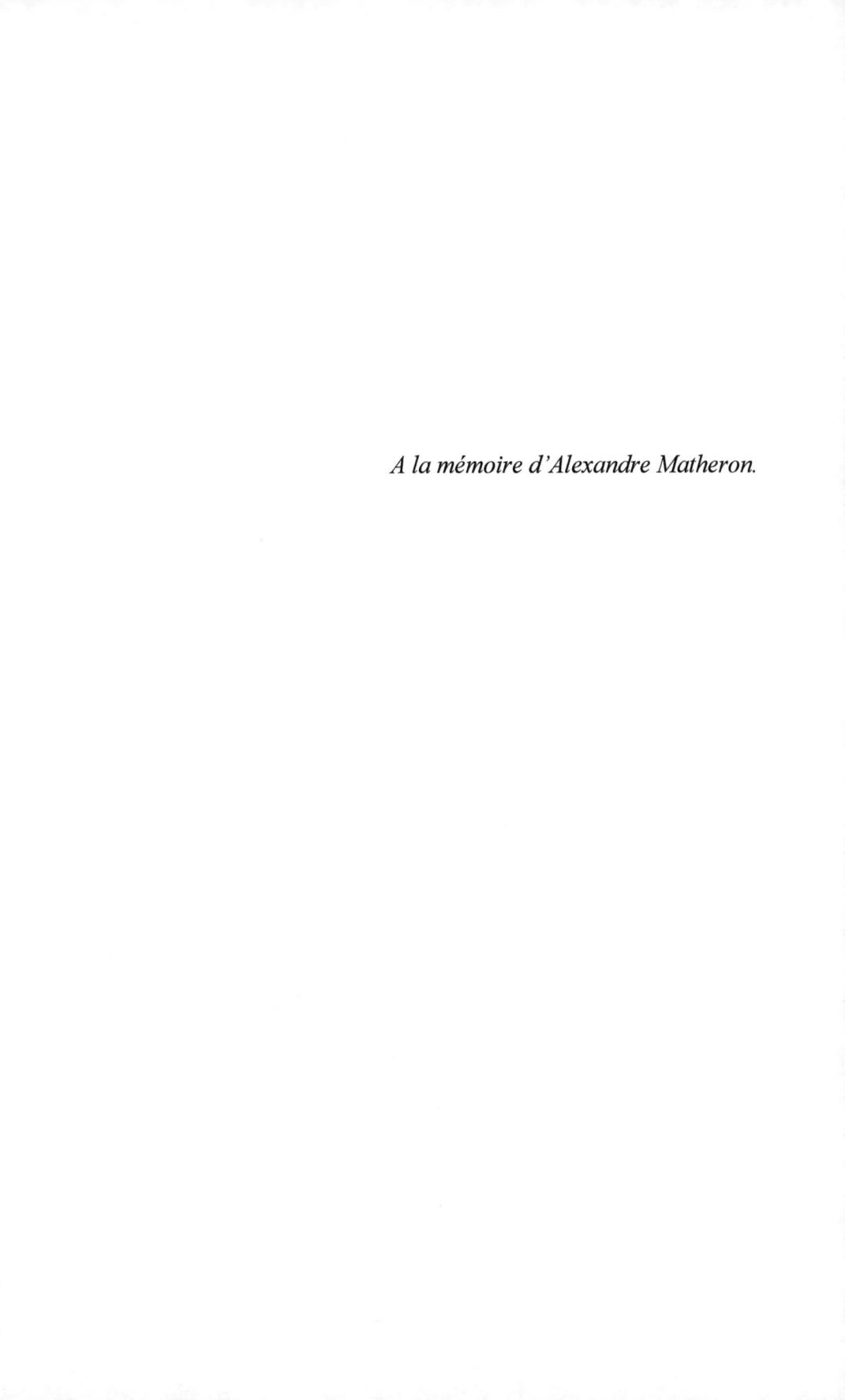

A la mémoire d'Alexandre Matheron.

Sommaire

Partie III : L'esthétique de Spinoza ?

Introduction
Recréation et récréation : le besoin d'esthétique

Pierre-François MOREAU et Lorenzo VINCIGUERRA

On a souvent interrogé les rapports entre Spinoza et les sciences, la religion, la politique, ainsi qu'entre Spinoza et les autres philosophies et philosophes. Cela a été beaucoup moins le cas pour les arts. Pourtant Spinoza ne fut pas seulement philosophe. Il était versé dans les arts mécaniques autant que dans les arts libéraux : tailleur et polisseur de verre renommé, peut-être acteur de théâtre dans sa jeunesse, et, à en croire son biographe Colerus, dessinateur : « Après s'être perfectionné dans cet Art (mécanique) [de la taille des verres pour des Lunettes d'approche & pour d'autres usages], il s'attacha au Dessein, qu'il apprit de lui-même ; & il réussissait bien à tracer un portrait avec de l'encre ou du charbon ». Dans le quartier où Franciscus van den Enden tenait sa boutique d'antiquaire, les marchands d'art avaient pignon sur rue, les peintres et les artisans y avaient leur atelier. Rembrandt habitait à deux pas des Spinoza. Plus tard, Benedictus choisira d'aller loger chez des peintres et des décorateurs, louant une chambre à la Haye chez Tydeman puis chez Van der Spyck. Il pouvait les voir travailler et s'entretenir quotidiennement avec eux. Le jeune Spinoza joua-t-il dans des pièces antiques au théâtre d'Amsterdam ? Certains aujourd'hui le pensent et croient même pouvoir indiquer ses rôles dans les comédies de Térence. Rarement étudiés pour eux-mêmes, ces aspects ont été le plus souvent négligés, rangés dans le registre des anecdotes d'une biographie somme toute encore peu et mal connue, malgré les progrès accomplis depuis l'étude de Meinsma[1].

Si on se tourne vers l'histoire de la réception du spinozisme, même en l'absence d'une documentation attestant de rapports personnels, les rapprochements avec Rembrandt, Vermeer et l'esthétique baroque n'ont pas manqué. Les années vingt du siècle dernier, à l'image du petit livre de Franz Schlerath[2], et comme en témoignent aussi le *Chronicum spinozanum* et Carl Gebhardt, éditeur des *Opera* et lui-même galeriste à Munich, virent un certain intérêt pour la présence dans la bibliothèque de Spinoza d'ouvrages

---

[1] *Cf.* Koenraad Oege Meinsma, *Spinoza en zijn kring : Historisch-kritische studiën over hollandsche vrijgeesten*, La Haye, Nijhoff, 1896 (trad. fr. de S. Roosenburg, *Spinoza et son cercle. Étude critique historique sur les hétérodoxes hollandais*, préface par Henri Gouhier, Paris, Vrin, 1984) ; Steven Nadler, *Spinoza. A life*, Cambridge, Cambridge University Press, 1999 (trad. fr. de J.-F. Sené, *Spinoza. Biographie*, Paris, Bayard, 2003) ; et le roman documenté de Maxime Rovere, *Le Clan Spinoza. Amsterdam, 1677. L'invention de la liberté*, Paris, Flammarion, 2017.
[2] *Spinoza und die Kunst*, Dresde, Buchdrückerei Jacob Hegner, 1920.

de littérature, notamment espagnole ; elles y virent aussi une invitation à une réflexion esthétique d'une pensée qui en apparence en semblait dépourvue. Un intérêt, qui ne s'est pas tari, puisque plus d'une fois l'expérience esthétique a été sollicitée pour aider à la compréhension de la science intuitive. Plus largement, du cœur du siècle d'or hollandais, cette philosophie n'a cessé d'inspirer une multitude d'écrivains et d'artistes : Goethe, Heine, Flaubert, Hugo, Borges, Pasolini, Morante, pour ne citer que les plus grands, mais aussi plus récemment des artistes dramaturges comme Gilles Aillaud et d'autres, jusqu'à la littérature iconoclaste d'un Jean-Bernard Pouy, ou de romanciers comme Irvin Yalom, en passant par le « Carnet de Bento » de John Berger. La liste est loin d'être close. Comment expliquer un tel regard non nécessairement philosophique sur une philosophie qui ne présente ni une esthétique proprement dite, ni même une pensée très développée sur les arts ?

La proposition 45 de la quatrième partie de l'*Éthique* énonce que « La haine ne peut jamais être bonne ». Le premier corollaire de cette proposition remarque qu'une série d'affects (envie, mépris, colère, vengeance…) se rapportent à la haine ou en naissent ; le lecteur est donc invité à en déduire qu'ils sont mauvais eux aussi. Parmi ces affects figure en bonne place la dérision, qui a effectivement été définie, dans la troisième partie, comme une joie née de ce que nous imaginons, dans une chose que nous haïssons, quelque chose que nous méprisons et qui lui est inhérent[3]. De fait, une telle joie est forcément viciée par la tristesse, à la fois parce que celle-ci est liée à la haine envers son objet et parce qu'elle est suscitée par l'idée qu'une chose semblable à nous est affectée d'un mal[4]. Mais à ce propos, Spinoza ajoute un scolie, pour éviter qu'une lecture rapide ne puisse conclure que cette condamnation s'étend aussi au rire ou à la plaisanterie : il faut distinguer ces derniers de la dérision parce qu'ils sont une pure manifestation de joie et, pourvu qu'ils soient sans excès, ils sont donc au contraire bons en soi. On pourrait s'attendre à ce que le scolie s'arrête ici, une fois effectuée la distinction nécessaire. Or ce n'est pas le cas : Spinoza élargit son raisonnement, au-delà du problème du rire, à une défense de la joie en général, contre ceux qui pourraient croire que la vertu consiste à s'en passer : « Assurément, seule une torve et triste superstition interdit de se réjouir ». Il en conclut :

> C'est pourquoi il est d'un homme sage d'user des choses et de s'en réjouir autant qu'il est possible (non pas certes jusqu'à la nausée, car cela n'est pas se réjouir). Il est d'un homme sage, dis-je, de refaire ses forces et de se recréer par des aliments et de la boisson modérés et agréables, ainsi que par les parfums, le charme des plantes verdoyantes, la parure, la musique, les jeux qui exercent le

---

[3] *Éthique*, III, définitions des affects, déf. 11.
[4] *Éthique*, III, prop. 47 et scolie.

corps, le théâtre, et d'autres choses de même sorte dont chacun peut user sans dommage pour autrui.

Ce scolie est bien connu, et il est largement cité et commenté dans les pages qui suivent. Arrêtons-nous un instant sur ses enjeux. On peut l'interpréter de deux façons. Une première perspective consiste à y voir une critique de l'ascétisme – et elle n'est évidemment pas fausse : il s'agit bien, d'abord, de critiquer les morales qui identifient vertu et privation, qui condamnent de façon radicale le recours au plaisir, qui ne distinguent pas entre usage et abus de la jouissance sensuelle. Mais on peut aussi en faire une lecture anthropologique, au-delà de la doctrine morale. S'il est dit que le sage peut « user des choses et […] s'en réjouir autant qu'il est possible », il n'est pas le seul car ce qui est sous-entendu dans cet énoncé, c'est que l'homme, en tant que tel, a besoin de cette récréation ou de cette recréation (le verbe latin *recreare* a les deux sens). Spinoza n'a-t-il pas dit, quelques lignes plus haut : « en quoi est-il plus convenable d'apaiser la faim et la soif que de chasser la mélancolie ? ». Autrement dit, il y a chez l'homme, aussi fort et aussi nécessaire que les (autres) besoins strictement biologiques, un besoin qu'il faut bien appeler esthétique. C'est d'abord cela qu'il faut reconnaître avant de s'intéresser aux relations de la pensée spinoziste avec telle ou telle doctrine littéraire, tel ou tel peintre, tel ou tel fait de l'histoire des arts. Il y a, dans les formes de mise en œuvre du *conatus*, une composante esthétique, qui est nécessaire à la persévérance de l'individu dans son être, c'est-à-dire à la recomposition et au développement continu de la singularité qu'il constitue ; il a besoin d'actualiser cette dimension autant que de boire et de manger. Sans cela, il serait insignifiant d'évoquer les réponses à ce besoin que sont le théâtre, les plantes vertes ou la musique.

C'est donc à la fois à cette structure fondamentale de la constitution humaine et à ses formes de réalisation qu'est consacré le présent volume. Autant à sa part esthétique qu'à sa part poïétique. Du fait que les *Traités* et l'*Éthique* ne les ont pas abordées comme des objets spécifiques, il faut donc s'appuyer sur les rares notations qui leur sont consacrées dans des incidentes (mais parfois placées en des lieux stratégiques), sur ce que nous savons de la biographie et du contexte de Spinoza, sur les répercussions ou les analogies que nous pouvons déchiffrer dans l'histoire des pratiques esthétiques. On verra que la marge interprétative est large : que conclure du fait que Van den Enden faisait jouer Térence à ses élèves ? Quel statut reconnaître à la société *Nil volentibus arduum* ? Peut-on reconstituer l'*ars educandi* de Spinoza ? Plus généralement, on pourrait se demander de quelle idée du Baroque Spinoza est le représentant – si jamais il doit l'être. La question n'est pas nouvelle, mais elle reçoit ici un éclairage quelque peu décalé par rapport à celui que donnait naguère Gebhardt. Il s'agit moins de projeter une certaine image du baroque sur une philosophie, que de mesurer les écarts ou parfois seulement les variations qu'une pensée produit au sein d'usages d'un autre ordre. De même, quelle peut être la place du spinozisme dans une histoire du goût, ou dans l'histoire des rapports entre le rationnel, le narratif et l'imaginaire ? Autant de questions qu'abordent, dans des démarches diverses, parfois divergentes, les études qui suivent. Il nous importait moins de leur donner des réponses définitives que de tracer l'espace de leur possibilité, longtemps méconnue, et qu'il fallait intégrer à la figure complexe d'une philosophie pour laquelle les arts constituent l'une des formes que prend la nature.

« Spinoza et les arts » sera donc exploré en trois sens. Le premier, dans une veine plutôt historique et historiographique, entend examiner les rapports que Spinoza a pu entretenir avec les artistes, les artisans, les peintres ou illustrateurs de son temps. La recherche de ces dernières années a fourni des indications intéressantes sur les liens existant entre Spinoza et notamment le théâtre, ainsi que les débats nourris au sein de la société des arts *Nil volentibus arduum*, fréquentée par des amis proches du philosophe. Inversement, il faut entendre également « les arts et Spinoza » : qu'est-ce que les arts, autrement dit les artistes, les écrivains, ou les dramaturges ont puisé dans cette pensée sans en passer forcément par le langage de la philosophie ? Enfin il sera question du sens plus proprement philosophique de ce que l'on pourrait appeler une « esthétique spinoziste ». Cet aspect, bien que n'étant pas formulé comme tel dans les textes, n'est pourtant pas marginal et suscite depuis longtemps l'intérêt d'une partie des études spinozistes. À certains égards, il touche le cœur même d'une philosophie qui se présente comme une éthique, un art de vivre qui engage autant la puissance de la pensée que celle du corps. Car « qui a un corps aux multiples aptitudes a une âme dont la plus grande part est éternelle »[5].

Ce volume est issu d'un colloque qui a eu lieu à l'Université de Picardie Jules Verne, à l'Université Paris-I Panthéon-Sorbonne et à l'École nationale supérieure des Beaux-Arts les 15, 16 et 17 mai 2014. Nous remercions ces établissements ainsi que les laboratoires CRAE (Centre de recherche en arts et esthétique, EA 4291) et IHPC/IHRIM (ENS de Lyon) qui en ont permis l'organisation et la publication. Nos remerciements vont également à Vincent Rioux qui nous a accueillis à l'ENSBA, à Pierre Arrighi (UPJV) qui a composé l'affiche, le programme et inspiré la couverture du livre, à Sandra Nourtier (CRAE/UPJV), Paul Gaillardon, Gautier Hertzler et Laure Mondoloni (IHRIM) qui ont contribué à la mise en forme de l'ouvrage.

---

[5] *Éthique*, V, prop. 39.

Partie I

SPINOZA ET LES ARTS

1. *Nil volentibus arduum*. Théâtre et spinozisme ?

Pierre-François MOREAU

Il y a quelques années, Guido van Suchtelen, qui était à l'époque secrétaire de la *Vereniging Het Spinozahuis*, et qui a beaucoup fait pour faire connaître l'entourage de Spinoza (il est notamment l'auteur d'un livre sur Van den Enden), a publié un article sur la société « Nil volentibus arduum ». Il l'avait intitulé : « les amis de Spinoza au travail »[1]. Il faut réfléchir un instant sur ce titre. Cela revient en effet, si j'ose dire, à « compromettre » Spinoza dans une activité au sujet de laquelle nous n'avons aucune preuve qu'il se soit impliqué d'une façon ou d'une autre. Ni dans ses livres, ni dans sa correspondance, nous ne trouvons de référence à cette société. Suffit-il alors que parmi les membres nous trouvions Lodewijk Meyer ou Johannes Bouwmeester, qui sont effectivement des amis de Spinoza, pour penser que c'est *en tant que tels* qu'ils ont mis leurs efforts en commun pour réformer, notamment, le théâtre d'Amsterdam ? Mais sommes-nous responsables de nos amis ?

Disons d'abord deux mots de cette société. Créée en 1669 à Amsterdam, elle s'est donné pour nom une maxime volontariste tirée d'Horace (« rien n'est trop dur pour ceux qui le veulent »). Elle s'est assigné pour tâche entre autres de donner une nouvelle figure à la littérature néerlandaise, et notamment à la dramaturgie (souvenons-nous que Lodewijk Meyer, à côté de son activité de médecin et de publiciste, a aussi été quelques années directeur du théâtre d'Amsterdam). Et le moyen de rénover cette dramaturgie a consisté, en particulier, à rédiger un manuel où Corneille et Molière étaient donnés en exemple, et où la vraisemblance sur scène se fondait sur la théorie des passions. Une société francophile, donc, et surtout, pourrait-on dire, « classiciste ». Il s'agissait, pour l'essentiel, de lutter contre le théâtre baroque et de faire venir au jour un théâtre classique, à la française, appuyé sur une théorie des passions pour l'essentiel cartésienne. On s'en rend mieux compte depuis que A. J. E. Harmsen a réédité ce manuel, avec introduction et commentaire[2] : il s'agit en fait du recueil des conférences prononcées par les membres de la société entre décembre 1669 et mai 1671 – une série d'exposés et de discussions consacrés à la nature des différents genres dramatiques et aux éléments qui y entrent en jeu. Ces textes étaient restés inédits jusqu'au XVIIIe siècle, où ils furent publiés par Cornelis van Hoogeveen.

---

[1] *Studia spinozana*, III (1987), p. 391-404.
[2] *Onderwijs in de tooneel-poëzy : De opvattingen over toneel van het Kunstgenootschap Nil Volentibus Arduum*, Rotterdam, Ordeman, 1989, 545 pages.

Si l'on cherche des indices qui justifieraient que l'on parle de cette société à propos de Spinoza, que trouve-t-on, à part l'identité de ses principaux membres ? Dans l'œuvre de Spinoza, même si l'on ne trouve rien sur la société, on notera son intérêt pour le théâtre : il a (peut-être) joué dans des pièces mises en scène par Van den Enden ; il cite volontiers les classiques du théâtre latin (voir les travaux de Fokke Akkerman et Omero Proietti), ce qui indique des lectures assez intenses ou assez prolongées pour que leurs paroles viennent spontanément sous sa plume ou que leurs figures fournissent des exemples des conduites humaines dans les scolies de l'*Éthique* ; il justifie même le recours de l'homme sage aux spectacles théâtraux, parmi d'autres occupations opposées à l'ascétisme :

> Viri, inquam, sapientis est, moderato, et suavi cibo, et potu se reficere, et recreare, ut et odoribus, plantarum virentium amœnitate, ornatu, musicâ, ludis exercitatoriis, theatris, et aliis hujusmodi, quibus unusquisque absque ullo alterius damno uti potest.

> Il est d'un homme sage, dis-je, de refaire ses forces et de se récréer par des aliments et de la boisson modérés et agréables, ainsi que par les parfums, le charme des plantes verdoyantes, la parure, la musique, les jeux qui exercent le corps, le théâtre, et d'autres choses de même sorte dont chacun peut user sans dommage pour autrui[3].

Et du côté de *Nil volentibus arduum* ? On sait que, lors de l'une de leurs réunions, les membres de la société ont décidé de faire traduire en néerlandais le livre d'Ibn Tufayl, *Le Philosophe autodidacte* (titre original : *Hayy ibn Yaqzan*, « Le Vivant fils de l'Éveillé ») et que beaucoup de commentateurs ont voulu voir des affinités entre ce texte et l'*Éthique* de Spinoza, ce qui laisse penser que l'idée première de faire traduire l'ouvrage leur aurait été soufflée par Spinoza. Juan Dominguez Sanchez-Estop a même suggéré que Spinoza avait connu, sinon le livre, du moins son commentaire hébraïque bien avant la traduction latine de Pococke[4]. Toujours est-il que lorsque le volume paraît, il fait référence à un mystérieux S de B[5] ; il est tentant d'y voir l'anagramme de BdS – les initiales de Spinoza[6]. Donc au total, des rapprochements à la fois éclairants et fragiles. Éclairants s'ils n'étaient si fragiles.

---

[3] *Éthique*, IV, proposition 45, scolie du corollaire 2.
[4] « Ibn Thofaïl et Spinoza, une rencontre en exil », *in L'écho de la prise de Grenade dans la culture européenne aux XVIe et XVIIe siècles*, Actes du colloque de Tunis (18-21 novembre 1992) recueillis et publiés par Fatma Haddad-Chamakh et Alia Baccar-Bournaz, Tunis, Cérès-Éditions et Ministère de l'Éducation et des sciences, 1994, p. 279-290.
[5] « In het nederduitsch vertaald door S. D. B ». Mais de fait, nous savons que Spinoza n'est pas le traducteur.
[6] La traduction de Bouwmeester, publiée par Jan Rieuwertsz, parut en 1672 : *Het leeven van Hai Ebn Yokdhan, in het Arabisch beschreeven door Abu Jaaphar Ebn Tophail, en uit de Latynsche Overzettinge van Eduard Pocock, A. M. in het*

Ce qui est plus intéressant, évidemment, c'est le *contenu* de la théorie des passions dont parle le manuel d'art dramatique. Il est fondé, je l'ai dit plus haut, sur la théorie cartésienne des passions de l'âme. Mais il faut ajouter : pas seulement ; en effet, à beaucoup d'égards, cette théorie semble modifiée, complétée dans un sens spinoziste. Ce qui n'est pas très étonnant, quand on regarde la doctrine spinoziste des affects. Celle-ci en effet s'intéresse non seulement à la mécanique de l'engendrement des passions à partir des trois affects originaires que sont désir, joie et tristesse, mais aussi aux effets de l'imitation et aux comportements concrets des individus sous l'effet de ces passions, avec des descriptions relationnelles qui paraissent bien convenir à une mise en œuvre dramatique. Le traité de *Nil volentibus arduum* pouvait donc facilement s'appuyer sur de telles analyses. L'ouvrage appartiendrait ainsi à la mouvance que Louise Thijssen-Schoute et Hubertus G. Hubbeling ont nommé le cartésio-spinozisme.

Il faut enfin, en laissant de côté les questions d'influence directe, s'interroger sur une analogie – l'attitude à l'égard du baroque. Les historiens de la littérature néerlandaise, jusqu'à il y a peu, n'étaient pas tendres à l'égard de cette société : ils l'accusaient d'avoir stérilisé le luxuriant théâtre baroque pour y imposer des modèles français[7]. En effet, si l'on regarde l'histoire du théâtre européen au XVIIe siècle, on constate que tous les pays européens ont connu une ère baroque, au sens où on l'entend en peinture, et où Jean Rousset et Marcel Raymond l'ont acclimatée en histoire littéraire. Joost van den Vondel entre bien, de ce point de vue, dans la même conception du monde que Shakespeare ou Calderón. L'exception dans ce tableau, la singularité, c'est la position de la France : elle a eu, elle aussi, au début du XVIIe siècle, un théâtre que l'on pourrait qualifier de baroque, mais très vite, comme dans l'ensemble de sa littérature, il a été refoulé au profit d'une conception du monde fort différente, ce que l'on appelle couramment le classicisme, et qui se réclame de valeurs comme la sobriété, le respect des règles et de la vraisemblance, le contrôle strict du langage et de l'action scénique. Le paradoxe est que, comme l'architecture de l'époque de Louis XIV, ce théâtre va par la suite s'imposer peu à peu dans le reste de l'Europe, et l'imitation de la singularité française y donnera rarement des chefs d'œuvre ; c'est plutôt en se révoltant à la fin du XVIIIe siècle contre elle que les littératures nationales acquerront ou retrouveront leur saveur propre. En ce sens, on peut dire que la société *Nil volentibus arduum* a joué un rôle négatif en se faisant le porte-parole d'une imitation de la conception

---

Nederduitsch vertaald ; elle fut rééditée en 1701 ; la traduction latine d'Edward Pococke (*Philosophus Autodidactus sive Epistola Abi Jaafar Ebn Tophail de Hai Ebn Yokdhan, in qua ostenditur quomodo ex inferiorum contemplatione ad superiorum notitiam ratio humana ascendere possit*) avait été publiée en 1671.

[7] Voir par exemple C. G. N. de Vooys et G. Stuiveling, *Schets van de Nederlandse Letterkunde*, Groningen, Wolters-Noordhoff, 1971, p. 51-52.

française et en critiquant puis en contribuant à supprimer le théâtre baroque qui était une des richesses de la littérature néerlandaise.

Qu'en est-il de Spinoza ? Il est difficile de lui attribuer, sur le plan esthétique, une admiration pour le classicisme français, non plus qu'une critique : tout simplement il n'en parle pas. Cependant, si l'on veut bien laisser de côté le problème du théâtre proprement dit, il faut bien voir qu'on a depuis longtemps mis en relation Spinoza avec le baroque : plusieurs articles célèbres de Carl Gebhardt ont joué à ce sujet un rôle initiateur[8]. Plus récemment, Saverio Ansaldi a soutenu une thèse bien informée sur ce sujet[9], où il confronte Spinoza avec la pensée espagnole – car si Spinoza, qui semble n'avoir guère lu de littérature néerlandaise, a eu un rapport avec la culture baroque, ce ne peut être qu'avec sa version ibérique, celle dans les souvenirs de laquelle a été immergée son enfance (les juifs d'Amsterdam vivent en effet encore à beaucoup d'égards, linguistiquement et culturellement, dans une atmosphère espagnole et portugaise). Mais ce qui est précisément intéressant dans le travail d'Ansaldi, c'est qu'il montre que – si l'on peut trouver des échos de l'Espagne du siècle d'or dans la pensée de Spinoza – c'est bien plus souvent à titre de contre-influence que d'influence directe : comme si les matériaux que lui fournit la pensée baroque lui donnaient l'image du désordre et du chaos sans frein plutôt que de la puissance des lois de la nature. En ce sens, la philosophie spinoziste de la puissance se constitue contre cet horizon baroque, en retournant ses intuitions à partir des trois « opérateurs » que sont l'infini, le désir et la multitude.

Dès lors, il semble bien que Guido van Suchtelen n'avait pas tort d'effectuer ce rapprochement : il y a peut-être plus qu'une simple coïncidence ou qu'un héritage de la théorie des passions, entre le rejet par la société *Nil volentibus arduum* d'un théâtre qui leur paraissait monstrueux par ses excès et son invraisemblance et le rejet par Spinoza d'un monde de métamorphoses sans lois, de prodiges sans nature, de création sans puissance réglée. La différence est alors que les uns appuient ce rejet sur la recherche d'un autre modèle à imiter ; alors que l'auteur de l'*Éthique* le soutient par la constitution d'une totalité systématique originale.

---

[8] Voir Carl Gebhardt, « Rembrandt und Spinoza », *Chronicon Spinozanum*, t. IV, Hagae Comitis curis Societatis Spinozanae, 1926, p. 160-183 (avec référence aux thèses de Wölfflin, p. 166) ; *Spinoza, judaïsme et baroque*, textes réunis et présentés par Saverio Ansaldi, Paris, Presses de l'Université de Paris-Sorbonne, 2000.
[9] *Spinoza et le baroque. Infini, désir, multitude*, Paris, Kimé, 2001.

2. Masaniello, la Hollande et un autoportrait de Spinoza ?

Pina TOTARO

> Obéi comme un prince, et abattu comme un chien
> (*Gehoorzaemt als een Voorst doorschoten als een Hoont*)
> Joost van den Vondel

Dans l'historiographie philosophique concernant l'iconographie de Spinoza, on trouve souvent mentionné un portrait du philosophe attribué à sa main. Le fait est rapporté dans la biographie de Spinoza par Johannes Colerus : quelques années après la mort du philosophe, Colerus était allé à La Haye dans la maison du peintre Hendrick van der Spyck, où Spinoza avait passé les dernières années de sa vie. À cette occasion, il avait recueilli de nombreux documents et des informations sur ses habitudes et sur les circonstances de sa mort. Entre autres choses, Colerus y avait appris que, après avoir perfectionné l'art de la finition des lentilles, Spinoza s'était consacré au dessin : Van der Spyck lui avait montré à ce propos un album de croquis, qu'il attribuait à la main de Spinoza, parmi lesquels se trouvait le dessin d'un pêcheur avec un filet de pêche sur les épaules et le chapeau des émeutiers napolitains lors du soulèvement de 1647 et 1648 dans le sud de l'Italie. Van der Spyck assurait, en particulier, que la figure dessinée avait un visage très similaire à celui de Spinoza, qui se serait représenté sous les traits de Tommaso Aniello, mieux connu sous le nom de Masaniello, le jeune Napolitain qui, en juillet 1647, avait conduit la révolte contre la couronne espagnole dans le Royaume de Naples :

> Après s'être perfectionné dans cet art, il s'attacha au dessin, qu'il apprit de lui-même ; et il réussissait bien à tracer un portrait avec de l'encre ou du charbon. J'ai entre les mains un livre entier de semblables portraits où l'on en trouve de plusieurs personnes distinguées qui lui étaient connues, ou qui avaient eu occasion de lui faire visite. Parmi ces portraits je trouve à la feuille 4 un pêcheur dessiné en chemise, avec un filet sur l'épaule droite, tout à fait semblable pour l'attitude au fameux chef des Rebelles de Naples Massaniello, comme il est représenté dans l'Histoire et en taille-douce. À l'occasion de ce dessin je ne dois pas omettre, que le Sr. vander Spyck chez qui Spinosa logeait lorsqu'il est mort, m'a assuré que ce crayon, ou portrait, ressemblait parfaitement bien à Spinosa, et que c'était assurément d'après lui-même qu'il l'avait tiré[1].

---

[1] La biographie de Colerus, publiée en 1705 en néerlandais, a été publiée l'année suivante dans la traduction française : *La vie de B. Spinoza tirée des écrits de ce fameux philosophe et du témoignage de plusieurs personnes dignes de foi, qui l'ont connu particulièrement*, La Haye, chez T. Johnson, 1706. *Cf.* J. Colerus, *La vie de B. de Spinoza*, *in* J. Colerus-J.-M. Lucas, *Vies de Spinoza*, Paris, Allia, 1999, p. 35.

L'album de dessins a été perdu. Dans son étude de 1999 sur l'iconographie de Spinoza, Rudolf Ekkart considère que la mention de l'autoportrait faite par Colerus est privée de fondement et que le dessin dont avait parlé Van der Spyck peut être, tout au plus, une tentative inspirée d'un portrait de Masaniello, en particulier celui de Pieter de Jode, ou de sa reconstruction à partir de *Le rivolutioni di Napoli*, le livre publié par Alessandro Giraffi en 1647 qui s'était rapidement répandu à travers toute l'Europe[2]. Or, le passage du texte de Colerus qui parle du portrait de Masaniello précise que « ce crayon, ou portrait, ressemblait parfaitement bien à Spinoza » et que « c'était assurément d'après lui-même qu'il l'avait tiré ». De ce point de vue, le témoignage semble donc très important, d'autant plus que nous ne possédons pas de portraits originaux du philosophe : toutes ses représentations sont posthumes et ont été reconstruites sur la base d'hypothèses incertaines, de sorte qu'aucune d'entre elles ne peut être considérée comme authentique. Si Spinoza s'est peint sous les traits de Masaniello, il nous faut d'abord voir si d'une part l'histoire du jeune Napolitain pouvait être connue du philosophe, et si d'autre part, il appréciait la valeur et le but de son entreprise. Le témoignage de Colerus pousse, donc, à évaluer la fonction historico-politique et l'univers des significations, des fonctions, des valeurs symboliques et des glissements de sens incarnés par le personnage Masaniello. La fortune même de l'histoire de Masaniello aux Pays-Bas nous fournit une clé d'interprétation pour essayer de reconstituer, au moins en partie, l'intérêt de Spinoza pour un événement historique où il est possible de reconnaître quelques-unes des raisons fondamentales de sa pensée, éthique et politique[3].

---

[2] *Cf.* R. E. O. Ekkart, *Spinoza in beeld. Het onbekende gezicht. / Spinoza in Portrait. The unknown face*, Amsterdam-Rijnsburg, Vereniging Het Spinozahuis, 1999. Pour d'autres études des premiers portraits de l'iconographie de Spinoza, dont l'authenticité est encore incertaine, *cf.* E. Altkirch, *Spinoza im Porträt. Mit 28 Tafeln*, Jena, E. Diederichs, 1913 ; S. L. Millner, *The Face of Benedictus Spinoza*, New York, Machmadim, art. ed., 1946 ; J. Kingma, *Les portraits*, in *Spinoza. Troisième centenaire de la mort du philosophe*. Catalogue par J. C. E. Belinfante, J. Kingma et A. K. Offenberg, Paris, Institut néerlandais, mai-juin 1977. Le texte le plus connu sur les événements de juillet 1647 à Naples est A. Giraffi, *Le Rivolutioni di Napoli Descritte dal Signor Alessandro Giraffi. Con pienissimo ragguaglio d'ogni successo, e trattati secreti, e palesi*, Venetia, per il Baba, 1647. L'œuvre a été traduite par J. Howell en anglais en 1650 et par V. Casteleyn en néerlandais avec le titre *Napelsche Beroerte met de wonderlicke Op- en Ondergang van Mas' Aniello uit het Italiaansch vertaeld door* L.v.B (Haerlem, 1650 ; Amsterdam, 1652).

[3] À propos de la fortune européenne de la révolte de Masaniello, R. Villari a écrit : « Cette révolution périphérique a eu en Europe une énorme résonance : ce qui en soi est un problème historique et ne peut pas être sommairement attribué à la naïveté et au goût du folklore. » (*Masaniello nella drammaturgia europea e nella iconografia del suo secolo*, a cura di R. De Simone, Chr. Groeben, M. Melchionda, A. Peters, Napoli, Macchiaroli, 1998, p. 4).

Le rôle de Masaniello dans la révolte de Naples contre l'Espagne en juillet 1647 a été généralement considéré comme un exemple de démagogie et d'improvisation politique. Son histoire a été trop facilement déclassée au rang de nouvelle locale ou d'élément de folklore. La parabole tragique de Masaniello est liée principalement à l'histoire d'un simple poissonnier qui, après avoir été nommé chef de son peuple, fut tué et décapité par ceux qui l'avaient initialement suivi et soutenu. Ses propres compatriotes, enfin, l'avaient salué comme un saint.

Les événements de ces jours-là avaient été immédiatement transmis en Europe par le livre d'Alessandro Giraffi, *Le rivolutioni di Napoli*, qui décrit une histoire aux contours choquants à plusieurs titres. Reconstruire l'impact réel que les événements de Naples ont eu sur l'opinion publique de l'époque, surtout aux Pays-Bas est un défi particulièrement ardu[4], mais il est certain que la renommée de ce « fameux chef des Rebelles de Naples » franchit rapidement les frontières du Royaume pour trouver dans la Hollande du XVIIe siècle un terrain particulièrement favorable à une plus large résonance européenne. À l'époque, circulaient les nouvelles les plus curieuses à ce sujet, chacun essayant d'altérer la vérité des faits en l'adaptant à ses propres intérêts personnels. Pablo Antonio de Tarsia, auteur d'un *Tumultos de la Ciudad y Reyno de Napoles en el año de 1647*, en 1670 parlait déjà de la difficulté de s'orienter dans cette forêt dense d'opinions contradictoires où, comme l'écrit Giuseppe Galasso, les raisons des différents partis prévalaient sur le parti de la raison historique[5]. Bien sûr, la révolte déclenchée contre la

---

[4] S. Sbordone a publié *Per una bibliografia seicentesca su Masaniello*, en *Masaniello nella drammaturgia europea, cit.*, p. 312-317, avec une bibliographie des livres imprimés sur Masaniello et sa renommée. En 1650 et en 1652 à Amsterdam a été traduit *Le Rivolutioni di Napoli* de A. Giraffi. Au dix-septième siècle, il y avait 10 éditions du livre de Giraffi publiées aux Pays-Bas, dont 6 à Amsterdam, 3 à Leiden et 1 à La Haye. Au cours de la vie de Spinoza a été publié à Leyde en 1647, un *Manifest ofte Redenen* sur les révolutions de Naples ; en 1652 chez Elzevir à Leyde a été publiée une *Historia del Tumulto di Napoli* de Tommaso De Santis ; en 1660 à Amsterdam, Jodoco Pluymer publiait l'*Historia, o vero narrazione giornale dell'ultime rivoluzioni della città e Regno di Napoli* de Agostino Nicolai ; en 1664, toujours à Amsterdam, mais chez Jan Fredericksz, Lambert van den Bos publiait *Het Eerste Deel Der Napelsche Beroerte, Met de Wonderlicke Op- en Onder-gang van Mas Aniello, Den vierden Druck* ; de 1668 datent les *Mémoires de feu monsieur le duc de Guise* de Henry II de Lorraine de Guise.

[5] Pablo Antonio de Tarsia, *Tumultos de la Ciudad y Reyno de Napoles en el año de 1647*, Leon de Francia, Burgea, 1670, p. 2 : « *Los successos de Napoles en estas ultimas inquietudes del año de 1647 se han divulgado tan variamente en España y otras partes de Europa, que parece se han reducido ... opiniones, siguiendo y publicando cada uno de tal modo la suya (...) Pués han publicado cosas que nunca sucedieron y muchas sucedidas se han callado, ò alterado (...) Los autores escribieron sus sentimientos y intereses que la verdad de lo sucedido* ». Ce texte a

monarchie espagnole par le peuple du Royaume soumis et opprimé a été lue dans les Provinces-Unies à la lumière de l'opposition toujours latente entre le Gouvernement de la République et la couronne espagnole. Presque au même moment, le conflit entre les Pays-Bas et l'Espagne a eu des résultats très différents de ceux de la révolte napolitaine : il s'est achevé par la création de la Fédération des Sept Provinces-Unies et la fin de la domination espagnole sur le territoire.

La renommée européenne de Masaniello montre la dimension énorme du conflit et son histoire doit être considérée comme l'expression de tendances générales de renouvellements et de ferments culturels, lieu d'identification de modèles de comportement marqués par des rôles non traditionnels. Située historiquement entre la dernière phase de la guerre de Trente Ans et la restauration du vice-roi, la révolte de Masaniello s'insère, en particulier, dans le contexte des révolutions qui ont traversé le dix-septième siècle tout entier : avec leurs motivations idéales et leurs aspirations politiques, les révoltes de l'Europe moderne étaient loin désormais des impulsions prophétiques ou utopiques qui avaient inspiré les dernières années du XVIe siècle[6].

Masaniello a été le protagoniste d'une « révolution périphérique » qui, cependant, a eu en Europe une résonance énorme. Les raisons de cet écho sont certainement les plus diverses. Avec l'institution de la république, un changement profond a marqué la conception de la politique. Le titulaire de la souveraineté ne pouvait plus être le roi, même investi de qualités divines ; on voit alors se profiler une rupture du contrat établi entre le souverain et ses sujets. Et cette nouvelle perception des relations de pouvoir donnera naissance à une nouvelle communauté politique, indépendante et républicaine, pour laquelle la notion même de « peuple » acquiert une valeur de fondation et de légitimation du pouvoir. La révolte de Masaniello préfigure la possibilité de critiquer la figure du souverain, et le conflit est l'effet inévitable de la rupture du pacte de la part du roi. Par conséquent, comme l'écrit James Howell dans son édition anglaise du livre de Giraffi

---

été publié dans le volume de A. Musi, *La rivolta di Masaniello nella scena politica barocca*, Napoli, Guida, 2002 (2e edizione), p. 13. Pour une reconstruction de la fortune européenne, *cf.* G. Galasso, *Napoli spagnola dopo Masaniello. Politica Cultura Società*, Firenze, Sansoni, 1982. R. Villari a étudié la révolte de Masaniello dans le contexte de la crise du XVIIe siècle et dans le paysage politique européen dans *La rivolta antispagnola a Napoli. Le origini (1585-1647)*, Bari, Laterza, 1967. Mais Villari a accordé, selon A. Musi (*La rivolta di Masaniello cit.*, p. 258), un rôle excessif à l'utopisme et au prophétisme des émeutes et des soulèvements inspirés par Tommaso Campanella en 1599.

[6] Sur les événements de Naples en 1647-1648, *cf.* aussi A. Hugon, *Naples insurgée 1647-1648. De l'événement à la mémoire*, Rennes, Presses Universitaires de Rennes, 2011.

(1650), on a vu dans la révolte de Masaniello des événements « *not to be parallel'd by any Ancient or Modern History* »[7].

Le cours des événements et la nature essentiellement urbaine de la révolte, avec ses programmes et ses perspectives de changement politique et social, sont rapidement devenus l'objet de nombreux traités d'écrivains, d'artistes et d'hommes de théâtre, qui ont certainement contribué par leurs ouvrages à amplifier le succès européen de Masaniello[8]. La première édition néerlandaise du livre de Giraffi de 1647 a été publiée à Haarlem en 1650, sous le titre *Wonderlijcken Op, ende Ondergang van Tomaso Aniello*, confirmant la rapidité de la réception de l'histoire de la révolte de Naples dans les Pays-Bas. En particulier, depuis 1650 circulait une image de Masaniello « avec épuisette sur l'épaule droite », publiée dans au moins deux traductions, et réimpressions ultérieures, de *Le rivolutioni* de Giraffi. De ce portrait existent deux traditions iconographiques différentes : l'une d'entre elles ne présente pas, à l'arrière-plan, la représentation de la ville de Naples, ni l'indication de l'auteur ni celle du graveur, deux éléments représentatifs qui apparaissent au contraire dans l'autre.

En dehors de ces gravures et du portrait de Masaniello par Pieter de Jode, il y a aussi un autre portrait, de plein pied, de « Tomaso Aniello da Malfi »[9]. On se réfère ici à l'œuvre de Pierre Bacchi, peintre flamand et graveur décédé en 1650, dont une copie est conservée au Museo Nazionale di San Martino à Naples[10]. Un Masaniello pieds nus porte ici une chemise à lacets

---

[7] Cette phrase est présentée sur le frontispice de la traduction anglaise de l'histoire de Giraffi, *An exact Historie of the late Revolutions in Naples; and of their Monstrous Successes, not to be parallel'd by any Ancient or Modern History*, London, R. Lowndes, 1650.

[8] Il faut remarquer que, parmi les protagonistes de la révolte, il y avait aussi beaucoup de peintres ; le plus célèbre d'eux fut certainement Salvator Rosa. Sur la circulation européenne des histoires napolitaines de 1647, *cf.* R. Villari, *Elogio della dissimulazione. La lotta politica nel Seicento*, Roma-Bari, Laterza, 1993. En particulier, Villari a montré que des « documents et rapports, traduits en néerlandais, ont circulé aux Pays-Bas quelques semaines avant les événements : entre autres, le texte des concessions accordées par le vice-roi ; différentes éditions de l'ordonnance qui a proclamé la séparation du Royaume de l'Espagne ; le texte de l'accord entre les habitants de Naples et le duc de Guise » (*Masaniello. L'uomo e il mito*, a cura di Francesco D'Esposito, Roma, Editalia, 1998, p. 24).

[9] Mais sur la riche iconographie de Masaniello, on peut voir B. Capasso, *Masaniello ed alcuni di sua famiglia effigiati nei quadri, nelle figure, e nelle stampe del tempo. Note storiche*, « Archivio storico per le province napoletane », Anno XXII (1897), p. 65-118.

[10] L'image est reproduite sur le frontispice du volume de Nescipio Liponari [Alessandro Giraffi], *Relatione delle rivolutioni popolari successe nel Distretto, e Regno di Napoli*, Padova, per il Sarti, 1648. Pour un portrait parmi les plus significatifs de Masaniello, *cf.* aussi Biblioteca apostolica vaticana : Ms. Barb. Lat. 7608 I.

sur un pantalon à la cheville et un bonnet de pêcheur ; à l'arrière-plan une vue de la ville de Naples de haut. Toujours à propos de la fortune de Masaniello et de la prolifération des représentations iconographiques d'origine néerlandaise, dans son *Spinoza im Porträt* de 1913, Ernst Altkirch parle d'une autre gravure de Masaniello « *und zwar in ganzer Figur mit einer Angel in der Hand* », œuvre du célèbre artiste et poète Romeyn de Hooghe, qui vécut entre Amsterdam et Haarlem de 1648 à 1708[11]. Dans cette image, Masaniello porte des vêtements en lambeaux et tient dans sa main gauche une canne à pêche pour indiquer sa profession.

Aux Pays-Bas, l'image de Masaniello devait être tellement connue qu'elle a également été adoptée en numismatique. Elle apparaît en effet sur une monnaie frappée en Hollande, attribuée à Wouter Muller, le graveur néerlandais également connu sous le nom de Meister Muller, actif à Amsterdam entre 1653 et 1688[12]. Sur la face de la médaille, dont un exemplaire est conservé au British Museum, il y a deux soldats, qui ont un bras sur leur bouclier et l'autre tenant une couronne de laurier au-dessus de la tête d'Oliver Cromwell. Sous le buste de Cromwell on lit l'inscription: « OLIVAR CROMWEL PROTECTOR V[an]. ENGEL[and] : SCHOTL[and] : YRLAN[d]. 1658 ». Sur le revers, deux marins soutiennent une couronne sur la tête de Masaniello et le cartouche est gravé avec les mots : « MAS'ANIELLO VISSCH[e]R EN CONINCK V[an]. NAPELS 1647 », un éloge du pêcheur roi. Une autre médaille semblable est conservée à Naples au Musée National de San Martino, mais contrairement à la précédente, sur la tranche est gravé le vers 258 des *Troyennes* de Sénèque, le même que celui qui apparaît dans le *Traité théologico-politique* de Spinoza, « *Violenta imperia nemo continuit diu* »[13].

---

[11] E. Altkirch, *Spinoza im Porträt, cit.*, p. 52, note 1.

[12] Une description de cette médaille (et d'autres dont je parle ici) est présentée dans le livre *Masaniello nella drammaturgia europea e nella iconografia del suo secolo*, mais on peut voir l'exemplaire de la Weiss Collection à l'adresse : www.historicalartmedals.com

[13] *TTP*, V, 7 (*G*, III, 74, 4-5). Il pourrait être intéressant de noter ici qu'une médaille en argent a également été frappée en Hollande par Pierre Aury après la mort des frères de Witt en 1672. D'un côté il y a les profils de Jean et de Corneille de Witt. Au-dessus de la tête de Jan on peut lire INTEGER VITAE ; au dessus de la tête de Cornelius : SCELERISQUE PURUS, deux vers d'Horace, *Odes*, I, 22, 1. Sous les bustes : HIC ARMIS MAXIMUS ILLE TOGA. Sur l'autre face, les frères de Witt sont dévorés par un monstre à plusieurs têtes d'animaux entourés par des branches épineuses. Tout autour il y a l'inscription : NUNC REDEUNT ANIMIS INGENTIA CONSULIS ACTA ET FORMIDATI SCEPTRIS ORAC[u]LA MINISTRI. En dessous : MENS AGITAT MOLEM ET MAGNO SE CORPORE MISCET (Virgile, *Énéide*, 6, 727) et en exergue : NOBILE PAR FRATRUM SAEVO FUROR ORE TRUCIDAT XX AUGUSTI.

Le texte de *Le rivolutioni di Napoli* d'Alessandro Giraffi, avec une description de la répression de la révolte, fut immédiatement diffusé dans toutes les cours européennes à la demande du nouveau vice-roi, le comte de Oñate, ancien ambassadeur d'Espagne à la cour de Charles Ier, comme un avertissement pour l'avenir et, en tout cas, une preuve de l'intérêt que l'affaire avait suscité au-delà des Alpes. La chronique des événements de Naples écrite par Giraffi a eu au moins deux éditions en néerlandais : l'une en 1650, par Vincent Casteleyn, polygraphe et imprimeur municipal de la ville de Haarlem, l'autre par Lambert van den Bos, à Amsterdam, commandée par le maire de la ville, Jan Six. Dans les deux traductions, qui ont connu des éditions ultérieures, sous l'image d'un Masaniello aux yeux fixes et affligés[14], semblable au portrait fait par Pieter de Jode, il y a une brève biographie en quelques lignes. Dans la traduction de Casteleyn on peut lire :

Anjello, poussé par le souffle de l'ambition

et hissé, par l'ardeur du peuple, jusqu'au sommet

de la grandeur, massacre et brûle, et s'érige en chef du royaume,

et il est promu au rang de prince.

Il règne avec violence et cause une foule d'atrocités ;

Jusqu'à ce qu'il aille trop loin, et meure enfin comme un tyran.

(*Anjello, door de damp van Staatzugt aangedreven,*

En door de drift des volks, gesteegen in den top

Van hoogheijdt, moordt, en brandt, en werpt zich zelven op

Tot Hooft des Ryks, en werdt gelijk een Vorst verheeven.

Heerst met geweldt, en recht een School van gruwlen an;

Tot dat hij holdt, en sterft op 't laatst als een tijran.)

Dans la traduction de Van Bos, au contraire, apparaît le texte du poète Joost van den Vondel, partiellement cité dans l'épigraphe de cet article, qui présente, entre autres, encore une allusion au thème du Roi Pêcheur :

Voici Mas Anjello exposé à tout le monde en gravure,

Qui de l'étal de poissonnier est monté sur le trône élevé du roi,

Qui a fait que le cheval agité de Naples s'est emballé,

Et, ébloui comme Phaéton,

Instantanément a couru à sa ruine ;

---

[14] Sur les images, en général, et leur valeur symbolico-métaphorique, cf. *Il potere delle immagini. La metafora politica in prospettiva storica*, a cura di W. Euchner, F. Rigotti, P. Schiera, Bologna, Il Mulino, 1993.

Obéi comme un prince ; abattu comme un chien.

(*Sie Mas'Aniello hier in Print voor elk ten toon,*

Die van de Vischbank klom op 's Konings hogen Troon,

Het kitteloorigh Paert van Napels holp aen 't hollen,

En, op zijn Faiëtons, geraekt aen 't zuizebollen,

In eenen oogenblik gingh plotselingh te grondt,

Gehoorzaemt als een Vorst, doorschoten als een Hont)

La tragédie de Masaniello a également eu grande fortune aux Pays-Bas. Même dans l'Angleterre radicale et révolutionnaire de juillet 1649, le premier ouvrage sur Masaniello, *The Rebellion of Naples, or The Tragedy of Massanello* avait été publié[15], suivi par de nombreux autres en Europe. Dans le théâtre d'Amsterdam, où on ne subissait pas l'ordre du Parlement puritain interdisant les spectacles et les pièces de théâtre, le drame sur la montée et la chute de Masaniello, *Op- en Ondergang van Mas Anjello, of Napelse Beroerte* de Thomas Asselijn, connu sous le nom de Plaute d'Amsterdam, a été mis en scène en 1650[16]. Le texte de l'ouvrage a été publié en 1668, puis l'année suivante, dans une deuxième édition, corrigée de nombreuses fautes. La dramatisation de l'histoire napolitaine était influencée, dans l'esprit du temps, par le ton, les descriptions, les lieux et les personnages des textes apocalyptiques de la Bible[17]. En outre, un monstre prodigieux apparu en Pologne pour annoncer l'apocalypse napolitaine de juillet 1647 apparaît sur l'en-tête d'un grand nombre de gravures qui avaient circulé dans toute l'Europe, où l'on soulignait l'apparition soudaine d'une comète juste après la mort de Masaniello. Des images d'un « Masaniello mort » ont aussi été rapprochées des diverses représentations de la « mort du Christ »

---

[15] Le drame anglais *The rebellion of Naples, or The Tragedy of Massanello commonly so called but rightly Tomaso Aniello di Malfa generall of the Neapolitans, written by a Gentleman who was an eye-witnes where this was really acted upon that bloudy Stage, the streets of Naples*, London, J. G. & G. B., 1649, fut le premier d'une longue série. *Cf.*, pour l'Angleterre, *Drammi masanelliani nell'Inghilterra del Seicento*, a cura di M. Melchionda, Firenze, Olschki, 1988.

[16] Sur le drame en vers de Thomas Asselyn (1618-1701), publié en 1668, *cf.* l'édition Th. Asselijn, *Op- en ondergang van Mas Anjello, of Napelse beroerte*, ed. M. Meijer Drees, Amsterdam, AUP, 1994. Le texte théâtral a été traduit en italien par A. Peters avec le titre *Ascesa e crollo di Mas Anjello o La rivolta di Napoli, in Masaniello nella drammaturgia europea e nella iconografia del suo secolo, cit.*, p. 180-217.

[17] *Cf.* A. Musi, *Chiesa, religione, dimensione del sacro nella rivolta napoletana del 1647-48*, dans *Dimenticare Croce ? Studi e orientamenti di storia del Mezzogiorno*, a cura di A. Musi, Napoli, Edizioni Scientifiche Italiane, 1991, p. 43-72.

réalisées au cours de ces années-là[18]. Parmi les histoires de résurrection et l'évocation d'événements miraculeux suscités par « Santo Masaniello », celle selon laquelle le corps du pêcheur-poissonnier, canonisé, avait été porté en procession dans les rues de Naples a eu en effet une grande résonance. Aussi bien dans les premières pages des *Rivolutioni di Napoli* d'Alessandro Giraffi, que dans les images d'histoires contemporaines, toutes inspirées par des personnages bibliques de l'histoire d'Israël, Masaniello est assimilé à la figure du premier législateur Moïse :

> Ce pauvre pieds nus comme un nouveau Moïse, qui a libéré le peuple d'Israël de l'esclavage du Pharaon vous libérera avant tout de la tyrannie des impôts. Un pêcheur comme Pierre a amené Rome par sa voix de l'esclavage de Satan à la liberté de Christ, et avec Rome un monde ; et un autre pêcheur, qui est Mas'Aniello, libérera des taxes et amènera à la jouissance du bien-être la ville de Naples, et avec Naples tout un Royaume[19].

Entre modulations scripturaires et modèles littéraires baroques, la teneur dramatique de la révolte napolitaine est très accentuée dans les représentations théâtrales. De nombreux emprunts à Shakespeare sont également présents dans la pièce hollandaise, où on a découvert, « une ligne d'échos latente de Jules César »[20]. Considérée comme un *exemplum*[21], le récit de la *Montée et chute de Mas' Aniello* d'Asselyn envisage, au-delà de l'issue tragique de l'histoire, les perspectives culturelles et les idéaux politiques incarnés par Masaniello, ainsi que sa valeur de « signe » du besoin de dispositifs inspirés par le bon gouvernement et les intérêts des citoyens. Spinoza pourrait avoir assisté à cette représentation au théâtre d'Amsterdam qu'il fréquentait, où étaient représentés au cours des mêmes années des spectacles similaires, et où sonnent les tons vibrants du mythe du « roi pêcheur ». Le Masaniello représenté dans les mises en scène du théâtre néerlandais, par rapport à d'autres pièces en Europe, ne commence à devenir un tyran que dans la scène finale de l'œuvre. Ici semble prévaloir la tentative de compréhension idéologique et la critique du pouvoir absolu amplifiée par la fortune posthume du protagoniste. Jusqu'à l'épilogue tragique, dans la mise en scène du théâtre néerlandais, Masaniello est aimé et acclamé par le peuple et considéré comme un symbole contre la tyrannie et l'absolutisme. « Voilà le monstre, il sera traîné dans les rues, méprisé comme un

---

[18] « *Si vide Masaniello come figura di Cristo : la sua morte era stata da lui prevista e preannunciata ; era stato tradito dai suoi e consegnato ai nemici ; infine era risorto e apparso ai fedeli* » (*Masaniello. L'uomo e il mito, cit.*, p. 19).

[19] A. Giraffi, *Le rivolutioni di Napoli, cit.*, p. 16.

[20] *Masaniello nella drammaturgia europea e nella iconografia del suo secolo, cit.*, p. 134.

[21] *Cf.* M. Fumaroli, *Héros et orateurs : Rhétorique et dramaturgie cornéliennes*, Genève, Droz, 2000. Pour l'*exemplum*, *cf.* J. D. Lyons, *Exemplum: The Rhetoric of Example in Early Modern France and Italy*, Princeton, Princeton University Press, 1946.

chien et les nobles pourront voir avec joie leur ennemi abattu par nous aujourd'hui », crie Medina aux conspirateurs contre Anjello dans le dernier acte du drame, interprétant en partie et modifiant aussi la lecture de Giraffi et d'autres sources contemporaines.

Le modèle dramatique a vu en fin de compte dans l'histoire de Masaniello le témoignage éloquent de l'échec de l'utopie, entre la perte de la raison de son protagoniste et l'abandon de la foule à la violence. Toutefois, la scène représentée au théâtre néerlandais semble également transposer le débat politique pour ouvrir la voie, au-delà de la tragédie personnelle de Masaniello, à de nouvelles exigences de liberté[22]. Ce « *disincantato apologo sullo sbocco inevitabile di ogni azione sovversiva* »[23] devient dans les Pays-Bas l'occasion de repenser les excès de la tyrannie, la composition sociale et le fondement même des États. Le texte d'Asselijn laisse peu de place, contrairement à ce qui se passe dans le théâtre d'autres pays, aux tons et aux excès typiques des procès de sanctification et de diabolisation qui ont concerné la figure de Masaniello. Dans la tragédie mise en scène par le dramaturge hollandais, nous n'assistons pas à l'agonie du héros Antéchrist, ou à l'identification de l'Antéchrist Masaniello, comme dans d'autres sources, avec le septième signe du jugement dernier. Le théâtre néerlandais semble en fin de compte plus proche de la chronique des événements et du déroulement des faits historiques.

Les États généraux de la République des Provinces-Unies, qui à l'époque négociaient déjà leur indépendance vis-à-vis de la monarchie espagnole, recevaient des comptes rendus détaillés de la révolte de leur consul à Venise Josua van Sonnevelt et d'autres résidents dans la ville de Naples. Nicolaas Heinsius, qui était à Naples à l'époque, a parlé de la révolte napolitaine dans un échange intense de lettres avec des intellectuels italiens et étrangers entre avril et juillet 1647[24].

---

[22] Pour des suggestions sur ce thème, *cf.* S. Mastellone, *Il modello politico olandese e la storiografia italiana nella prima metà del Seicento*, Intr. à G. Bentivoglio, *Relazione delle Provincie Unite di Fiandra*, sous la direction de S. Mastellone et E. O. G. Haitsma Mulier, Firenze, CET, 1983, p. V-XXXI ; *I repubblicani del Seicento e il modello politico olandese*, « Il Pensiero politico », XVIII (1985), p. 145-163 ; *Il modello politico olandese in Italia durante la prima metà del Seicento*, in *Modelli nella storia del pensiero politico*, a cura di V. I. Comparato, Firenze, Olschki, 1987, p. 145-163 ; *Modelli repubblicani nel primo Seicento*, « Filosofia politica », XII (1998), p. 57-85 ; sur l'influence de Althusius ou Grotius dans la constitution des gouvernements des Provinces-Unies, *cf.* S. Visentin, *Assolutismo e libertà. L'orizzonte repubblicano nel pensiero politico olandese del XVII secolo*, « Filosofia politica », XII (1998), p. 67-81.

[23] *Masaniello nella drammaturgia europea e nella iconografia del suo secolo, cit.*, p. 175.

[24] F. F. Blok, *Nicolaas Heinsius in Napels (april-july 1647)*. Verhandelingen der Koninklijke Nederlandse Akademie van Wetenschappen, Afdeling Letterkunde,

L'intérêt pour l'histoire de Masaniello a duré longtemps aux Pays-Bas, récemment libérés de la domination espagnole, de même que d'autres événements de l'histoire italienne et des œuvres d'écrivains tels que Trajan Boccalini et Joseph Donzelli. La pièce d'Asselijn, publiée en 1668, a été représentée au théâtre d'Amsterdam en 1650, six fois en 1668, une fois en 1669, une fois en 1670 et à nouveau cinq fois en 1688 et une en 1689, alors que le texte a eu six réimpressions, en 1669, 1671, 1675, 1685, 1701 et 1725[25]. Dès le début, le texte est présenté comme un hymne à la liberté, aux droits des personnes opprimées, et comme une demande de suppression des impôts et des péages. « Celui qui défend la cause commune construit la base de la patrie », dit Anjello dans le premier acte et, même si l'intention est tout autre, la dernière ligne de la pièce conclut : « Ainsi, fleurit un État où le droit du peuple est respecté ». La parabole tragique de Masaniello rappelait aux gouvernants leurs faiblesses et le danger latent représenté par un peuple tyrannisé, de même qu'elle montrait aux gens la possibilité d'échapper à leur humble condition et de retrouver la liberté perdue. On a aussi supposé une influence directe de la langue des *Vindiciæ contra Tyrannos* (1579) dans la pièce d'Asselijn à cause de la revendication du caractère naturel des insurrections et de l'usage des métaphores organicistes liées au tyran présentes dans le texte[26]. Aleid Peters estime que, pour la mise en scène de la pièce, Asselijn a utilisé l'édition de V. Castelyn (*Wonderlichen Op, ende Ondergang van Tomaso Aniello, Met de berverten tot Neapolis*) en 1650, rééditée en 1652 avec l'ajout de quelques pages de de Thou sur la révolution napolitaine de 1547 et le *Ragguaglio* de Trajan Boccalini, *Collegio fatto*

Nieuwe Reeks, Deel 125, Amsterdam-Oxford-New York, 1984. *Cf.* J. I. Israel, *A Revolution of the Mind: Radical Enlightenment and the Intellectual Origins of Modern Democracy*, Princeton, Princeton University Press, 2011, p. 365. Dans le catalogue de la bibliothèque de N. Heinsius est enregistrée une grande quantité de textes consacrés à l'histoire du royaume de Naples et de la révolte menée par Masaniello, avec le volume de A. Giraffi, *Le revolutioni de Napoli*, *cf.* la section consacrée à *Italia* dans *Bibliotheca Heinsiana sive catalogus librorum*, Lugduni in Batavis, apud Johannem de Vivie, 1684 [1682].

[25] Ces données sont présentées par M. Meijer Drees, *in* Th. Asselijn, *Op- en ondergang van Mas Anjello, of Napelse beroerte, cit.*, p. 11.

[26] *Cf.* S. J. Brutus, *Vindiciæ contra tyrannos*, a cura e con traduzione di S. Testoni Binetti, Torino, La Rosa, 1994. La comparaison est suggérée par S. D'Alessio, *Contagi. La rivolta napoletana del 1647-48 : linguaggio e potere politico*, Firenze, Centro Editoriale Toscano, 2003, p. 136-137, qui renvoie aussi à H. de Schepper, *Le langage politique de la rebellion néerlandaise 1560-1600*, *in I linguaggi politici delle rivoluzioni in Europa (XVII-XIX secolo)*, a cura di E. Pii, Firenze, Olschki, 1992, p. 45-66, sur le droit de résistance qui aurait été défendu par Masaniello et ses partisans.

sopra il cavallo napoletano[27]. Là en effet, se trouvent déjà des signes évidents de polémique anti-espagnole et une nouvelle idée du droit de résistance contre le tyran, non plus jugé sur la base de normes éthiques, mais en raison de la violation juridique du contrat stipulé avec le peuple.

L'intérêt de Spinoza pour le personnage de Masaniello doit être considéré dans le contexte des différents éléments qui ont contribué à sa renommée. Cet intérêt est également un signe supplémentaire de l'importance que revêt une histoire qui a eu un fort impact en Europe et une grande valeur symbolique et représentative, souvent négligée par les historiens eux-mêmes ou évaluée en fonction d'une interprétation réductrice, principalement basée sur des preuves favorables à l'Espagne. D'autre part, la capacité de Masaniello à révéler des intérêts cachés et à s'opposer aux mécanismes de répression du pouvoir, le rapproche de l'auteur de l'*Ethica* et du *Tractatus theologico-politicus*, accusé de saper les fondements de la religion, de la paix sociale, politique et morale[28].

En l'absence d'une documentation fiable attestant son authenticité, l'autoportrait présumé de Spinoza sous les traits de Masaniello a également été négligé par la critique. Cependant, les données à notre disposition nous permettent de considérer l'intérêt de Spinoza pour Masaniello non seulement comme l'un des nombreux exemples de l'écho européen du jeune Napolitain, mais comme un moment de la réflexion de Spinoza sur la politique, la psychologie et l'interprétation d'événements et de protagonistes de son temps. Spinoza pouvait en effet considérer l'histoire contemporaine en saisissant aussi ses « représentations incorporelles, symboliques et psychologiques » incarnées par le personnage de Masaniello, ou en essayant de reconstituer les modèles culturels et idéologiques qui avaient inspiré les hommes et les groupes sociaux qui avaient participé à l'insurrection.

Le portrait auquel Colerus se réfère, contenu dans les pages de l'album que lui avait présenté Van der Spyck (un peintre qui pouvait avoir éveillé l'intérêt de Spinoza pour le dessin au cours des dernières années de sa vie à La Haye), représentait Masaniello vêtu d'une chemise et d'un chapeau de marin rouge. Ce chapeau, en particulier, typique des gens de mer, est présent

---

[27] Sur cette édition et celle de Van Bos, *cf.* R. Villari, *L'interesse in Olanda per la rivoluzione napoletana, in Masaniello nella drammaturgia europea e nella iconografia del suo secolo*, cit., p. 181-184. Des observations intéressantes sur l'utilisation dramatique du thème de la tyrannie, *cf.* A. R. Lauer, *Tyrannicide and Drama*, Stuttgart, Franz Steiner Verlag Wiesbaden GmbH, 1987 ; R. W. Bushnell, *Tragedies of Tyrants. Political Thought and Theater in the English Renaissance*, Ithaca and London, Cornell University Press, 1990, cités dans S. D'Alessio, *Contagi*, cit., p. 138-139.

[28] Pour une exposition de cette interprétation, *cf.* S. Nadler, *A Book Forged in Hell. Spinoza's Scandalous Treatise and the Birth of the Secular Age*, Princeton, PUP, 2011.

dans toute l'iconographie de Masaniello[29]. Sur l'authenticité du portrait de Masaniello par Spinoza, continue à planer le mystère. Non seulement l'attribution effective du dessin à Spinoza reste problématique en l'absence du document original auquel se réfère Colerus, mais la valeur symbolique du portrait de Masaniello est également une énigme[30], puisque nous ne connaissons pas les considérations politiques de Spinoza au sujet des événements historiques de la révolte napolitaine. Nous ne savons pas en effet s'il y avait une ressemblance, comme semble l'avoir soutenu Van der Spyck, entre Spinoza et le pêcheur napolitain, décrit dans une chronique de l'époque comme un « homme d'esprit et facétieux, de taille moyenne, œil noir, plutôt mince que gros, avec des cheveux épais et une mèche touffe blonde, [...] mais beau, fougueux et très vif »[31]. Depuis sa Hollande, Spinoza pouvait peut-être voir dans la révolte napolitaine non pas la création d'une nouvelle forme institutionnelle, la république – qui, d'ailleurs, à Naples « ne sera pas en mesure de se donner une organisation politico-administrative alternative au vice-roi »[32] – mais plutôt la possibilité que cette forme « contradictoire et ambiguë » a pu fournir pour le déclenchement de conflits entre les intérêts de forces et de factions internes à l'État et les intérêts de groupes extérieurs, avec un effet déstabilisateur.

Le portrait réalisé par Spinoza pouvait peut-être s'inspirer, selon Ekkart, de l'image de Masaniello qu'en avait faite Pieter de Jode ou de la gravure imprimée sur le frontispice de la chronique de Giraffi. Colerus parle en effet d'« un pêcheur peint en chemise avec un filet de pêche sur l'épaule droite », exactement comme le fameux chef des rebelles napolitains est décrit dans les gravures historiques. En ce qui concerne la valeur que Spinoza a pu attribuer au portrait et à l'histoire tragique de Masaniello, il faut également remarquer que la gravure de Pieter de Jode présente un texte latin que l'on peut traduire en français :

Voulez vous savoir qui je suis ? Mas Aniello : démonstration de la façon dont le destin est capricieux, un exemple pour tout de ce que peut la chance lorsque nous

---

[29] « Se ne faceva grande smercio in tutte le coste del Mediterraneo, specialmente per Genovesi, Veneziani e Turchi » (G. Filangieri, Documenti per la storia, le arti e le industrie delle provincie napoletane, Napoli, Tip. dell'Accademia reale delle scienze, 1891, V, p. 265, note ; rist. anast. con saggi di R. De Lorenzo e N. Barrella, Napoli, 2002).

[30] Au thème de l'énigme de Masaniello (pas du portrait, mais de l'histoire napolitaine) fait allusion l'essai de F. Benigno, Il mistero di Masaniello, dans F. Benigno, Specchi della rivoluzione. Conflitto e identità politica nell'Europa moderna, Roma, Donzelli, 1999, p. 199-285.

[31] « Huomo spiritoso e faceto, di mezzana statura, d'occhio nero, più tosto magro, che grasso, con una zazzarina e mostaccetto biondo, [...] bello però d'aspetto, animoso e vivace quanto dir si può », in Masaniello nella drammaturgia europea e nella iconografia del suo secolo, cit., p. 170.

[32] A. Musi, La rivolta di Masaniello, cit., p. 31-32.

lui faisons confiance ; apprécié par le peuple, né dans une famille de pêcheurs, élevé au diadème royal, bientôt gonflé d'arrogance et de témérité, troublé par ma puissance, supprimé par une mort horrible, jeté aux chiens. Mon ascension était ma chute[33].

Si Spinoza est l'auteur du portrait de Masaniello, cette entreprise est une preuve supplémentaire de la perspective particulière selon laquelle les Pays-Bas ont considéré la révolte napolitaine de 1647, contrairement au reste de l'Europe, à l'Angleterre par exemple, où l'attitude envers le jeune Napolitain fut sans doute plus contradictoire, ou à la France du pouvoir absolu et de la politique de Richelieu et Mazarin, ou à l'Allemagne, enfin, où Masaniello fut considéré comme une victime de la corruption du pouvoir ou un fou révolutionnaire. Spinoza pouvait trouver, tout tracé dans la dissolution rapide de la parabole de Masaniello, le paradigme de l'ascension politique et de la chute brutale qui avait marqué l'histoire tragique des frères de Witt, d'abord salués et ensuite lynchés sur la place publique par la même foule qui les avait proclamés comme leurs représentants et souverains.

Le témoignage contenu dans la biographie de Spinoza par Colerus ne parle pas en réalité d'un dessin quelconque, mais d'un véritable autoportrait, jugé en outre par son hôte « très similaire » à Spinoza. Ici, le document ne mentionne pas une simple attention de Spinoza aux arts visuels : l'existence d'un autoportrait de Spinoza supposerait une identité idéale, une continuité de propos, bien que transposée dans une autre organisation politique, dans une autre zone géographique. Masaniello est alors un symbole, une métaphore pour un projet qui est à la fois politique et philosophique : il devient une figure exemplaire et intemporelle d'un impact énorme et au potentiel éthique très fort. Spinoza serait Masaniello quand celui-ci se fait le défenseur et l'interprète d'une revendication de changement et de lutte contre les préjugés au nom d'un idéal démocratique et libertaire. Dans leur aspiration à la connaissance de soi et des autres, à la réforme de l'homme et de son entendement, à la libération de l'oppression des structures d'autorité et de pouvoir basées sur la superstition et les préjugés auxquelles les hommes sont toujours soumis, Spinoza et Masaniello finiraient par se ressembler.

Certes, l'image d'un philosophe comme Spinoza, homme de culture européenne, qui veut se présenter dans le rôle d'un pêcheur ou d'un poissonnier, est bien étrange. Il convient de noter à cet égard, toutefois, que Spinoza comptait parmi ses amis et correspondants des membres des milieux sociaux et culturels les plus divers. Comme on le sait, il a maintenu une correspondance intense avec des commerçants, des brasseurs, des marchands d'épices et d'aliments. Et n'oublions pas non plus que les Pays-Bas de l'époque tiraient leurs plus grands trésors de la mer, source de commerces

---

[33] *Cf.* aussi *Masaniello nella drammaturgia europea e nella iconografia del suo secolo, cit.*, p. 58.

dans le monde entier. Mais l'image d'un pêcheur nous amène à un autre personnage plus emblématique. Le pêcheur est aussi une image biblique, une composante de cette classe sociale et culturelle qui remplit les pages de l'Écriture. Jacques, Simon, André et Jean, fils de Zébédée, pêchaient au bord du lac de Génésareth, et dans Matthieu 4 : 18-22 ; Marc 1 : 16-20 ; Luc 5 : 1-11 ; Jean 21 : 1-19, Jésus leur promet qu'ils deviendront des « pêcheurs d'âmes ».

Dans son portrait hypothétique sous les traits de Masaniello, enfin, Spinoza pourrait s'être inspiré aussi d'une autre image, toujours liée à la profession de pêcheur. Dans un texte de 1659 de Iohannes Amos Comenius, qui m'a été signalé par Marta Fattori, le philosophe et pédagogue tchèque établit une relation directe entre l'entreprise menée par Descartes en philosophie et le rôle de Masaniello dans le soulèvement de Naples. Dans sa critique à la deuxième partie des *Principia Philosophiæ* (la seule partie commentée par Spinoza dans ses *Principia Philosophiæ Cartesianæ*), l'histoire de Masaniello est explicitement évoquée par Comenius : de même que le jeune Masaniello, *idiota et piscator*, avait conduit le peuple de Naples contre les Espagnols, finissant toutefois rapidement ses jours entre les mains des mêmes personnes qui l'avaient acclamé, ainsi le *nobilis Gallus* René Descartes avait remué les entrailles du domaine philosophique (*regni philosophici viscera*), en avait bouleversé les canons et les traditions sans en tirer aucun élément utile à un véritable renouveau de la culture et des études. De cette manière il fit retomber bientôt chaque chose dans le chaos :

Stupendum insperati quandoque, ac celerrimi, humanis in rebus progressus exemplum ante annos decem, Neapolitano in Regno, ab homine juvene annorum 24, idiota et piscatore, Thoma Anello, editum est : qui subitam politiæ Regni illius immutationem induxit, cui similem ab Orbe condito nulla vidit ætas […]. Non absimile quiddam circa idem tempus philosophico in regno perpetravit, tametsi non æque subita celeritate, Renatus des Cartes, nobilis Gallus. Qui facto prius in regni philosophici arcibus limitaneis, scientiis mathematicis, experimento, illisque ex parte subactis (numerorum enim et mensurarum tantum arcana penetravit, ad ponderum mysteria non venit) insperata audacia in ipsa regni philosophici viscera, naturalis et supernaturalis scientiae adyta, irrupit : tanto successu, ut non tantum veteres possessores exturbaret, sed et plerosque proceres philosophos (et quod magis mirandum, theologos aliquot) captivos duceret, illisque cinctus triumphum ageret […]. Obstupuit ad hæc mundus : nonnulli obloqui, sed mox rursum obmutescere, aut acutis Cartesianorum non tantum clamoribus obruti, sed et ratiocinationum spiculis consossi, quo se verterent nescire […][34].

---

[34] J. A. Comenius, *Cartesius cum sua naturali philosophia a mechanicis eversus* (Amsterdami, apud Petrum Montanum, 1659), in Id., *Opera omnia*, XII, Pragae, Academia, 1978, p. 298. Pour un commentaire sur ce passage, *cf.* W. Rood, *Comenius and the Low Countries. Some Aspects of Life and Work of a Czech Exile*

La comparaison instituée par Comenius et sa possible résonance en Europe au XVIIᵉ siècle ont pu exercer une certaine influence sur le choix de Spinoza de se peindre sous les traits de Masaniello et, bien sûr, si l'image d'un Masaniello de la philosophie pouvait s'adapter à Descartes, elle pouvait encore mieux être attribuée à Spinoza. L'image de Spinoza-Masaniello revêt, enfin, un élément supplémentaire de vraisemblance et de cohérence. Comme l'a montré Jonathan Israel dans son *A Revolution of the Mind*, Spinoza met toujours en relation la langue de la modernité et l'affirmation des valeurs de la démocratie et de l'égalitarisme avec des références historiques précises liées à une réalité vivante et actuelle. Masaniello représente alors le besoin urgent de lier la philosophie à l'histoire, à un contexte social et politique fait de conflits et de différends, étranger à une philosophie comprise comme un simple agrégat de concepts et d'intentions générales abstraites, incapable de parler à la vie et au monde des hommes[35].

in the Seventeenth Century, Amsterdam-Praha-New York, Van Gendt & Co.-Academia-Abner Schram, 1970, p. 144-145.

[35] J. I. Israel, *cit.*, p. XVI.

3. Art, public et république à Amsterdam à l'époque de Spinoza

Roberto BORDOLI

Nouvelle époque, nouvelle philosophie, nouvel État

L'art est tout ce que les hommes appellent art[1]. Toutefois le mot art reste un mot très ambigu. Aujourd'hui encore il désigne les facultés universitaires où l'on enseigne les humanités. C'est dans un sens très large que Spinoza et ses contemporains considèrent l'art. Les arts délimitent, ou amplifient, l'espace de la philosophie. C'est-à-dire l'espace des facultés inférieures : à l'exception du droit, de la médecine et de la théologie. Exception partielle bien entendu, parce que les arts sont toujours et pour tous propédeutiques. On peut dire la même chose de la philosophie. Elle doit être libre et protégée dans une libre république, sans quoi le développement des sciences et des arts en sera entravé : ces derniers ne pouvant être pratiqués avec succès que par ceux dont le jugement est libre et sans prévention[2]. Voilà pour les arts et les sciences : libres activités exercées avec un savoir en vue du bien public. À Amsterdam à l'époque de Spinoza – mais on peut le dire pour la Hollande, les Provinces-Unies, l'Europe et même pour certaines colonies américaines – revendiquer la liberté de penser et la liberté d'opinion signifie réclamer et défendre la libre recherche technique et scientifique, la liberté religieuse et politique, la liberté économique, autant que la liberté de créer et de diffuser publiquement, commercialement ou non, des œuvres artistiques (poésie, littérature, théâtre, peinture, sculpture, architecture, urbanisme).

Dans un poème[3] que Meyer écrit pour le quarantième anniversaire de Bouwmeester, est célébrée la vocation universelle du savoir, une caractéristique de l'espèce humaine qui n'exclut aucun objet et aucune méthode se donnant pour but la connaissance permettant de franchir ce qui

---

[1] Sur le sens phénoménologique de cette définition selon laquelle l'art consiste dans « l'artisticité » : Dino Formaggio, *Arte*, Milano, Enciclopedia filosofica ISEDI, 1977, p. 11.

[2] *Tractatus theologico-politicus*, chap. XX (édition Gebhardt : O III, 229 ; édition Moreau-Lagrée : ML 643). Pour l'usage spinozien de la notion d'art : Filippo Mignini, *Ars imaginandi. Apparenza e rappresentazione in Spinoza*, Napoli, Edizioni Scientifiche Italiane, 1981, *passim*.

[3] Roberto Bordoli et Piet Steenbakkers, « Lodewijk Meijer's tribute to Johannes Bouwmeester », 4. November 1673, *Studia Spinozana* 13 (1997 [publié en 2003]), pp. 241-257 [édition néerlandaise, traduction anglaise, présentation et notes]. En italien : Roberto Bordoli, *Etica arte scienza tra Descartes e Spinoza. Lodewijk Meyer (1629-1681) e l'associazione* Nil Volentibus Arduum, Milan, FrancoAngeli, 2001, pp. 109-112 et 235-241.

l'entrave. La poésie est dédiée à Bouwmeester, qu'un pamphlet[4] de l'époque décrit comme un rebelle répugnant au centre d'un réseau d'impies qui complotent contre l'État et les Églises en publiant des œuvres comme la *Philosophie interprète de l'Écriture* (1666) ou le *Traité théologico-politique* (1670). Cette ambiguïté se répète continuellement. Un autre témoignage anonyme[5] mentionne deux associations qui reprennent la devise horacienne *Nil volentibus arduum* : la première est constituée par un cénacle de savants voué à la philologie, à la littérature et au théâtre ; la deuxième se consacre à la perverse diffusion de l'athéisme et de l'incroyance. Sauf que les membres de la première et de la seconde sont les mêmes. Tous des amis de Spinoza.

Un troisième document, dont l'inspiration fondamentale est anti-cartésienne[6], dénonce tous ceux qui se consacrent à la recherche des arts et des sciences dans le but de permettre aux ignorants de distinguer le vrai du faux, le juste de l'injuste, brisant ainsi le monopole sur le vrai et sur le bien exercé par les théologiens et les prêtres, par les universités et les églises, mais aussi par les intérêts et les hiérarchies transmis depuis le Moyen-Âge, mais encore présents dans la moderne aristocratie des armes et à travers l'alliance entre gouvernement politique et prédication religieuse. Les idées et les personnes mis sur le banc des accusés sont toujours les mêmes (bien qu'ils soient très différents entre eux) : la nouvelle philosophie, la nouvelle littérature, le nouveau théâtre, les arts nouveaux, la nouvelle religion, la politique républicaine. C'est-à-dire : Spinoza, Meyer, Bouwmeester, Pels, Dop, Ruisch, Van den Enden, avec Descartes, Grotius, Arminius, les frères Van den Hove et bien d'autres, engagés dans la recherche de nouvelles formes et de nouveaux contenus de savoirs, plus adaptés à maîtriser la nature, bien plus accessibles à un grand nombre d'individus vivant dans les villes, cultivés et animés par des aspirations sociales différentes de celles portées par l'aristocratie et la noblesse.

Le lien entre la nouvelle recherche artistico-scientifique et le nouveau régime républicain est incontestable. Entre 1650 et 1672, la nouvelle culture, qui se voulait utile et agréable plutôt que oisive et solennelle, soutenait un nouveau gouvernement étranger aux objectifs de puissance militaire et contraire aux politiques de contrôle socio-économique dans le pays ; ouvert, en revanche, à l'essor du travail et à l'initiative des citoyens s'affirmant par leurs seules capacités avérées d'améliorer la vie de la communauté (grâce par exemple à la création artistique, à l'art médical, aux constructions navales, tout comme à la scène théâtrale) et étrangers aux hiérarchies

---

[4] Roberto Bordoli, *Etica arte scienza tra Descartes e Spinoza*, pp. 157-160 avec ses notes.

[5] Roberto Bordoli, *ibid.*, pp. 160-164. Voir aussi : Roberto Bordoli, « Account of a curious traveller on *libertijn milieu* of Amsterdam », *Studia Spinozana* 10 (1994), pp. 175-181.

[6] Roberto Bordoli, *Etica arte scienza tra Descartes e Spinoza*, pp. 165-168.

traditionnelles du savoir et du pouvoir. Les arts et les sciences comme formes de travail libre, libre en tant qu'expressions éthiques du corps et de l'esprit. Tel est le fondement de la république néerlandaise, où émergent une nouvelle culture et un nouveau public, qui tout en la produisant en fut le produit.

Orient et Occident

La polémique contre l'anthropologie, la société et l'État inspirés par un modèle autocratique et despotique, l'essor d'une idée plus étendue et inclusive du sujet et de la communauté n'avancent pas seulement en Occident, où de nombreux progrès ont été réalisés grâce au climat intellectuel en vigueur à l'époque à Amsterdam. L'œuvre attribuée à Franciscus van den Enden à propos d'une colonie dans l'État du Delaware en est un exemple[7]. Ces idées se tournent aussi vers l'Orient. Bouwmeester déclare son intérêt pour la philosophie orientale dans sa préface à la version néerlandaise (à partir du latin) du célèbre roman arabe qu'il fait paraître à Amsterdam : l'*Hayy* d'Ibn Tufail[8]. Le livre, qui n'est pas exempt d'arguments averroïstes, relate l'histoire d'un jeune homme insatisfait qui désire changer de vie et accroître ses connaissances. Une histoire qui rappelle de près le début du *Discours sur la méthode*. Le protagoniste se consacre d'abord à la physique et à la médecine, puis à la philosophie, pour se tourner enfin vers la mystique et la connaissance intuitive de Dieu et de l'essence suprême. En conclusion, Hayy se rend compte que la connaissance scientifique et philosophique mène au même contenu que le savoir initiatique : Dieu en tant que vérité de la nature.

Cette brève exposition du roman suffit pour comprendre quel intérêt pouvaient lui porter Bouwmeester et ses amis. Spinoza le résume en

---

[7] *Kort Verhael van Nieuw-Nederlandts Gelegentheit, Deughden, Natuerlijke Voorrechten, en byzondere bequaemheidt ter bevolkingh [...]*, 1662. Quelques extraits sont publiés par Franciscus van den Enden, *Free political propositions and considerations of State [1665]*. Text in translation, the relevant biographical documents and a selection from *Kort Verhael* (1662), introduced, presented, translated and commented on by Wim Klever, Vrijstad [Capelle a/d Ijssel], édité par l'auteur, 2007.

[8] [Johannes Bouwmeester (édition établie par)], *Het leven van Hai Ebn Yokdhan, in het arabisch beschreven door Abu Jaaphar ebn Tophail. En uit de latynsche overzettinge van Eduard Pocock A.M.. In het nederduitsch vertaald. Waar in getoond wordt, hoe iemand buiten eenige ommegang met menschen ofte onderwyzinge, kan komen tot de kennisse van zich zelven, en van God*, Amsterdam, by Jan Rieuwertsz, 1672. L'édition latine (avec texte arabe) est la suivante : [Ibn Tufayl], *Philosophus Autodidactus Sive Epistola Abi Jaafar, Ebn Tophail De Hai Ebn Yokdhan. In qua Ostenditur quomodo ex Inferiorum contemplatione ad Superiorum notitiam Ratio humana ascendere possit. Ex arabica in Linguam Latinam versa Ab Eduardo Pocockio [...]*, Oxonii, excudebat H. Hall, 1671.

répondant à une lettre de son ami[9] : la recherche de la méthode au moyen de laquelle nous pouvons aborder les connaissances les plus élevées de manière agréable et sans obstacle. En effet, cette œuvre offre plusieurs motifs pour nourrir une telle réflexion. Avant tout, elle place l'individu au centre : par ses propres forces, celui-ci se mesure à un véritable *itinerarium mentis in Deum*, sans recours à la révélation ni à aucune autre autorité, par le seul moyen de la connaissance, de pratiques corporelles et mentales. Qui plus est, il s'agit d'un roman non européen, qui témoigne d'une époque révolue. Cette double étrangeté confirme que lorsqu'il est dépouillé de ses attributions plus extérieures, l'universel humain fait émerger des caractères permanents.

Quant aux enjeux majeurs[10] visés par l'adaptation de *Hayy*, c'est l'ami Bouwmeester lui-même qui les explique : les principes de l'éthique et de la vie inspirée par la vertu, mais aussi la connaissance et le culte de Dieu. Éthique, ontologie, religion, auxquelles on peut parvenir aussi bien grâce à la contemplation du vrai que grâce à des pratiques pieuses. Bref, il s'agit du salut des ignorants qui se conjugue à la connaissance intellectuelle ou à l'amour intellectuel de Dieu. L'art du roman enseigne de manière agréable aux sens certaines vérités morales et spéculatives fondamentales, qui peuvent conduire l'homme, oriental ou occidental, chrétien ou musulman, croyant ou athée, sur le chemin d'un savoir utile et universel. À ce propos, il ne faut pas oublier une considération relative à un autre art venant se superposer à l'art du récit : la traduction, qui relève à la fois d'un exercice littéraire et d'un engagement moral. Le roman d'Ibn Tufail est traduit à partir d'une version latine publiée en 1671 à Oxford par le professeur Edward Pococke, qui à son tour l'avait traduit de l'arabe. Bouwmeester déclare avoir fourni une version du roman pour permettre au lecteur néerlandais de développer des réflexions philosophiques tout en lui ménageant une lecture agréable. Cette version est discutée lors de différentes réunions de la *Nil volentibus arduum*[11], qui accorde une grande importance à la traduction de

---

[9] Lettre XXXVII de Spinoza à Bouwmeester du 10 juin 1666.

[10] Charles Appuhn traduit : « sur les sujets les plus élevés ». Selon le texte de Gebhardt : « *præstantissimæ res* » (O IV, 187-188 ; à voir aussi : O IV, *Textgestaltung*, p. 408).

[11] D'ailleurs la traduction est anonyme, et l'auteur apparaît lors des séances de la société *Nil volentibus arduum*. Voir Bernardus Petrus Maria Dongelmans (door), *Nil Volentibus Arduum: Documenten en Bronnen*. Een uitgave van Balthazar Huydecopers aantekeningen uit de originele notulen van het genootschap voorzien van een inleiding, commentaar en een lijst van N. V. A. drukken door B. P. M. Dongelmans, Utrecht, HES Publishers, 1982. Le 29 décembre 1671 on lit (n°109, p. 78) : « *Bouwmeester zeker Arabisch boek uit het Latyn vertaalen* ». On en reparle le 26 avril 1672 et l'on confirme que Bouwmeester en est le traducteur (n°126, p. 85). Après la publication, le jour même (le 11 octobre 1672) où Meyer informe les membres de la réalisation de sa *Grammaire italienne*, Bouwmeester les entretient sur sa traduction : « *Meyer vereert aan yder lid de Italiaansche Spraakkunst, door*

pièces théâtrales, notamment françaises et italiennes. Une activité qui témoigne de la conviction que les différentes langues véhiculent des contenus universels transmissibles d'une langue à l'autre, et qui suppose aussi que ces contenus parviennent dans une forme compréhensible à un public toujours plus large en mesure de les apprécier librement en fonction de son progrès moral. De ce point de vue, il n'est pas surprenant que Meyer ait écrit une grammaire italienne en néerlandais[12].

Représenter sans représentation

Lors de la séance du 30 décembre 1670 de la *Nil volentibus arduum*[13] (dix-huit mois avant le renversement de la république par le parti du *stadhouder*), tout en discutant des fins que doit poursuivre la dramaturgie, Bouwmeester trace le portrait du spectateur d'un théâtre moderne et de l'acteur évoluant dans une libre république. Le dramaturge doit susciter auprès des spectateurs et des acteurs des passions à condition qu'on puisse les rapporter aux deux principales que sont la joie et la tristesse. Mais surtout, le poète doit tenir compte de l'époque au cours de laquelle ses ouvrages sont représentés et de la forme de gouvernement sous laquelle il vit. Par exemple, dans un régime monarchique, il est dangereux de mettre en scène tout ce qui est susceptible d'alimenter dans le public l'amour pour la liberté. Ce qui n'a pas lieu d'être dans une libre république, où l'artiste doit contribuer à l'élévation générale. Plus précisément, le poète doit considérer les affections de son public, et en particulier de sa « meilleure et plus intelligente partie ». « *De beste en de verstandige menschen* » indiquent les membres du patriciat urbain qui constituent la partie la plus en vue de la classe dirigeante économique, politique et intellectuelle d'Amsterdam et plus largement de l'État néerlandais de l'époque : tous ceux qui, par exemple en exerçant un art, peuvent s'élever à une condition semblable en accédant à

---

hem gemaakt. Bouwmeester als boven het Leeven van Hay Ebn Yokdan, door hem uit het Latyn overgezet » (Meyer offre à chaque membre sa *Grammaire italienne* composée par lui. Bouwmeester fait de même avec *Het Leeven van Hay Ebn Yokdan* traduite par lui du latin, n° 150, p. 93).

[12] [Anonyme] *Italiaansche Spraakkonst, Leerende Op eene vaste grondt de Italiaansche Taale wel, en ter deege Leezen, Verstaan, Spreeken, en Schrijven* : Waar in meest alle de gebruikelijkste Italiaansche Woorden, in het Neederduitsch vertaaldt (om voor een *Woordeboek* te konnen dienen) t'hummer plaatse ingeschikt ; en dry Gemeenzaame Samenspraaken, in het Italiaansch en Neederduitsch, achteraan gevoegdt zijn, t'Amsterdam, By Abraham Wolfgang, Boekverkooper op het Rokkin, in het opgaan van de Beurs, 1672, édition anastatique établie par Vincenzo Lo Cascio, Dordrecht, Foris Publications, 1995. Sur ce sujet : Roberto Bordoli, « La *Grammatica Italiana* di Meyer », *Bollettino Spinoziano* édité par l'Associazione Italiana degli Amici di Spinoza, n° 8-9 (1997-1998), p. 19-23.

[13] Bernardus Petrus Maria Dongelmans, *Nil Volentibus Arduum: Documenten en Bronnen*, 1982, n° 54, p. 53.

des degrés de liberté éthique et politique et en s'émancipant des tutelles théologiques et politiques.

Six mois plus tard, le 12 mai 1671[14], Bouwmeester regrette que l'adage latin selon lequel les ignorants méprisent les arts trouve aussi une confirmation à l'époque moderne. Ce qui n'empêcha pas les arts de fleurir surtout là où la vie civile est florissante et se développe, c'est-à-dire en « *de burgerlyke ommegang* », qui dénote le commerce matériel et spirituel caractéristique de la vie et des villes européennes modernes. Les arts et leur exercice libre répondent ainsi aux exigences d'un gouvernement moderne, intéressé à former des citoyens libres et conscients, autonomes et vertueux. Dans ce but, l'ensemble des moyens nécessaires aux artistes, en commençant par la langue maternelle et celle pratiquée par la communauté, doivent être utilisés sans crainte, sur le modèle de ce qui se passe en France, où une langue moderne réussit à exprimer des sentiments et des passions à un niveau comparable à celui atteint par les classiques grecs et latins.

Selon Quinault, traduit par *Nil volentibus arduum* en 1671 : « La scène est une école où l'on n'enseigne plus/ Que l'horreur des forfaits, et l'amour des vertus,/ Elle émeut à la fois le stupide et le sage,/ Montrant des passions, elle en montre l'usage [...] »[15]. En Hollande, à la liberté économique et politique ne correspond pas encore une liberté appropriée des moyens artistiques. Pourtant, l'objection que la dramaturgie ne mériterait aucune reconnaissance parce que les acteurs mèneraient une vie dépravée, ne tient pas. De nombreux artistes vivent en bons bourgeois et mènent une vie moralement correcte. Certains soutiennent même que le théâtre ne s'accorde pas avec le christianisme parce qu'il expose sur scène des modèles de vie corrompus qui ne sont pas à prendre en exemple. Mais cela ne valait que pour certaines œuvres anciennes et non pour le théâtre moderne qui s'inspire de bien d'autres principes. Les Français ont conjugué l'aspect didactique du théâtre et l'aspect jouissif de la représentation. Bouwmeester suit ce modèle – Quinault, Racine, Corneille. Il peut, certes, être amélioré, mais il indique la voie à suivre. En effet, mettre en scène des événements patriotiques et édifiants, des farces populaires insolentes, ou encore des drames religieux ressemblant à des prêches ne suffit plus. Le théâtre n'est ni une église ni un lieu de perdition, et l'art n'est ni une religion ni une expérience extrême. État, art, sciences et philosophie ont un but commun : chercher le meilleur pour l'individu et pour la communauté, dont ils font partie intégrante. Représenter ce n'est pas imiter, célébrer, détourner, dogmatiser ; mais

---

[14] Voir l'ouvrage déjà cité de Bernardus Petrus Maria Dongelmans, *Nil Volentibus Arduum: Documenten en Bronnen*, 1982, n° 73, p. 62.

[15] Philippe Quinault, *La Comédie sans comédie* [1657], Rouen-Paris, chez Guillaume de Luyne, 1660, acte I, scène I, p. 13. Version néerlandaise établie par la *Nil Volentibus Arduum*: *Tooneelspel zonder tooneelspel*, Amsterdam, by Jac. Lescaille, 1671.

raisonner, critiquer, produire des idées. Meyer formalise cette conviction dans ses exposés devant les membres de la *Nil volentibus arduum*[16]. C'est encore Meyer qui souligne que les arts poursuivent des buts pratiques et sont capables d'influencer les spectateurs pour les édifier sans les flatter, ni les blesser. Cela revient à préconiser l'édification d'un nouveau public, en mesure d'agir en se fondant sur une nouvelle éthique en vue d'un nouveau gouvernement politique, et de produire quelque chose comme une opinion publique. Ces préconisations vont au-delà de ce que proposait Corneille, dans son *Illusion comique*.

Usage et abus du théâtre

Le 10 août 1677, lors d'une des réunions périodiques de la *Nil volentibus arduum*, les procès-verbaux rendent compte d'une lecture de vers tirés d'un poème d'Andries Pels, qui sera publié quatre ans plus tard. Pels tient régulièrement ses amis au courant de la rédaction de son travail jusqu'à la lecture des derniers vers le 24 octobre 1679[17]. Le concours de ses amis n'est pas fortuit. D'une part, le poème partage le programme éthico-politique de Meyer, de l'association et des amis qui gravitaient autour de lui ; d'autre part, il exprime les exigences littéraires fixées par le classicisme et le rationalisme. Contre le clergé (dont le référent social était les ignorants) qui s'opposait au théâtre pour des raisons d'ordre moral[18], contre les

---

[16] Voir par exemple Bernardus Petrus Maria Dongelmans, *Nil Volentibus Arduum: Documenten en Bronnen*, 1982, n° 3, p. 31.

[17] Il s'agit de *Gebruik én Misbruik des Tooneels*, Amsterdam, by Albert Magnus, 1681. Édition moderne : Andries Pels, *Gebruik én Misbruik des Tooneels*, met inl. en comment. door Maria A. Schenkeveld-van der Dussen, Culenborg, Tjeenk Willink/Noorduijn, 1978. *Cf.* Bernardus Petrus Maria Dongelmans, *Nil Volentibus Arduum: Documenten en Bronnen*, 1982, n° 408, p. 182 ; n° 460, p. 198 ; n° 512, p. 217 ; n° 519, p. 219 ; n° 530, p. 222.

[18] Le cas du puritain William Prynne était bien connu, son œuvre énonçait dans son long titre son programme : *Histrio-mastix. The players scourge, or, actors tragaedie, divided into two parts. Wherein it is largely evidenced, by divers arguments, by the concurring authorities and resolutions of sundry texts of Scripture, that popular stage-playes are sinfull, heathenish, lewde, ungodly spectacles, and most pernicious corruptions; condemned in all ages, as intolerable mischiefes to churches, to republickes, to the manners, mindes, and soules of men. And that the profession of play-poets, of stage-players; together with the penning, acting, and frequenting of stage-playes, are unlawfull, infamous and misbeseeming Christians. All pretences to the contrary are here likewise fully answered; and the unlawfulnes of acting, of beholding academicall enterludes, briefly discussed; besides sundry other particulars concerning dancing, dicing, health-drinking, etc... of which the table will informe you*, London, printed by E[dward] A[llde, Augustine Mathewes, Thomas Cotes] and W[illiam] I[ones] for Michael Sparke […], 1633 (édition moderne élaborée par Arthur Freeman, New York, Garland, 1974). L'œuvre fut

représentations édifiantes et patriotiques de Vondel (qui s'adresse à l'aristocratie monarchique et aux militaires), contre les farces grossières et les spectacles triviaux (organisés pour la plèbe en quête de fortes émotions). Tout comme Meyer, Pels voudrait que le théâtre municipal d'Amsterdam exerce une fonction civile, formatrice, en dépit des problèmes financiers, car le public était beaucoup plus attiré par des mises en scène à l'impact émotif plus fort.

Parler de religion n'était guère différent de parler de politique ou de morale. Il s'agissait de choisir son public, la thématique et les moyens d'en parler. Ce deuxième aspect influence le premier. On fait plus que choisir son public, on le forme, on le conditionne. Il s'agit ici de la société la plus élevée, sa meilleure partie (*beesten*), pour qui Pels estime que le théâtre doit œuvrer[19]. Les mêmes propos sont tenus par Boumeester[20] : le poète doit avoir présent à l'esprit « l'État et la forme de gouvernement sous laquelle il vit ». Dans une libre république (dirait Spinoza), le dramaturge a le devoir de contribuer à l'élévation générale. Dans ce but, le poète doit tenir compte avant tout des affections de son public ; mieux, de sa partie la meilleure : « car avoir obtenu l'éloge des meilleurs et des plus intelligents doit être apprécié bien plus que la surprise et que les applaudissements de la plèbe et de la *lie du peuple* »[21].

Au sein de la *Nil volentibus arduum*, chez Bouwmeester, chez Pels, le but de la dramaturgie, en tant qu'activité artistique capable de susciter de nouvelles et plus fortes passions auprès des spectateurs, coïncide avec le but assigné à l'État par Spinoza, en tant qu'appareil capable de produire des passions positives au sein de ses citoyens avec pour finalité de promouvoir la liberté : permettre aux meilleurs et aux plus doués de développer les idées de l'esprit. C'est-à-dire de transformer la tristesse en joie ; qui n'est autre, en

---

traduite en néerlandais et publiée six ans plus tard à Leiden : *Histrio-mastix ofte Schouw-spels treuspel, dienende tot een klaar bewijs van de onwetlijckheden der hedendaagsche comedien.*

[19] Andries Pels, *Gebruik én Misbruik*, v. 14-19.

[20] Le 30 décembre 1670 lors d'une réunion de l'association : comme on a vu ci-dessus (Bernardus Petrus Maria Dongelmans, *Nil Volentibus Arduum: Documenten en Bronnen*, 1982, n° 54, p. 53).

[21] « Want de roem en lof vande beste en verstandigste menschen bewoogen en vermaakt en voldaan hebben, veel grooter en heerlijker geacht moet worden, als alle verwondering en toejuiching van het Graauw en het schuim van't Volk » : A. J. E. (Ton) Harmsen (door), *Onderwys in de tooneel-poëzy: de opvattingen over toneel van het Kunstgenootschap Nil Volentibus Arduum*, (proefschrift Universiteit van Amsterdam), Rotterdam, Ordeman, 1989, p. 374. Il s'agit de l'édition moderne de [*Nil Volentibus Arduum*] *Naauwkeurig Onderwys In De Tooneel-Poëzy, En Eenige Andere Deelen Der Kunst, Zo wel van de Oude als Hedendaagsche Dichters.* Nooit te vooren gedrukt, Te Leiden, By C. van Hoogeveen Junior, 1765 (mais écrit vers 1670).

fait, que la finalité même de la philosophie. Dans ses 1848 vers, Pels aborde de nombreux sujets qui, en partant du théâtre, touchent divers aspects de la vie et de la société de l'époque. Il retrace notamment une brève histoire du théâtre et en particulier du théâtre municipal d'Amsterdam (fondé en 1637, puis fermé et rouvert à plusieurs reprises). Il indique ensuite les objectifs de la dramaturgie qui bien que différents sont centrés sur l'édification morale du public[22]. En revanche, il faut combattre l'usage d'arguments religieux (le théâtre n'est pas une église) de même que l'emploi du moralisme patriotique (le théâtre n'est pas l'État). Pels conteste l'idée que le mauvais théâtre, plus enclin aux sentiments de la racaille, soit aussi le plus rentable sur le plan économique : un *punctum dolens* étant donné les obstacles que Meyer et ses amis rencontraient pour gérer une saison en déficit, alors qu'ils étaient convaincus de monter des pièces de qualité[23]. Enfin, Pels défend un principe de méthode (cartésienne) : le bon art suit des règles. Tout comme la philosophie. Et cela vaut pour n'importe quel art. Aussi les spectacles de Vos ou les tableaux de Rembrandt semblent trahir une absence de règles formelles. Ces derniers préférèrent devenir des hérétiques de l'art plutôt que s'assujettir aux règles de la raison et du bon goût[24].

Même l'usage politique du théâtre soulève des questions formelles. Comme on l'a vu, le dramaturge a pour devoir d'améliorer les citoyens et donc, implicitement, de favoriser le bon gouvernement. Toutefois, là aussi une certaine mesure semble nécessaire. S'il faut pour certaines œuvres apprécier le contenu politique anti-tyrannique, on ne peut pas laisser passer

---

[22] *Zedenverbetering*. Sur ce point voir en particulier Andries Pels, *Gebruik én Misbruik*, v. 449-482 ; 774-1048. Le vers 908 est explicite : « *'t Verbé'ren van de taal, én zéden is het eind* » (améliorer la langue et les mœurs est le but).

[23] La question avait des implications épineuses puisque l'administration du théâtre dépendait de l'orphelinat et de l'asile municipal. Les profits des spectacles allaient entièrement à ces deux organismes d'assistance, qui par la suite fournissaient aux gérants du théâtre les financements pour leur activité. Si les profits étaient maigres, le retour pour les gérants était à peu près nul et l'organisation des spectacles s'interrompait. Cette situation se compliqua à partir de 1665 quand Meyer (il était alors directeur du théâtre) introduisit l'usage d'engins de décor, dont le coût était très élevé et difficilement gérable si les représentations n'affichaient pas complet. À cela, il faut ajouter que les œuvres d'assistanat constituaient un aspect non négligeable du consensus pour le gouvernement municipal qui, bien que non électif, tenait beaucoup à ces aspects de « démocratie apparente » (voir ci-dessous). Sur ce point, voir Andries Pels, *Gebruik én Misbruik*, v. 223-448.

[24] « *[...] De groote Rémbrand, die 't by Titiaan, van Dyk, / Nóch Michiel Angelo, nóch Rafel zag te haalen, / En daarom liever koos doorluchtiglyk te dwaalen, / Om de eerste kétter in de Schilderkunst te zyn, / En ménig nieuweling te lókken aan zyn' lyn; / Dan zich door 't vólgen van érvaarene te schérpen, / En zyn vermaard pénseel den rég'len te onderwérpen.* » (Andries Pels, *Gebruik én Misbruik*, v. 1096-1102) Gérard de Lairesse, un peintre proche de la *Nil volentibus arduum* et ami de Pels, émit ce même jugement sur Rembrandt (qui le représenta en 1665).

les insuffisances stylistiques. C'est le cas de Thomas Asselijn[25], qui met en scène l'ascension et la chute de Masaniello lors de la révolution napolitaine de 1647. Un sujet brûlant, au point que l'auteur lui-même affirme[26] que son théâtre ne veut pas exciter le peuple à la révolte, mais, au contraire, accroître sa bienveillance vis-à-vis du gouvernement républicain (néerlandais), en montrant les pernicieux effets de la tyrannie. Bien que du même avis, Pels souligne que la pièce d'Asselijn manque d'équilibre. En ayant recours à la véhémence des sentiments et des passions, en montrant à la fin la sanglante exécution de Masaniello, on fait appel à l'imagination et non pas à la raison du public[27]. On peut citer la conclusion qui rappelle les dernières lignes de l'*Éthique* et l'enseignement que « tout ce qui est excellent est aussi difficile que rare ») :

> Et donc quelle récompense pour celui qui a bien agi ? La joie
>
> Des vertus : la vertu est la vraie récompense de la vertu.
>
> Et leur cher nom écrit avec des louanges sincères
>
> Dans les bons livres vivra après leur vie :
>
> Afin que leur œuvre, jaillie de la vertu,
>
> Vaille comme exemple pour leurs descendants à Amsterdam[28].

Théâtre et république. Un exemple[29]

Le 8 janvier 1680, au théâtre municipal d'Amsterdam, dirigé par Meyer et ses amis, sur le Keizersgracht, on met en scène *La Tirannide Dell'interesse sull'isola del libero arbitrio* de Francesco Sbarra. La pièce avait été publiée l'année précédente suite à la traduction néerlandaise de l'original italien par Andries Pels[30]. L'idée de s'occuper de cette œuvre avait

---

[25] Thomas Asselijn, *Op- en ondergang van Mas Anjello, of Napelse beroerte* [1668], editie Marijke Meijer Drees, Amsterdam, Amsterdam University Press, 1994.

[26] Dans la dédicace à Joan van Vlooswyk (secrétaire de l'Hôtel de ville d'Amsterdam), p. 21.

[27] Andries Pels, *Gebruik én Misbruik*, v. 493-505.

[28] « *Wat loon voor zulke, én zo veel wéldaân ? Deze vreugd / Der deugdigen ; dat Deugd is 't waare loon van Deugd ; / En dat hunn' lieve Naam, oprécht mét lóf beschreeven / In braave boeken lang zal leeven na hun leeven ; / Opdat hunne arbeid, die uit Deugd haare oorsprong nam, / Een voorbeeld strékke aan hunn' Nazaaten te Amsterdam* » ; Andries Pels, *Gebruik én Misbruik*, vv. 1843-1848. Pour l'*Éthique*, voir partie V, proposition XLII et scolie.

[29] Pour ce paragraphe et le suivant, voir Roberto Bordoli, "Tra democrazia apparente e tirannia. Spinoza e la letteratura repubblicana", *Intersezioni* XXXII (2012) 3, p. 331-354, paragraphes 8-10.

[30] Francesco Sbarra, *La Tirannide Dell'interesse. Tragedia politica morale* [...], Venetia, par Nicolò Pezzana, 1668 (copie dont je tire ma citation), Iᵉ édition : Lucca, 1653. [*Nil Volentibus Arduum*] *Tieranny Van Eigenbaat In het Eiland van Vrijekeur,*

mûri au sein de l'association artistique et littéraire *Nil volentibus arduum* le 29 décembre 1671[31].

L'édition italienne avait paru en 1653. Poète et homme de lettres de Lucques, Francesco Sbarra (1611-1668) avait donné comme sous-titre à sa pièce : « tragédie politico-morale » et prévu une mise en scène dans sa ville avec un accompagnement musical (prévu aussi dans la version néerlandaise). Le but de Sbarra est d'« *apportar più giovamento, che diletto* » (apporter plus d'avantages que de plaisir). Il explique que l'histoire se propose de montrer d'abord (Ier acte) comment la vie s'écoule heureuse sur l'île de Libre Arbitre, sous le gouvernement d'Intelligence et Vertu : exactement comme cela arrive, affirme l'auteur non sans ironie, dans la plupart des royaumes d'Europe. Il représente ensuite (dans les quatre autres actes) ce qui arriverait si malheureusement Intérêt prenait le pouvoir en rendant esclave Volonté, si Intelligence et Vertu étaient tuées et si Hypocrisie commandait. Tous allégoriques, les personnages représentent le bien (Vertu, Bien Public, Sincérité) ou le mal (Malice, Duperie, Vice, Flatterie). La pièce prévoit aussi une intrigue réaliste secondaire comme le mariage entre Intelligence (qui devient le roi de l'île) et Vertu (la sœur de Volonté). Intérêt s'introduit à la cour avec l'aide de ses conseillers, il tue Intelligence et Vertu pour se marier ensuite avec Volonté et s'emparer du royaume. La morale de la fin de la pièce est claire : « Bien fou qui croit / trouver dans l'intérêt / amour et foi ». La tragédie de Sbarra possède un incontestable sens anti-tyrannique, anti-monarchique et pro-européen. Lucques vantait déjà au Moyen Âge une solide tradition républicaine destinée à se conserver, malgré de brèves interruptions aux accents démocratiques et oligarchiques, jusqu'à l'époque napoléonienne. C'est pourquoi, avec Venise, elle attirait l'attention des républicains néerlandais.

La version de Pels suit de près celle de Sbarra, même si on relève quelques variantes, notamment quand la traduction de Pels cherche à tempérer le souffle moral (et moralisateur) de l'original. Dans la création artistique, selon l'association d'Amsterdam, avantages et plaisir, *prodesse* et *delectare*, doivent s'équilibrer. La première représentation de la pièce à Amsterdam remporta un vif succès, au point qu'elle bénéficia de nombreuses représentations et rééditions jusqu'à la fin du XVIIIe. Celles qui remontent à la première décennie du XVIIIe siècle fournissent une clé de lecture historico-politique d'une vraisemblance considérable pour interpréter le sens allégorique des personnages. Compte tenu de cet aspect, le spectateur pouvait tirer au moins trois enseignements. Sur le plan moral, que l'homme

---

Zinnespél, Amsterdam, by Albert Magnus, 1679 ; maintenant : *bezorgd en ingeleid door Tanja Holzhey en Kornee van der Haven. Melodienotatie verzorgd door Rudolf Rasch*, Zoeterwoude, Astraea, 2008.
[31] Bernardus Petrus Maria Dongelmans, *Nil Volentibus Arduum: Documenten en Bronnen*, 1982, n° 109, p. 78-80.

qui ne suit ni raison ni vertu aboutit au vice et au mal. Sur le plan politique, l'intrigue montre que les gouvernants qui ne fondent pas leur action sur le bien commun des citoyens, rendent ces derniers malheureux. Enfin, appliquant la leçon éthico-politique à la situation historique néerlandaise et en particulier aux événements de 1672, la mise en scène se prononce contre la monarchie orangiste et le parti des Stadhouders, dont l'action était soumise à l'intérêt privé et non pas au bien commun de la république. Par ailleurs, l'anti-monarchisme n'est pas nouveau. Le *Palamedes* de Vondel[32], avec sa référence à une situation historique semblable à la chute de la république dewittienne, revêt le même sens politique. Sans oublier la tendance à assimiler monarchie et tyrannie, ce qui est bien caractéristique des milieux républicains.

L'allégorie de 1672 : le triomphe de la tyrannie

Les descriptions allégoriques des personnages fournies dans l'édition de 1679 et surtout dans celles de 1705 et de 1706, sont éloquentes. Elles sont bien illustrées par le frontispice de l'édition de 1705.

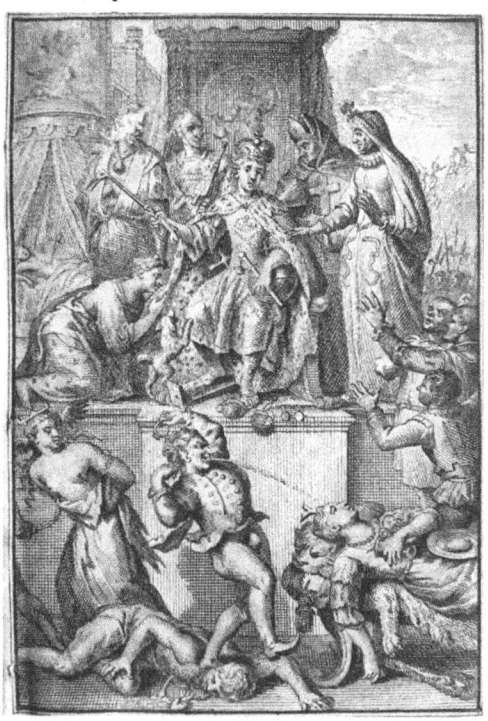

Figure : Frontispice[33]

---

[32] Joost van den Vondel, *Palamedes Oft Vermoorde Onnooselheyd*. Treur-Spel, nunc cassum lumine lugent, Amsterdam, by Jacob Aertsz Colom, 1625.

[33] *Tieranny Van Eigenbaat In het Eiland van Vrijekeur*. Zinnespél. De tweede druk op nieuws overgezien, verbeeterd, en van veele drukfeilen, enz. gezuiverd,

La scène est divisée en deux parties, une en haut et une en bas. La moitié supérieure est dominée par le roi Intérêt assis sur son trône entouré de cinq courtisans. La partie inférieure représente les victimes du coup d'État grâce auquel le nouveau roi s'est installé avec Vice qui les humilie impitoyablement et triomphalement. Au centre, sur la droite, se trouve le peuple qui applaudit le nouveau roi. Tandis qu'en haut, à gauche, sur le baldaquin royal, domine un aigle qui vole en direction du soleil resplendissant et du sphinx, symboles du roi Intelligence Celui-ci, vaincu et tué, gît une flèche dans la poitrine, sur son lit au milieu des rideaux.

Intérêt est d'aspect plus féminin que masculin, allusion à la raison d'État, parfois représentée dans l'iconographie comme une amazone. Le nouveau roi a tous les attributs de sa fonction (sceptre, couronne, hermine), il tient sous le bras gauche le monde entier (ainsi qu'une balance qui lui permet de le juger) et sur son bras droit son sceptre commence par une tête de héron et se termine par un ongle d'hippopotame : symboles de la violence dont il a le monopole. Derrière lui, le trône est décoré avec une image de la liberté qui dans la main gauche tient un bonnet (un attribut traditionnel : *pileus*, bonnet phrygien) et dans sa main droite un sachet (contenant des boules blanches et noires) qui rappelle les procédures électorales dans la démocratie grecque.

À côté et derrière Intérêt, dans le sens des aiguilles d'une montre, on entrevoit Flatterie, Mal (ou Méchant Génie), Duperie, Hypocrisie et Perfidie. La première embrasse respectueusement l'hermine d'Intérêt et est accompagnée par un petit chien qui fait la fête au roi : sa jupe est brodée avec des mouches de viande (celles qui se nourrissent de viande putréfiée). Mal porte accroché à la corde d'Achitofel (2 *Samuel* 17,23), qui pend à son cou, un cœur renversé qui au lieu d'engendrer de l'amour, dont il est dépourvu, renferme des secrets inavouables. En outre, il dissimule les mains dans sa veste de conseiller. Duperie ou Fraude couvre son visage avec un masque et tient en main un soufflet au moyen duquel il éloigne la vérité. Hypocrisie est vêtu comme un ecclésiastique de l'église catholique romaine en tenant une petite croix dans la main gauche et un missel dans sa main droite. Perfidie est habillée en gouvernante espagnole et sur sa jupe se trouvent des serpents, qui symbolisent les astuces de la politique[34].

Amsterdam, gedrukt voor het kunstgenootschap en te bekomen by de erven van J. Lescaille, 1705.

[34] Adriaan Koerbagh, *Een bloemhof van allerley lieflijkheyd sonder verdriet geplant door Vreederijk Waarmond, ondersoeker der waarheyd [...]*, Amsterdam, gedruckt voor den schrijver, 1668, (maintenant : Leiden, Brill, 2011), fournit deux sens fondamentaux du terme *politijc*. Positivement, il a pour sens : civil, bourgeois ; ou bien le terme indique qui s'occupe du gouvernement d'un État ou d'une ville. Négativement, il désigne une attitude frauduleuse ou méchante ou bien une personne qui agit mal ou tend des pièges.

Si nous passons à la partie inférieure de l'illustration, de gauche à droite nous rencontrons quatre personnages : Volonté, Bien (ou Bon Génie), Vertu et Vice. La première est représentée comme une esclave : avec un balancier sur la tête figurant l'inquiétude qui l'envahit et en contraste singulier avec ses ailes (qu'elle porte encore sur le cou) et dont elle ne peut faire aucun usage. Bien gît mort au pied du trône et perd encore du sang de son cœur, tandis que Vertu, l'épouse d'Intelligence, elle aussi défunte, gît sur un canapé, posé sur la peau d'un lion avec à ses côtés une massue : une allusion à Hercule le héros de la mythologie grecque ainsi qu'à sa force et à sa fermeté. Elle tient encore dans sa main gauche la coupe du poison qui l'a tuée et dans son sein l'assiette qui la supportait. Sur sa tête pointe la lettre upsilon, symbole pythagoricien de la vie humaine et du choix entre le bien ou le mal pour lequel on doit opter à la sortie de l'enfance. Vice, au centre de la scène, montre, avec toute sa laideur, son mépris pour les vaincus en profanant les cadavres et en triomphant. En haut à droite dans le fond on entrevoit Sincérité et Justice qui ont été mises au ban et que l'on voit en conséquence fuir l'île poursuivies par des truands armés.

Après avoir interprété cette riche illustration, nous comprenons les faits mis en scène dans les cinq actes ainsi que leur sens éthique et politique. Une clé ultérieure est fournie par l'édition de 1706 et concerne la valeur historique des personnages. Dans ce cas précis, le roi Intelligence représente la province de Hollande et Intérêt le prince d'Orange. Rangés au coté de la première nous trouvons le magistrat municipal (Vertu) et les états de Hollande (Volonté), et, en outre, Jan de Witt (Bien Commun), Cornelis de Wit (Bien) ainsi que les magistrats limogés après les événements de l'été 1672 (Justice)[35]. À l'autre bout, à côté de Willem III, se trouvent Willem Adriaan van Nassau, seigneur d'Odijk[36] (Mal), la vieille princesse Amalia van Solms, la grand-mère de Willem III (Perfidie), et Caspar Fagel[37] (Fraude), le clergé de l'église calviniste de stricte orientation (Hypocrisie), Hans Willem baron de Bentinck[38] (Vice), les courtisans (Flatterie). Le cadre qui émerge est explicite : le monarque, sa cour, le clergé fanatique et certains gouvernants transfuges ont enterré la république avec ses institutions fondamentales (*raadspensionaris* de Hollande, magistrats municipaux, provinciaux et fédéraux) pour imposer un régime soutenu par l'armée et fondé sur l'autorité et l'obéissance plutôt que sur la liberté de parole, la libre recherche et la libre initiative. Égarement moral et dégénérescence politique

---

[35] Ce sont les magistrats appartenant au parti des *Staten*.

[36] Membre de la noblesse zélandaise et collaborateur du prince d'Orange.

[37] Ancien chancelier des *Staten-Generaal* et collaborateur de de Witt, après l'assassinat de ce dernier il fut nommé nouveau *raadspensionaris* de Hollande, ce qui lui attira l'accusation de trahison de la part de la *Loevenstein factie*. Pieter de Groot, fils de Hugo et intime de de Witt, lui fut particulièrement hostile.

[38] Aristocrate et ami de Willem III nommé en 1676 député des *Staten* de Hollande.

partagent un égal mépris pour la liberté individuelle, la paix interne et externe. L'art, le théâtre connaissent et raisonnent : de cette façon ils jugent et condamnent. Sans rire et sans pleurer. Sans appel aussi. Aux meilleurs, aux intellectuels et aux libres penseurs d'en tirer des conclusions.

D'un côté, la religion en tant que foi historique n'est plus en mesure de conduire tous les hommes au salut, de l'autre les nouveaux savoirs et les nouvelles pratiques apportent des formes de connaissance ouvrant des voies inédites pour le contentement de l'humanité. Le public des arts, des sciences et de la philosophie aspire désormais à devenir citoyen d'une libre république. Il vit pourtant les mêmes contradictions. Le monde féodal est fini (en Hollande il n'a jamais vu le jour), mais la société industrielle n'en est qu'à ses débuts. De sorte que le lexique humaniste de la Renaissance, que l'on avait déjà adapté pour retrouver l'Antiquité comme modèle d'une raison qui ne soit pas seulement fonctionnelle, sert à présent de métaphore pour l'unité de l'homme, d'une *praxis* multiforme face à l'unité de ses sujets, de la nature et de ses productions. Peu importe qu'il s'agisse d'arts, de sciences, de religion, de libres républiques ou de philosophie. Le Dieu des Églises et de la foi ne sauve plus, mais l'unité de l'humanité et la transparence de sa *praxis* sont un horizon encore lointain. Dans ce large espace conflictuel, théâtre d'une modernité naissante, où se développent libre opinion, nouveau public et moderne république, l'activité du sujet s'exerce au sein d'une communauté d'égaux et, en quelque mesure, d'élus. Quelles que soient les formes qu'elle peut prendre, cette activité se veut libre et reconnaissable par les meilleurs. Tout ce qui est excellent est aussi difficile que rare. Bien que réservée à un petit nombre, elle demeure néanmoins salutaire.

4. La Lettre 32 de Spinoza lue d'un autre point de vue : les insectes et les pendules

Introduction : la question de Robert Boyle à Spinoza

Le 10 octobre 1665, le premier secrétaire de la Royal Society, Henry Oldenburg (1619-1677), écrit une lettre[1] à Robert Boyle (1627-1691) dans laquelle il informe son ami de la réception d'une lettre d'un certain « *odd philosopher* », à savoir « *signior Spinosa* ». Oldenburg ajoute en annexe un extrait de la lettre de Spinoza (Lettre 30) :

> dans la même lettre à Sir Robert[2], j'ai mentionné ce qu'un certain philosophe original (vous le connaissez mieux que lui : il s'agit de Signior Spinoza) m'a écrit très récemment à propos de l'installation de Huygens en France, de ses pendules, de son avancement en dioptrique, etc. Le même Spinoza vous fait part de son plus grand respect, et se met humblement à votre disposition. Il a bien peur que les éditeurs hollandais ne mettent en vente, sous notre nez, une *Histoire des couleurs* de leur cru, avant que la traduction faite ici ne puisse être expédiée là-bas. En guise d'extrait de ce qu'il fait et de ce qu'il pense, il écrit : [...].[3]

Boyle est surpris que Spinoza ait écrit, dans sa Lettre 30, que « les hommes, comme les autres choses, sont seulement une partie de la nature », et que le philosophe hollandais « ignore comment chaque partie de la nature convient avec son tout, et comment se fait sa cohésion avec les autres ». Quelques jours plus tard déjà, Boyle encourage « le philosophe qui vit en Hollande sans être hollandais »[4] *via* Oldenburg – dans sa lettre (Lettre 31) – à continuer ses activités philosophiques, et il adresse une question très précise au philosophe hollandais :

> Le seigneur Boyle, se joignant à moi, vous envoie ses meilleures salutations, et vous encourage à continuer activement et avec énergie à philosopher. Surtout, si quelque éclat de lumière vous a frappé, pris au piège dans la chasse difficile qui touche à ce que nous connaissions comment chaque partie de la nature convient avec son tout, et sous quel rapport se fait sa cohésion avec le reste, nous vous le demandons très affectueusement : faites-nous en part ![5]

---

[1] Toutes les traductions françaises de la correspondance de Spinoza sont de Maxime Rovere sauf mention contraire ; *cf.* M. Rovere, *Spinoza, Correspondance*, Paris, GF Flammarion, 2010, p. 201-202.

[2] Il s'agit ici de Robert Moray (1608-1673) qui était, tout comme Robert Boyle, co-fondateur de la Société Royale.

[3] Le texte original en anglais de cette citation se trouve dans *The Correspondence of Robert Boyle*, London, Pickering & Chatto, 2001, vol. 2, p. 550-552.

[4] Terme mentionné par H. Oldenburg dans sa lettre à Moray.

[5] *Cf.* M. Rovere, *op. cit.*, p. 203-204.

50

À cette époque, la question de la relation entre les parties d'un corps et le tout était pertinente, non seulement pour Spinoza, mais aussi pour Boyle. Spinoza avait déjà mené une réflexion sur ce sujet dans sa lettre du 20 avril 1663 sur l'infini (Lettre 12) adressée à son ami Lodewijk Meijer (1629-1681). Au cours d'une période précédente, entre 1661 et 1663, Boyle et Spinoza avaient eu une discussion basée sur la traduction latine d'un livre de Boyle, *Certain Physiological Essays* (1661). Dans cet ouvrage, Boyle définit pour la première fois sa nouvelle philosophie, « *The Corpuscular Philosophy* ». Une des idées centrales de cette doctrine[6] était que tous les phénomènes naturels devaient être expliqués en termes de qualités mécaniques (telles que la grandeur, la figure et le mouvement) des corpuscules qui composent le tout. Pour illustrer cette idée, Boyle a mené une expérience, la « rédintégration » [*redintegratio*] du salpêtre.

C'est le chimiste et alchimiste allemand Johann Glauber (1604-1670) qui avait réalisé la « rédintégration » [*redintegratio*] du salpêtre pour la première fois, dans son laboratoire à Amsterdam, mais Boyle interprète sa propre expérience différemment. Selon lui, le salpêtre est composé de deux parties qui diffèrent du salpêtre et diffèrent entre elles. Néanmoins, comme il l'avait précisé dans la première section du *De Nitro*, le salpêtre est une substance générale [*the most Catholick of Salts*] fonctionnant donc comme paradigme pour tous les corps. En outre, par son expérience, l'auteur de l'*Origin of Forms and Qualities* (1666) n'était pas seulement en mesure de montrer que tous les corps étaient composés de corpuscules, mais aussi que tous les phénomènes observables étaient explicables en termes de qualités mécaniques de ces corpuscules.

Dans ce contexte, la question de la relation entre les parties d'un corps s'avérait capitale pour comprendre les mécanismes corpusculaires à la base des effets observables, d'où la question adressée à Spinoza. Boyle, de son côté, avait éclairci ces mécanismes invisibles des corpuscules par l'analogie de l'horloge. Pour l'expérimentateur anglais, un corps est à concevoir selon le modèle d'une horloge, et la nature est « *that great machine, the world* » qui comprend tous les autres corps[7]. Néanmoins, subsistait la question de la cohésion des parties dans la nature. Dans une lettre qui date du 20 novembre 1665, Spinoza répond à la question de Boyle, mais, étonnamment, de manière indirecte. Avant cela, il attire l'attention sur deux points particuliers. Puis, lorsqu'il adresse à Boyle sa réponse, Spinoza semble donner à propos de la cohésion des corps dans la nature une explication très différente de celle qu'il avait donnée dans ses précédents textes traitant du même sujet.

---

[6] *Cf.* F. Buyse, *Spinoza and Robert Boyle's Definition of Mechanical Philosophy*, Historia Philosophica, vol. 8, 2010, p. 73-89.

[7] *Cf.* R. Boyle, [Edited by Davis, E. B. and Hunter, M.], *A Free Enquiry into the Vulgarly Received Notion of Nature*, Cambridge, Cambridge University Press, 1996, p. 40.

Premièrement, comme A. Rivaud[8] l'a déjà remarqué, son explication de la cohérence semble en contradiction avec son déterminisme métaphysique. Deuxièmement, il s'inspire de modèles biologiques et non physiques ou mécaniques.

Le but de cet article est précisément de commenter la pertinence de ces deux remarques et de comprendre ces deux discontinuités dans l'œuvre du philosophe hollandais. Nous allons montrer que Spinoza, par ses commentaires, a voulu se placer d'entrée au niveau de la connaissance du deuxième genre en excluant les idées des affections des corps, c'est-à-dire les images [*imagines*][9], pour se concentrer sur un discours rationnel portant sur les rapports entre les modes de l'attribut Étendue. Ensuite, nous préciserons pourquoi Spinoza s'est inspiré d'exemples biologiques au moment de la rédaction de sa Lettre 32. Puis, nous proposerons une nouvelle interprétation[10] de cette lettre au sujet des rapports qui constituent la cohésion entre les corps dans la nature. Notre hypothèse est que Spinoza s'est basé sur la découverte du principe de synchronisme par Christiaan Huygens en 1665.

Les deux remarques de Spinoza

De manière surprenante, le philosophe hollandais ne répond pas directement à la question de Boyle, qu'il paraphrase au début de sa Lettre 32. Avant d'apporter une réponse, il attire l'attention de son interlocuteur sur deux points. Premièrement, il affirme qu'il n'existe pas de connaissance « absolue » du problème mentionné par Oldenburg. En effet, la connaissance d'une chose implique toujours, pour Spinoza, la cause de cette chose[11], donc une connaissance de cette nouvelle chose, puis la cause de cette nouvelle chose, *ad infinitum*. Une connaissance complète des rapports par lesquels s'effectue la cohésion de chaque partie avec son tout impliquerait donc une connaissance de l'intégralité de la chaîne causale des corps, ce qui est

---

[8] *Cf.* A. Rivaud, « La physique de Spinoza », *Chronicon Spinozanum*, 4, 1924-1926, p. 24-57.

[9] Cf. *Éth.*, II, 17, sc.

[10] Cette hypothèse n'a pas encore été émise dans les publications existantes sur le pendule chez Spinoza. *Cf.* F. Chareix, « Le bal des pendules : Spinoza et Leibniz face à la mécanique théorique de Huygens », *in* P.-F. Moreau et *al.*, *Spinoza/Leibniz. Rencontres, controverses, réceptions*, chap. XII, Paris, Presses de l'Université Paris-Sorbonne, 2014, M. Gueroult, *Spinoza, II, L'Âme* (*Éthique*, II), Paris, Éditions Aubier-Montaigne, 1974 ; E. Guillemeau, « *El paradigma pendular en la teoría spinozista de los afectos* », in Eugenio Fernández García, María Luisa de la Cámara García (coord.), *El gobierno de los afectos en Baruj Spinoza*, 2007, p. 93-106 ; D. Parrochia, *Physique pendulaire et modèles de l'ordre dans l'*Éthique *de Spinoza*, Cahiers Spinoza, Paris, Éditions Réplique, 5, Hiver 1984-85.

[11] Cf. *Éth.*, I, axiome 4.

impossible, même si l'univers entier est intelligible. Spinoza conclut que « pour connaître cela, il faut connaître la nature entière, ainsi que toutes ses parties », ce qui est absurde !

Deuxièmement, Spinoza indique que des qualités telles que la laideur, la beauté, l'ordre ou la confusion n'appartiennent pas aux corps en soi. Comme il l'avait déjà expliqué dans la Lettre 6[12] à Robert Boyle (par l'intermédiaire d'Oldenburg) : de telles qualités ne sont que des idées extrinsèques qui expliquent les corps tels qu'ils se rapportent aux sens humains, et non pas comme ils sont par eux-mêmes. L'*Éthique*[13] expliquera que ces idées relèvent de l'imagination. Par cette remarque, et avant de poursuivre, Spinoza souhaite donc exclure des qualités des corps qu'on leur attribue traditionnellement et intuitivement certaines caractéristiques que ces corps n'ont pas, afin de se concentrer sur les modes de l'attribut Étendue en tant que modes. Cette idée est très importante dans l'œuvre de Spinoza. Dans l'appendice de la première partie de l'*Éthique*, Spinoza explique que l'attribution de qualités extrinsèques aux corps est à l'origine de préjugés. Dans la proposition 16 (ainsi que ses deux corollaires) de la deuxième partie, il se réfère aux exemples qu'il avait donnés dans l'appendice, pour préciser que les idées des affections du corps représentent plutôt le corps sensitif que les corps extérieurs. Plus loin, il fait plusieurs fois référence à ces corollaires. Néanmoins, on retrouve cette idée non seulement dans son chef d'œuvre, mais aussi dans d'autres textes ainsi que dans sa correspondance. Par exemple, dans sa lettre[14] à Hugo Boxel, on peut lire : « La beauté, mon ami, n'est pas tant une qualité de l'objet considéré que son effet chez celui qui le considère. Si notre vue était plus longue ou plus courte, ou si notre constitution était autre, les choses qui nous semblent belles aujourd'hui nous sembleraient laides, et celles qui semblent aujourd'hui laides nous sembleraient belles. La plus belle des mains, considérée au microscope, a un aspect abominable ».

La définition de la cohésion

Après ses deux remarques, Spinoza poursuit sa réflexion, et dans le paragraphe suivant de la Lettre 32, il donne une définition très précise de la cohésion entre les parties d'une individualité physique ou d'un corps : « Par cohésion donc des parties, je n'entends rien d'autre que le fait que les lois, autrement dit la nature de chaque partie, s'adaptent aux lois, autrement dit à la nature de la suivante, de telle sorte qu'elles se contrarient le moins possible. »[15] Albert Rivaud[16] a remarqué à juste titre que cette définition de

---

[12] *Cf.* M. Rovere, *op. cit.*, p. 70.

[13] Cf. *Éth.*, II, 17, sc.

[14] *Cf.* Lettre 54 (octobre 1674) de Spinoza à Boxel.

[15] *Cf.* M. Rovere, *op. cit.*, p. 208. Dans le texte original en latin, on lit : « *Per partium igitur cohærentiam nihil aliud intelligo, quàm quòd leges, sive natura unius*

la cohésion est très différente des autres données par Spinoza. Très différente aussi de la notion de Descartes. Comme Frédéric de Buzon[17] l'a résumé, la conception cartésienne de la cohésion des corps est « généralement comprise comme une conception où le repos, affecté d'une force qui lui est propre, est entendu comme cause de la cohésion des corps solides, tandis que le mouvement des parties constitue les corps liquides ».

En revanche, dans l'axiome 3[18] du lemme 3 de l'abrégé de physique, Spinoza explique que la différence entre les corps durs, les corps mous et les corps fluides est basée sur un rapport interne différent des parties. Les parties d'un corps solide sont « appliquées les unes sur les autres ». Les parties d'un corps mou « sont appliquées les unes sur les autres suivant de petites superficies ». Les parties d'un corps fluide « se meuvent les unes parmi les autres ». La cohésion des parties est donc expliquée ici d'une façon strictement mécaniste en termes de situation, de contact ou non-contact, et de mouvement ou repos. Par ailleurs, Spinoza soutenait déjà cette théorie de la cohésion en 1661, dans sa Lettre 6 à Robert Boyle : « Pour comprendre le premier point, il faut remarquer que les corps en mouvement ne se présentent jamais aux autres par leurs plus grandes surfaces. À l'inverse, les corps au repos sont couchés sur les autres sur leurs plus grandes surfaces »[19].

Dans ces deux dernières citations, on ne retrouve donc nulle part l'explication de la cohésion dans les termes d'un rapport d'un tout dont les parties « s'ajustent à celle des autres parties de façon qu'il y ait autant que possible accord entre elles ». En outre, la définition de la Lettre 32 semble en contradiction avec certaines idées essentielles de sa philosophie. Par la phrase « les lois, autrement dit la nature de chaque partie, s'adaptent aux lois, autrement dit à la nature de la suivante, de telle sorte qu'elles se contrarient le moins possible », Spinoza semble suggérer qu'il existe une cause interne qui entraîne l'adaptation spontanée d'une partie à une autre. Ce qui serait en contradiction avec le déterminisme métaphysique de la proposition 28 du *De Deo*, au fondement de l'abrégé de physique et dont le principe d'inertie est présenté comme la conséquence. Comme Spinoza le répète également dans la démonstration de la proposition II de la troisième partie de l'*Éthique*, « le mouvement et le repos du corps doivent naître d'un autre corps qui fut aussi déterminé par un autre corps en mouvement ou en repos ».

---

partis ità sese accommodat legibus, sive naturæ alterius, ut quàm minimè sibi contrarientur ».

[16] *Cf.* A. Rivaud, *op. cit.*, p. 24-57.

[17] *Cf.* F. De Buzon, « Repos ou mouvement conspirant : Leibniz et les articles 54 et 55 de la partie II des *Principia philosophiæ* », *Revue d'histoire des sciences*, tome 58, n° 1, 2005, p. 106.

[18] *Cf. Éth.*, II, 13, lemme 3, axiome 3.

[19] *Cf.* M. Rovere, *op. cit.*, p. 64.

L'interprétation par Spinoza de la cohésion en termes de parties qui s'adaptent est donc problématique. Il est intéressant de noter que cette explication constituait déjà un problème pour Boyle et Oldenburg, puisque le secrétaire de la Royal Society avouait dans sa réponse (Lettre 33) à la lettre de Spinoza qu'il ne comprenait pas les affirmations de ce dernier : « D'autant que vous reconnaissez vous-même que tous les corps y sont entourés par d'autres et qu'ils se déterminent les uns les autres selon un rapport précis et constant à exister et à opérer... »[20]. Comment comprendre cette nouvelle conception « non mécaniste » de la cohésion qui apparaît dans la lettre de 1665 ? Rivaud a interprété cette notion de cohésion en termes d'« harmonie » : « Il s'agit donc là d'un mécanisme d'une nature spéciale, différent de la simple communication des mouvements dans le choc. Nous constatons que les parties des êtres vivants *s'accommodent*, s'adaptent les unes aux autres, d'une façon en quelque sorte spontanée et qui manifeste une sorte d'harmonie »[21]. Rivaud a remarqué que l'idée d'harmonie n'était pas seulement importante pour la physique de Spinoza : « La notion d'harmonie ou d'accommodation réciproque est très large et permet les généralisations les plus hardies »[22]. Il souligne que cette idée est aussi applicable à « des réalités d'un autre ordre » que « Spinoza semble d'ailleurs avoir tenu[es] pour des individus », « par exemple les groupes sociaux les plus importants, comme la famille, l'État, l'Église, la nation »[23]. En effet, à première vue, cette interprétation semble plausible. Spinoza écrit dans sa Lettre 32 que les parties composent un même corps, du chyle, de la lymphe ou du sang, à condition qu'elles soient en harmonie entre elles. Toutefois, le terme « *harmonia* » ne figure pas dans le texte original, ni dans la Lettre 32, ni dans la question de Boyle transmise par Oldenburg dans la Lettre 31. On retrouve dans ces deux textes latins le terme « *cohaerere* », et non « *harmonia* ».

Spinoza n'utilise que très exceptionnellement le terme « harmonie », bien qu'on le retrouve régulièrement dans des traductions de son œuvre. De plus, lorsqu'il l'utilise, c'est pour exprimer le fait qu'il n'y a pas d'harmonie dans l'univers. Plus précisément, dans l'appendice de *De Deo*, il défend justement l'idée selon laquelle « l'harmonie » est dans la même catégorie que la laideur, la beauté, le froid, l'ordre, la confusion, le mal, le bien, l'être parfait ou imparfait et toutes les qualités sensibles : « de ceux qui impressionnent les oreilles on dit qu'ils produisent un bruit, un son ou une harmonie ; celle-ci à la fin rend l'homme si dément qu'il crut que Dieu se délectait lui aussi

---

[20] *Cf.* M. Rovere, *op. cit.*, p. 213.
[21] *Cf.* A. Rivaud, *op. cit.*, p. 41.
[22] *Ibid.*, p. 43.
[23] *Ibid.*, p. 43.

de l'harmonie »[24]. Spinoza ne mentionne pas non plus « *harmonia* » dans sa correspondance avec Boxel, bien que Boxel utilise le terme « *harmoniam* » dans sa Lettre 55 (1674) pour expliquer par une analogie la proportion harmonique entre les corps dans la nature. Il s'agit donc de l'idée qu'il avait développée dans l'appendice de son *Ethica* et également réfutée dans sa lettre à Boxel : « [...] Dieu a institué une convenance et une harmonie de l'intellect et du jugement des hommes avec ce qui est proportionné, et non avec ce qui n'a aucune proportion. Tel est le cas pour les sons, consonants ou dissonants : l'ouïe sait fort bien distinguer la consonance de la dissonance, parce que l'une lui procure du plaisir, l'autre de la peine »[25].

Comme nous l'avons montré, Spinoza a justement souligné dans sa deuxième remarque que de telles qualités n'appartiennent pas aux corps. Ce que les pythagoriciens appellent « harmonie » n'est pour lui qu'une affection du corps qui représente plutôt l'état actuel du corps. De telles idées confuses et incomplètes [*ideæ inadæquatæ sive multilatæ et confusæ*] ne se réfèrent à rien de réel dans la nature extérieure. Cette idée appartient à l'imagination. Cependant, en tant qu'amateur d'astronomie, Spinoza connaissait l'idée pythagoricienne (ou képlérienne) d'harmonie. Il fait référence à l'astronomie képlérienne[26] dans une note qu'il joint à sa Lettre 32 (1665). Néanmoins, il rejette ce terme et refuse de l'utiliser. En outre, avec le terme « harmonie », nous risquons d'introduire un concept leibnizien qui, comme le terme leibnizien « parallélisme » l'a fait dans la question corps/esprit, risque d'apporter de la confusion dans la discussion sur la cohésion entre les corps[27]. En somme, la compréhension de la cohésion en termes d'harmonie n'est pas spinoziste et elle est incorrecte !

Comment comprendre, alors, cette nouvelle conception de la cohésion qui apparaît dans la lettre de 1665, qui se présente comme « non mécaniste » ? Faut-il chercher une autre explication concernant la nature de la cohésion ? Nous reviendrons sur cette question plus loin, mais tout d'abord, nous voudrions signaler un autre point de rupture dans la Lettre 32.

---

[24] Dans le texte original on lit : « *Et quæ denique aures movent, strepitum, sonum, vel harmoniam edere dicuntur, quorum postremum homines adeò dementavit, ut Deum etiam harmoniâ delectari crederent* ».

[25] *Cf.* M. Rovere, *op. cit.*, p. 307.

[26] Spinoza possédait les *Eclogæ chronicæ* de Kepler dans sa bibliothèque personnelle.

[27] Pour une critique de l'idée confuse de « parallélisme psychophysique », voir C. Jaquet, *L'unité du corps et de l'esprit. Affects, actions et passions chez Spinoza*, Paris, Puf, coll. « Quadrige Manuels », 2004, p. 9-16.

Le ver dans le sang

Étonnamment, Spinoza explique dans sa Lettre 32 sa vision sur la relation entre les parties et le tout par l'exemple célèbre d'un ver qui se trouve dans le sang :

> Figurons-nous à présent, si voulez bien, un ver vivant dans le sang. Il pourrait discerner par la vue les particules du sang, de la lymphe, <du chyle>, etc., et observer par le raisonnement comment chaque particule, en rencontrant une autre, soit rebondit, soit communique une partie de son mouvement, etc. Ce ver vivrait assurément dans le sang comme nous dans cette partie de l'Univers, et c'est comme un tout, non comme une partie, qu'il considérerait chaque particule du sang[28].

Cet exemple du ver est particulièrement remarquable, puisque Spinoza avait jusqu'alors toujours illustré son concept de *ratio* de mouvement et de repos [*motûs et quietis rationem*] d'une individualité physique par des exemples géométrico-physiques. Le ver qui se trouve dans le sang dont Spinoza parle ici est très probablement la grande douve du foie [*fascioloa hepatica*]. D'ailleurs, Theodor Kerckring (1638-1693), qui avait tout comme Spinoza étudié à l'école latine de Franciscus van den Enden (1602-1674), cinq ans plus tard parlera dans son *Specilegium anatomicum* (1670) d'un ver qu'il avait observé dans le sang du foie avec un microscope (construit par Spinoza). Le professeur d'anatomie Govert Bidloo (1649-1713) mentionne cette observation dans sa lettre[29] (1698) adressée au grand microscopiste Antony van Leeuwenhoek (1632-1723). Il s'agit donc d'un organisme qui était catégorisé à l'époque de Spinoza comme un « organisme sans sang » [*bloedloze dierkens*] mais qui a besoin du sang pour vivre et se renouvelle grâce à cette substance. Il est intéressant de remarquer que cette idée est exprimée par le postulat IV de la fin de l'abrégé de physique.

Spinoza s'intéressait à l'anatomie et détenait plusieurs ouvrages anatomiques dans sa bibliothèque personnelle. Il avait par exemple les *Observationes medicæ* (1672) du Docteur Tulp, que nous connaissons par la célèbre peinture de Rembrandt. En outre, plusieurs de ses meilleurs amis, tels que Lodewijk Meijer, étaient médecins de formation. Et d'après un document de Sténon[30], au cours de l'année 1661, à l'Université de Leyde, Spinoza a régulièrement assisté à des dissections anatomiques, alors sous la direction de Sylvius, étudiant de Glauber. Néanmoins, lors de la rédaction de la Lettre 32, une nouvelle science anatomique se développait, et c'est à cette

---

[28] *Cf.* M. Rovere, *op. cit.*, p. 208.

[29] Cf. *Brief van G. Bidloo aan Antony van Leeuwenhoek*. Dans : Jansen, J., *Letter from G. Bidloo to Antony van Leeuwenhoek – About the Animals which are sometimes found in the Liver of Sheep and other Beasts*, Delft, Nieuwkoop/B. De Graaf, 1972, p. 26-27.

[30] *Cf.* P. Totaro, *"Ho certi amici in Ollandia": Stensen and Spinoza – science verso faith*, in K. Ascani, H. Kermit e G. Skytte (ed.), *Niccolò Stenone : Anatomista, geologo, vescovo*, Romae, "L'erma" di Bretschneider, 2000, p. 27-38.

nouvelle discipline que Spinoza s'est référé en présentant son exemple du ver dans le sang. Plus précisément, il s'agit d'une anatomie établie à l'aide du microscope : la micro-anatomie. N'oublions pas que le philosophe hollandais n'a pas seulement enseigné la physique pendant cette période : il était aussi polisseur de lentilles. En outre, Spinoza était l'un des trois grands spécialistes, avec Johannes Hudde et Christiaan Huyghens[31], du microscope hollandais, composé d'une seule lentille. On peut donc supposer qu'il était au courant de ce qui advenait dans le monde de la microscopie à son époque. D'ailleurs, au cours de l'année de la rédaction de la Lettre 32, Oldenburg l'informa de l'existence d'un ouvrage important comprenant « 60 observations au microscope ». Il s'agit de la *Micrographia* de Hooke, publiée en 1665. Et Spinoza indique dans sa réponse que Christiaan Huygens lui a « dit des choses étonnantes de ces microscopes, et aussi de certains télescopes confectionnés en Italie »[32]. En outre, d'après son premier biographe, Colerus, Spinoza observait aussi des insectes avec son microscope.

Jan Swammerdam (1637-1680) fut sans doute un des micro-anatomistes les plus importants. Il avait une grande collection d'insectes et disséquait, entre autres, des insectes et des vers. Au début des années 60, Swammerdam avait étudié avec son ami Sténon à l'Université de Leyde sous la direction de Sylvius, époque à laquelle Spinoza assistait aux dissections. Selon E. Jorink[33], il est probable que Spinoza et Swammerdam se soient fréquentés et aient discuté occasionnellement de sujets scientifiques, religieux et philosophiques, bien que, strictement parlant, il n'en existe aucune preuve.

Néanmoins, il y avait alors, depuis 30 ans déjà, une tradition de micro-anatomie en Italie, en particulier dans la micro-anatomie des insectes. Après avoir inventé son télescope, Galilée inventa un microscope muni de deux lentilles, un oculaire et un objectif. Par ailleurs, le terme « microscopie » vient de l'italien « *micro-scopio* ». Faber a introduit le terme « *microscopio* » en italien dans sa lettre à Cesi. Francesco Stelluti avait déjà dessiné la première illustration d'une observation microscopique en 1625. Et en 1646, Francesco Fontana utilisait le microscope pour étudier entre autres l'œil d'une araignée. Plus tard, par l'intermédiaire de Sténon, Swammerdam entrera en contact avec Malpighi qui entretenait également de bonnes

---

[31] *Cf.* R. Vermij, « Instruments and the Making of a Philosopher. Spinoza's Career in Optics », *Intellectual History Review*, v. 23 (1), 2013, p. 65-81.

[32] Lettre 26 (mai 1665) de Spinoza à Oldenburg.

[33] *Cf.* E. Jorink, *'Outside God there is Nothing': Swammerdam, Spinoza, and the Janus-Face of the Early Dutch Enlightenment, in* Van Bunge W. (Editor), *The Early Enlightenment in the Dutch Republic, 1650-1750. Selected Papers of a Conference held at the Herzog August Bibliothek, Wolfenbüttel 22-23 March 2001,* Leiden-Boston, Brill Academic Publishers, 2003, p. 81-108.

relations avec Henry Oldenburg. Malpighi avait acquis une certaine notoriété en Europe suite à la parution de son *De pulmonibus*[34] en 1661.

Les illustrations qu'on retrouve dans les livres de Swammerdam et Malpighi montrent que la micro-anatomie est différente de l'anatomie traditionnelle de Vésale. Dans l'ouvrage de ce dernier, comme plus tard dans l'*Anatomia Humani Corporis* (*Ontleding des menschelyken lichaams*) (1685) de l'anatomiste Bidloo, les illustrations étaient créées par un artiste renommé (dans le cas de Vésale, par Jean Calcar, élève et imitateur de Titien, et pour Bidloo, par Gérard de Lairesse). Ces images étaient très réalistes : les corps étaient montrés dans leur totalité et les proportions entre les parties et le tout étaient respectées.

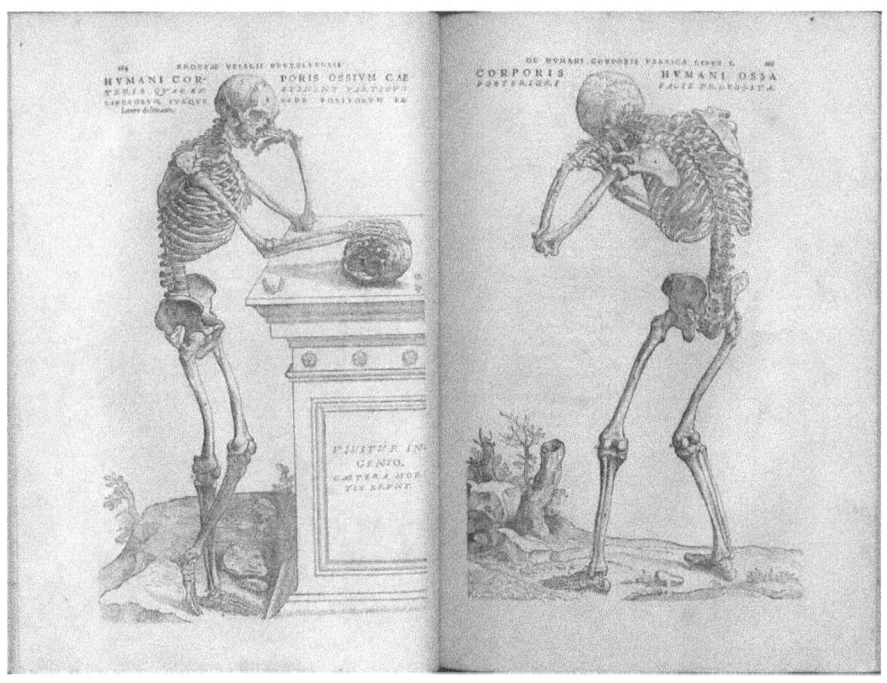

Figure : Le squelette de l'homme (André Vésale, De humani corporis Fabrica, *Bâle, [Oporinus],1543. Exemplaire de l'Universitätsbibliothek Basel, AN I 15)*

[34] M. Malpighi, *De pulmonibus*, London, Philosophical Transactions of the Royal Society, 1661.

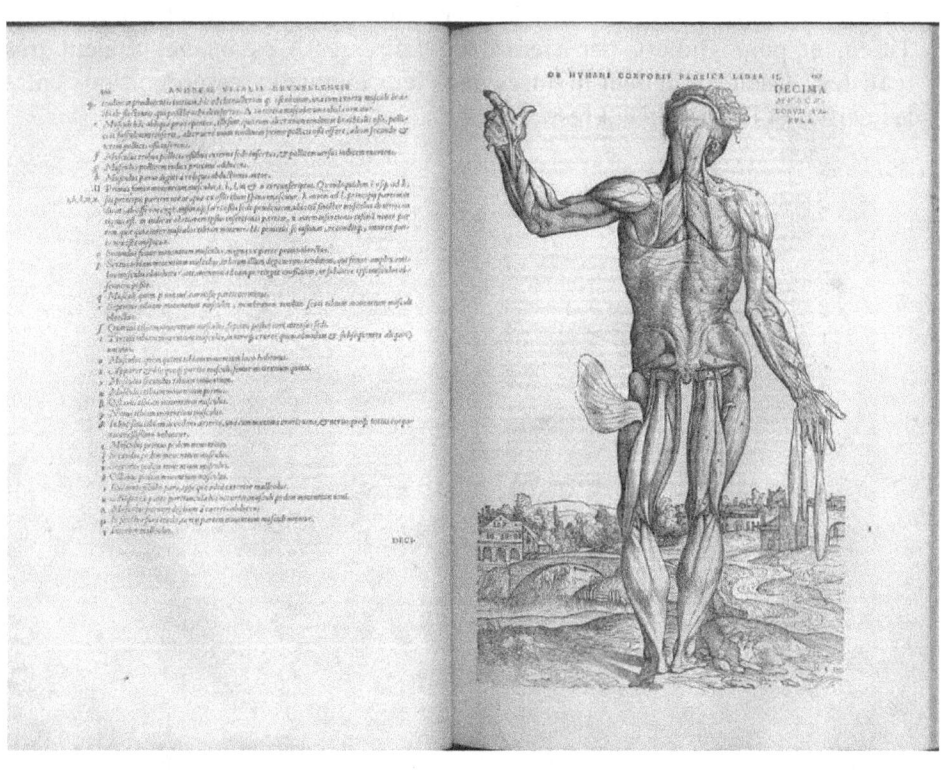

Figure : Les muscles de l'homme (Ibid.)

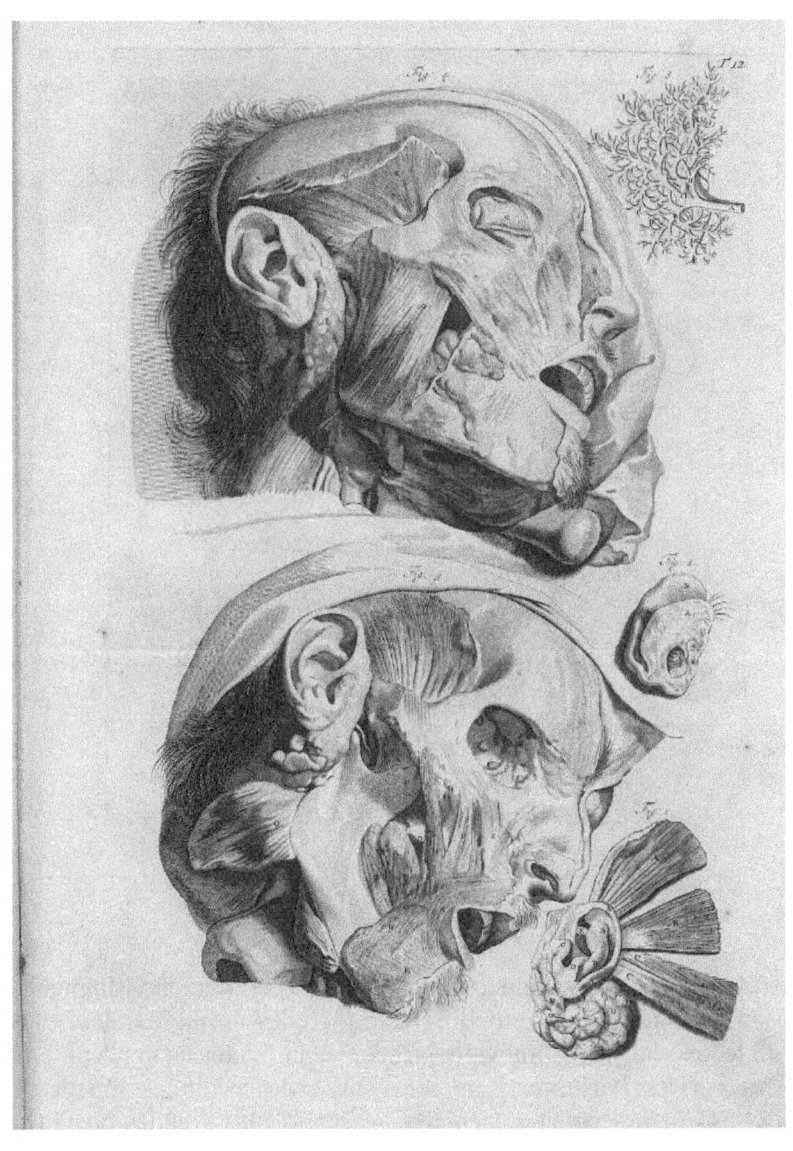

Figure : La tête d'un homme (Govard Bidloo, Anatomia humani corporis, *Amsterdam, Van Someren, Boom, 1685)*[35]

---

[35] Avec la permission de l'Universitätsbibliothek Heidelberg.

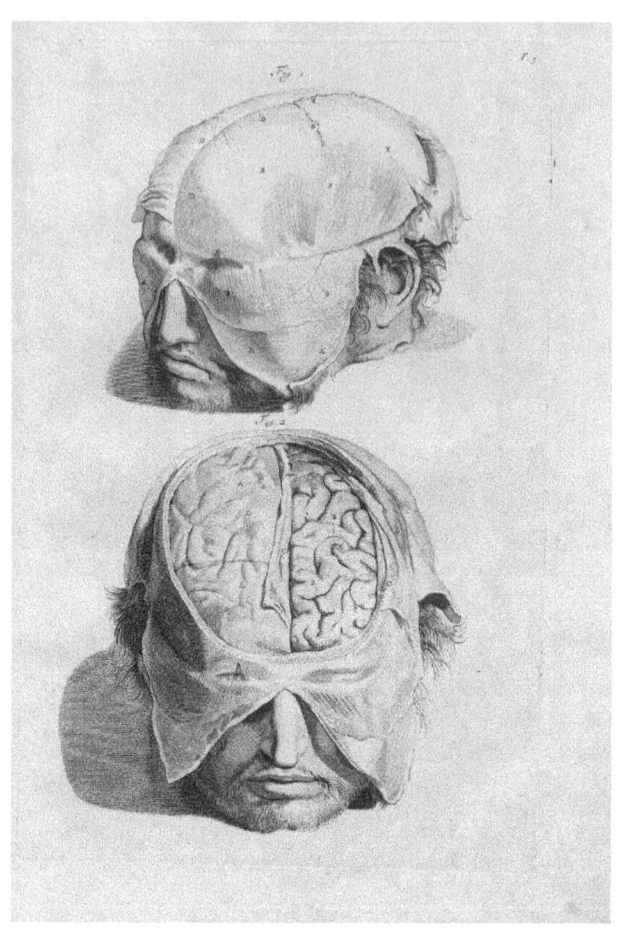

Figure : Le cerveau d'un homme (Ibid.)

En revanche, chez Jan Swammerdam (1637-1680) et Marcello Malpighi (1628-1694), les illustrations sont très différentes[36] : elles ne représentent plus leurs objets de façon réaliste, ce qui est représenté étant plutôt un concept. Les idées exprimées par les illustrations ne sont plus « des peintures muettes sur un tableau »[37]. Certaines structures sont représentées plus grandes ou plus petites que nature, parce qu'elles sont plus ou moins importantes dans la conception exprimée. Les proportions ne sont plus respectées. Certains éléments sont

---

[36] *Cf.* M. Cobb, « Malpighi, Swammerdam and the Colourful Silkworm: Replication and Visual Representation in Early Modern Science », *Annals of Science*, vol. 59, n° 2, 2002, p. 111-147.

[37] *Cf.* terme utilisé par Spinoza dans l'*Éthique* ; cf. *Éth.*, II, 49, sc.

éliminés et certaines sous-structures présentées séparées du tout, en détail. Les parties ne sont pas non plus montrées dans leur contexte. En outre, ce ne sont plus des artistes qui ont réalisé ces illustrations, mais Swammerdam et Malpighi eux-mêmes. Les deux micro-anatomistes ont donc exclu les artistes professionnels de leurs activités scientifiques.

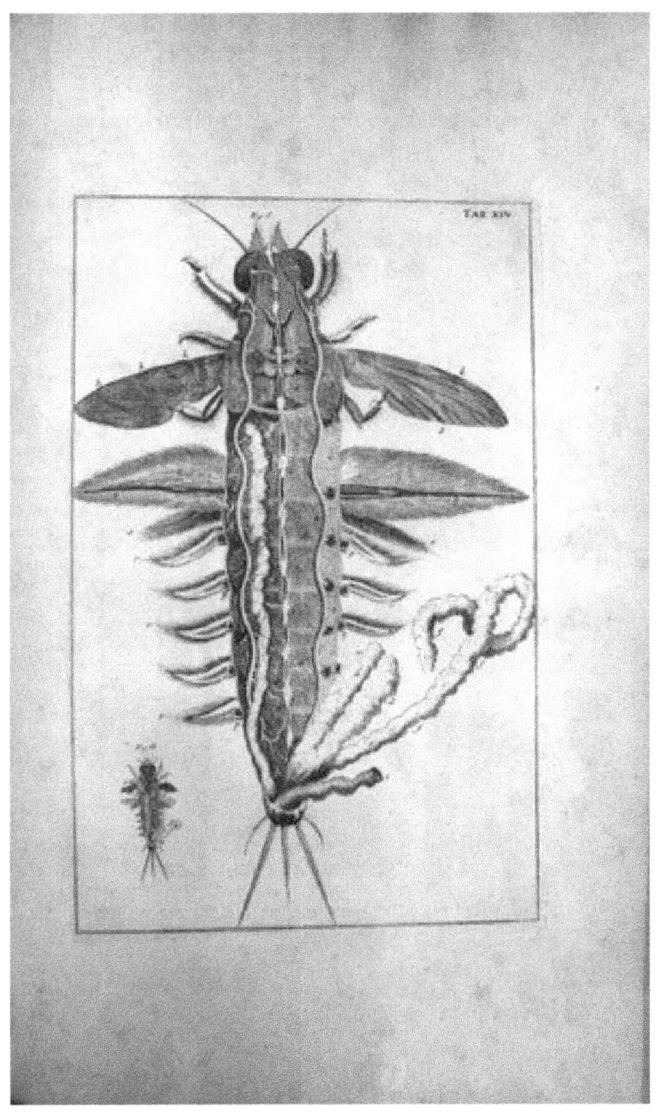

Figure : *Un éphémère [het haft] (Swammerdam,* The Book of Nature ; or, the History of Insects, *London, Seyffert, 1758, illustration n° 14)*

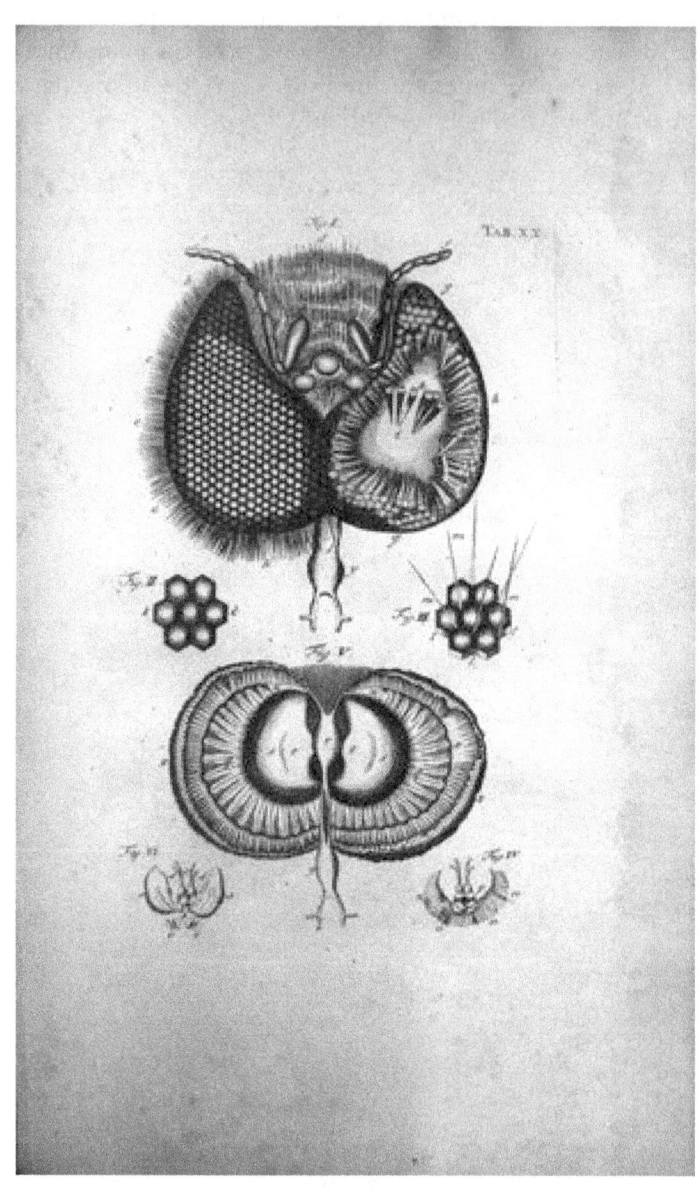

Figure : L'œil d'une abeille (Swammerdam, The Book of Nature ; or, the History of Insects, *London, Seyffert, 1758, illustration n° 20)*[38]

---

[38] Ces illustrations viennent des History of Science Collections, University of Oklahoma Libraries.

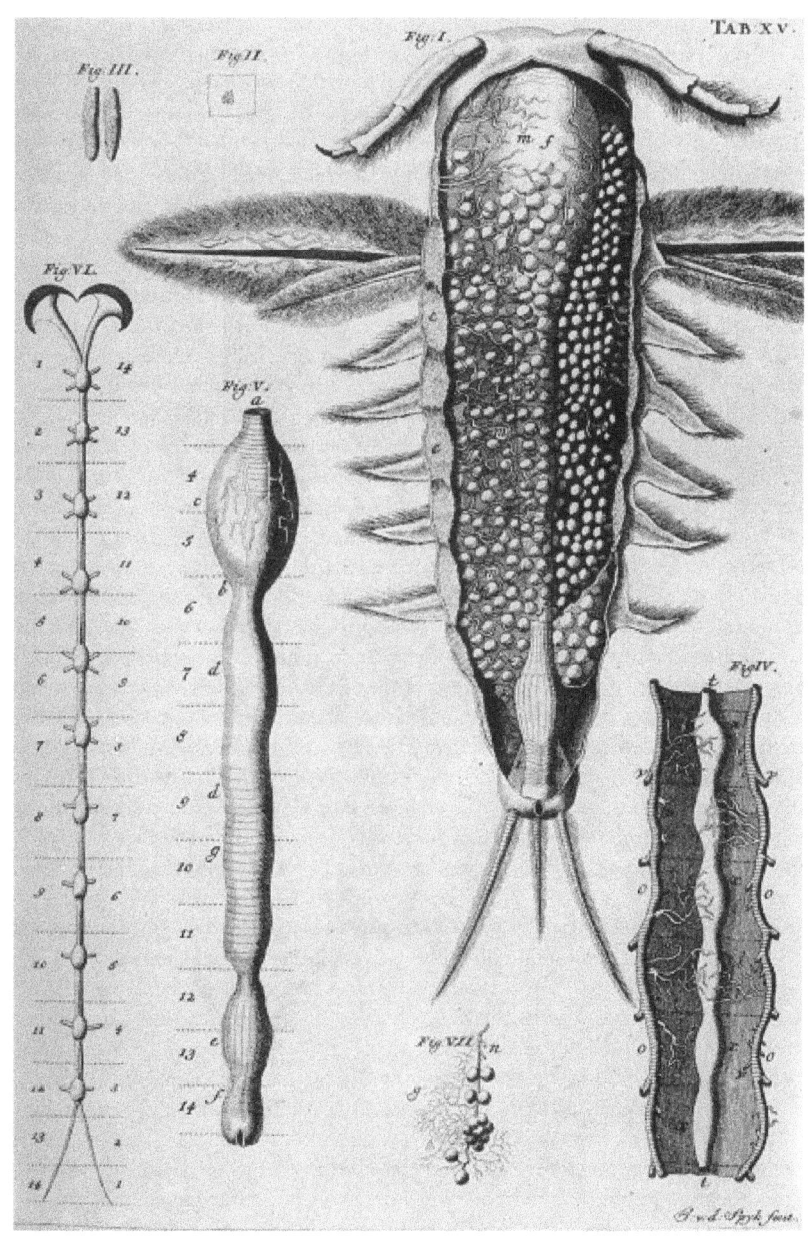

Figure : *L'éphémère [het haft], (Swammerdam,* Bybel der Natuure, *Leyden, I. Severinus, B. Vander Aa et P. Vander Aa, 1737, illustration n° 15)*[39]

---

[39] De l'Universiteitsbibliotheek d'Amsterdam.

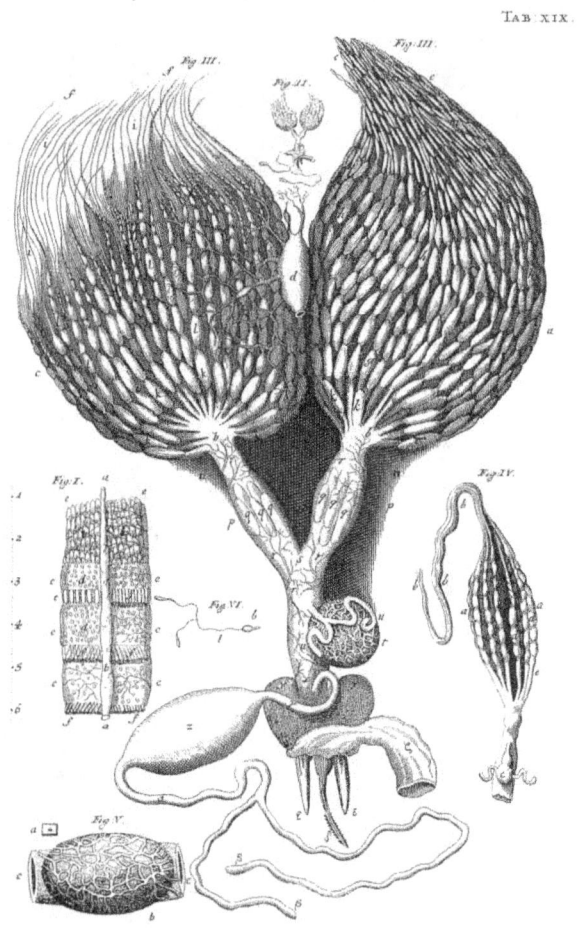

Figure : Les ovaires d'une abeille (Swammerdam, Bybel der Natuure, *Leyden, I. Severinus, B. Vander Aa et P. Vander Aa, 1737, illustration n° 19)*

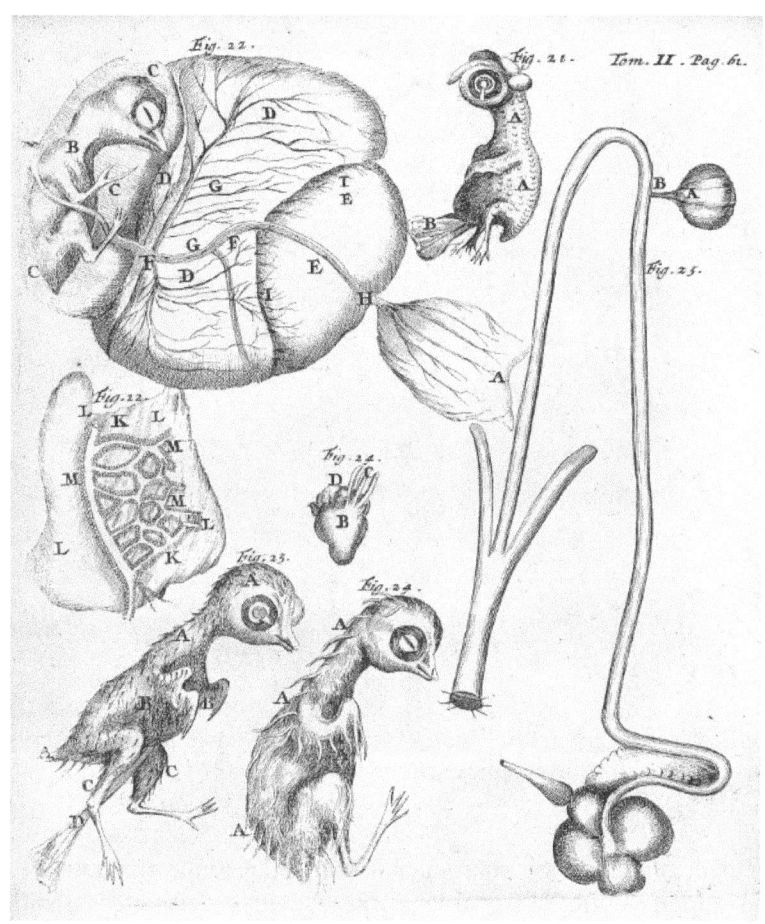

Figure : De formatione pull in ovo (Malpighi M., Dissertatio epistolica de Formatione Pulli in Ovo, *Londini, J. Martyn, 1673)*

Les conceptions de cette nouvelle science de la micro-anatomie étaient compatibles avec celles de Spinoza à plusieurs titres. Nous en donnerons deux exemples. Premièrement, Malpighi s'intéressait à des qualités primaires des corps et de leurs parties : formes, grandeurs, positions relatives, mouvements ou stades d'évolution. Ainsi en est-il par exemple des illustrations des structures des poumons (découvertes par Malpighi) publiées dans son ouvrage *De pulmonibus observationes anatomicæ* (1661).

67

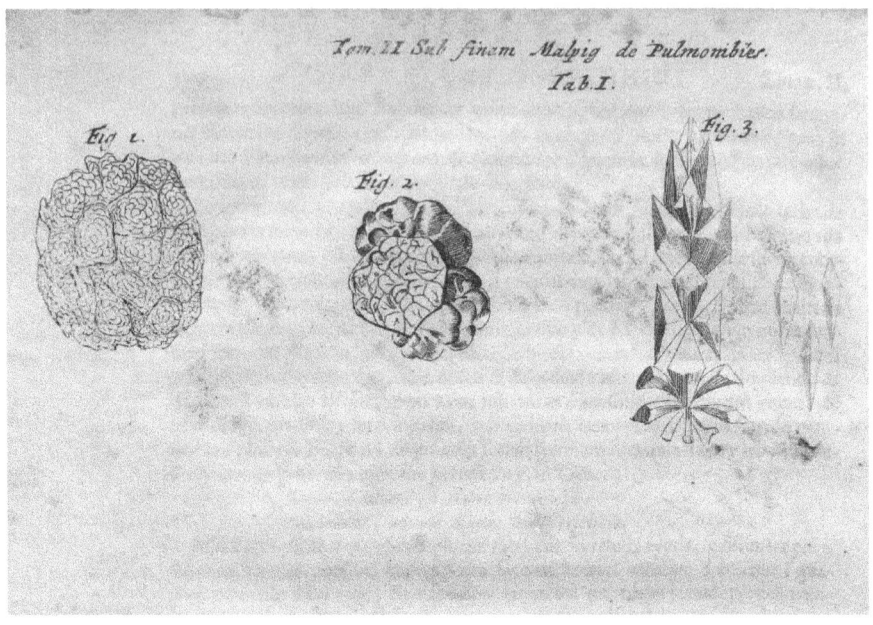

Figure : La structure des poumons (Malpighi M., De pulmonibus observationes anatomicæ, *Bologne, Ferroni, 1661)*

Deuxièmement, dans cette micro-anatomie, une anatomie comparative, le corps humain perdait sa priorité parmi les corps. À l'opposé des idées traditionnelles, Malpighi a démontré que les insectes possédaient une structure interne. De plus, il a argumenté qu'il souhaitait étudier les insectes afin de mieux comprendre les corps humains[40].

Le synchronisme des horloges pendulaires

Par son exemple du ver, Spinoza n'a pas clarifié comment « la nature de chaque partie s'adapte aux lois, autrement dit à la nature de la suivante ». Cet exemple ne donne pas d'explication suffisante concernant cette question. C'est pourquoi nous la reprenons afin de résoudre ce problème. Au moment où Spinoza a rédigé la Lettre 32, il habitait à Voorburg, où il était voisin de Christiaan Huygens. Quelques mois auparavant, le célèbre physicien avait effectué une découverte capitale. Il était malade et au moment où il se reposait dans son lit, il a observé que deux horloges pendulaires qui se

[40] D. Bertoloni Meli, « Mechanistic Pathology and Therapy in the Medical *Assayer* of Marcello Malpighi », *Medical History*, v. 51 (2), 2007, p. 165-180.

trouvaient en face de lui commençaient à se synchroniser. Il explique cette découverte avec beaucoup d'enthousiasme dans une lettre[41] à son père datée du 26 février 1665. En outre, il publie ses observations quelques semaines plus tard dans le tout premier journal scientifique, le *Journal des Sçavans*. Il ajoute même quelques illustrations afin de représenter visuellement cet effet.

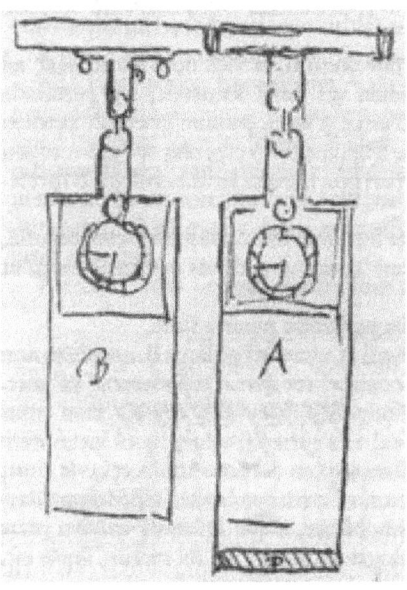

Figure a : La sympathie des horloges (dessin original réalisé par Chr. Huygens, cf. Œuvres complètes de Christiaan Huygens *(édition désormais notée* OCH*), tome XVII,* L'horloge à pendule de 1651 à 1666, *La Haye, Société hollandaise des sciences - M. Nijhoff, 1932, 183, figure 75)*

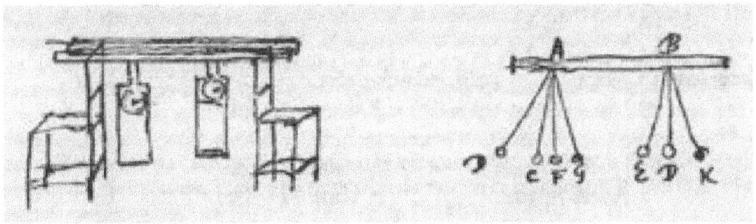

Figure b : La sympathie des horloges (dessins originaux réalisés par Chr. Huygens, cf. OCH, *XVII, 185, figures 76 et 77)*

---

[41] *Cf.* Lettre N° 1335 de Christiaan Huygens (*OCH*, V, *Correspondance 1664-1665*, La Haye, Société hollandaise des sciences - M. Nijhoff, 1893, 243).

Un jour plus tard, le 27 février 1665, Huygens écrit une lettre[42] à Robert Moray de la Société Royale pour l'informer « d'une chose merveilleuse ». Il explique de nouveau en détail toutes ses expériences réalisées avec deux horloges qui « correspondent entre elles par une espèce de sympathie qui fait qu'étant bien ajustées ensemble, et pourtant pas de la dernière exactitude, elles s'accordent aussi longtemps qu'on veut... ». À la fin de sa lettre, Huygens conclut que le sujet de « deux horloges qui s'accordent toujours parfaitement ensemble » est « une spéculation digne d'entretenir la Société Royale où » Huygens ajoute même qu'il souhaiterait « assister pour entendre ce qu'on en dira ». Et en effet, la lettre de Huygens a été lue lors de la séance du premier mars 1665 et la discussion résumée dans les *Proceedings*[43]. Étant membres de la Société Royale, Oldenburg et Boyle étaient donc sans doute au fait de cette découverte lorsqu'ils posèrent leur question à Spinoza. En outre, on peut avancer que Spinoza était également au courant, puisqu'il était en contact avec Huygens à l'époque où le célèbre physicien hollandais[44] rendit publique sa découverte.

Martial Gueroult s'est posé la question : « Quelles idées scientifiques inspirent la théorie des corps composés ? »[45] (chez Spinoza). Selon notre interprétation, dans la Lettre 32, Spinoza a conçu le rapport entre les parties d'une unité physique suivant le modèle de ce synchronisme des pendules.

Mais qu'est-ce que le synchronisme[46] précisément ? Il est important de noter que le synchronisme diffère du principe d'isochronisme. Ce dernier, découvert par Galilée, était au fondement de l'invention de la pendule que Huygens avait perfectionnée et brevetée en 1656. En revanche, le synchronisme est défini comme « ce qui se passe en même temps, à la même vitesse ». La notion de synchronisme implique donc plusieurs pendules. Le principe d'isochronisme, quant à lui, traite de ce qui détermine le temps d'oscillation d'un pendule particulier.

Le phénomène de synchronisme peut être facilement illustré par une expérience réalisée avec une série de métronomes[47]. Dans un premier temps, on met quelques métronomes du même type en mouvement. Initialement, ils ne sont pas en phase. Les oscillations des différents métronomes sont donc asynchrones[48].

---

[42] *Cf.* Lettre N° 1338 de Christiaan Huygens (*OCH*, V, 246).

[43] *Ibid.*, 248.

[44] *Cf.* Lettre 26 (mai 1665) de Spinoza à Oldenburg.

[45] *Cf.* M. Gueroult, *Spinoza, II, L'Âme (Éthique, II)*, Paris, Éditions Aubier-Montaigne, 1974, p. 171.

[46] A. Pikovsky, M. Rosenblum, & J. Kurths, *Synchronization : A Universal Concept in Nonlinear Sciences*, Cambridge, Cambridge University Press, coll. « Cambridge Nonlinear Science Series », 2001.

[47] Pour un film de cette expérience, visiter le site de Harvard Natural Sciences Lecture Demonstrations : https://www.youtube.com/watch?v=Aaxw4zbULMs.

[48] J. Pantaleone, « Synchronization of metronomes », *American Journal of Physics*, 70 (10), 2002, p. 992-1000.

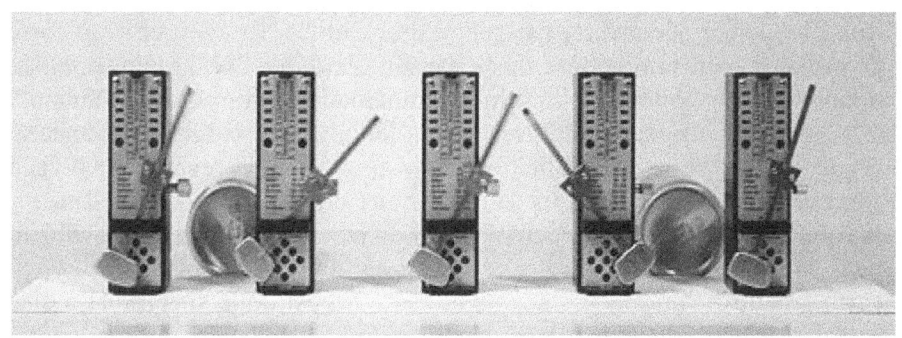

Figure : Les métronomes asynchrones

Puis, les métronomes sont placés sur une planche assez légère, et cette planche posée sur deux boîtes vides, par exemple. Après quelques minutes, on constate que les métronomes adaptent leurs mouvements les uns par rapport aux autres et commencent à osciller parfaitement en phase. Leurs mouvements sont devenus synchrones. Les métronomes distincts ont transmis leur énergie par la planche légère qui est isolée de la masse de la table pour former une union par le biais d'un mouvement commun.

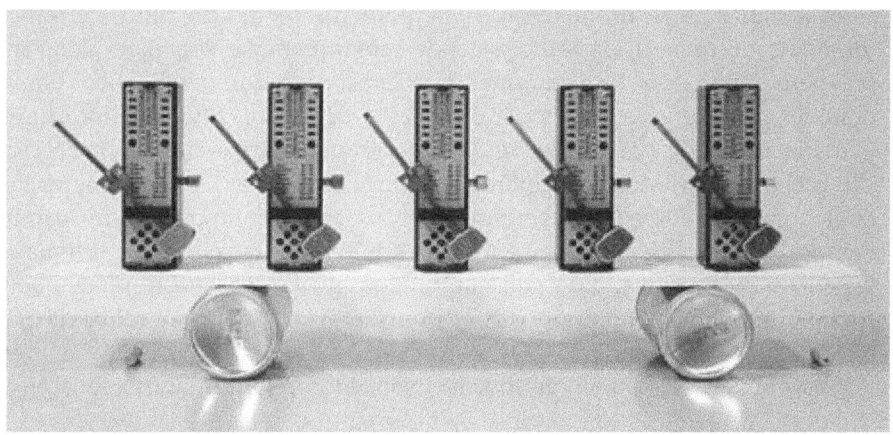

Figure : Les métronomes synchrones

Chaque instrument contribue à un mouvement unique. Tous oscillent vers la droite, s'arrêtent un instant à l'extrémité et retournent vers la gauche. Cette oscillation se répète simultanément. Les métronomes se meuvent parfaitement parallèles.

Christiaan Huygens a découvert ce phénomène en se basant sur l'observation de deux pendules. Il a inventé sa pendule grâce à l'idée d'isochronisme découverte par son maître Galilée. Ce dernier avait formulé ce principe pour la première fois dans son *Dialogue*. Néanmoins, Galilée ne donne pas de loi dans sa forme mathématique. En outre, l'auteur des *Discorsi* ne mentionne jamais le terme « loi physique », bien qu'il apparaisse régulièrement dans des traductions de son œuvre. En revanche, Huygens a formulé pour la première fois dans l'histoire une loi physique présentée sous la forme d'une formule moderne : la loi du pendule. Spinoza a probablement pensé à une telle loi lorsqu'il a écrit dans sa Lettre 32 que les lois des parties (ou les natures) du chyle s'adaptent. Cette loi est donc spécifique à chaque corps. M. Gueroult[49] a expliqué que, chez Spinoza, chacun des corps les plus simples est conçu sur le modèle d'un pendule, c'est-à-dire d'un oscillateur avec une fréquence (ou une période) qui lui est propre. Néanmoins, il ne mentionne nulle part Galilée. Pendant la synchronisation, la fréquence ou la période, c'est-à-dire la nature de l'oscillation, ne change pas. Ce qui change c'est l'amplitude des oscillations qui se modifie jusqu'à ce que les oscillations soient en phase. De plus, comme nous l'avons vu, les lois s'adaptent spontanément pendant la synchronisation. Il n'existe pas de cause externe engendrant cet effet.

La manière dont Huygens a inventé la pendule est obscure. Il n'en dit aucun mot. Néanmoins, la première esquisse d'une horloge pendulaire apparaît dans une lettre de Galilée[50] à des responsables de la République dans le cadre de sa proposition d'une nouvelle méthode pour déterminer la longitude en mer. Il est intéressant de remarquer que son père Constantijn Huygens jouait le rôle d'intermédiaire dans cette correspondance. On peut donc supposer que le père a parlé de cette idée à son fils. Néanmoins, c'est Christiaan qui l'a perfectionnée et qui a breveté sa pendule en 1656. Selon l'hypothèse de Martial Gueroult[51], les corps les plus simples sont comparables à des pendules simples, et les corps composés à des pendules composés. De plus, la nature est un pendule gigantesque qui implique tous les corps. Néanmoins, dans son interprétation, M. Gueroult n'utilise que très exceptionnellement le terme « synchronisme ». Son interprétation est plutôt basée sur le principe d'isochronisme. Et il a utilisé le terme « synchronisme » dans un autre sens : son interprétation indique que chaque

---

[49] Voir M. Gueroult, *Spinoza, II, L'Âme* (*Éthique,* II), Paris, Éditions Aubier-Montaigne, 1974, p. 173.

[50] Voir Lettre n° 3496. Galileo a Lorenzo Realio (Laurens Reael) [in Amsterdam]. Arcetri, 5 giugno 1637, *cf.* G. Galilei, *Le Opere di Galileo Galilei*, Volume XVII, Edizione Nazionale, Firenze, Tipografia di G. Barbèra, 1906, ainsi que la première biographie de Galilée par V. Viviani, *Vita di Galileo* [1654], a cura di Bruno Basile, Rome, Salerno, 2001.

[51] Voir M. Gueroult, *op. cit.*, p. 171-176.

point d'un corps composé correspond à un pendule simple, c'est-à-dire un pendule mathématique. Et le pendule composé est le résultat de l'association de ces pendules simples. Il s'agit donc d'un isochronisme entre corps simples qui font partie d'un même corps composé.

Néanmoins, Christiaan Huygens n'est pas parvenu à expliquer de façon purement mécaniste cet effet étonnant. En revanche, il a employé dans sa lettre des termes occultes comme « sympathie » pour expliquer ce « drôle d'effet ». Ce qui est logique, puisqu'à première vue, il s'agissait pour l'homme du XVIIe siècle d'une action à distance entre deux objets séparés. Cependant, il avait tout de même supposé qu'il existait une communication par contact entre les deux pendules. De plus, il indique bien à la fin de son explication qu'il désire chercher les causes réelles de ce phénomène, trahissant une certaine insatisfaction pour son explication quasi occulte. Le synchronisme est actuellement considéré comme un phénomène extrêmement complexe en physique. Ce n'est qu'assez récemment que les physiciens ont trouvé une explication mathématique à ce phénomène complexe, entre-temps considéré comme très important dans le domaine scientifique[52] et en informatique. Kurt Wiesenfeld et Michael Schatz du Georgia Institute of Technology[53] ont reconstitué en 2002 les pendules de Huygens et ont mené à nouveau l'expérience avec des copies exactes de ces pendules[54]. Les résultats de cette expérience ont confirmé que l'énergie des pendules est transmise mutuellement par la planche sur laquelle ils se trouvent ou à laquelle ils sont attachés. Telle est la cause de ce phénomène de synchronisme.

Plus précisément encore, le phénomène est actuellement expliqué physiquement par le fait que pendant la synchronisation, les pendules s'adaptent pour atteindre un état caractérisé par un moindre « empêchement ». Chaque fois qu'un pendule change la direction de son mouvement, un léger choc est transmis par la planche aux autres pendules. Ce choc entrave le mouvement des pendules non parallèles et *vice versa*, les mouvements parallèles des pendules produisent moins d'empêchements. Aussi les mouvements parallèles sont-ils renforcés et les asynchrones freinés par ces obstacles, encourageant une synchronisation des mouvements. Cette

---

[52] I. I. Blekhman, *Synchronization in Science and Technology*, New York, ASME Press, 1988.
[53] M. Bennett, M. F. Schatz, H. Rockwood, & K. Wiesenfeld, « Huygens's clocks », *Proceedings of the Royal Society of London. Series A, Mathematical, Physical and Engineering Sciences,* vol. 458, n° 2019, 8 mars 2002, pp. 563-579 ; K. Czolczynski et *al.*, « Huygens' odd sympathy experiment revisited », *International Journal of Bifurcation and Chaos*, vol. 21, n° 7, juillet 2011, pp. 2047-2056.
[54] J. Whitfield, « Synchronized swinging. Ancient pendulum conundrum solved », *Nature*, 21 February 2002, published online :
https://www.nature.com/news/2002/020218/full/news020218-16.html.

explication est donc entièrement mécaniste et compatible avec ce que Spinoza avait écrit : « les parties s'adaptent aux lois de la suivante, de telle sorte qu'elles se contrarient le moins possible ».

En outre, il est intéressant de remarquer que notre hypothèse du synchronisme est compatible avec les lemmes 4, 5, 6 et 7 que Spinoza ajoute à sa définition du corps de l'abrégé de physique. Spinoza explique dans ces lemmes que : de l'ensemble des corps qui composent l'union, on peut éliminer, ajouter ou remplacer des parties (lemme 4), les grandeurs des parties peuvent changer (lemme 5), la direction des mouvements des parties peut changer (lemme 6) et l'état de mouvement de l'ensemble peut changer (lemme 7). Malgré ces changements, le corps conservera la même nature qu'auparavant à condition que le *ratio* de mouvement et de repos du corps soit respecté. La compatibilité de ces lemmes avec le phénomène du synchronisme peut de nouveau être illustrée par l'expérience des métronomes. Premièrement, le phénomène du synchronisme ne changera pas au moment où certains métronomes seront remplacés par d'autres (lemme 4). Deuxièmement, les grandeurs des pendules peuvent varier selon certains degrés (lemme 5). Troisièmement, on peut changer les directions des mouvements des métronomes (lemme 6). Les métronomes ajusteront leurs mouvements « de telle sorte qu'ils puissent poursuivre leurs mouvements et se les communiquer les uns aux autres suivant le même rapport qu'auparavant »[55]. Et finalement, on peut bouger la planche avec tous les métronomes (lemme 7), le rapport mutuel de nature mécaniste entre les métronomes ne changera pas.

Avant de répondre à la question précise d'Oldenburg et de Boyle sur la cohésion des parties de la nature, Spinoza apporte dans sa Lettre 32 deux précisions. Premièrement, il remarque qu'il ne dispose pas d'une connaissance complète de cette question. Deuxièmement, il indique qu'il faut être conscient du fait que les qualités telles que la laideur, l'ordre et l'harmonie n'appartiennent pas aux corps. Ainsi élimine-t-il les qualités extrinsèques afin de se concentrer sur la nature des rapports entre les modes de l'attribut étendue. De façon surprenante, dans sa réponse, il expose ses idées au moyen d'un ver qui se trouve dans le chyle, le sang et la lymphe. Le choix d'une telle expérience de pensée s'explique par le fait que Spinoza s'intéressait à la micro-anatomie, une nouvelle science qui s'est développée aux alentours de 1665, devenant une source d'inspiration pour Spinoza, compatible avec la physique et la philosophie du polisseur de lentilles. Spinoza écrit dans sa Lettre 32 : « Par cohésion donc des parties, je n'entends rien d'autre que le fait que les lois, autrement dit la nature de chaque partie, s'adaptent aux lois, autrement dit à la nature de la suivante, de telle sorte qu'elles se contrarient le moins possible ». Cette définition de la cohésion des parties d'un tout est paradoxale, puisqu'elle semble en

---

[55] Cf. *Éth.*, II, lemme 6 (Traduction de Misrahi).

contradiction avec le déterminisme de Spinoza. C'est la raison pour laquelle elle est incompréhensible pour Oldenburg et Boyle. En outre, elle a mené à des interprétations incorrectes dans la littérature secondaire influente. Néanmoins, l'hypothèse selon laquelle le synchronisme découvert par Christiaan Huygens (quelques mois avant la rédaction de la Lettre 32) pourrait avoir inspiré le philosophe hollandais nous permet de résoudre ce paradoxe. Cette hypothèse ne permet pas uniquement d'expliquer, par le modèle mécaniste du choc, comment les parties d'un tout s'adaptent les unes par rapport aux autres pour former une seule individualité physique. L'hypothèse est également compatible avec tous les lemmes de l'abrégé de physique de l'*Éthique*.

5. Spinoza au théâtre

Maxime ROVERE

Parmi les expériences esthétiques directes que B. de Spinoza a pu avoir au cours de sa vie, ses rapports avec le théâtre sont ceux qui ont été le mieux étudiés par la tradition universitaire. Grâce aux travaux d'Omero Proietti[1], il est désormais admis que le philosophe a eu dans sa jeunesse une certaine pratique théâtrale et qu'il a très probablement tenu un rôle dans des pièces parfaitement documentées. Et grâce à ceux de Roberto Bordoli, nous savons à quel point les proches amis de Spinoza étaient engagés dans la pratique et la théorie littéraires en général, et dans celles du théâtre en particulier[2].

Dans le présent article, je voudrais pour ma part tenter d'élargir le spectre de ce que nous prenons en compte lorsque nous envisageons l'expérience théâtrale et le sens qu'elle a pu prendre pour le philosophe. En rassemblant un certain nombre d'informations plus ou moins connues, celles qui devraient logiquement apparaître sous la rubrique « Spinoza et le théâtre », je voudrais montrer que cette expérience s'étend beaucoup plus loin que ce que nous pourrions supposer, et qu'elle suggère de tout autres questions que celles que l'on range habituellement sous la rubrique d'une « esthétique ». En tâchant de mettre ces données bout à bout, je ne chercherai pas à interpréter leur rapport avec la conceptualité de Spinoza, c'est-à-dire avec les outils qu'il développe dans ses propres textes philosophiques. Je voudrais simplement utiliser les questions que posent les pratiques propres à diverses communautés pour mettre en valeur les tensions problématiques qui forment l'horizon d'une expérience – celle, précisément, de l'individu Spinoza.

Selon les différents contextes dans lesquels le philosophe a évolué, j'explorerai donc successivement quatre aspects de la théâtralité au sens large : j'étudierai les problèmes liés aux représentations scéniques dans la communauté juive, puis à l'école de latin, puis dans le cadre des recherches anatomiques, et enfin dans celui des châtiments publics. Comme on voit, il s'agit de domaines de l'expérience qui semblent n'avoir rien de commun entre eux et je ne prétendrai pas que les problèmes spécifiques soulevés par ces pratiques soient déductibles les uns des autres. Il n'est donc pas question de les lier dans un seul grand mouvement démonstratif. Pourtant, l'hypothèse de cet article est qu'en rapprochant ces différents domaines les uns des autres, le lecteur pourra à son tour devenir progressivement sensible

---

[1] Omero Proietti, « Le "Philedonius" de Franciscus van den Enden et la formation rhétorico-littéraire de Spinoza (1656-1658) », in *Cahiers Spinoza*, 6 (printemps 1991), Paris, Réplique, p. 9-82.

[2] Roberto Bordoli, *Etica arte scienza tra Descartes e Spinoza. Lodewijk Meyer (1629-1681) e l'associazione Nil Volentibus Arduum*, Milano, FrancoAngeli, 2001.

à quelque chose que je ne saurais mieux désigner que comme des interférences, des jeux d'échos, des ressemblances plus ou moins évidentes, mais perceptibles, dont nous devons tenir compte avant d'interpréter le rapport de Spinoza aux arts de la scène. Car en définitive, les interférences entre ces différentes expériences sont utiles pour comprendre à quoi pense le philosophe lorsqu'il évoque, comme dans *Éthique*, IV, 45, scolie du corollaire 2, quelque chose comme « le théâtre ». En ce sens, le rapprochement d'éléments historiques peut servir de point d'appui pour quiconque souhaitera, à l'avenir, penser le théâtre avec Spinoza.

L'institution théâtrale et ses publics

Spinoza, comme on sait, a grandi dans une famille originaire du Portugal récemment convertie au judaïsme[3]. Il appartient à une communauté qui rassemble à Amsterdam plusieurs centaines de familles, mais dont l'unité n'est pas seulement religieuse. C'est en partie autour de ses langues (portugais et espagnol) et de son héritage culturel que cette *Nação Portuguesa* tâche de s'unifier. En particulier, ses membres sont de grands amateurs de théâtre. Les œuvres de Lope de Vega, de Tirso de Molina ou de Calderón se trouvent dans de nombreuses bibliothèques et leurs vers, leurs images, leur vision du monde hantent les mémoires[4]. Le théâtre aurait donc pu jouer un rôle dans l'essor de cette communauté disparate, et de fait, il y a eu à Amsterdam l'amorce d'un théâtre judaïsant : en 1624, une pièce intitulée le *Dialogue des Monts* de Paulo de Pina, alias Rehuel Jessurun, écrite comme une discussion entre plusieurs montagnes d'Israël, est jouée par quelques membres importants de la Nação ; le jeune rabbin Isaac Aboab da Fonseca, notamment, y tient le rôle du Mont Sinaï[5]. Pourtant, cette tradition scénique est rapidement étouffée, car un double empêchement en prive presque aussitôt la communauté.

Il s'agit d'abord d'une interdiction formelle émanant des dirigeants juifs eux-mêmes. Le 10 octobre 1632, les responsables du bureau de l'*imposta* décident d'exclure toute représentation des locaux de la synagogue. Le motif

---

[3] Voir notamment Yirmiyahu Yovel, *Spinoza et autres hérétiques*, trad. de l'anglais par Éric Beaumatin et Jacqueline Lagrée, Paris, Seuil, coll. « Libre examen - Histoire de la pensée », 1991.

[4] Sur l'importance du baroque notamment chez Spinoza, on se reportera à l'étude de Saverio Ansaldi, *Spinoza et le baroque : infini, désir, multitude*, Paris, Kimé, 2001, ainsi qu'au recueil de Carl Gebhardt, *Spinoza, judaïsme et baroque,* textes réunis et présentés par Saverio Ansaldi, trad. de l'allemand par Sylvie Riboud-Sainclair, Paris, Presses de l'Université Paris-Sorbonne, 2000.

[5] Marc Saperstein, *Exile in Amsterdam : Saul Levi Morteira's Sermons to a Congregation of "New Jews"*, Cincinnati, Hebrew Union College Press, 2005, p. 162, n. 62. Voir aussi Esther Benbassa, *Les Sépharades en littérature : un parcours millénaire*, Paris, Presses de l'Université Paris-Sorbonne, 2005, p. 50.

retenu par les archives est que ces représentations, qui sont données dans la maison qui abrite la synagogue Beth Jacob, génèrent trop de désordre. L'historien qui rapporte cette source, Daniel Swetschinski, estime que l'argument n'est en réalité qu'un prétexte pour « s'opposer à la tendance à imiter, même à la manière juive, les *autos sacramentales* ibériques[6] ». La privation de théâtre aurait donc des motivations religieuses : ces pièces témoigneraient, aux yeux des responsables de la communauté, d'une influence décidément trop chrétienne. Même adaptées au judaïsme, les allégories garderaient l'empreinte des catholiques.

Pourtant, il semble exagéré de rapporter une forme théâtrale à une tradition religieuse dont elle ne pourrait s'émanciper, d'autant que l'intention que prête Swetschinski aux dirigeants convient mal à leurs personnes réelles. En effet, l'historien ne semble pas tenir compte du fait que cette interdiction émane de responsables laïcs, et que ces responsables, souvent en conflit avec les rabbins, se soucient rarement des subtilités de la théologie. Par conséquent, il semble légitime d'envisager une hypothèse alternative. Retenons pour l'instant que même si certains Portugais d'Amsterdam (notamment le poète Daniel Levi de Barrios) continuent d'écrire des pièces de théâtre après 1632, nous ignorons si les dramaturges parviennent à faire jouer leurs pièces, et si elles le sont, nous ne savons ni où, ni comment[7].

Le second empêchement qui entrave le développement d'un théâtre juif est lié aux conditions d'exploitation du Théâtre Municipal d'Amsterdam, communément appelé le Schouwburg. Cette belle bâtisse de bois, construite sur un dessin de Jacob van Campen, inaugurée le 3 janvier 1638 sur le Keizersgracht, aurait pu facilement accueillir des représentations en espagnol ou en portugais. Mais un obstacle s'y oppose : la municipalité d'Amsterdam réserve à l'Académie le droit d'y présenter des spectacles. En effet, le théâtre tient une place essentielle dans la culture nationale que les Néerlandais n'ont de cesse d'affermir. Il est le lieu d'une affirmation identitaire d'autant plus importante que le pays n'a pas encore achevé la Guerre d'Indépendance qu'il mène contre l'Espagne. Le traité de Münster n'y mettra fin qu'en 1648.

De manière hautement symbolique, le Schouwburg lui-même s'élève à l'emplacement où s'est tenue la Première Académie néerlandaise (Eerste Nederduytsche Academie), créée en 1617 par Samuel Coster et par le dramaturge Bredero. Cette académie a notamment accueilli, entre deux concours d'escrime, des conférences en néerlandais destinées à diffuser la science parmi les classes populaires. Les locaux du Schouwburg ont donc

---

[6] Daniel M. Swetschinski, *Reluctant Cosmopolitans. The Portuguese Jews of Seventeenth-Century Amsterdam*, London/Portland, The Littman Library of Jewish Civilization, 2000, p. 286.

[7] Certains loueront des entrepôts pour y tenir des représentations, mais on ne trouve pas trace de cette pratique avant 1694. Voir Swetschinski, *op. cit.*, p. 286.

été conçus dès le départ comme un instrument d'élaboration nationale – par les armes, par la science, par la langue – et à ce titre, il n'est pas surprenant que les compagnies étrangères ne soient pas autorisées à y jouer.

Un autre élément explique la jalousie avec laquelle les autorités civiles d'Amsterdam réservent l'usage de leur salle : comme le théâtre est construit sur un terrain appartenant aux hospices municipaux, une partie de ses recettes doit aller à l'orphelinat (Burgerweeshuis), et une autre à l'hospice des vieillards (Oude Mannenhuis). L'institution théâtrale est donc aussi une entreprise de soutien aux personnes démunies (enfants et personnes âgées). Cela explique que la direction en soit assurée collégialement par six hommes que les régents des Hospices recommandent eux-mêmes aux Bourgmestres[8].

Le double empêchement qui entrave l'essor du théâtre juif à Amsterdam montre ainsi que l'activité théâtrale se situe à un point d'articulation entre les communautés où se mêlent des enjeux à la fois politiques, économiques et culturels. Il indique à quel point la notion d'une activité « publique », en particulier pendant la première moitié du XVIIe siècle, doit être conçue comme le fruit d'une négociation permanente entre plusieurs groupes. Pour comprendre cette négociation, on peut relever plusieurs termes du débat.

Le premier d'entre eux consiste à tracer une frontière, souvent très fluctuante, entre public et privé. Même si notre esprit contemporain associe le théâtre à un espace public, le Schouwburg ne relève pas entièrement de cette catégorie : la salle est divisée en loges ou « maisonnettes » dont on peut tirer les rideaux pour y établir un espace d'intimité[9]. D'autre part, rien n'interdit à quiconque d'organiser des représentations privées dans des maisons ou des appartements. On sait par exemple que chez le Portugais Manuel de Belmonte, les convives jouent des variations poétiques en forme d'énigmes ou de devinettes[10]. Plutôt que d'opposer deux types de spatialité, il faut donc concevoir une géométrie urbaine à plusieurs variables, où l'espace est susceptible d'être en partie cloisonné lorsqu'il est public, en partie ouvert lorsqu'il est privé. On pourrait même se demander, à titre d'hypothèse heuristique, si l'une des fonctions du théâtre ne serait pas d'accomplir le franchissement de la frontière censée définir le public et le privé, entendus comme ce que l'on partage et ce que l'on ne partage pas. C'est une hypothèse que les proches amis de Spinoza, comme nous le verrons, semblent avoir partagée.

Quoi qu'il en soit, il convient de noter que cette frontière est extrêmement difficile à maîtriser, notamment d'un point de vue sonore. Sous cet aspect, rien n'exclut qu'on ne puisse prendre au sérieux le motif des dirigeants juifs d'interdire le théâtre parce qu'il s'agit d'une activité trop

---

[8] J. Fransen, *et alii*, *Les comédiens français en Hollande au XVIIe et au XVIIIe siècles*, Genève, Slatkine Reprints, 1978, p. 19.

[9] J. Fransen, *op. cit.*, p. 18.

[10] D. Swetschinski, *op. cit.*, p. 286.

bruyante. En effet, l'espace sonore joue un rôle essentiel dans les rapports entre les différentes communautés d'Amsterdam car, les archives en attestent, cet espace-là ne se cloisonne pas bien. Avec la densification de l'espace habitable, l'essor de l'urbanisation engendre de nombreux points de friction. Et chaque fois qu'une personne fait du bruit, cela engendre des oppositions qui, dès lors qu'il s'agit d'un ou de plusieurs membres d'une autre communauté, s'expriment en termes religieux. C'est ainsi que, régulièrement, les gens qui vivent sur le chemin d'Oudekerk se plaignent du manque de discrétion des enterrements juifs, du fait que les Portugais ont coutume de faire appel à des pleureuses[11]. Que les applaudissements fassent du théâtre une activité bruyante n'a donc rien d'un détail. Ce type de préoccupation est au cœur des difficultés de la vie urbaine.

À l'inverse, le monopole accordé à l'Académie par le Schouwburg pour écarter la concurrence ne doit pas être compris comme un signe d'opposition ou d'exclusion des communautés entre elles. Au contraire. Si les calvinistes excluent les pièces portugaises de la scène, c'est parce que les différents types de spectacles se disputent en réalité les mêmes spectateurs. Ainsi, malgré les exhortations du rabbin Morteira, notamment, pour inciter les membres de la communauté juive à ne pas trop se mêler au reste de la population[12], et malgré les efforts des pasteurs du Consistoire pour détourner le monopole de l'Académie et faire du Schouwburg un lieu d'expression exclusivement calviniste, la réalité urbaine s'oppose à toute tentative de cloisonnement. Au grand dam des autorités religieuses, de nombreuses familles juives, calvinistes ou catholiques apprécient les superpositions culturelles et ne craignent aucunement les allers-retours. Pour ne rien simplifier, les curieux considèrent les cultes eux-mêmes comme des types de spectacles : tandis que de nombreux Chrétiens assistent aux cérémonies à la synagogue, certains Juifs n'hésitent pas à se rendre à la messe parce que, disent-ils, c'est le seul endroit où ils entendent jouer de l'orgue[13].

Ces croisements contribuent à rendre sensible un problème de véritable concurrence entre le divertissement et le culte. L'enjeu est alors de conquérir le temps de loisir ou de repos, celui qui n'est pas consacré au travail, naturellement convoité par toutes sortes de pouvoirs. Pour que les messes

---

[11] Margaret Gullan-Whur, *Within Reason. A Life of Spinoza*, London, Jonathan Cape, 1998, p. 19.

[12] « A mesure que les Juifs se rapprochent des Nations, Dieu s'éloigne d'eux », déclare Morteira dans un sermon de 1645, cité par M. Saperstein, *op. cit.*, p. 186.

[13] Dans ce cas précis, il est difficile de déterminer où est le motif véritable, et où est le prétexte : s'agit-il d'authentiques mélomanes ou de juifs convertis qui hésitent à revenir vers le culte catholique ? Quoi qu'il en soit, une ordonnance du Mahamad du 7 septembre 1639, citée par Yosef Kaplan, doit explicitement interdire la fréquentation des églises à des fins de délectation musicale. Voir Y. Kaplan, *Les Nouveaux-Juifs d'Amsterdam. Essais sur l'histoire sociale et intellectuelle du judaïsme séfarade au XVIIᵉ siècle* (1996), Paris, Chandeigne, 1999, p. 57.

restent sans concurrence, l'église réformée obtient presque de faire sanctuariser le dimanche. « Tout commerce est interrompu, note l'historien Paul Zumthor[14] ; aucun paiement ne peut avoir lieu ; aucune créance n'est valable ce jour-là. Les théâtres sont fermés ; les rues désertes (…). À Amsterdam, on ferme les portes de la ville pendant les offices. » Ici encore, le théâtre se trouve engagé dans une lutte plus vaste, capable d'envenimer bien d'autres activités, qu'importe leur apparente bénignité : en 1655, les débats qui déchirent les universitaires portent, notamment, sur la légitimité de faire du patin à glace le dimanche[15].

En somme, si le théâtre juif brille par son absence pendant toute la durée de la vie de Spinoza (et même encore plusieurs décennies après sa mort), cette absence éclaire la manière dont les communautés d'Amsterdam s'organisent entre elles. En même temps qu'elle révèle rivalités et conflits, elle indique aussi l'existence d'une société civile irréductible aux clivages confessionnels et institutionnels, où l'on entrevoit ce qu'on pourrait appeler la possibilité d'un public.

La représentation philosophique : aux frontières de l'acceptable

On le comprend d'après ce qui précède, Spinoza a grandi dans un environnement où le théâtre alimente les débats sur la chose publique, en même temps qu'il se nourrit des réalités sociales. Et voici qu'à l'âge de vingt-cinq ans, alors que le jeune philosophe suit très probablement les cours de latin de Franciscus van den Enden, Spinoza chausse le cothurne lors du spectacle donné par l'école. Nous connaissons quatre pièces montées dans ce cadre. Le 8 février 1654, les *discipuli* présentent dans la maison de Cornelis van Vlooswijck (dans un lieu privé, donc) des tableaux vivants inspirés de l'*Énéide* de Virgile. Ensuite, à la fin du mois de décembre 1656, est donnée au même endroit une pièce originale de Van den Enden lui-même intitulée *Philedonius*. Elle est reprise le 13 et le 27 janvier 1657 dans le fameux Schouwburg, au grand scandale des pasteurs calvinistes, car Van den Enden est de confession catholique. Entre ces deux représentations, une partie des élèves joue également *La jeune fille d'Andros* de Térence les 16 et 17 janvier. C'est précisément au cours de ces représentations, d'après Omero

---

[14] Paul Zumthor, *La vie quotidienne en Hollande au temps de Rembrandt*, Paris, Hachette, 1959, p. 105.

[15] En 1655, Gisbertus Voetius, doyen conservateur de l'université d'Utrecht, entreprend de dénoncer les activités des gens du peuple pendant le sabbat hebdomadaire : danse, jeux d'argent, patinage. Johannes Cocceius, professeur de théologie de l'université de Leyde, incarnation d'un calvinisme plutôt libéral, répond en soutenant que la piété connaît diverses formes historiques qui doivent s'adapter aux exigences de chaque époque. En 1659, le synode de Hollande du Sud finit par interdire de traiter le sujet. Voir Jonathan I. Israel, *The Dutch Republic. Its Rise, Greatness, and Fall*, 1477-1806, Oxford, Clarendon Press, 1995, p. 889-899.

Proietti, que Spinoza aurait tenu le rôle du vieux Simon[16]. Enfin, l'année suivante, les 21 et 22 mai 1658, l'école de Van den Enden donne *l'Eunuque*, où Spinoza a, semble-t-il, joué Parménon.

Parce qu'elle s'inscrit dans le cadre d'une activité scolaire, cette pratique théâtrale doit être avant tout comprise comme une méthode d'apprentissage des langues anciennes. Après avoir longtemps enseigné au sein de la Compagnie de Jésus, Van den Enden recourt là à l'une des activités préconisées par la *Ratio Studiorum* des Jésuites[17]. En même temps, comme ses élèves sont les jeunes gens de la meilleure société d'Amsterdam, on peut aussi considérer que c'est aussi en quelque sorte, pour eux, une initiation à la société plurielle que j'ai tâché de décrire jusqu'ici. Cependant, Van den Enden ajoute une touche encore plus personnelle à cette activité pédagogique. En effet, dans la pièce dont il est l'auteur (*Philedonius*), le maître de latin brasse ensemble un grand nombre de références : humanistes, libertines, hermétiques... Les personnages y font même des allusions à la philosophie la plus récente, et l'on entend quelques considérations sur l'unité du cogito cartésien, ou encore sur les rapports entre le corps et l'esprit. Ces allusions sont si abondantes et si hétérogènes qu'elles donnent lieu, parmi les commentateurs, à des interprétations violemment contradictoires[18].

Si l'on veut bien admettre que le sens de cette pièce dépend au moins en partie de ses conditions d'énonciation, il semble possible d'aplanir en partie ces contradictions. En effet, il s'agit d'un spectacle donné devant un parterre de parents venus s'émerveiller de leurs enfants et s'attendrir de toute cette brillante jeunesse – parfois même sans comprendre un mot de ce qui est dit. Des jeunes gens de huit à seize ans, parfois costumés en morts-vivants, déclament des passages qui évoquent la vanité des plaisirs. Dans ce contexte, les jeunes comédiens ajoutent sans doute possible une touche de légèreté, rarement prise en compte par les commentateurs. Pourtant, il semble que le plus intéressant de la pièce tienne essentiellement à ceci, que Van den Enden place ses propos dans la bouche des enfants, autrement dit dans des bouches

---

[16] Omero Proietti, « Le "Philedonius" de Franciscus van den Enden et la formation rhétorico-littéraire de Spinoza (1656-1658) », in *Cahiers Spinoza*, 6 (printemps 1991), Paris, Éditions Réplique, p. 9-82.

[17] Adrien Demoustier, « Les jésuites et l'enseignement à la fin du XVIe siècle » in *Ratio studiorum. Plan raisonné et institution des études dans la Compagnie de Jésus*, Paris, Belin, 1997, p. 25.

[18] Pendant que Marc Bedjaï a défendu une lecture hermétiste du texte (« Horizons philosophiques : le théâtre de Van den Enden et Spinoza », tiré à part de la *Revue de la Bibliothèque Nationale*, n° 49, Paris, automne 1993, p. 35-75), Wilhelmus Klever y voit un pamphlet libertin (*The Sphinx. Spinoza reconsidered in three essays*, Vrijstad, DocVision, 2000) et Omero Proietti, un texte catholique conservateur (*Philedonius, 1657 : Spinoza, Van den Enden e i classici latini*, Macerata, Eum (Edizioni Università di Macerata), coll. « Spinozana », 2010).

innocentes (moralement et légalement), créant un espace discursif comme en suspens.

Cette stratégie d'énonciation, destinée à faire bouger les frontières de l'interdit, a d'ailleurs été bien identifiée par les historiens de la littérature clandestine. Comme l'a remarqué Jean-Pierre Cavaillé, « la polysémie (…) du théâtre, ou d'autres formes de fiction où intervient le dialogue, semble autoriser une certaine latitude d'expression d'énoncés transgressifs, apparemment « corrigés » par les interlocuteurs »[19]. L'usage du théâtre par Van den Enden est donc, entre autres, celui d'un outil destiné à étendre le champ de ce qui est socialement acceptable en termes de discours. La parole scénique fournit un moyen rhétorique de dire quelque chose sans tout à fait le dire, c'est-à-dire sans engager la responsabilité de quiconque devant la loi.

Cela étant, il faut remarquer que cette suspension n'est pas propre seulement au théâtre. Dans les Universités, le jeu de l'argumentation hypothétique fait partie de l'usage courant de la parole, en particulier dans le cadre de la *disputatio*. La première moitié du XVIIe siècle voit la licence associée à cet exercice sortir de son cadre : c'est là tout le problème. Ainsi, lorsque le pasteur Jan Koerbagh, que l'on soupçonne d'être proche de Spinoza, est accusé de tenir des propos impies, il se défend en faisant référence à une pratique scolaire reconnue et admise. « Au cours d'une discussion, rappelle-t-il devant le consistoire calviniste, on pouvait bien faire une proposition à laquelle on n'adhérait pas soi-même »[20]. Cette remarque rappelle que les régimes de discours sont souvent plus ambigus qu'il n'y paraît. Ici, Jan Koerbagh suggère que la parole, qu'elle soit proférée en public ou en privé, n'engage pas nécessairement la conviction du locuteur. La question n'est donc pas de savoir si l'on adhère ou non à ce qu'on dit. Le propos du pasteur est d'expliquer qu'on a le droit de parler même en franchissant les limites communément admises, parce qu'il est légitime d'explorer toutes sortes de positions philosophiques afin de découvrir ou d'affirmer la vérité. Par elle-même, cette position n'est ni nouvelle ni insolente ; elle révèle en revanche une incertitude juridique profonde. Où une discussion doit-elle se situer pour continuer d'être légitime : dans un cours à l'université, dans un sermon à l'église, dans un débat organisé chez un libraire ?

Par rebond, cet enjeu juridique concernant le rapport entre la parole et son contexte permet de comprendre une certaine esthétique, ou manière

---

[19] Jean-Pierre Cavaillé, « Les frontières de l'inacceptable. Pour un réexamen de l'histoire de l'incrédulité », *Les Dossiers du Grihl* [En ligne], Les dossiers de Jean-Pierre Cavaillé, Les limites de l'acceptable, mis en ligne le 17 novembre 2014, consulté le 22 juin 2015. URL : http://dossiersgrihl.revues.org/4746.

[20] Koenraad Oege Meinsma, *Spinoza et son cercle : étude critique historique sur les hétérodoxes hollandais*, traduit du néerlandais par Selinde Roosenburg, appendices latins et allemands traduits par Jean-Pierre Osier, Paris, Vrin, 1983, p. 356.

d'écrire le théâtre propre à Van den Enden et à quelques autres. Car le lecteur contemporain est frappé de découvrir assez rapidement dans la pièce que le personnage éponyme du *Philedonius* n'a aucune espèce d'épaisseur. Il est le contraire de l'entité complexe et profonde qu'explorent les dramaturges français de la même époque – Corneille, Racine. On en voit à présent la cause : c'est que le personnage chez Van den Enden n'est pas un outil d'exploration de la psyché humaine. Sa fonction consiste seulement à dissocier le discours (ce qui est dit) d'une personne légale ou morale. L'ensemble du dispositif théâtral se conçoit ainsi comme un instrument fait pour déjouer les cadres juridiques du discours. Et c'est pour cette raison que Van den Enden peut donner le rôle titre au jeune Nicolaes van Vlooswijck, c'est-à-dire ni plus ni moins au fils du bourgmestre, et lui faire dire des phrases aussi spectaculaires que « la Terre est mon Ciel[21] » (autrement dit, il n'y a pas de Paradis).

Pour conclure sur cet aspect, on peut dire que le rôle du théâtre, notamment dans la formation des jeunes lettrés que Van den Enden a pour élèves, prolonge l'hypothèse émise précédemment : sa fonction consiste à faire surgir dans un espace public une pensée qui en était jusqu'alors exclue.

Le théâtre anatomique : la fin d'un modèle

À présent, je voudrais faire un détour par un lieu qui semble n'avoir pas grand chose à voir avec le précédent, et qui pourtant articule d'une façon intéressante la représentation du savoir avec la collectivité. Il s'agit de l'espace où l'on met en scène les découvertes de l'anatomie. À vrai dire, au moment où Spinoza s'y intéresse, au début des années 1660, l'importance scientifique du théâtre d'anatomie est en train de céder la place à la salle de dissection. C'est précisément ce mouvement de reflux qu'il est intéressant d'étudier pour comprendre comment le théâtre et la conception du théâtre changent, et comment l'évolution des sciences se prolonge en bouleversements esthétiques.

En effet, le théâtre d'anatomie appartient à une étape du développement des sciences médicales antérieure de deux générations à celle de Spinoza. Celui de Leyde, conçu sur le modèle de Padoue, a été installé en 1591 sur avis du conseil municipal à l'intérieur d'une église, la Faliedebagijnkerk, où l'on trouve également une bibliothèque. Les savants Pieter Pauw (1564-1617) et Franciscus de le Boë Sylvius (1614-1672) y ont rassemblé une importante collection de squelettes humains et animaux, mais aussi d'antiquités égyptiennes, qui font de ce théâtre un véritable cabinet de curiosités. De fait, jusqu'au milieu du XVIIe siècle, les visiteurs de passage à

---

[21] F. Van den Enden, *Philedonius*, acte I, scène 1, v. 26, *in* Proietti, *op. cit.*, 2010, p. 190.

Leyde manquent rarement d'aller le visiter, et si possible, d'assister à l'une des séances présentées dans le théâtre.

Ce qui plaît alors à ces curieux dans le théâtre anatomique, c'est qu'on y présente une synthèse intéressante entre la science et la morale. Si l'on y ouvre les corps comme des livres, ce n'est pas seulement pour en découvrir la fabrique, mais aussi pour méditer sur le caractère criminel des personnes disséquées et les insuffisances d'une vie qui se limiterait aux soins du corps, sans prendre garde à faire le salut de l'âme. Cet esprit de « vanité » est inséparable du théâtre d'anatomie : la scénographie de l'ensemble fait dialoguer des vivants et les morts, la chair et les squelettes, l'homme et les animaux, et l'ensemble tourbillonne de manière circulaire autour de la personne du savant.

Mais c'est précisément la conception de la science, en lien étroit avec la conscience morale, qui va conduire progressivement à l'abandon de ce dispositif. Certes, le théâtre anatomique continue jusqu'à la fin du siècle de fonctionner comme une « entreprise de promotion des recherches anatomiques »[22], c'est-à-dire de diffusion et de financement des études médicales. Mais à partir de l'accès de Johannes van Horne à la chaire d'anatomie et de chirurgie en 1653, les anatomistes de Leyde cessent peu à peu de pratiquer dans le grand théâtre ; ils préfèrent des salles plus petites, où les observateurs sont moins éloignés et où les étudiants sont encouragés à participer eux-mêmes à la dissection. Tandis que le théâtre anatomique met en scène de véritables démonstrations de science, pendant lesquelles un savant donne à voir au public des connaissances considérées comme assurées, l'exposé magistral se trouve remplacé par une observation à plusieurs, où les regards doivent converger pour établir ce qui est véritablement observé. Dans ce nouveau contexte, les spectateurs ne sont donc plus passifs. Leur regard constitue une épreuve de la vérité.

L'un de ceux qui vont contribuer à enterrer définitivement le théâtre anatomique en proposant une théorie complète, fondée notamment sur la validation collégiale, est un médecin proche de Spinoza – il s'agit de Niels Stensen, alias Sténon[23]. Son témoignage sur les séances d'anatomie auxquelles Spinoza a participé est éloquent. « À cette époque, écrit Sténon à propos des années 1660, [Spinoza] me rendait quotidiennement visite pour observer les recherches anatomiques sur le cerveau que je menais sur plusieurs animaux, afin de découvrir à quel endroit le mouvement

---

[22] Rina Knoeff, « Dutch Anatomy and Clinical Medicine in 17th-Century Europe », in *European History Online* (EGO), published by the Leibniz Institute of European History (IEG), Mainz, 2012-06-20. URL : http://www.ieg-ego.eu/knoeffr-2012-en.
[23] Sténon (1638-1686), *Discours sur l'anatomie du cerveau*, présenté et annoté par Raphaële Andrault, Paris, Éd. Classiques Garnier, 2009.

commençait, et où la sensation se terminait (…) »[24]. Spinoza apparaît ici comme un observateur, et non comme un simple spectateur – l'écart est considérable. Dans la manière dont l'anatomiste détaille ensuite le contenu de ces séances, on croit entendre le dialogue entre le philosophe et l'anatomiste : « de fait, poursuit Sténon, Dieu m'utilisa de manière à donner [à Spinoza] quelque chance de devenir humble ; la première, concernant l'anatomie du cerveau, lui montra que ni ma main avec son scalpel, ni son esprit avec toute sa finesse, n'arriveraient jamais à établir quoi que ce soit. La seconde fut certaines expériences concernant le cœur et les muscles, dans lesquelles Dieu me montra le véritable fonctionnement de la nature (…) »[25]. Ces évocations renvoient aux deux principales découvertes réalisées par Sténon dans les années 1660, qui seront ensuite publiées à Paris (*Discours sur l'anatomie du cerveau*, 1665) puis à Florence (*Modèle des éléments myologiques ou Description géométrique des muscles*, 1667[26]). L'important, ici, est de mesurer à quel point l'esprit diffusionniste, qui sous-tendait le théâtre anatomique, semble éloigné des séances décrites par Sténon. En effet, l'anatomiste ne se présente pas comme quelqu'un qui exhibe un savoir à des spectateurs. Au contraire, il se décrit avec Spinoza comme deux ignorants cherchant à découvrir ensemble « le véritable fonctionnement de la nature », et qui en partie échouent, en partie réussissent dans leur tâche. Ce faisant, l'enquête a fini par ébranler l'édifice cartésien, autrement dit les convictions mécanistes auxquelles les deux hommes étaient encore attachés. Comme on sait, la remarque de Sténon sur leur double ignorance (le scalpel et la finesse d'esprit restant impuissants à résoudre le mystère de la vie) trouve un célèbre écho chez Spinoza, qui observe que « nul », sous-entendu même les médecins les plus savants ou les anatomistes les plus consciencieux, « ne sait ce que peut le corps »[27].

Cette enquête participative aurait été inconcevable dans un théâtre d'anatomie, désormais abandonné aux touristes. Ainsi, les changements de l'enquête montrent avec évidence qu'en changeant de posture scientifique, on change aussi de mise en scène, et que réciproquement, tout changement scénographique signifie une approche scientifique nouvelle. Est-ce à dire que l'on peut trouver là les éléments d'une esthétique possible ? C'est une question à laquelle d'autres amis de Spinoza vont tâcher de répondre.

---

[24] Cité par Leen Spruit et Pina Totaro dans *The Vatican Manuscript of Spinoza's Ethica*, Brill, Leiden/Boston, 2011, p. 10.

[25] *Ibid.*

[26] *Steno on muscles containing Stensen's myology in historical perspective : Niels Stensen's "*New structure of the muscles and heart" [1663] and "Specimen of elements of myology" [1667], édition et introduction de Troels Kardel, Philadelphia, The American Philosophical Society, 1994, p. 84.

[27] Benoît de Spinoza, *Éthique*, III, 2, scolie, traduction modifiée de Bernard Pautrat, Paris, Seuil, 2010, p. 219.

Les châtiments et la peur

Mais avant d'en venir aux questions esthétiques proprement dites, il convient de faire un nouveau détour. En effet, le théâtre d'anatomie n'est pas au XVIIe siècle l'unique lieu d'Amsterdam où l'on puisse voir des corps humains ouverts, et où la mort, le sang, la réalité matérielle des organes et des humeurs fasse l'objet d'une observation instructive. Il y a aussi la grande place, où certaines « spectacles » engagent la collectivité dans des interrogations complexes sur le corps et le savoir.

En effet, pendant ce qu'on désigne comme les « jours de justice », les criminels viennent recevoir leurs châtiments corporels sur la place du Dam, devant l'hôtel de ville. Un large public vient assister à ce qui constitue une sorte de rendez-vous civique régulier. Bien que tous les châtiments n'aient pas la même fonction, on peut admettre, selon l'interprétation classique, que leur mise en scène est destinée à faire percevoir à la population qu'un nouvel ordre de violence est à l'œuvre, et qu'il exclut la vengeance personnelle ou la vendetta privée, courantes dans la société rurale. On peut encore admettre que, réciproquement, la foule assemblée sur la place vient témoigner du fait qu'elle accepte cette nouvelle organisation, et qu'elle vient témoigner de la reconnaissance de légitimité qu'elle accorde au pouvoir. Dans ce contexte, il va de soi que les officiers municipaux tâchent généralement de faire en sorte qu'il y ait parmi les condamnés des exécutions capitales, afin que la démonstration soit la plus impressionnante possible. Le résultat, pour les contemporains, est une certaine familiarité de la mort et du supplice : comme le note Pieter Spierenburg, « n'importe quel résident d'Amsterdam pouvait avoir assisté à de nombreuses exécutions au cours de sa vie[28] ».

Cette remarque, à mon sens, contribue à éclairer certaines propositions apparemment éloignées les unes des autres que formulent Spinoza et plusieurs de ses amis. Certaines relèvent de la politique, d'autres de l'esthétique, mais toutes peuvent être considérées comme des réponses à cette expérience-là, celle du spectacle de supplices donnés en place publique.

Confronté à cette scénographie, Spinoza lui-même témoigne d'une position ambivalente. Dans une brève incise au chapitre XX du *Traité théologico-politique*, il désigne l'échafaud comme la « terreur des mauvaises gens » (*malorum formido*[29]). Cette expression semble entériner la fonction dissuasive des châtiments publics : la mise en scène du corps supplicié serait un moyen légitime d'inspirer la crainte à ceux que leurs passions rendent

---

[28] Pieter Spierenburg, *The spectacle of suffering. Executions and the evolution of repression: from a preindustrial metropolis to the European experience*, Cambridge, Cambridge University Press, 1984, p. 83.

[29] B. de Spinoza, *Œuvres* III, *Traité théologico-politique*, texte établi par Fokke Akkerman, traduction et notes par Jacqueline Lagrée et Pierre-François Moreau, publiées sous la direction de Pierre-François Moreau, Paris, Presses universitaires de France, coll. « Épiméthée », 2e éd., 2012, p. 646.

nuisibles. Pourtant, lorsqu'on lit le passage en entier, on s'aperçoit que la phrase de Spinoza est principalement destinée à dénoncer l'usage de ces mises en scène pour les délits d'opinion. Spinoza écrit : « Qu'y a-t-il de plus pernicieux que de voir l'échafaud, terreur des méchants, devenir l'éclatant théâtre où se donne le spectacle de la plus haute constance, avec pour effet d'exposer à tous les regards un exemple de vertu qui couvre de honte la majesté suprême ? »[30]. Si l'on évite d'isoler l'incise, l'argument se trouve quasiment retourné. L'insistance de Spinoza ne porte pas sur l'efficacité des châtiments, mais sur le danger de leur mise en scène. Il souligne avant tout le caractère incontrôlable d'un spectacle un peu trop « éclatant » : il suffit que le châtiment soit mal appliqué pour que les impressions nées de la mise en scène se retournent contre le pouvoir. Dans ces cas-là, la violence produit l'effet inverse de celui escompté, en donnant aux personnes injustement incriminées l'occasion de se montrer héroïques. Le spectacle fonctionne alors à rebours ; il sape la légitimité de l'État.

À cette remarque sur l'ambivalence de la violence et de la cruauté, les propositions de Lodewijk Meyer et de Johannes Bouwmeester font directement écho. Lorsque ces deux médecins, amis intimes de Spinoza, fondent en 1669 l'association littéraire *Nil volentibus arduum*, à laquelle participent également le poète Joannes Antonides van der Goes et les juristes Andries Pels et Willem Blaauw, ils ont pour ambition de réformer le théâtre en profondeur. En effet, le théâtre néerlandais des années 1630 à 1670 est resté divisé entre d'un côté un théâtre sensationnel, représenté par Jan Vos, et de l'autre, un théâtre à l'antique soutenu par Joost van den Vondel (*Lucifer, Gijsbrecht van Aemstel*). Le théâtre promu par Jan Vos, qui, à partir de 1647, siège parmi les régents du Schwouburg pendant dix-neuf ans, repose sur des effets scénographiques très spectaculaires. On se tue sur scène, on se décapite, on se pend. Dans sa pièce *Aran en Titus*, aussi appelée *Wraak en Weerwraak* (1641), Titus sert à Tamora le cadavre de son fils, avec une cruche de sang pour accompagnement. Sa deuxième tragédie, *Médée*, écrite en 1665, se termine dans un grand incendie, et les dialogues y sont emplis – je cite l'historien Jan te Winkel – d' « une accumulation de mots d'horreur et d'expressions typiques de la cruauté la plus raffinée »[31]. Le succès de ces procédés auprès du public est considérable. En 1657, les recettes des spectacles au Schouwburg rapportent aux Hospices dix mille florins.

Lodewijk Meyer (qui a lui aussi dirigé le Schouwburg, mais en a été écarté pour en avoir fait drastiquement chuter la fréquentation) et Johannes Bouwmeester se proposent de faire reculer cette esthétique sensationnelle. Au lieu d'impressionner par les sens, comme le faisaient les spectacles de

---

[30] B. de Spinoza, *op. cit.*, p. 647.
[31] Jan te Winkel, *De ontwikkelingsgang der Nederlandsche letterkunde. Deel IV. Geschiedenis der Nederlandsche letterkunde van de Republiek der Vereenigde Nederlanden (2)*, Haarlem, De Erven F. Bohn, 1924, p. 246.

Vos, les membres de l'association désirent encourager chez les spectateurs un travail de compréhension. La doctrine qu'ils défendent repose sur la conviction que tout spectateur est un philosophe qui s'ignore, et qu'en jonglant avec les passions, le théâtre permet à chacun de devenir, au moins en partie, agent de sa propre vie. Bouwmeester définit même le travail du parfait poète en des termes qui semblent renvoyer tout autant à l'anatomie qu'à l'éthique : il consiste « à formuler les choses dans leur nudité et leur simplicité, de manière à les faire tomber dans l'entendement »[32]. Il suffit d'y penser un peu pour s'apercevoir que le théâtre de Meyer et de Bouwmeester vise à organiser un ordre de vérité tout à fait comparable à celui qui s'est mis en place dans la salle de dissection de Sténon : il s'agit de mobiliser la capacité de comprendre chez toutes les personnes présentes, au lieu de les considérer comme simples spectateurs. Et dans la mesure où l'association *Nil volentibus arduum* défend un théâtre qui ne se destine pas à émouvoir le peuple, mais plutôt à l'amender, à lui faire comprendre ses passions, on peut y voir aussi une forme d'enseignement comparable à celle qu'a mise en scène, quelques années plus tôt, Franciscus van den Enden.

Pour conclure, si l'on devait résumer les problèmes que pose le théâtre, il faudrait d'abord les séparer plutôt que les confondre. On pourrait alors remarquer que la disparition du théâtre juif pose la question de l'articulation entre la société et ses institutions, que l'expérience du théâtre latin pose celle de l'acceptabilité des discours, que le théâtre anatomique pose celle des conditions de vérité, et le théâtre punitif celle des passions politiques. Est-il possible de dégager une unité de tout cela ? Il semble en tout cas utile de rassembler ces données pour mieux lire la très brève allusion que fait Spinoza au théâtre. Lorsque le philosophe évoque le plaisir que l'on prend au théâtre comme l'un de ceux qui ne nuisent à personne, il semble clair qu'il ne songe pas au plaisir d'un individu observant passivement le spectacle joué sur la scène. Si l'on restitue à cette remarque son cadre historique, le théâtre auquel Spinoza pense est celui qui rend l'individu sensible à tout ce qui le relie aux autres. Dans cette perspective, la délectation théâtrale n'apparaît plus comme un plaisir individuel passif, mais une épreuve collective qui participe à l'élaboration d'une vérité commune. Lodewijk Meyer écrit à ce propos : « Nul ne peut manquer de rechercher son propre bonheur. Mais plus mes voisins sont aptes à promouvoir mon bonheur, et plus j'attends de leur soutien, plus je suis moi-même contraint de prendre soin de leur bonheur[33] ». En ce sens, le plaisir du théâtre est un peu comme celui que procure la philosophie : il augmente en se partageant.

---

[32] Wim Klever, *op. cit.*, p. 145.
[33] Cité par Klever, *op. cit.*, p. 144.

6. La muse bien tempérée : mécanisme affectif et narration chez Spinoza

Andrea SANGIACOMO

Enjeux de la narration

Si on demande quelle pourrait être une définition spinoziste de la narration, il paraît aisé de la réduire à une forme d'imagination. Histoires et témoignages ne sont autre chose qu'un ensemble plus ou moins cohérent d'images, qui relèvent de la façon dont notre corps est affecté par les corps externes. Du point de vue de la connaissance, la narration serait donc quelque chose entre l'expérience vague et la connaissance par ouï-dire, les deux modalités qui définissent la connaissance inadéquate (*Éthique*, II, proposition 40, scolie 2). Du point de vue psychologique, la narration suivrait l'ordre de l'imagination plutôt que celui de l'intellect. En particulier, le principe en serait donné par le *conatus* de l'esprit qui s'efforce d'imaginer ce qui peut accroître la puissance d'agir du corps (*Éth.*, III, prop. 12) et ce qui exclut l'existence de choses que l'esprit imagine affaiblir sa puissance d'agir (*Éth.*, III, prop. 13). Bref, la narration est toujours régie par la logique du désir et de l'appétit.

On pourrait penser avoir ainsi résumé à peu près tout ce que Spinoza aurait à nous dire à propos de la narration. Cependant, dans ce chapitre, j'aimerais montrer que la définition de la narration comme forme d'imagination nous ouvre un vaste cadre théorique qui reste encore largement à parcourir. Pierre-François Moreau a déjà attiré l'attention sur la place que les récits, historiques ou non, jouent dans l'*Éthique* et dans les *Traités* pour appuyer la réflexion spinozienne sur l'évidence des faits[1].

Pour ma part, j'aimerais réfléchir sur deux aspects majeurs d'une véritable théorie de la narration qu'on pourrait tirer de la théorie des affects de Spinoza. En premier lieu, ayant défini la narration comme une forme d'imagination régie par le désir, Spinoza nous permet de distinguer plusieurs genres de narration en fonction du genre de désir qu'elles visent à satisfaire. En deuxième lieu, j'aimerais démontrer que, d'un point de vue spinoziste, la narration est une nécessité non seulement anthropologique, mais aussi philosophique. J'aimerais donc discuter plus en détail le genre de la « narration philosophique » que Spinoza lui-même nous propose non seulement au début du *Traité de la réforme de l'entendement*, mais aussi dans l'appendice à la première partie de l'*Éthique*. La manipulation des affects que ce genre de narration vise à produire est essentielle à la

---

[1] Voir P.-F. Moreau, *Spinoza. L'expérience et l'éternité*, Paris, Puf, coll. « Épiméthée », 1994.

philosophie pour se frayer un passage, quoique précaire et incertain, parmi les passions.

Dans ce qui suit, je vais d'abord proposer une définition de la narration tirée de la théorie spinozienne des affects ; puis ébaucher une phénoménologie de trois genres narratifs qu'on peut dégager des textes (narration superstitieuse, politique et scientifique) ; enfin m'interroger sur la nature et la nécessité de la « narration philosophique », pour proposer un trait d'union entre le monde du délire imaginatif et celui de la connaissance adéquate.

La narration comme systématisation du désir

Si la narration est régie par le *conatus* de l'esprit, on peut identifier une structure de base qui, étant présupposée à tout genre de narration, peut nous aider à mieux comprendre les différences entre les genres narratifs. Tout affect est une transition vers un degré différent de puissance ou de perfection (*Éth.*, III, Affectuum definitiones, I-II, Explicatio). Cela implique que toute interaction dont les affects sont la trace, implique une composition entre la puissance de l'individu et celle des causes externes. Chez Spinoza, passivité ne signifie pas inaction mais uniquement impossibilité à expliquer un effet par la nature d'une certaine cause (*Éth.*, III, def 1-2). Pour l'instant, ce qu'il faut bien remarquer est que toute interaction implique une certaine activité autant chez l'individu que dans les causes extérieures. La doctrine du *conatus* nous apprend que toute cause extérieure produisant une transition vers un degré différent de puissance d'agir entraîne aussi une réaction qui entrave cette transition (quand il s'agit d'une réduction de la puissance) ou qui au contraire l'encourage (quand il s'agit d'un accroissement de la puissance). En particulier, Spinoza démontre que : « l'esprit, autant qu'il peut, s'efforce d'imaginer ce qui augmente ou aide la puissance d'agir du corps » (*Éth.*, III, prop. 12) et « quand l'esprit imagine des choses qui diminuent ou empêchent la puissance d'agir du corps, il s'efforce, autant qu'il peut, de se souvenir de choses qui excluent l'existence des premières » (*Éth.*, III, prop. 13). Il s'ensuit que si la narration est une production imaginative régie par le principe du *conatus*, toute narration répond à cette même exigence de l'esprit d'imaginer, autant qu'il peut, ce qui augmente sa puissance d'agir ou bien entrave les causes qui l'empêchent.

La différence entre la simple imagination et la narration dépend de la complexité de la narration. Si l'imagination peut bien se limiter à produire une idée singulière, cette idée ne pourra être affirmée dans l'esprit que si elle entretient certains rapports avec d'autres idées. Par exemple, on ne peut pas imaginer comme présent ce qu'on sait ne pas pouvoir exister. C'est pourquoi, Spinoza répète souvent que l'entendement limite l'imagination en montrant ce qu'on peut ou non légitimement imaginer[2]. Cependant, la connaissance intellectuelle est souvent insuffisante. Cela implique sans doute une impuissance de l'esprit – sa puissance n'étant rien d'autre que son pouvoir d'acquérir des idées adéquates. Néanmoins, l'impuissance de l'esprit par rapport à sa possibilité de concevoir adéquatement la réalité n'implique pas que l'esprit n'agisse pas. Au contraire, quand l'esprit s'efforce d'imaginer une certaine idée pour alimenter son pouvoir d'agir, l'esprit est en train d'affirmer une certaine image contre celles qui proviennent de la réalité. Semblablement à ce qui se passe entre le principe de réalité et le principe de plaisir dont parle Freud, y compris dans la conception spinoziste, les imaginations de l'esprit sont des nécessités physiologiques. Donc, si l'esprit a *besoin* d'imaginer une certaine idée, mais n'a pas des idées adéquates sur lesquelles l'appuyer, il va imaginer des idées qui lui servent pour soutenir la première. C'est ainsi que la puissance imaginative ne se limite pas à la création d'une idée singulière, mais peut bientôt se développer, si elle n'est pas restreinte par l'entendement, par le biais d'une fiction articulée, c'est-à-dire, d'une véritable narration.

Spinoza donne un exemple remarquable de ce processus en expliquant l'origine de la superstition religieuse dans l'Appendice à la première partie de l'*Éthique* :

Les hommes agissent toujours en vue d'une fin, c'est-à-dire en vue de l'utile qu'ils désirent ; d'où il résulte qu'ils ne cherchent jamais à savoir que les causes finales des choses une fois achevées, et que, dès qu'ils en ont connaissance, ils trouvent le repos, car alors ils n'ont plus aucune raison de douter. [...] Et comme ils savent que ces moyens, ils les ont trouvés, mais ne les ont pas agencés eux-mêmes, ils y ont vu une raison de croire qu'il y a quelqu'un d'autre qui a agencé ces moyens à leur usage. Car, ayant considéré les choses comme des moyens, ils ne pouvaient pas croire qu'elles se fussent faites elles-mêmes ; mais pensant aux moyens qu'ils ont l'habitude d'agencer pour eux-mêmes, ils ont dû conclure qu'il y a un ou plusieurs maîtres de la Nature, doués de la liberté humaine, qui ont pris soin de tout pour eux et qui ont tout fait pour leur convenance. [...] Voyez, je vous prie, où cela conduit ! Parmi tant d'avantages qu'offre la Nature, ils ont dû trouver un nombre non négligeable d'inconvénients, comme les tempêtes, les tremblements de terre, les maladies, etc., et ils ont admis que ces événements avaient pour origine l'irritation des Dieux devant les offenses que leur avaient faites les hommes ou les fautes commises dans leur culte ; et quoique l'expérience s'inscrivît chaque jour en faux contre cette croyance et montrât par d'infinis exemples que les avantages et les inconvénients échoient indistinctement aux pieux et aux impies, ils n'ont pas cependant renoncé à ce préjugé invétéré : il leur a été, en effet, plus facile de classer ce fait au rayon des choses inconnues, dont ils ignoraient l'usage, et de garder ainsi leur état actuel et inné d'ignorance, que de ruiner toute cette construction et d'en inventer une nouvelle. (*Éth.*, I, Ap.)

---

[2] Voir par exemple *TIE*, 81-88.

Je reviendrai sur ce passage quand il s'agira d'analyser les caractéristiques de la « narration philosophique ». Pour l'instant, j'aimerais souligner comment, en partant du principe du désir qui régit les actions des hommes et les amène à tout penser en termes téléologiques (c'est-à-dire en vue de ce qui peut augmenter la puissance de leur *conatus*), on en arrive à construire la fiction du monde religieux tout entier. Avec ses mythes et ses cultes, qui expliquent à peu près tous les phénomènes, ce monde imaginatif fait système dans les esprits qui l'ont forgé et qui nourrissent un véritable désir de ne pas le quitter. Même quand l'explication superstitieuse se révèle insatisfaisante, il est « plus facile de classer ce fait au rayon des choses inconnues, […], que de ruiner toute cette construction et d'en inventer une nouvelle ».

D'après Spinoza, donc, la narration est l'ordre avec lequel l'esprit forme un ensemble cohérent d'images qui lui permettent de réagir à la variation de sa puissance produite par les causes extérieures autant pour l'augmenter que pour entraver celles qui menacent de la réduire[3]. Il s'ensuit que les genres de la narration ne se distinguent pas véritablement par leurs objets ou par les causes extérieures, mais plutôt en raison du type de structure imaginative que l'esprit va développer face à ces mêmes causes. Le même phénomène naturel peut bien être perçu de façons différentes par des individus qui ont une puissance d'agir et de connaître différente. Le soleil qui s'arrête dans le ciel apparaît comme un miracle à Josué, même si un philosophe naturel peut l'expliquer suivant les lois de l'optique.

Je propose donc de ranger les genres narratifs en fonction du degré d'impuissance de l'esprit. Cela nous permettra d'étudier les mécanismes qui sont chaque fois à disposition de l'esprit pour s'efforcer d'entraver la réduction de sa puissance et éventuellement de l'augmenter. Étant donné que la puissance de l'esprit consiste dans sa capacité à produire des idées adéquates, et que les idées adéquates impliquent nécessité, le degré d'impuissance de l'esprit détermine le degré de non-nécessité des idées qu'il peut former. Il s'ensuit que plus l'esprit est impuissant, plus ses idées seront fausses, c'est-à-dire qu'elles impliqueront contradiction. Au contraire, au fur et à mesure que l'esprit gagne en puissance vis-à-vis des causes extérieures, ses idées auront plus de réalité. Chaque genre narratif doit donc être étudié par rapport à la façon dont les causes extérieures, en limitant la puissance d'agir de l'esprit, le déterminent à former des idées plus ou moins fictives, voire inadéquates. Les narrations qui s'ensuivent dans chaque cas constitueront la réponse imaginative de l'esprit enclin à résister à la diminution de sa puissance ou à l'accroître autant que possible.

Il va sans dire que ces genres ne sont distingués de manière aussi nette que pour rendre le propos plus clair. En réalité, ils se présentent le plus

---

[3] Sur la capacité de l'imagination à faire système, voir F. Mignini, *Ars Imaginandi. Apparenza e rappresentazione in Spinoza*, Napoli, Edizioni Scientifiche Italiane, 1981.

souvent sous des formes mélangées, qu'il serait trop complexe de démêler. En revanche, j'utilise le mot « genre » dans le même sens que Spinoza, quand il parle de « genres de connaissance » (*Éth.*, II, prop. 40, sc. 2), autrement dit comme des modalités qui ne s'excluent pas l'une l'autre, mais qui au contraire peuvent se trouver l'une avec l'autre.

Phénoménologie des genres narratifs

La narration superstitieuse

L'impuissance de l'esprit consiste en l'absence de connaissance adéquate. Cela signifie aussi qu'un esprit impuissant ne sera pas capable d'être conscient de l'*incohérence* des idées qu'il affirme. Comme le suggère l'Appendice d'*Éthique*, I, qu'on vient de citer, le cas exemplaire de cette situation se trouve chez le superstitieux. Cependant, la superstition ne s'identifie pas forcément avec la religion. C'est pourquoi je propose d'analyser les caractéristiques de la narration superstitieuse dans un cas qui ne porte pas directement sur des enjeux religieux. Dans sa correspondance avec Hugo Boxel (1674, *Epistolae* 51-56), Spinoza discute de la croyance aux fantômes et autres esprits imaginaires, qui alimente la superstition depuis la nuit des temps. Il s'agit bien ici de narrations « superstitieuses », parce que, comme Spinoza le montre, elles présupposent une croyance à des phénomènes qui ne sont pas seulement incertains ou improbables, mais dont on peut démontrer la fausseté. La narration superstitieuse se fonde sur des croyances à des choses fausses et l'esprit qui les affirme est si impuissant qu'il est incapable d'en apercevoir la fausseté. D'ailleurs, les apparitions des fantômes ne sont pas des phénomènes naturels réguliers et la croyance à leur possibilité se fonde donc uniquement sur des histoires.

Spinoza nous explique que

> Le désir qu'éprouvent les hommes à raconter les choses non comme elles sont, mais comme ils voudraient qu'elles fussent [*desiderant*], est particulièrement reconnaissable dans les récits de fantômes et de spectres ; la raison première en est, je crois, que, faute de témoins autres que les narrateurs mêmes, on peut inventer à volonté, ajouter ou supprimer des circonstances selon son plaisir sans avoir à craindre de contradicteur. En particulier, on en invente qui puissent justifier la crainte qu'on a des songes et des visions ou encore pour établir et accréditer la réputation de son courage [*audaciam, fidem & opinionem suam stabiliat*]. (*Ep.*, 52)

La narration superstitieuse se bâtit sur le désir du narrateur de combattre le pouvoir de ses craintes. Évidemment, cela dépend du fait qu'il n'a pas une puissance suffisante pour combattre les causes extérieures avec une force égale. Ne pouvant pas éviter la crainte, il essaye d'en modérer les effets par un détour imaginatif produit par des histoires.

L'étonnement joue un double rôle dans la narration superstitieuse. D'un côté, la singularité et l'exceptionnalité des phénomènes doit être renforcée (et même construite *ad hoc*) afin de souligner l'audace du narrateur et de justifier ses craintes. En effet, « l'audace est le désir qui nous pousse à agir dans un péril auquel les autres craignent de s'exposer » (*Éth.*, III, Aff. def., XL). Plus on se croit audacieux, plus on se croit plus puissant que les autres. Le fait que le narrateur veuille « établir et accréditer la réputation de son courage » implique en lui un désir de gloire, c'est-à-dire, de la « joie qu'accompagne l'idée d'une quelconque de nos actions que nous imaginons louée par les autres » (*Éth.*, III, Aff. def., XXX), mais peut bien aussi mener à l'orgueil, qui « consiste à avoir de soi, par amour, une meilleure opinion qu'il n'est juste » (*Éth.*, III, Aff. def., XXVIII). Quoi qu'il en soit, la narration superstitieuse fait face à la crainte de l'esprit en produisant un dispositif imaginatif fonctionnant comme un miroir déformant, où le réflexe de la crainte apparaît comme une véritable puissance d'agir. De cette façon, l'esprit peut au moins s'imaginer ne pas être totalement impuissant. Pour soutenir ce mécanisme, la narration superstitieuse a besoin de représenter son objet comme étant hors du commun, c'est-à-dire, comme une chose singulière qui suscite de l'étonnement. Ce n'est que si les fantômes et les spectres représentent des phénomènes extraordinaires et exceptionnels que l'on sera en mesure d'admirer l'audace de celui qui les a rencontrés et d'en justifier sa crainte.

Toutefois, dans la narration superstitieuse, l'étonnement joue également un rôle plus secret, mais non moins important. Étant donné qu'« aucune chose ne peut être bonne ou mauvaise pour nous, à moins qu'elle n'ait quelque chose de commun avec nous » (*Éth.*, IV, prop. 29), il s'ensuit que plus la chose sera représentée comme extraordinaire, plus nous serons conduits à ne pas la craindre vraiment, parce qu'elle ne pourra pas nous affecter. En ce sens, la narration superstitieuse combat la crainte par une sorte d'exorcisme imaginatif, grâce auquel, en suscitant de l'étonnement pour des phénomènes hors du commun, elle nous permet de nous considérer audacieux et, en même temps, d'imaginer que ces choses exceptionnelles que nous craignons ne peuvent pas nous porter dommage, précisément parce qu'elles diffèrent trop de notre nature.

La narration politique

Parmi les œuvres de Spinoza, le *Traité théologico-politique* est l'œuvre qui présente la plus ample discussion sur la narration. Bien que parfois les narrations bibliques soient rangées parmi les narrations superstitieuses, les *Scripturæ narrationes* (*TTP*, II, 1) définissent aussi un genre à part. J'appellerai « narration politique » ce genre de narrations qu'on trouve dans l'Écriture et qui visent à installer, consolider ou récupérer une certaine pratique de vie (*institutum vitæ*) par le biais d'exemples historiques. Le point de départ de cette narration est à nouveau une situation d'impuissance de l'esprit. Cette impuissance ne porte pas forcément sur la crainte de causes extérieures déterminées, mais plutôt sur l'incapacité des esprits à résister au pouvoir d'affects contraires. Il s'ensuit une faiblesse face aux phénomènes de fluctuation (*Éth.*, III, prop. 17, sc.). Confrontée aux variations induites par la force des différentes causes extérieures, la narration politique vise à installer une norme ou une loi pour orienter le *conatus* des esprits vers un but commun.

Spinoza lui-même nous explique que le *Pentateuque* a été conçu par Esdras pour cette raison :

> Si maintenant nous avons égard à l'enchaînement et au contenu de tous ces livres, il en ressortira aisément pour nous qu'ils ont tous été écrits par un seul et même narrateur, qui voulut raconter l'histoire des Juifs depuis leur origine jusqu'à la première dévastation de la Ville. [...] L'ensemble du texte aussi et l'ordre dans lequel se succèdent les récits donnent à penser qu'il y a eu un seul historien visant un but bien déterminé. Il commence par raconter la première origine de la nation hébraïque et dit ensuite avec ordre à quelle occasion et à quels moments Moïse établit les lois et fit aux Hébreux de nombreuses prédictions ; puis comment ils conquirent la Terre Promise suivant la prédiction de Moïse [...], puis, quand ils l'eurent conquise, comment ils abandonnèrent les lois [...], abandon d'où il résulta beaucoup de maux [...]. Comment ensuite ils voulurent élire des rois [...] qui eux aussi furent prospères ou malheureux suivant qu'ils observèrent les lois ou n'en eurent aucun souci [...], jusqu'à la ruine de l'État, qui arriva comme Moïse l'avait prédit. [...] Tous ces livres donc s'inspirent d'une même pensée et tendent à un seul but qui est d'enseigner la loi édictée par Moïse et d'en démontrer la valeur par les événements. (*TTP*, VIII, 11)

Dans le cas de la narration politique, les faits qui font l'objet de la narration ne sont pas fictifs mais portent sur de véritables événements historiques. Néanmoins, son principe consiste à ranger ces événements de façon telle qu'ils puissent inciter le peuple à suivre une certaine loi, en montrant que cette loi implique le bonheur et que s'en éloigner au contraire est cause de malheur. Le but de la narration politique est donc celui de construire une liaison imaginative entre une certaine pratique – l'obéissance à la loi de Moïse, ou son abandon – et l'augmentation ou la diminution de puissance qui s'ensuit. Une telle narration est ainsi apte à produire de l'espoir pour les biens qui peuvent suivre de la pratique de la loi et de la crainte pour tout ce qui peut éloigner d'elle. Un véritable *désir* de pratiquer la loi comme condition cruciale de l'augmentation de la puissance de la communauté est ainsi suscité. Moïse lui-même « prit le plus grand soin de faire en sorte que le peuple remplît son devoir moins par crainte que de plein gré » (*TTP*, V, 10).

Aussi y a-t-il une différence majeure entre la narration superstitieuse et la narration politique. Elle tient à la dimension normative de cette dernière. La narration superstitieuse est la justification d'un état de fait, une crainte qui nous arrive et que l'esprit s'efforce de contraster du mieux qu'il peut, étant donné son impuissance de départ. La narration politique, au contraire, est porteuse d'une *règle* ou bien d'un *exemplar* qu'elle vise à installer pour produire un mécanisme affectif capable d'orienter le *conatus* vers l'obéissance. Il n'est pas nécessaire que cette loi soit rationnelle pour jouer ce rôle normatif. Au contraire, c'est le dispositif narratif lui-même qui rend la loi *nécessaire* du point de vue affectif. Le simple fait pour Moïse d'avoir énoncé son décalogue n'implique nullement l'obligation pour un autre peuple à une autre époque de suivre cette même loi. Sauf à disposer d'une démonstration rationnelle de la validité universelle de cette loi (ce qui n'est pas le cas chez les Hébreux), c'est uniquement le mécanisme affectif fondé sur le désir qui peut rendre une certaine pratique de vie *nécessaire* et la rendre effective.

Il faut souligner que dans la narration politique, la loi en tant que telle se présente comme un modèle uniquement contingent, au sens où Spinoza définit ce terme : « les choses singulières, je les appelle contingentes dans la mesure où, portant notre attention sur leur seule essence, nous ne trouvons rien qui pose ou exclut nécessairement leur existence » (*Éth.*, IV, def. 3). La loi elle-même ne se présente pas comme nécessaire mais, au contraire, elle doit être imposée par une force extérieure (l'autorité politique ou l'autorité divine). En lui-même le décalogue n'est pas impossible à adopter, mais en même temps il n'implique aucune nécessité d'être pris comme loi par tous. En ce sens, il revient à la narration politique de construire le mécanisme affectif indispensable pour affirmer la loi chez certains par le bais d'histoires et de faits qui les poussent à la considérer comme *leur* loi.

La narration politique naît donc du désir de représenter une certaine pratique de vie comme étant la meilleure, celle que tout le monde devrait adopter. Elle sert de support au désir en lui offrant un dispositif historico-imaginatif capable de construire un véritable « désir pour le devoir », en mesure de conduire à l'orthopraxie. Par ailleurs, ce désir de prescription relève chez le narrateur d'un autre affect, qui est l'ambition :

> Cet effort pour faire que chacun approuve ce que l'on aime ou ce que l'on hait est en réalité de l'ambition [...]. Et nous voyons par conséquent que chacun a naturellement le désir que les autres vivent selon son naturel (*ingenio*) à soi, et comme tous ont un pareil désir, ils se font pareillement obstacle (*Éth.*, III, prop. 31, sc.).

Cela veut dire qu'en tant que telle la narration politique demeure instable. Si la loi qu'on présente reste un produit essentiellement imaginatif, elle ne sera pas difficile à combattre pour des individus dont le désir est d'imposer leur loi. La *Préface* du *TTP* explique très bien à quel point les ambitions politiques non fondées sur la raison sont à l'origine de cultes superstitieux et de désordres. Dans la mesure où la narration politique dépend de la seule puissance de l'imagination, elle reste impuissante et extrêmement assujettie aux aléas du sort. De là aussi la facilité avec laquelle narration superstitieuse et narration politique tendent à se mélanger. C'est seulement si la loi peut se revendiquer de la raison, en se fondant sur ce qui est commun à tous les hommes, qu'elle parvient, quand bien même elle serait soutenue par des narrations politiques, à trouver un consensus parmi tous les hommes.

La narration scientifique

Jusqu'ici on a vu des genres de narration qui relèvent de l'impuissance de l'esprit. Toutefois, chez Spinoza on trouve aussi une narration qui est liée au processus d'acquisition et de démonstration de la connaissance adéquate. Le cas le plus intéressant est celui des récits que Spinoza produit pour justifier ses propres hypothèses et expériences scientifiques. J'appellerai donc « narration scientifique » le genre de narration dont on fait usage en philosophie naturelle. Après les études de Pierre-François Moreau, je ne pense pas avoir besoin de rappeler que chez Spinoza l'expérience et la raison ne s'opposent pas mais se complètent l'une l'autre. Cela est particulièrement évident dans le domaine de la philosophie naturelle, où l'on ne peut construire une doctrine entièrement *a priori*, mais où il faut vérifier la validité de prémisses et de conclusions par un recours aux phénomènes.

La narration scientifique porte sur la reconstruction hypothétique d'un mécanisme naturel qu'on ne peut percevoir directement par les sens. En « visualisant » ce qu'on ne peut voir, la narration vise à montrer la vraisemblance de l'application d'une certaine hypothèse dans l'explication d'un phénomène. Qu'on puisse imaginer un certain mécanisme suggère l'idée que l'explication déduite de l'hypothèse est au moins plausible. Par exemple, à l'hypothèse de Boyle sur la nature hétérogène du salpêtre, Spinoza oppose sa propre hypothèse visant une nature homogène des parties du salpêtre qui se distingueraient uniquement eu égard à leur mouvement. Pour expliquer les propriétés du salpêtre, il écrit :

> La raison pour laquelle le salpêtre est inflammable tandis que l'esprit de nitre ne l'est pas, c'est que les particules de salpêtre, quand elles sont au repos, sont plus difficilement poussées vers le haut par le feu que lorsqu'elles ont un mouvement propre dirigé dans tous les sens. Elles résisteront donc au feu jusqu'à ce qu'il les sépare les unes des autres et les enveloppe de toutes parts. Alors il les entraîne avec lui jusqu'à ce qu'elles aient acquis un mouvement propre et s'envolent en fumée. Au contraire, les particules de l'esprit de nitre étant déjà en mouvement et séparées les unes des autres, il suffit de fort peu de chaleur pour les porter à une distance plus grande dans toutes les directions, de sorte qu'une partie d'entre elles s'en va en fumée, tandis que d'autres particules pénètrent dans la matière qui alimente le feu avant d'être de toutes parts enveloppées par la flamme, et ainsi elles éteignent le feu plutôt qu'elles ne l'avivent. (*Ep.*, 6)

Ici il s'agit bien d'une « narration » fondée sur l'imagination de ce qui pourrait se passer au niveau microscopique de la matière tout en restant inaccessible aux sens. D'après Spinoza, la narration scientifique peut bien supporter une connaissance adéquate dans le cas où une démonstration rigoureuse n'est pas accessible. La vraisemblance de la narration et sa simplicité (on n'a affaire qu'avec le mouvement et la direction des particules) rendent vraisemblable l'hypothèse. En désirant affirmer une certaine idée, sans pour autant pouvoir en donner une démonstration complète, l'esprit construit une narration pour montrer que l'hypothèse et l'explication des phénomènes impliqués sont *possibles*.

En effet, « les imaginations de l'esprit, considérées en soi, ne contiennent pas d'erreur, autrement dit, l'esprit n'est pas dans l'erreur parce qu'il imagine, mais en tant seulement qu'il est considéré comme privé de l'idée qui exclut l'existence des choses qu'il imagine présentes » (*Éth.*, II, prop. 17, sc.). Or, dans le cas de l'expérience scientifique, les expérimentations visent à prouver (de façon plus ou moins directe) que ce qu'on imaginait peut bien exister. Le récit imaginatif produit par la narration scientifique ne conduit pas l'esprit à l'erreur, mais l'aide plutôt à affirmer une idée rationnelle (l'hypothèse de départ) sur un terrain et avec des instruments qui auraient été inaccessibles aux vues de la seule raison.

La narration scientifique n'est cependant telle que si elle présuppose un désir pour la connaissance adéquate. Or, ce désir est une forme de puissance de l'esprit. Spinoza démontre que « tout ce à quoi nous nous efforçons selon la Raison n'est rien d'autre que comprendre ; et l'esprit, en tant qu'il se sert de la Raison, ne juge pas qu'autre chose lui soit utile, sinon ce qui le conduit à comprendre » (*Éth.*, IV, prop. 26). Il peut donc y avoir un véritable désir rationnel qui anime l'esprit dans l'affirmation des idées qu'il déduit de ses connaissances adéquates. Cependant, quand il s'agit d'ordonner les phénomènes naturels suivant l'ordre de l'entendement, il peut bien arriver qu'il y ait des obstacles plus ou moins surmontables sur le chemin déductif du raisonnement. Or ces résistances produiraient une réduction de la puissance d'agir de l'esprit s'ils l'empêchaient d'affirmer ses idées adéquates. C'est pourquoi, l'esprit s'efforce d'utiliser la puissance de son imagination pour construire une narration scientifique capable de rattacher les idées adéquates déduites de façon rationnelle aux images des phénomènes auxquels elles doivent se rapporter. En ce sens, la puissance de la raison est soutenue par la puissance de l'imagination, pouvant ouvrir la voie à de meilleures explications issues d'esprits plus puissants et davantage aptes à produire des idées adéquates.

La narration scientifique représente un modèle d'intégration entre connaissance adéquate et imagination qu'un esprit peut réaliser pour augmenter activement sa propre puissance d'agir et de connaître. De ce point de vue, la narration scientifique diffère autant de la narration superstitieuse que de la narration politique, car ces deux genres présupposent toujours une très grande impuissance de l'esprit et une absence quasi-totale de connaissance adéquate. Dans la narration scientifique, au contraire, l'esprit prend pour modèle l'idée adéquate qu'il désire affirmer en se dotant d'un milieu imaginatif en mesure d'aider cette affirmation en absence d'une démonstration rationnelle. Si bien que la narration scientifique, comme la narration politique, fait elle aussi recours à une certaine exemplarité (l'hypothèse qu'il s'agit d'affirmer), encore que cet *exemplar* ne soit pas le pur produit de l'imagination, mais d'une connaissance adéquate. Il s'ensuit que dans la narration scientifique le pouvoir de l'imagination est toujours limité et restreint par la connaissance adéquate, ce qui assure que le désir imaginatif ne prend pas le pas sur la vérité rationnelle.

Dans la narration scientifique l'*exemplar* (l'hypothèse) qui détermine la construction imaginative n'est pas conçu comme contingent, mais comme possible. Spinoza appelle les choses singulières « possibles dans la mesure où, portant notre attention sur les causes par lesquelles elles doivent être produites, nous ne savons pas si ces causes sont déterminées à les produire » (*Éth.*, IV, def. 4). L'hypothèse renferme la possibilité d'une explication des phénomènes précisément parce qu'elle montre comment certaines causes *pourraient* produire un certain effet. Cependant, l'hypothèse reste au niveau de la possibilité dans la mesure où nous n'avons pas une connaissance démonstrative suffisante pour nous assurer que les causes des phénomènes sont déterminées exactement comme le suppose l'hypothèse. Si cette dernière renferme de la connaissance inadéquate (c'est-à-dire un manque de connaissance), la narration scientifique intervient pour compléter l'explication. Celle-ci n'y gagne pas du point de vue de la connaissance, mais plutôt du point de vue de la puissance avec laquelle l'esprit affirme son hypothèse.

La narration scientifique aide ainsi l'esprit à affirmer une explication fondée sur la raison, même si cette explication n'est pas capable de tout expliquer de façon démonstrative. Conduite sous le contrôle de la raison, elle prévient cependant l'esprit de toute dérive purement imaginative vers une narration superstitieuse. De cette façon, si la narration scientifique ne produit pas une connaissance en tant que telle, elle est néanmoins très importante, puisqu'elle augmente la puissance des idées adéquates en possession de l'esprit et lui permet de contrer la production d'idées purement imaginatives. C'est pourquoi, la narration scientifique exclut toute ambition mais se bâtit plutôt sur le désir d'augmenter la connaissance rationnelle. Étant donné que « celui qui s'efforce de conduire les autres par la Raison agit, non par impulsion, mais avec humanité et bienveillance, et reste en lui-même parfaitement d'accord avec lui-même » (*Éth.*, IV, prop. 37, sc. 1), il s'ensuit que « la gloire n'est pas contraire à la Raison, mais peut en naître » (*Éth.*, IV, prop. 58). La narration scientifique vise une gloire toute rationnelle qui se fonde sur la commune affirmation du vrai et de sa recherche rationnelle commune.

La narration philosophique

Si on considère ces trois genres de narrations, on peut bien apercevoir une continuité étroite entre narration superstitieuse et narration politique, là où il y a une vraie rupture avec la narration scientifique. Si la narration scientifique présuppose la puissance de l'esprit pour former une connaissance adéquate et utilise l'imagination seulement pour affirmer cette connaissance comme modèle explicatif d'un certain phénomène, les narrations superstitieuse et politique présupposent plutôt l'impuissance de l'esprit et l'absence de connaissance adéquate, remplacée par la construction imaginative elle-même. Si dans les cas de la superstition ou des récits historico-politiques, l'imagination n'est pas limitée par l'entendement et peut donc suivre librement le désir du narrateur, dans la narration scientifique l'imagination est soumise aux contraintes de l'entendement et ne peut user de sa puissance que dans certaines limites.

La question qui se pose à présent est de savoir s'il existe une forme moyenne de narration capable de détourner l'esprit du domaine imaginatif de la superstition et de la politique vers celui de la connaissance adéquate. Or, chez Spinoza, la narration, que je nommerai « philosophique », joue effectivement ce rôle. On sait que la connaissance exprime la puissance de l'esprit et que tout esprit désire l'accroître. En revanche, que les esprits soient si souvent attachés à leurs idées inadéquates relève de leur impuissance et de leur fragilité à l'égard des causes extérieures. Or, le but de la narration philosophique est de faire apercevoir la possibilité d'une alternative au régime imaginatif auquel l'esprit est le plus souvent soumis. L'esprit possède déjà en lui-même la puissance de produire des connaissances adéquates. Ce qui le détourne de cet effort et contrarie sa puissance ne peut venir que des passions, produites par des causes extérieures.

Spinoza démontre qu'« un sentiment envers une chose que nous imaginons comme nécessaire est plus vif, toutes choses égales d'ailleurs, qu'envers une chose possible ou contingente, autrement dit non nécessaire » (*Éth.*, IV, prop. 11). Et il ajoute « un sentiment envers une chose que nous savons ne pas exister présentement et que nous imaginons comme possible, est plus vif, toutes choses égales d'ailleurs, qu'envers une chose contingente » (*Éth.*, IV, prop. 12). La raison pour laquelle le désir de la connaissance ne parvient pas à s'imposer sur les causes extérieures est que l'esprit ne conçoit pas assez vivement sa puissance et ne perçoit sa conversion à la philosophie que comme une entreprise incertaine. Or, le but de la narration philosophique est justement de faire apparaître le désir de connaissance comme une source nécessaire de puissance et de bonheur. De cette façon, la narration philosophique renforce le désir pour la connaissance qui anime naturellement tout esprit. Surtout, la narration philosophique montre que le chemin de la philosophie demeure *possible*, même s'il n'a pas été encore parcouru. En augmentant la puissance du désir pour la connaissance, la narration philosophique pousse l'esprit à poursuivre le chemin philosophique l'invitant à passer de sa possibilité à sa réalité.

Ces deux éléments – l'augmentation de la puissance qui suit la connaissance adéquate et la *possibilité* concrète d'une conversion à la philosophie – sont les traits caractéristiques que l'on retrouve dans les narrations philosophiques produites par Spinoza. Le célèbre prologue du *Traité de la réforme de l'entendement* s'ouvre exactement sur le désir de ce qui pourrait augmenter véritablement notre puissance :

> Quand l'expérience m'eut appris que tous les événements ordinaires de la vie sont vains et futiles […], je me décidai en fin de compte à rechercher s'il n'existait pas un bien véritable et qui pût se communiquer […], quelque chose enfin dont la découverte et l'acquisition me procureraient pour l'éternité la jouissance d'une joie suprême et incessante. (*TRE*, 1)

Tout le prologue joue sur une dialectique entre les biens incertains que les hommes recherchent d'habitude (plaisir, richesse, honneur) et le vrai bien qui vient de la réflexion philosophique, voire de l'*emendatio intellectus*. Spinoza souligne la fausseté de la joie censée suivre de ces prétendus biens et la narration philosophique de sa conversion produit l'effet de détourner le désir vers la recherche du véritable bien « de même qu'un malade mortellement atteint et qui sent venir une mort certaine s'il n'applique un remède, est contraint de le chercher de toutes ses forces, si incertain soit-il, car il place tout son espoir en lui » (*TRE*, 7).

D'ailleurs, ce véritable bien donné par la réflexion philosophique n'est pas présenté comme une chimère mais il est un état bien réel, même si souvent il est difficile de le maintenir longtemps :

> Tant que mon esprit était préoccupé de ces pensées [c'est-à-dire à propos du vrai bien], il se détournait des faux biens, et pensait sérieusement à son nouveau projet. Ce qui me fut d'une grande consolation. Car je voyais que ces maux ne sont pas de telle nature qu'ils ne dussent céder à des remèdes. Et bien qu'au début ces moments fussent rares et très courts, cependant, après que le vrai bien me fut de plus en plus connu, ils devinrent plus fréquents et plus longs. (*TRE*, 11).

Malgré ces difficultés, le chemin de la philosophie est donc *possible*. Comme possibilité, la philosophie offre à l'esprit un *exemplar* pour conduire sa vie et orienter ses efforts :

> Comme la faiblesse humaine n'arrive pas à comprendre cet ordre par la pensée, et que l'homme conçoit quelque nature humaine plus forte que la sienne et qu'en même temps il ne voit rien qui l'empêche d'acquérir une pareille nature, il est enclin à chercher les moyens d'arriver à une telle perfection : tout ce qui peut être moyen d'y arriver, on l'appelle bien véritable. Et le souverain bien consiste pour lui à jouir d'une telle nature avec d'autres individus si possible. (*TRE*, 13)

L'*exemplar* proposé par la narration philosophique doit donc guider l'esprit pour se libérer progressivement du pouvoir des passions qui lui sont nuisibles en s'efforçant de « perfectionner son entendement », c'est-à-dire d'acquérir une véritable puissance d'agir par le biais de la connaissance adéquate. Le but de la narration philosophique est de permettre à l'esprit de trouver en lui-même la force de produire cette conversion. À cette fin, la narration philosophique présente à l'esprit les dommages qui lui viennent de son incapacité à perfectionner son entendement. En même temps, la narration philosophique offre la *possibilité* d'un chemin alternatif, en montrant que le désir de connaissance peut véritablement porter un accroissement de puissance. Pour ce faire, la narration philosophique ne présuppose pas une connaissance adéquate déjà acquise, mais plutôt une expérience commune que tout esprit pourrait retrouver en lui-même. La narration est construite de façon telle que l'esprit vient à percevoir cette expérience comme un témoignage de son impuissance, ce qui doit lui faire désirer un changement radical, autrement dit une conversion. En montrant qu'il y a une expérience possible d'un désir proprement philosophique, l'esprit doit pouvoir concevoir cette conversion comme concrètement réalisable et donc sentir son désir de le réaliser renforcé.

On retrouve les mêmes traits de la narration philosophique dans l'Appendice à *Éthique,* I. Spinoza n'y a pas encore introduit sa théorie du *conatus*, si bien que ses références au désir et aux fictions téléologiques doivent être prises en s'appuyant sur l'expérience plutôt que sur une connaissance adéquate démontrée. Dans sa reconstruction du délire, dont on a déjà parlé, il nous représente comment la superstition renforce l'impuissance des esprits. Finalement, Spinoza insiste sur l'évidence d'un modèle alternatif de connaissance pour démontrer la possibilité de guider autrement l'esprit :

> Ils ont donc pris pour certain que les jugements des Dieux dépassent de très loin la portée de l'intelligence humaine ; et cette seule raison, certes, eût suffi pour que la vérité demeurât à jamais cachée au genre humain, si la Mathématique, qui s'occupe non des fins, mais seulement des essences et des propriétés des figures, n'avait montré aux hommes une autre règle de vérité [*veritatis normam*]. (*Éth.*, I, Ap.)

Avant de reprendre le thème de l'*exemplar* dans la quatrième partie, où il sera déduit en bonne et due forme des prémisses de la théorie des affects, les mathématiques représentent ici le modèle que tout le monde peut aisément connaître. Le succès des mathématiques dans l'explication des propriétés de leurs objets (et de plus en plus des phénomènes naturels) ainsi que leur certitude démontrent bien qu'une vision non-téléologique de la réalité est possible et que le monde du superstitieux n'est pas celui où la puissance de l'esprit est la plus grande.

La narration philosophique est « dialectique » au sens où elle roule sur l'opposition de deux options. D'un côté, il s'agit de décrire la condition ordinaire ou « non-philosophique », tout en expliquant ce qu'il y a d'inacceptable en elle. Le rôle de la narration, dans ce cas, est de susciter le désir de changement. La narration doit nous faire apercevoir l'impossibilité de rester dans une certaine condition et l'urgence de nous décider à changer de vie. La métaphore de la maladie au début du *Traité de la réforme de l'entendement* et l'insistance sur l'absurdité des préjugés superstitieux de l'Appendice d'*Éthique,* I vont dans cette direction. D'un autre côté, la narration philosophique doit aussi nous faire apercevoir que l'alternative proposée est non seulement possible, mais également réalisable. Il ne s'agit pas de montrer que cette alternative est « facile », mais au moins qu'elle peut nous sauver des maux que la narration nous a appris à reconnaître. L'idée d'un amour éternel dans le *Traité de la réforme de l'entendement* et l'appel aux mathématiques dans l'*Éthique* ont pour fonction de produire un désir vers des objets assez puissants pour déterminer l'esprit à poursuivre sur le chemin tracé par la recherche de la connaissance.

Autant la narration scientifique que la narration philosophique s'opposent au scepticisme. Du point de vue affectif, le scepticisme peut être conçu comme la tristesse qui suit la connaissance de l'impuissance à concevoir des idées adéquates. Cette tristesse produit en effet une véritable réduction de la puissance de l'esprit et donc empêche l'esprit de produire des idées adéquates et même de désirer les produire. La narration scientifique et la narration philosophique ont pour but de la prévenir en soutenant le désir de connaissance par le pouvoir de l'imagination. Pourtant, là où la narration scientifique est produite par un esprit déjà assez puissant pour se consacrer à la recherche de la vérité, et donc déjà relativement protégé du danger sceptique, la narration philosophique s'adresse à des esprits qui ne sont pas encore aussi puissants. En ce cas, le scepticisme pourrait faire obstacle à toute véritable recherche de la vérité. Pour cette raison, dès les débuts de sa carrière philosophique, Spinoza n'a jamais arrêté de dénoncer, y compris contre Descartes, l'impossibilité de bâtir une réforme de l'entendement sur le doute.

Comme le suggère le début du *Traité de la réforme de l'entendement* ou l'histoire de la superstition présentée dans l'Appendice, le point de départ de la narration philosophique est bien une forme d'impuissance. C'est le cas aussi de la narration superstitieuse ou politique. Cependant, les narrations superstitieuse et politique n'ont pas lieu de quitter le domaine de l'imagination. La narration superstitieuse y est même condamnée par l'affect de crainte sur lequel elle repose. La crainte étant toujours symptôme d'impuissance, la narration superstitieuse tend à enfermer l'esprit dans un monde fictif où il peut s'imaginer avoir une puissance qu'il n'a pas et que ses superstitions n'aideront certes pas à produire de lui-même. La narration politique, dans la mesure où elle réussit à consolider la communauté et la société politique, peut accroître la puissance des individus. Ce genre de narration rend possible le développement de conditions plus favorables à la philosophie. Cependant, la narration politique en tant que telle n'implique pas une référence à la connaissance adéquate dont elle peut se passer. En revanche, la narration scientifique présuppose déjà un engagement dans la recherche de la vérité et donc une appartenance à la communauté des philosophes. Entre ces deux extrêmes, la narration philosophique constitue une médiation nécessaire.

La narration philosophique a sans doute une fonction propédeutique. La philosophie en tant que pratique est conçue par Spinoza comme une « règle de vie » (*institutum vitae*). De ce point de vue, elle n'est pas seulement une façon de connaître la réalité (ceci revient plutôt à la science), mais une façon de vivre la réalité à partir d'une certaine connaissance adéquate acquise sur les fondements de la réalité elle-même. Si la philosophie est prise comme règle de vie, elle constitue un *exemplar* qui doit non seulement susciter le désir et l'appétit philosophique, mais aussi combattre le pouvoir toujours présent des causes extérieures et de passions auxquelles nous sommes constitutivement soumis. Pour cette raison, la narration philosophique ne s'adresse pas seulement à un public générique que le philosophe vise à convertir, mais au philosophe lui-même qui doit toujours résister au pouvoir des causes extérieures, pour ne pas quitter la règle de vie qu'il a décidé de suivre. En ce sens, la narration philosophique se distingue de la philosophie dans la mesure où elle ne s'occupe pas de produire de la connaissance adéquate. Pourtant, elle est autant nécessaire au philosophe que la connaissance adéquate, parce qu'elle lui permet de combattre les passions qui pourraient le détourner du chemin philosophique dans lequel il s'est engagé[4]. C'est pourquoi Spinoza suggère l'idée qu'il n'y a pas de véritable recherche de la vérité qui ne soit enveloppée dans une narration, peut-être inadéquate en tant que telle mais non moins nécessaire pour déterminer le succès du philosophe à rester déterminé dans son chemin.

Cela n'efface pas la distinction entre connaissance adéquate et imagination, entre philosophie et narration philosophique. Néanmoins, en réfléchissant sur la mécanique affective propre au philosophe, il faut admettre que même les textes démonstratifs et argumentatifs où l'esprit déploie toute sa puissance peuvent contenir des parties d'un genre différent. Comme tout individu complexe, même les textes philosophiques peuvent contenir des parties qui ne relèvent pas de la philosophie prise au sens de puissance de l'esprit pour connaître adéquatement, mais plutôt du désir de connaître. Même s'il n'y a pas rupture mais plutôt continuité entre désir de connaissance et connaissance proprement dite, il faut reconnaître que ce désir s'exprime d'une façon qui lui est propre.

---

[4] On peut retrouver cet usage hybride de la narration philosophique dans la cinquième partie de l'*Éthique*. Spinoza nous rappelle la nécessité d'utiliser des « *certa vitæ dogmata* » (*Éth.*, V, 10, sc.) afin de combattre l'automatisme des passions par l'automatisme de la vertu.

Appendice : schéma synoptique

	Impuissance		Puissance	
Genre	Superstitieuse	Politique	Philosophique	Scientifique
Désir de départ	Combattre / Nier la crainte	Affirmer un *exemplar* (loi) – souvent imaginaire	Affirmer la vie philosophique comme *exemplar*	Affirmer un *exemplar* rationnel (hypothèse)
Stratégie	Faits exceptionnels qui peuvent susciter de l'étonnement	Récit historique des événements	Dialectique entre l'expérience de l'impuissance de la règle commune de vie et la possibilité d'un accroissement de puissance suivant la règle philosophique	Construction d'une explication vraisemblable pour des phénomènes non-observables directement
Affects résultants	Audace / Orgueil / Gloire	Espoir, Crainte et Désir de la loi	Désir d'augmenter la connaissance / réforme de l'entendement	Gloire rationnelle
Croyance / *exemplar*	Fausse	Contingente	Possible	Possible

Partie II

LES ARTS ET SPINOZA

7. Humer, boire et chanter. Création et recréation chez Spinoza

Ariel SUHAMY

La question des arts chez Spinoza est à la fois nécessaire et impossible. Elle peut et doit même nous intéresser, car Spinoza fait des arts, au même titre que des sciences, un moyen nécessaire à la béatitude : « pour ne pas parler des arts et des sciences qui sont *tout à fait nécessaires à la perfection de la nature humaine et à sa béatitude* » (*TTP*, V, 7) ; ils demandent à être développés en toute liberté : « les universités fondées aux frais de la République sont établies moins pour cultiver les talents que pour les contenir. Dans une libre république, au contraire, la meilleure façon de développer les sciences et les arts consiste à donner à quiconque la demandera l'autorisation d'enseigner publiquement, à ses frais et aux périls de sa réputation » (*TP*, VIII, 49). Mieux, l'éthique réclame elle-même une sorte d'art : « puisque, parmi les choses singulières, nous ne savons rien qui ait plus de prix qu'un homme dirigé par la Raison, chacun ne peut mieux montrer ce qu'il vaut *par son art* et son talent, qu'en élevant des hommes de façon qu'ils vivent enfin sous l'empire propre de la Raison ». « Il est utile aux hommes, avant tout, d'avoir des relations sociales entre eux, de s'attacher par des liens tels qu'ils puissent former d'eux tous un ensemble plus cohérent et, absolument, de faire ce qui peut rendre les amitiés plus solides ». « *De l'art* et de la vigilance, toutefois, sont pour cela requis. Les hommes en effet sont divers (rares sont ceux qui vivent suivant les préceptes de la Raison) et cependant envieux pour la plupart, plus enclins à la vengeance qu'à la miséricorde. Pour les accepter tous avec leur complexion propre et se retenir d'imiter leurs affects, il est besoin d'une singulière puissance d'âme » (*Éthique*, IV, Appendice, chap. 9, 12, 13).

Mais ces arts, peut-on sans forcer les ramener à ce que nous nommons les beaux-arts ? Les arts, ce sont les arts mécaniques, tels que celui qu'il pratiquait lui-même, et aussi cet art de vivre parmi les hommes, qui consiste à ne pas les imiter. Sur les « beaux-arts », rien ou presque rien. Sans doute faut-il, en premier lieu, s'interroger sur la raison d'un silence qui nous paraît à nous criant, mais peut-être aussi ne faut-il pas l'exagérer : ce n'est pas la préoccupation principale des philosophies de son temps. Il se trouve que personne ne l'a interrogé là-dessus. Pourtant, lorsque Boxel fait valoir l'argument de la beauté pour justifier l'existence des spectres, Spinoza l'envoie promener : la beauté est une impression relative, réductible à l'ordre de la physiologie. Même affirmation dans l'Appendice de l'*Éthique*, I. Selon toute apparence, il faut ranger Spinoza dans le camp des relativistes et des sceptiques quant aux valeurs esthétiques. Comme chacun tend à vouloir imposer sa complexion aux autres, le beau et le laid seraient des machines à conflit qu'il importe de désamorcer, un point c'est tout. Et contrairement au bien et au mal, on ne voit pas Spinoza reprendre à son compte les notions de beau et de laid, même si l'*Éthique* se referme sur la notion de *prœclarus*. Comme si l'*Éthique* elle-même était un genre du beau – ou du plus que beau.

Mais *prœclarus*, dira-t-on, relève-t-il de l'esthétique ? Laissons ce sujet de côté, mais un texte ne laisse pas d'hésitation : le scolie de la prop. 45, *Éthique*, IV : la musique, le théâtre (bien qu'ils ne soient pas nommés explicitement comme « beaux-arts ») sont au même titre que d'autres activités corporelles, nécessaires pour développer les aptitudes du corps, et donc disposer l'esprit à « penser plusieurs choses à la fois ». On est assez loin du relativisme ici : ou plutôt ici le relativisme se modifie en physiologie, qui prépare à la raison. Le problème des arts, et plus particulièrement des beaux-arts, serait donc : comment dépasser le relativisme pour l'accomplir en physiologie, comment passer des goûts individuels, qui n'expriment que des complexions particulières, à une pratique des notions communes ? Si l'on voulait construire ce qu'on a nommé, plus tard, une « esthétique » à partir du corpus spinoziste, les éléments ne manquent pas. Et même on se rendrait vite compte que ces éléments sont au cœur du système – et non à la périphérie, comme c'est ordinairement le cas de l'esthétique, occupant une place à part dans les philosophies. Théories de l'imitation, fonction communautaire de l'art, critique du beau en soi, rapport du beau et du bien, théorie du récit, on trouve de tout. Encore faut-il unifier tout cela, et trouver leur relation avec « l'art ».

Résumons. Deux façons d'aborder la question de l'art chez Spinoza : par le mot, ou par la chose.

Par le mot : on peut recenser les occurrences du mot « art ». Comme on l'a vu, on y trouvera principalement des arts plutôt que l'Art du Beau. Art médical, art mécanique, art d'éduquer, ou même arts du lucre, tous évoqués comme des moyens pour le développement de la raison. Ces arts, notons-le bien, ont une dignité. Nous sommes tellement habitués à envisager la supériorité des beaux-arts sur les autres formes d'arts, relégués dans l'artisanat, que nous oublions que pour un homme de ce temps, ces activités sont nobles. Mais y a-t-il une occurrence du mot art au sens des arts du beau ? Une seule, si je ne me trompe, mais dans un autre contexte, et elle apparaît dans la bouche des contradicteurs du scolie de la prop. 2 de la Partie III : dira-t-on qu'il est impossible de tirer des seules lois de la nature, considérée seulement en tant que corporelle, les causes des édifices, des peintures et des choses de cette sorte qui se font par le seul art de l'homme, et que le Corps humain, s'il n'était déterminé et conduit par l'Âme, n'aurait pas le pouvoir d'édifier un temple ?

À quoi Spinoza répond par l'exemple du somnambule, qui fait bien des choses en dormant qui étonnent son esprit quand il est éveillé. Ce serait solliciter le texte que de prétendre en tirer que l'art pour Spinoza relève d'une sorte d'automatisme du corps – et faire du somnambule une sorte d'archétype de l'artiste – sur le modèle de l'écriture automatique ; j'ai plutôt le sentiment qu'il évite de se prononcer (il sait très bien par ailleurs qu'un architecte par exemple ne travaille pas comme un somnambule, voir préface de l'*Éthique*, IV, en tant qu'il se représente à l'avance son objet). S'il n'insiste pas trop sur la question des arts, c'est peut-être que l'exemple pourrait trop prouver. Qu'il n'y ait pas d'interaction ne veut pas dire non plus qu'il n'y a pas d'esprit du tout. Précisément là où l'on croit déceler la preuve d'une interaction, voire d'une action surnaturelle entre l'esprit et la matière, Spinoza dit qu'en fait il n'est pas impossible de penser cette production entièrement sous l'angle du corps. Il ne va pas jusqu'à dire explicitement que l'architecte ou le peintre travaillent par le corps seul ; il suggère simplement qu'en droit tout pourrait s'expliquer par le corps, même s'il ne saurait pas lui-même dire comment. Il n'empêche qu'un tel texte ouvre des perspectives passionnantes sur le rapport du corps et de l'esprit dans la création artistique, en écartant le schéma volontariste d'une âme commandant au corps de réaliser un plan préalable. L'idée de création, que par ailleurs Spinoza récuse, pourrait ici trouver une nouvelle fondation, j'y reviendrai plus loin.

De plus le texte ne dit pas grand chose sur l'art comme « art du génie » si ce n'est que l'architecture et la peinture sont ici envisagées comme des techniques de production, la question du beau étant laissée de côté, même si elle est peut-être sous-jacente. Et de fait le terme d'art renvoie, on l'a dit, généralement non aux beaux-arts, mais aux arts mécaniques, aux arts du lucre, à l'art médical, ou enfin, plus positivement, à l'art de vivre avec les hommes, ou d'éduquer les hommes. Il s'associe à la *vigilance* (ce qui fait pendant au somnambulisme) : l'art de ne pas idéaliser les hommes tels qu'ils sont, de les « éduquer » autant que possible et de vivre parmi eux *sans imiter leurs affects*, ce qui représente un tour de force, puisque cette propension est naturelle et universelle. L'art corrige la nature, sans cesser d'être naturel.

Un point commun à tous ces textes, c'est que, à chaque fois que Spinoza mentionne ces arts, c'est principalement pour dire qu'il n'en parlera pas davantage, que ce n'est pas le lieu, même dans le cas de l'*ars educandi :* il renvoie à quelque chose qui ne saurait se réduire à des règles rigides et prescriptibles et qui échappe à l'*Éthique* proprement dite, qu'il faudrait écrire ailleurs. Mais il ne le fait pas, faute de temps ou parce que tout simplement on ne sait pas trop l'expliquer. J'irai même plus loin : cet art d'éduquer les hommes, dont Spinoza avoue qu'il est très difficile, il ne le possède pas, il suffit de lire sa correspondance avec Blyenbergh ou Boxel pour s'en convaincre. Les arts, donc, ce ne sont pas à proprement parler des applications pratiques de l'éthique, mais plutôt des savoir-faire qui peuvent s'y rattacher, servir d'appoint. La notion d'art est, pourrait-on dire, extérieure : elle vient toujours du dehors, en appoint souvent du système, de l'éthique, mais n'en naît pas. Ce sont, pour reprendre les termes du *TRE*, des *moyens au service d'une fin*. Des moyens dont le ressort principal est qu'ils font gagner du temps en rendant facile ce qui est difficile : soit par l'invention de mécaniques (*TRE*), soit par la division du travail, la spécialisation (*TTP*, V).

En généralisant on pourrait donc dire que le terme désigne chez Spinoza une technique, humaine ou non, produisant des effets de manière « occulte », c'est-à-dire d'une manière qu'on ne comprend pas, qui échappe soit au public concerné, soit à son auteur même, et qu'on ne pourrait pas réduire à des règles géométriquement déductibles au sens où nul ne sait ce que peut le corps, qui lui-même résulte d'ailleurs d'un art naturel. Cette technique peut renvoyer à la nature autant qu'à l'homme, puisque le corps lui-même est désigné comme un artifice naturel (*Éthique*, III, 2, scolie). Et ici comme pour les arts humains, Spinoza met en garde contre l'étonnement imbécile qui crierait au miracle devant une production dont simplement nous ignorons le mécanisme. L'art ne s'oppose pas à la nature ; il désigne plutôt une production dont nous ignorons le mécanisme précis, et c'est en quoi il se distingue des sciences.

Bien sûr, il y a des passerelles possibles entre les arts et les sciences, en sorte qu'il est possible parfois de faire la théorie d'un art. C'est dans le *TP* qu'on trouve le plus d'occurrences du mot, à propos des arts politiques, arts de paix comme de guerre, enseignés aux politiques par l'expérience, non par la philosophie et la spéculation. Or précisément le *TP* cherche à faire la théorie de ces arts, ce qui implique, comme je l'ai dit, à la fois d'en rechercher les règles de production, et d'en modifier la finalité ordinaire, d'en faire un instrument non plus des passions humaines, mais de la raison. Il s'agit d'en rendre raison et de les soumettre aux fins de la raison.

Il n'est donc pas interdit de penser qu'il aurait pu en aller de même pour les beaux-arts, mais ça reste à prouver puisque Spinoza n'en dit à peu près rien : peut-être l'aurait-il fait s'il avait vécu, comme il a entrepris de faire, à la fin de sa vie, la *théorie de l'art politique*. Après tout il a peu vécu, et paré au plus urgent, en laissant en friche toutes sortes de domaines dont il évoque le besoin au passage. Ainsi, on peut voir dans l'analyse de l'imagination prophétique quelque chose comme l'application particulière d'une théorie de l'invention esthétique.

Mon hypothèse donc (pour répondre à la première question que je me suis posée) est que Spinoza évite de trop parler des arts, parce que le langage de l'interaction y resurgit sans cesse, du fait que l'art travaille dans l'ignorance des causes de nos actions, dans une raison du corps que la raison ignore ; d'où les imageries de l'action de l'esprit sur le corps, de la création ou de l'inspiration divine qui n'est jamais loin de la superstition. Ce n'est pas pour rien que la seule occurrence des arts au sens esthétique est invoquée par les adversaires. L'artifice corporel étonne, et fait signe vers la volonté de Dieu, asile de l'ignorance, le grand horloger, *etc*... L'art humain semble indiquer un pouvoir de l'âme sur le corps. Donc on n'insistera pas, mais sans évacuer non plus, d'autant que l'éthique a besoin des arts, c'est-à-dire de recourir à des techniques facilitatrices pour gagner du temps, développer les aptitudes du corps et, donc, par voie de conséquence, de l'esprit, et pour gagner les autres hommes. Les arts se rangent dans la catégorie des ces techniques à double tranchant, qui peuvent tantôt alimenter la superstition, tantôt la connaissance.

On pourrait objecter qu'il arrive à Spinoza de parler d'un « art de penser » : mais là encore, ce n'est pas lui qui en parle, ce sont les objecteurs, qui en font un art de commander au corps (III, 2, scolie, encore). Ainsi, lorsque Bouwmeester lui demande « s'il existe une méthode » pour élever l'esprit « ou si c'est par la fortune plus que par l'art que sont régies nos pensées », Spinoza répond par l'affirmative, bien sûr, mais sans pour autant reprendre à son compte le terme d'art. Il préfère insister sur la puissance de l'entendement à produire ses propres pensées, indépendamment du corps et de l'imagination. La méthode, c'est la puissance de la pensée dont nous pouvons prendre conscience et possession : ce n'est pas un art, justement. L'art (mécanique) rend facile ce qui est difficile. Et nous aimerions que l'éthique puisse se réduire à une mécanique. Un art renverrait à un dressage du corps par l'esprit, ou de l'esprit par lui-même ou par des règles (règles pour la direction de l'esprit), alors que la méthode se réduit à libérer l'esprit des préjugés qui entravent son fonctionnement naturel. Je ne suis donc pas sûr qu'on puisse suivre Adrien Klajnman qui a voulu développer l'analogie entre art mécanique et méthode dans le *TRE*, par exemple lorsqu'il dit : « la philosophie programmée par le *TRE* est une expression de l'art de rendre facile bien des choses qui sont difficiles, y compris ce que le *TRE* nomme 'félicité' et que l'*Éthique* nommera 'béatitude' »[1]. L'analogie art/méthode ne fonctionne pas vraiment. L'art intervient sans doute ponctuellement, mais il n'y a pas d'analogie générale entre art et pensée, j'irais même plus loin.

Spinoza résiste des quatre fers *au démon de l'analogie* qui triomphe pourtant à l'âge classique : Descartes et son ouvrier, Hobbes et son Dieu artificiel, Leibniz et son harmonie universelle. Dieu ne peut pas être comparé à un démiurge travaillant d'après le modèle du bien, rien n'est plus absurde ; mieux vaut croire, quitte à s'éloigner de la vérité, au Dieu cartésien créateur absolu, mais il faut aussi rejeter l'idée de la marque de l'ouvrier sur son ouvrage, ou des idées comparées à des tableaux muets. Il est vrai que l'*Éthique* se conclut sur la question de la difficulté – avec une référence à la beauté ; toutefois il ne s'agit pas alors de rendre facile ce qui est difficile, mais d'admettre que c'est bel et bien difficile, (comme tout ce qui est beau) ; il est vrai qu'à un autre stade de l'*Éthique*, V (10, scolie), il est signalé que le but est très facile à atteindre, pour peu qu'on s'y entraîne un peu. La philosophie est plus rapide que l'art : elle ne demande pas une longue pratique et concerne en droit tout le monde. Je ne suis donc pas sûr que l'*Éthique* ait pour but de *rendre facile ce qui est difficile* : en droit elle s'adresse à tous, alors qu'un art suppose une spécialisation. À ce titre, elle a

---

[1] *Méthode et art de penser chez Spinoza*, Paris, Kimé, 2006, p. 16.

besoin des arts comme appoint sans être elle-même un art. Il est vrai qu'il y a une difficulté : dans le passage à l'éternité ; mais cette difficulté-là demeure à la fin.

Concluons sur ce point. Les arts, en général, et donc sans doute les beaux-arts, sont un moyen au service de la raison, visant à rendre facile ce qui est naturellement difficile pour l'homme. Tout est affaire d'usage. À quoi servent les arts ? Voilà la question importante, celle que posent les enfants, et qu'on s'efforce de leur interdire…

Ce qui m'amène à la deuxième façon d'aborder le sujet : par la chose. Allons chercher les textes qui mentionnent non pas l'art, mais les arts, musique, théâtre, peinture… J'en ai déjà mentionné quelques-uns qui écartent l'analogie art-philosophie, mais je n'en vois guère qu'un qui porte directement et positivement sur l'utilité des arts, c'est le scolie de la Prop. 45, partie IV. Là encore, on peut commencer par faire la même remarque : si Spinoza évoque en passant l'art, il ne s'y attarde pas, et semble même s'y refuser : « cela s'accorde avec le sens commun et la raison, pas besoin d'en dire plus ou d'être plus clair ». Cette fois, ce n'est pas par ignorance, mais plutôt par banalité. Tout le monde le sait.

On reste donc sur sa faim. D'autant que les arts sont quelque peu noyés dans un inventaire disparate dont la logique, s'il y en a une, n'est pas évidente. Parmi ce que nous nommerions dans un sens classique des arts, il n'y a guère que la musique et le théâtre (pourquoi ceux-là ?) aux côtés d'activités qui aujourd'hui peuvent prétendre au statut d'art : les odeurs (*odores :* odeur ou parfum), des activités physiques (qu'on peut ou non penser comme arts, ce peuvent être la danse ou le sport), des arts décoratifs (vêtements et plantes). Comment faire le partage entre ce qui est art et ce qui ne l'est pas ? Mais le faut-il ? Peut-être est-ce cela qui est pour nous intéressant.

Ce manifeste d'hédonisme fait un peu penser au catalogue d'Épicure sur les biens : si on écarte les plaisirs de l'ouïe, du goût, des yeux etc., je ne sais plus ce qu'est le bien. Il n'y a pas de Bien en soi – ni d'Art en soi. La norme corporelle place sur le même plan que le théâtre ou la musique la parfumerie, le sport ou la parure. Il ne s'agit pas de hiérarchiser les arts comme le font d'ordinaire les théoriciens de l'art selon divers critères, mais de ranger ce qu'on nomme les arts dans un inventaire plus large, incluant gastronomie, *etc*…, et dont le critère unique est le salut du corps ou plus exactement sa recréation permanente. Voilà peut-être ce qui justifie cet inventaire un peu surprenant pour nous, parce que l'art, pour nous, est principalement lié à l'idée de *création*. Cette idée, on le sait, n'a pas de consistance ontologique pour Spinoza ; néanmoins on observe qu'il utilise ici le mot « *recreare* », qui est un *hapax* chez lui, et dans un sens positif : le corps humain a besoin d'une re-création perpétuelle. Le concept de création n'a peut-être pas de consistance : mais celui de recréation, oui. Rapprocher l'artifice naturel qu'est le corps de ces activités qui permettent, en recréant perpétuellement le corps, de s'immiscer dans la production de cet artifice et d'en comprendre le fonctionnement par la réactivation de ce qui est bon pour lui. Nous ne savons pas ce que peut le corps, nous ignorons son artifice merveilleux ; mais nous pouvons nous immiscer dans sa recréation perpétuelle, un peu comme le géomètre du *TRE* s'introduit par une sorte d'artifice dans la production du demi-cercle tournant, et rejoint sa nature éternelle.

Cette recréation n'est pas elle-même commandée par la crainte de la mort ou de la douleur (la faim), mais plutôt par le plaisir positif pris aux activités. Ce plaisir de la recréation de soi est précisément celui que plus bas Spinoza nomme : participation à la nature divine. Par l'art de goûter des choses qui recréent le corps, nous pouvons participer à la production divine, comme si au lieu de tenir notre corps de la nature, nous pouvions nous faire l'auteur de ce corps, dans sa réfection perpétuelle qui aide à comprendre ses causes productives ou reproductives. Les arts, considérés à la fois du point de vue de leur pratique, de leur exercice ludique (*ludis exercitatoriis*), et de leur fruition, constituent ainsi les véritables aliments du corps, dont la vie ne peut se réduire à la seule circulation du sang. Aussi peut-on comprendre que la santé du corps social passe par le libre développement des sciences et des arts, les seuls habilités à donner une réalité effective à la liberté humaine.

Ce scolie peut en fait se lire de deux manières différentes : soit, si on n'aime pas Spinoza, comme une succession de lieux communs pleins de bon sens, sans grande originalité et disparates, qui réduit l'expérience esthétique à une variante du boire et du manger, c'est bien tant qu'on n'en abuse pas et que ça ne dérange personne ; soit, si on l'aime, comme un manifeste hédoniste contre les pisse-froid, moralistes austères, *etc.*, un tableau de Pieter de Hooch ou de Vermeer. Le texte donne tout de même une indication importante : comprendre le spinozisme, ce n'est pas s'enfermer avec l'*Éthique* dans un cabinet noir, c'est vivre, jouir, prendre du plaisir, et user de ce plaisir pour mieux comprendre : c'est de cette manière que la raison, qui est la capacité de comprendre plusieurs choses à la fois, peut se développer.

Une autre lecture se fait jour à partir de là : l'interprétation physiologiste du plaisir esthétique, conforme au relativisme exposé dans l'Appendice de l'*Éthique*, I, se transforme en programme d'exploration, sinon en programme esthétique énonçant une norme, ou plutôt deux normes : négativement le dégoût quand il y a excès, ou nuisance à autrui : ces activités doivent se pratiquer « sans dommage pour autrui ». On exclura donc les sports violents (guerriers), au profit d'activités ludiques et généreuses : le kinomichi plutôt que l'aïkido, l'aïkido plutôt que le karaté. Ensuite, positivement, c'est la capacité de l'esprit à comprendre plusieurs choses à la fois, à former des notions communes. Or, comme on sait, celles-ci sont communes non seulement en ce qu'elles expriment une qualité commune à plusieurs objets, par exemple à mon corps et à la chose qui l'affecte, elles sont aussi communes à ceux qui les conçoivent. Il ne s'agit donc pas seulement de ne pas nuire à autrui, mais encore de lui procurer du bien.

Le scolie s'inscrit dans un développement (*Éthique*, IV, 41-45) qui porte sur la notion d'excès. La joie est bonne, mais peut être mauvaise lorsqu'elle concerne une partie du corps seulement au détriment des autres ; et dans cette mesure la douleur peut être bonne si elle empêche cet excès. De même, l'amour et le désir peuvent avoir de l'excès. Et finalement ce sont la plupart des affects qui peuvent avoir de l'excès dans la mesure où ils « retiennent l'esprit dans la considération d'un seul objet en sorte qu'il ne puisse penser à d'autres » (44, scolie). L'excès est mauvais dans la mesure où il dispose à penser des valeurs objectives hors de nous ; et à empêcher l'esprit de penser plusieurs choses à la fois.

À la toute fin de l'*Éthique*, III, Spinoza observe que le dégoût ne naît pas, comme le veut la tradition, d'une boulimie du corps laissé à sa propre incontinence supposée, mais tout au contraire de l'incontinence de l'esprit qui persiste à désirer ce qui a déjà satisfait le corps, parce qu'il projette le bien et le mal dans les objets au lieu de le voir dans la relation du corps avec ce qui le recrée. Le désir entre en contradiction avec la nouvelle constitution du corps repu, d'où le dégoût.

À rapprocher peut-être aussi de la nausée qu'inspirent, avec le rire, ceux qui veulent loger l'esprit dans le corps, et qui poussent la croyance à un « art de penser » jusqu'à l'absurde, jusqu'à l'idée que l'âme pourrait et devrait commander au corps depuis l'intérieur, en occupant une partie du corps : l'image, assez énigmatique, suggère peut-être que la volonté de faire entrer dans le corps quelque chose qui ne lui convient absolument pas suscite un rejet naturel de l'organisme : cela donne envie de vomir ! Ou bien, ce qui n'est pas incompatible, il s'agit de l'écœurement que provoquent les discours des partisans de l'interaction, qui n'en finissent pas de compliquer un discours visant à démontrer l'absurde.

Ces activités sont donc bonnes non pas en tant qu'elles manifesteraient une puissance de l'esprit sur le corps, mais en tant qu'elles prennent le corps comme modèle pour explorer les aptitudes de l'esprit. Par conséquent la norme n'est pas imposée du dehors par la raison : elle se découvre elle-même par la pratique. On comprend donc qu'il n'y ait rien de plus à dire ici. Que les arts soient des moyens pour la raison ne veut pas dire que Spinoza serait partisan d'un art pédagogique, qui se mettrait au service d'une vérité déjà découverte (même si la pédagogie, elle-même, est un art, on l'a vu). Au contraire, les pratiques esthétiques découvrent un champ que la raison pure ne peut explorer toute seule, et la norme, si elle doit être rapportée aux fins de la raison, ne peut se découvrir que par la pratique.

Le plaisir pris aux choses n'est donc pas un plaisir des choses, mais de nous-mêmes ou de ce qu'il y a de commun entre nous et les choses. Dans « l'art » de jouir des choses, l'esprit comprend que les nourritures du corps n'ont pas leur valeur en soi, mais dans leur relation à notre réfection. À l'exploration empirique du renouveau du corps, correspond le développement de l'intelligence qui ne part pas d'idées claires et distinctes mais de quelque chose qui relève à la fois de l'obscur et du certain, d'une certitude obscure qui cherche sa teneur en tâtonnant. Un plaisir de recréation de soi, côté corps, et, côté âme, de comprendre plusieurs choses à la fois. Cette joie cependant est une joie, pas encore la béatitude : nous passons à une plus grande perfection, mais nous passons aussi à la perfection divine : nous sommes ici à la jonction de la joie et de la béatitude. La question étant précisément ce passage. En quoi les choses de l'art (je les appellerai ainsi pour simplifier) peuvent-elles nous aider à comprendre ce passage ?

Pour explorer cette question, je propose de prendre le cas des odeurs. Pourquoi mentionner les odeurs, juste après le boire et le manger, comme choses indispensables pour se recréer et se refaire ? Cela paraît assez curieux, car on ne voit pas d'emblée ce que le parfum peut apporter à la recréation effective du corps. En quoi les odeurs sont-elles roboratives ? Appuhn traduit par parfum, mais il n'est pas sûr que le terme *odor* désigne seulement les parfums fabriqués par l'homme. Ce peuvent être aussi des odeurs naturelles. Il y a un art des parfums ; art de humer les odeurs, bonnes ou mauvaises, artificielles ou naturelles et d'en tirer profit pour le corps, et par voie de conséquence pour l'esprit, sans aller là encore jusqu'au dégoût. Mais pour quel profit ? La question de l'odorat suit immédiatement le boire et le manger. En deçà du bien et du mal, il indique à l'esprit le bon et le mauvais, et en même temps, le relativisme de ces notions, puisque le même objet peut tour à tour être attirant ou écœurant, selon la modification du corps. La nausée, inversement, est induite par l'illusion d'un bien objectif (et par l'idée d'une présence de l'esprit dans le corps). Mais contrairement au boire et au manger, l'odorat ne nourrit pas le corps.

Comment aller plus loin ? Spinoza n'en disant pas davantage, je propose de faire un détour par un artiste, en l'occurrence Proust. Je m'inspire ici du livre de Chantal Jaquet sur l'odorat[2], qui cherche à restituer à celui-ci une dignité selon elle refusée par la pensée dominante ; à cette fin elle parcourt toute une littérature parfumée. Parmi eux, Proust. Comment s'arracher au « temps perdu » pour gagner l'éternité ? Selon Proust, par l'art. L'art se nourrit d'une expérience vécue : la réminiscence. Or, tandis que l'olfaction est considérée en général comme le sens le plus approprié aux réminiscences (Roland Barthes en fait la remarque[3]), le roman semble privilégier d'autres sens : l'ouïe, la saveur, le toucher. Les exemples sont bien connus : saveur d'une madeleine, son d'une cuillère, toucher d'une serviette ou d'un pavé.

---

[2] *Philosophie de l'odorat*, Paris, Puf, 2010.
[3] *Roland Barthes par Roland Barthes*, Odeurs, Paris, Seuil, coll. « Écrivains de toujours », 1975, 1995, p. 122 : « mon corps ne marche pas dans l'histoire de la madeleine, des pavés et des serviettes de Balbec. De ce qui ne reviendra plus, c'est l'odeur qui me revient ».

Les odeurs, affirme Barthes, ne figurent pas dans ce panthéon. Erreur, proteste Chantal Jaquet qui recense plusieurs textes de la *Recherche* parlant de réminiscences olfactives : odeur de brindilles brûlées détachant le passé comme une banquise, odeur de pétrole libérant le souvenir de promenades en auto, odeur du pavillon treillagé sur les Champs-Elysées qui rappelle le cabinet de l'oncle Adolphe, *etc.*

Pour ma part, je ne lis pas ces textes de la même façon : j'accorde que les odeurs sont certainement un vecteur de réminiscence au même titre que les autres sens, et ces textes l'attestent, mais sur le plan de la trame romanesque, il en va différemment. La réminiscence a deux niveaux : le souvenir d'un passé qui resurgit intact, sans l'effort de la mémoire volontaire ; mais dans un deuxième temps, plus important car véritablement galvanisant, la saisie de ce qui est appelé « un peu de temps à l'état pur » ou encore l'essence éternelle des choses, à travers les qualités communes à deux moments du temps. Rappelons que la réminiscence, ou mémoire involontaire, s'oppose à la mémoire volontaire qui ne capte que des abstractions, des idées générales pourrait-on dire : elle vient du corps lui-même, elle manifeste la puissance du corps comme inscription du temps. Donc toutes les réminiscences n'aboutissent pas à la saisie de l'éternité.

Un exemple parmi d'autres, qui met en scène l'odorat, dans *À l'ombre des jeunes filles en fleurs*, l'expérience des water-closets des Champs-Elysées.

> Les murs humides et anciens de l'entrée [...] dégageaient une fraîche odeur de renfermé qui, m'allégeant aussitôt des soucis que venaient de faire naître en moi les paroles de Swann rapportées par Gilberte, me pénétra d'un plaisir non pas de la même espèce que les autres, lesquels nous laissent plus instables, incapables de les retenir, de les posséder, mais au contraire d'un plaisir consistant auquel je pouvais m'étayer, délicieux, paisible, riche d'une vérité durable, inexpliquée et certaine. J'aurais voulu... etc.

et plus loin :

> En rentrant, j'aperçus, je me rappelai brusquement l'image, cachée jusque-là, dont m'avait approché, sans me la laisser voir ni reconnaître, le frais, sentant presque la suie, du pavillon treillagé. Cette image était celle de la petite pièce de mon oncle Adolphe, à Combray, laquelle exhalait en effet le même parfum d'humidité. Mais *je ne pus comprendre* et je remis à plus tard de chercher pourquoi le rappel d'une image si insignifiante m'avait donné une telle félicité. En attendant...

Même phénomène pour le fameux passage sur les aubépines dans *Du côté de chez Swann* : un parfum qui ne dévoile pas son secret.

> Mais j'avais beau rester devant les aubépines à respirer, à porter devant ma pensée qui ne savait ce qu'elle devait en faire, à perdre, à retrouver leur invisible et fixe odeur, à m'unir au rythme qui jetait leurs fleurs, ici et là, avec une allégresse juvénile et à des intervalles inattendus comme certains intervalles musicaux, elles m'offraient indéfiniment le même charme avec une profusion

inépuisable, mais sans me le laisser approfondir davantage, comme ces mélodies qu'on rejoue cent fois de suite sans descendre plus avant dans leur secret.

Nous avons là l'idée, très spinoziste, d'une « idée vraie donnée » qui a encore besoin de s'éclaircir, d'augmenter en s'approfondissant, de découvrir ses raisons pour se faire pleinement adéquate, en se dégageant des contingences qu'on ne peut posséder. Il y a donc bien des réminiscences olfactives, Proust n'exclut pas l'odorat des sens propres à les produire, et cite de plus des auteurs qui en font l'expérience et le récit, Anna de Noailles, Chateaubriand, Baudelaire ; mais dans la trame romanesque elles se trouvent comme empêchées d'aboutir à la véritable révélation des essences, parce qu'elles conduisent à une sorte d'*ivresse* (le mot revient régulièrement à propos des odeurs) qui s'étourdit de son plaisir (c'est assez manifeste dans l'épisode des Champs-Elysées, dont les deux passages cités sont entrecoupés par une scène érotique) et tend soit à chercher la réponse à la question soulevée par la réminiscence dans les choses extérieures et le renouvellement du désir, soit à renoncer à la chercher. Tout au plus l'odeur permet-elle de ressaisir quelque chose du passé, mais elle ne parvient pas plus loin, c'est-à-dire au « temps à l'état pur », qui est le véritable objet de la recherche. Ces expériences reconduisent au « temps perdu », au lieu d'inviter à chercher les qualités communes au corps et aux choses, qui seules font, sous la forme de la métaphore, accéder à l'éternité. Observation que confirme le passage (qu'on trouve à la fois dans *Contre Sainte-Beuve* et dans *La Prisonnière*) sur les odeurs de pétrole montant dans la chambre et qui invitent à repartir, à « faire l'amour avec une femme inconnue », *etc.*

On prendra donc garde à ne pas confondre ce qu'on pourrait appeler les « joies passives » de la réminiscence, qui ne font qu'envelopper une certitude et faire « signe » vers un approfondissement possible, et les joies *actives* de la réminiscence, qui réclament une puissance créative, laquelle seule « nous jette dans l'enthousiasme et nous fait écrire ». Car l'édifice du souvenir, s'il tient tout entier sur des gouttelettes, s'érige par un effort qui, par-delà la réminiscence involontaire d'un passé temporel, est effort d'invention, de fiction ou de *création* :

> il est clair que la vérité que je cherche n'est pas en lui [le breuvage, la madeleine trempée] mais en moi. [...] Je pose la tasse et me tourne vers mon esprit. C'est à lui de trouver la vérité. Mais comment ? Grave incertitude, toutes les fois que l'esprit se sent dépassé par lui-même ; quand lui, le chercheur, est tout ensemble le pays obscur où il doit chercher et où tout son bagage ne lui sera de rien. Chercher ? pas seulement : créer. Il est en face de quelque chose qui n'est pas encore et que seul il peut réaliser, puis faire entrer dans sa lumière.

Créer : c'est ici précisément qu'entre en jeu l'art, seul apte à suppléer à une simple expérience personnelle, biographique, non universelle. Je forme donc l'hypothèse que si Proust a relégué l'odorat dans les réminiscences inabouties, pour mettre en scène des réminiscences proprement romanesques qui ne font pas l'objet d'une expérience commune, c'est que ce qui l'intéresse n'est pas d'exprimer seulement sa propre biographie, mais d'accéder aux essences éternelles des choses, ce qui implique le détour par la fiction et la *recréation*. Et c'est là qu'on retrouve la problématique spinoziste : c'est par l'art que l'on peut passer du simple relativisme du chacun ses goûts à la physiologie et finalement à la connaissance des choses singulières. Telle odeur me renvoie à mon passé, à ma complexion personnelle – et à la production du désir. Soit je l'impose, soit je m'arrête là. Chacun ses goûts ? Oui, sauf si la fiction s'en mêle. Il faudrait ici revenir sur le rôle déterminant de la fiction dans la recherche de la vérité[4].

Il y a ainsi deux possibilités pour sortir du relativisme : régression (ce que je nomme beau n'est que ce qui fait plaisir à mon corps particulier, et le ramène à son histoire personnelle, au passé qui constitue son imaginaire propre) ou extension (ce qui fait plaisir à mon corps révèle ce qui le recrée en permanence, et, par-delà son passé subjectif, permet de comprendre ce qui est commun à tous les corps humains). Telle serait, me semble-t-il, la place que le spinozisme peut reconnaître à l'art.

---

[4] Sur le rôle positif de la fiction dans le *TRE* et dans le spinozisme en général, je me permets de renvoyer à *La Communication du bien chez Spinoza*, Paris, Classiques Garnier, 2010, premier chapitre. *Cf.* la lettre de Proust à Jacques Rivière, 6 février 1914, présentant la *Recherche* comme une « recherche de la vérité » ; « si je n'avais pas de croyances intellectuelles, si je cherchais simplement à me souvenir [...], je ne prendrais pas, malade comme je suis, la peine d'écrire. Mais cette évolution d'une pensée, je n'ai pas voulu l'analyser abstraitement mais la recréer, la faire vivre ».

8. Ce que la peinture pense / Ce que Spinoza peint. De l'émanation à l'immanence

Laurent BOVE

Inscrire une philosophie dans l'histoire de l'art tout en considérant, corrélativement, que l'art peut aussi s'inscrire dans l'histoire de la philosophie, c'est l'hypothèse que nous formulons. Notre projet : produire les liens théoriques qui, par-delà ou en deçà des rapports de connaissance ou d'influence entre auteurs, instaurent des transitions entre des pratiques de champs différents. Ainsi, entre la philosophie de Spinoza et la production picturale, des liens se nouent, liens structurels sinon de parenté du moins de problématique, qui traversent les champs en les unissant par certains de leurs aspects. À partir de deux exemples et selon une réflexion transversale sur le statut de l'image, l'étude qui suit esquisse la vérification d'une telle hypothèse sur l'existence de ponts théoriques singuliers où vont se rencontrer – sur le chemin qui va de l'émanation à l'immanence – la philosophie du corps expressif chez Spinoza et deux œuvres picturales majeures : celle de Piero della Francesca et celle de Pierre Bruegel l'Ancien.

Ce « qui nous charme par sa seule contemplation »... ou ce que Spinoza peint

Question de méthode. Une philosophie peut-elle être perçue comme une peinture, même métaphoriquement ? Spinoza semble catégoriquement rejeter la légitimité du questionnement et la proposition que celui-ci enveloppe, en affirmant par deux fois dans l'*Éthique*[1], que l'on ne saurait considérer les idées « comme des peintures muettes sur un tableau ». La diamétrale opposition entre la puissante logique dynamique et productive de la libre nécessité de l'idée (qui en elle-même « pense » sans avoir besoin pour cela d'un sujet) et la nature statique de l'image (en tant que représentation « muette », sans parole ni pensée) semble donc rédhibitoire. En vérité cependant, cette opposition ne permet ni de répondre à la question que nous avons posée, ni d'indirectement déchiffrer – dans cette brutale affirmation – la pensée de Spinoza concernant les productions de l'art. Car ce qui est visé dans la formulation polémique d'*Éthique*, II, c'est le statut empiriste de l'idée – comme représentation ou comme reflet – dans un contexte démonstratif où il s'agit, pour Spinoza, de souligner la nature puissante, indépendante et dynamique de l'idée. Une idée qui, en tant qu'idée vraie, enveloppe « la plus haute certitude » dans et par la nécessité

---

[1] *Éth.*, II, 43, sc. et 49, sc. Nous utilisons globalement la traduction de B. Pautrat, Paris, Seuil, 1988, que nous modifions parfois.

même d'une logique productive qui lui est propre : la vérité étant, de ce point de vue, à elle-même son propre critère. Par contraste, le côté « muet » de l'image renvoie celle-ci à l'apport extrinsèque d'un possible regard et/ou d'une rencontre contingente avec une idée extérieure afin que l'image trouve un sens et une certaine réalité (qu'elle ne posséderait donc pas, par elle-même). En rapportant l'idée, telle que l'imaginent les empiristes, à l'image d'une peinture, Spinoza ne nous livre donc pas, non plus, sa conception de l'œuvre d'art. Une conception dont, par ailleurs, il ne dit rien.

Ce que pense, en effet, Spinoza des productions artistiques, nous n'en savons que fort peu de chose sinon qu'il écrit dans l'*Éthique* que ces productions, comme c'est aussi le cas, en premier lieu, des images, sont des productions qui concernent les corps (soit l'attribut « étendue »), alors que les idées (et la philosophie) sont, quant à elles, du domaine de l'attribut « pensée ». La remarque n'est pas indifférente car elle permet de faire un retour à la fois critique et éclairant sur la distinction opérée dans *Éthique*, II. En effet, l'étendue étant un attribut de la Nature (ou de Dieu), les images sont nécessairement, de ce point de vue, aussi dynamiques et puissantes que les idées. Spinoza entend tout d'abord, en effet, par images les modifications de la puissance de l'étendue ou encore les affections d'un corps. D'où, d'abord, la matérialité puissante et étendue de l'image comme modification, c'est-à-dire comme détermination qui exprime, de manière précise et déterminée, la puissance divine. Ainsi, l'œuvre d'un peintre ne sera, au sens fort, muette que, fictivement, seulement lorsqu'elle est inadéquatement perçue, par l'ignorant, comme un simple reflet et non pas lorsqu'elle est contemplée et véritablement conçue dans et par sa nécessité propre, soit selon la puissance (du/ou des corps) qui l'a produite. Et, il faut ajouter, selon la puissance de l'art d'imaginer, que cette œuvre elle-même, en tant que telle, c'est-à-dire en tant que corps singulier, affirme et exprime dans et par son pouvoir d'affecter et d'être affecté. Spinoza ne développe pas une telle conception qui conçoit l'œuvre comme un « corps » lui-même produit par d'autres corps (dont celui, socialisé, du peintre lui-même : puissance singulière d'un corps humain compris dans le corps plus vaste d'une société et d'une histoire elles-mêmes singulières). Il s'agit d'une conception essentiellement expressionniste de l'art, qui fait passer au second plan l'approche sémantique pour laquelle une peinture est un ensemble de signes que doit déchiffrer un sujet extérieur. En quel sens spinoziste peut-on dire alors que l'œuvre d'art pense (indépendamment de la pensée de son auteur, de ses amateurs et de ses critiques) ? Au sens, dirons-nous, *d'abord* (et c'est de là qu'il nous faut partir) de la *nécessité propre* ou de la « libre nécessité » que l'œuvre *individualisée* affirme dans son corps et par son corps, comme en son âme qui en est l'idée. La nécessité propre de l'œuvre, c'est l'idée vraie de sa production ou de son adéquation. Et si nous pouvons connaître adéquatement une œuvre d'art, c'est donc, *en premier lieu*, en pensant ce qu'elle-même pense (que nous ne devons pas confondre avec ce qu'en pense son auteur). Pourtant (et c'est un second principe, en apparence, paradoxal) l'œuvre et la pensée de l'œuvre n'existent effectivement que d'être contemplées et pensées, c'est-à-dire selon une *relation historique* véritablement constituante... C'est de ce point de vue qu'Alexandre Matheron nous invite à étendre sa propre analyse de l'*individualité* de l'Écriture sainte – en tant qu'« individu *au sens propre* »[2] – aux autres œuvres humaines et particulièrement aux productions de l'art. Comme il l'écrit, le « statut ontologique » de l'œuvre est alors celui d'une « individualité complexe comprenant à titre de parties essentielles un ensemble d'hommes engagés dans un certain type de pratiques fonctionnant selon des règles déterminées »[3]. Ce qui nous conduit à distinguer, d'une part, l'œuvre dans sa matérialité tangible intrinsèquement structurée – le panneau peint, par exemple – ; et, d'autre part, l'ensemble limité des êtres humains qui sont *affectés* par l'œuvre ; un affect qui lui-même implique des pratiques et/ou des usages qui constituent alors, *avec* le panneau peint, un nouveau corps, celui de la matérialité actuelle et effective d'une œuvre qui n'existe réellement que par son pouvoir d'affecter et d'être affecté. Face à cette peinture précise, en effet, des hommes tombent sous son charme singulier et éprouvent du plaisir à la contempler. Ainsi, une communication du mouvement s'établit entre des corps affectants/affectés selon une certaine loi, définissant *in fine* l'individualité complexe *affective et effective* de l'œuvre en tant que corps commun. Par l'affect et les pratiques qu'il implique, s'ouvre ainsi la voie d'une approche « pragmatique »[4] de l'œuvre, *œuvrée-œuvrante,* du point de vue de la « puissance » d'une *œuvre-à-l'œuvre*, dans ses effets et dans ses usages... Un chemin que nous n'emprunterons, pour notre part, qu'afin de traiter de la question philosophique particulière de la nature expressive et matérielle de l'image. Sur cette voie, il faudra donc tenir ensemble nos deux principes : la nécessité de la structure intrinsèque de l'œuvre et la relation constituante et actualisante que cette nécessité, elle-même, enveloppe et exige.

Si Spinoza ne s'est pas engagé dans l'exploration d'une telle voie de l'autonomie et/ou de la pensée intrinsèque des œuvres – corrélative de celle de la reconnaissance de l'autonomie intrinsèque et pourtant relationnelle des corps et de leurs aptitudes à affecter et à être affectés –, il en a donné néanmoins les prémisses et les bases matérielles quand il note dans *Éthique*, III, 2, scolie, que, comme pour les somnambules qui réalisent en dormant, par les seules lois de la nature étendue, des choses que l'on n'aurait « jamais cru pouvoir se faire sauf sous la direction de l'esprit », on peut envisager

---

[2] Alexandre Matheron, « Le statut ontologique de l'Écriture sainte et la doctrine spinoziste de l'individualité », in *Études sur Spinoza et les philosophies de l'âge classique*, Lyon, ENS Éditions, Lyon, 2011, p. 407.
[3] *Id., ibid.*, p. 413.
[4] *Id., ibid.*, p. 411.

aussi que « des seules lois de la nature, considérée seulement en tant que corporelle, [...] l'on puisse déduire les causes *des édifices, des peintures et des choses de ce genre,* qui se font par le seul art des hommes »[5] ; choses, ajoute-t-il, dont on croyait « que le corps humain, à moins d'être déterminé et guidé par l'esprit, ne serait pas capable... »[6]. Au-delà de cette importante remarque, Spinoza n'a pas développé de théorie de l'art. Il a cependant construit une conception dynamique et productive des images, comme corps, qui peut servir de guide à une réflexion sur la nature des œuvres[7].

Finitude

Si nous considérons, d'abord, notre condition d'êtres finis et passifs ; bien que puissantes, les images sont, en nous et par nous, les multiples manières dont notre corps propre est affecté au sein d'une nature qui nous produit, nous constitue et nous déborde de toutes parts... et dont nous ne sommes qu'un fragment minuscule. En cette situation existentielle et ontologique, sous le surplomb de la mort[8], l'individu humain s'affronte et se confronte, en premier lieu, à des images *via* sa rencontre avec les autres corps. Ces images, d'abord matérielles, sont aussi des *idées d'images* qui représentent ce qui, dans ces rencontres, arrive à notre corps. Et ces idées d'images, nécessairement inadéquates, instaurent pour chacun un rapport au monde immédiatement imaginaire. Un rapport dont Spinoza étudie la double illusion structurelle : celle de la liberté individuelle (comme libre arbitre) et celle d'être « dans la nature, comme un empire dans un empire »[9].

Ce rapport imaginaire est non seulement ce qui empêche de comprendre véritablement les « affects » mais aussi la nature et la production des œuvres. De cette illusion matricielle s'engendre, en effet, l'image d'une nature parfaite, modèle idéal à partir duquel vont être jugées nos limites et nos imperfections[10]. L'homme, qui vit selon la loi d'exception de sa liberté, imagine ainsi sa propre existence comme celle d'un être qui déroge aux lois de sa vraie nature[11]. Or, à cette matrice et à ses constructions téléologiques

---

[5] C'est nous qui soulignons.

[6] *Éth.*, III, 2, sc.

[7] C'est ce qu'a déjà souligné Lorenzo Vinciguerra qui a ouvert la voie : « Telle est la voie qu'il faut suivre pour comprendre l'originalité de la pensée sur l'art de Spinoza à son époque et peut-être à la nôtre. L'art est dans son essence *ars corporis* », « *Æsthetica sive Ethica*, Note spinoziste sur le problème de l'essence de l'art », article en anglais *in* Lorenzo Vinciguerra and Andrey Maidansky (eds.), *Historian Philosophical Yearbook*, Moscow, n° 15, 2010, p. 133-143.

[8] *Cf.* axiome de la partie IV de l'*Éthique*.

[9] On trouve la formulation, *imperium in imperio*, in *Éth.*, III, préf. ; en *TP*, II, 6 et *TTP*, XVII [29].

[10] *Éth.*, IV, préf.

[11] *Éth.*, III, préf. et *TP*, I, 1.

(sur lesquelles, comme l'explique l'appendice de la partie I de l'*Éthique,* ont fleuri les diverses croyances et superstitions religieuses), l'art n'a pas, lui-même, échappé, en ce qu'il a fait du modèle idéal de la nature humaine, le principe de sa recherche et de sa création, tout en imaginant aussi que « l'âme » de l'artiste « peut créer par sa seule force des sensations, ou des idées qui ne sont pas des choses ; si bien qu'ils la considèrent en partie comme un Dieu »[12].

La divinisation de l'artiste créateur et l'idée d'un modèle que nous pourrions placer devant nos yeux, comme un tableau de la perfection de l'œuvre divine, ont été les idéaux de la peinture du Quattrocento, incarnés, de manière exemplaire (comme l'a noté Vasari dans ses *Vies*), par l'œuvre de Michel-Ange – l'artiste néoplatonicien par excellence. Les philosophes que critique Spinoza[13] (et de son point de vue il s'agit de tous les philosophes, à l'exception des matérialistes de l'Antiquité[14]), de même que les peintres et les théoriciens de la Renaissance italienne, ont donc méconnu la réalité effective des choses en appréhendant les passions du haut de la fiction du modèle idéal de la nature humaine.

Spinoza rompt avec cet imaginaire. Son projet est de concevoir les passions, en elles-mêmes, indépendamment de tout modèle, c'est-à-dire – sur le plan d'immanence de la nature – comme des puissances ou des perfections ; soit comme les effets ou les propriétés ordinaires de la nature des choses, de la même façon que « dépendent de la nature de l'air, le chaud, le froid, les tempêtes, le tonnerre et autres phénomènes de cette espèce »[15]. Des phénomènes qui sont, de ce point de vue, aussi parfaits qu'ils peuvent l'être et qu'on ne saurait juger du haut de la transcendance d'une norme ou d'un idéal qui leur serait extérieur. Et c'est du point de vue de cette approche immanentiste des affects qu'une théorie spinozienne de l'art peut *aussi* trouver sa voie. Car les affects et l'art ont un destin commun.

Des affects comme œuvres d'art

Cette voie est entrouverte quand, à la fin de la préface de la partie III et dans une réflexion conclusive du scolie de la proposition 57 de la partie IV, Spinoza met en relation d'équivalence la dignité de la connaissance des affects avec la connaissance des propriétés de bien d'autres choses qui nous charment et que nous prenons plaisir à contempler. Cette relation – que Spinoza établit sur la base d'une conception expressive d'une nature qui « produit une infinité de choses en une infinité de manières »[16] – requiert la

---

[12] *TIE,* 60. C'est « une critique envers l'esthétique néoplatonicienne qui est contenue *in nuce* dès le *TIE* », remarque Lorenzo Vinciguerra (*op. cit.*).

[13] *TP*, I, 1.

[14] L. 56 à Hugo Boxel.

[15] *TP*, I, 4.

[16] *Éth.*, I, 16.

présence d'un *témoin* qui a déjà l'expérience du plaisir de beaucoup de ces choses qui charment et émeuvent par leur seule contemplation. Spinoza ne parle pas directement des œuvres d'art mais, alors qu'il écrit d'une terre où l'art de peindre est florissant, il ne peut pas ne pas y penser.

Engager cependant une approche de la question de l'art par la voie de la contemplation de la nature et de ses œuvres n'est pas sans rencontrer d'immenses difficultés. C'est justement sur l'admiration de la beauté du monde (comme œuvre de la création divine) que Spinoza a fait porter sa plus sévère critique[17]. Mais, par le regard « géométrique » auquel nous sommes ici invités, il s'agit, bien au contraire, de se délecter des images d'une *production* naturelle mais aussi historique, entièrement décapée de tout imaginaire téléologique, de toute émanation, de toute confusion du corps et de l'esprit, de toute projection psychologisante comme de toute idéalisation spiritualisante. C'est le regard porté sur une nature historique et causale dont l'activité n'a « ni principe ni fin »[18], qui ne produit que des « singuliers » et qui n'expose ainsi que les conséquences expressives, précises, déterminées, répétées et pourtant toujours nouvelles dans ses effets, des lois de la nécessité de la puissance divine : c'est, en quelque sorte, le spinozisme présent à nos yeux comme une peinture sur un tableau ! Pourtant, ce qui nous est donné à voir, à apprécier et à goûter, ne l'est ni par des démonstrations (les yeux de l'âme) ni par des concepts... Ce sont, sous nos yeux sensibles et dans nos corps, les *expressions singulières* du mouvement réel du Réel : seulement des *faits* et des *effets* dont le mouvement, jamais en repos, est en quelque sorte *en suspens* (comme sur un tableau). Ce n'est donc pas, à proprement dit, de vérité philosophique dont il est question, même si la voie de cette contemplation ne s'entrouvre, avec justesse, que pour un lecteur de l'*Éthique*. Un lecteur singulier dont le corps (et l'*ingenium*) suppose de multiples manières d'être affecté pour advenir à la délectation proposée ; un corps, en effet, largement *exposé au monde* et, au plus haut point, affecté par lui. Un corps apte à accueillir ce monde dans l'infinie diversité de ses expressions ; apte à y prendre activement part ; apte à y éprouver du plaisir. Ce lecteur/témoin du monde, aux aptitudes affectives nombreuses et étendues, est aussi celui dont la puissance de l'imagination matérielle (en tant qu'affections corporelles) est la plus grande. Celui capable – par la voie de l'imagination, mais une imagination décapée de toute illusion –, de faire l'expérience de la vérité effective des choses et des œuvres. Une vérité qui est aussi celle que Spinoza peint quand le philosophe enseigne, à ce même témoin (qui, en marge de la philosophie et du concept, prend déjà plaisir à contempler bien d'autres choses qui le charment), que ce sont *tous les affects* qui, sous l'éclairage géométrique de l'*Éthique*, sont « dignes » d'être effectivement contemplés comme autant d'occasions,

---

[17] *Éth.*, I, app. et L. 56 à H. Boxel.
[18] *Éth.*, IV, préf.

multiples et variées, de libres délectations… Des affects dignes d'être ainsi connus et contemplés *comme s'il s'agissait d'œuvres d'art*, elles-mêmes *librement imaginées*, et dont nous pourrions jouir à souhait comme d'autant d'aspects de la diversité du monde et de son renouvellement indéfini[19] ! C'est donc l'affect que Spinoza peint, en nous et par nous qui *participons matériellement* au tableau. Il peint la nature productive et expressive de l'affect en fonction de la puissance de l'image, c'est-à-dire des affections d'un corps. Or l'affect, c'est aussi ce que la peinture peint *effectivement*. Non pas des sentiments de l'âme (psychologie) mais, avant tout, l'expression du mouvement réel, le corps puissant, expressif du monde. Corps du monde et/ou de la peinture *en nous et par nous*.

Dans la préface de la partie III de l'*Éthique*, Spinoza a esquissé un parcours positif de l'expérience des délectations qui, de l'appendice d'*Éthique*, I, en passant par *Éthique*, III, 2, scolie, conduit, des admirations les plus stupides des ignorants (dont l'admiration du spectacle de la beauté et/ou de l'harmonie surnaturelle de la nature…) à la plénitude de la joie de comprendre d'*Éthique*, V (car « tout ce que nous comprenons par le troisième genre de connaissance nous donne du plaisir, *eo delectamur* »[20]). Ce parcours trace la voie *pratique* d'une théorie de l'art par le plaisir que nous prenons aux œuvres. Une voie des délectations dont la théorie doit tenir les deux extrêmes : l'expérience sensible de ce qui « contribue à notre santé »[21] et la connaissance adéquate des essences. C'est la voie de cette singulière expérience géométrique du monde qui montre que c'est *identiquement* aux productions de la nature comme aux productions de l'art (et de l'histoire) que nous pouvons *adéquatement* nous délecter. Car il s'agit d'une seule et même puissante production. Et c'est ce qu'affirmait Spinoza dans le scolie de la proposition 57 de la partie IV : « les affects humains, à coup sûr, n'indiquent pas moins la puissance et l'art, sinon de l'homme, du moins de la nature, que bien d'autres choses que nous admirons, et que nous prenons plaisir à contempler ». Une affirmation qui poursuit la réflexion de la préface d'*Éthique*, III : « Et donc les affects de haine, de colère, d'envie, *etc.*, considérés en soi, suivent les uns des autres par la même nécessité et vertu de la nature que les autres singuliers ; et, partant, ils reconnaissent des causes précises, par lesquelles ils se comprennent, et ont des propriétés précises, aussi dignes de notre connaissance que les propriétés de n'importe quelle autre chose qui nous charme par sa seule contemplation ». D'où la distance extrême – intellectuelle et affective – entre la morgue du moraliste et la délectation artiste de celui qui est capable de se réjouir de la diversité

---

[19] Où la causalité adéquate comme « vertu », de la « libre imagination » de l'artiste (*Éth.*, II, 17) comme de la libre nécessité de la nature, *rencontre* la libre disposition du corps de ceux capables de s'en délecter…

[20] *Éth.*, V, 32.

[21] *Éth.*, I, app.

du monde et de ses affects, dans lesquels et par lesquels il contemple l'infinie variété des « manières précises et déterminées » qui expriment la « vertu » de la nature c'est-à-dire sa libre puissance productive. Spinoza reconnaissait, dans le *TTP*, qu'il existe une « expérience », c'est-à-dire une pratique (*experientia sive praxis*)[22], qui « s'accompagne d'une intelligence claire et distincte des faits » ; une expérience des *faits* qui peut directement « toucher l'entendement »[23]. Des faits expérimentés *en deçà* de la constitution imaginaire de la relation objectale ; *avant* donc que notre imagination (comme représentation), dans l'effort que nous faisons pour persévérer en notre être, ne subsume la réalité sous les formes du sujet et de l'objet[24]. Notre réflexion conduit à penser que ce cas de figure vaut, chez Spinoza, pour l'expérience de la peinture (et, de ce point de vue, pour une théorie spinoziste de l'art – encore à faire).

Du point de vue de la pratique et sous le regard géométrique d'*Éthique*, III, les œuvres d'art peuvent alors être appréciées, connues et pensées, du point de vue des dispositifs effectifs de leur production et de leurs effets (soit du processus sans repos qui nous saisit et se perpétue, en nous et par nous, dans le puissant *suspens* de l'image peinte). Il en est ainsi de la géométrisation de l'espace et de l'invention historique de la perspective ainsi que de sa théorisation et de ses usages. Un *dispositif* qui a permis, à sa manière et dans son propre champ, comme pour le *more geometrico* spinoziste, d'inscrire les corps et les affects – comme les images produites qui nous sont données à sentir et à voir – dans l'ordre universel de la production de la nature.

Ce que la peinture de Piero della Francesca pense (vers 1413-1492)

En procédant « à la façon géométrique », dans le champ de la philosophie, Spinoza s'est donné le moyen d'échapper, dans le domaine de la connaissance des affects, à l'approche imaginative des choses. La méthode géométrique soumet, en effet, l'étude des affects à « une autre norme de vérité » que celle qu'imposent nécessairement les affects (passifs) qui sont au principe de l'imaginaire téléologique et superstitieux. La mathématique offre une autre norme de vérité en s'occupant « non pas des fins mais seulement des essences et des propriétés des figures »[25]. Et Spinoza

---

[22] *TP,* I, 3.

[23] *TTP*, V [14], p. 227-229 et aussi *TTP*, XVII [1], p. 535. Sur la positivité de l'expérience chez Spinoza, Pierre-François Moreau, *Spinoza. L'expérience et l'éternité,* parties II et III, Paris, Puf, 1994.

[24] Sur cet *en deçà* de la relation objectale, *cf.* notre présentation d'« *Éthique*, III » in *Lectures de Spinoza,* Pierre-François Moreau et Charles Ramond (dirs.), Paris, Ellipses, 2006.

[25] *Éth.*, I, app.

d'écrire qu'il considérera donc les actions et les appétits humains « comme s'il était question de lignes, de plans ou de corps »[26]… Une approche géométrique qui, en imposant de procéder de la cause aux effets, des essences aux propriétés, est inséparable d'une profonde mutation affective.

Or cette voie *mutante*, sur fond de reconstitution de l'unité immanente de l'homme et de la nature, c'est celle, qu'à sa manière et en son domaine, Piero della Francesca avait déjà empruntée, selon une approche elle-même mathématique de ses constructions picturales[27]. Piero, dont on a pu, à juste titre, écrire qu'« il excella dans la perspective et [qu'] il fut le plus grand géomètre de son époque »[28], a, en effet, inventé et théorisé un dispositif pictural dont les effets sont, de fait, paradoxaux. Alors que les thèmes traités sont explicitement religieux (à une exception sur laquelle nous reviendrons), c'est une vision « déthéologisée » du monde que Piero donne à sentir et à voir. Un monde dont le « sujet-spectateur » a le sentiment d'être banni car il ne peut spontanément ni s'y projeter ni y retrouver ses affects, ses croyances et ses imaginations, tant d'autres sentiments nouveaux le submergent : celui du détachement, de la neutralité affective, de la distance et de l'« impersonnalité » qui dominent l'œuvre. Autant d'affects inhabituels qui vont subjuguer ceux qui s'aventurent à la contempler… et qui seront finalement séduits par ce qui se donne à voir. « Le sortilège d'un art aussi impersonnel est très grand », avance un critique qui s'interroge : « Mais en quoi consistent ce charme, cette puissante séduction ? » ; sa réponse est que, « quand il n'y a pas d'émotion exprimée et trop spécialisée, nous n'en sommes que plus libres pour recevoir les impressions proprement artistiques »[29]. Plus libres, en effet, de toute imagination projective ou objectale, pour mieux nous « concentrer » sur les affects, c'est-à-dire sur les *faits* et les forces et/ou « les effets produits par les formes, les couleurs et les lignes »[30]. C'est ce que constatait déjà André Malraux : « Piero, écrit-il, créateur de l'un des styles les plus élaborés qu'ait connus l'Europe, est l'inventeur du détachement comme expression dominante des personnages. […] Les bourreaux distraits de la *Flagellation* frappent un Christ absent, derrière trois conseillers du duc d'Urbin qui ne les regardent pas ; le Christ de la *Résurrection* est aussi étranger aux soldats endormis qu'au spectateur.

---

[26] *Éth.*, III, préf.

[27] Piero a écrit deux traités de géométrie, *De Prospectiva pingendi* (*De la Perspective en peinture*) et *Libellus de quinque corporibus regularibus* (*Des Cinq Corps réguliers*), précédés par un livre de calcul, le *Trattato d'abaco*.

[28] Romano Alberti, *Trattato della nobiltà della pittura*, 1585.

[29] Bernard Berenson, *Les Peintres italiens de la Renaissance, tome III : L'Italie du centre*, 1926, trad. de l'anglais par Louis Gillet, nouvelle édition, Paris, Gallimard, 1953.

[30] Charles de Tolnay, « *La Résurrection du Christ* par Piero della Francesca : Essai d'interprétation », *Gazette des Beaux-Arts*, 1954.

[...] Et Piero est le symbole même de la sensibilité moderne *qui veut que l'expression du peintre vienne de sa peinture* »[31]. Par le déplacement de l'expression spirituelle des visages vers une expression qui, en effet, cesse d'émaner et de ressembler et qui n'est plus que l'expression de la puissance singulière de l'image et/ou de l'affect, c'est vers l'immanence expressive de la lumière des corps (la *resplendentia* des couleurs et des formes) que nous sommes portés. Et cela par le dispositif spécifique de la *prospectiva pingendi*, qui, en déterminant les effets d'« impassibilité » affective, libère la pensée et la sensibilité d'une psychologie projective et superstitieuse, obstacle majeur à l'accès à la vérité effective de l'œuvre et son expression. C'est ce qu'a fortement souligné Roberto Longhi en démontrant que cet effet (qu'il faut tenir pour, à la fois, philosophique et cathartique), « n'est que le résultat inévitable de la vision perspective à laquelle il faut naturellement un éclairage statique et déterminé, soit complètement solaire soit tout à fait artificiel – *Le Baptême* de Londres ou *Le Songe de Constantin* –, pour rehausser, tour à tour, ou la forme ou la couleur »[32]. Et Longhi de signifier par une fulgurante formule – celle de la « synthèse perspective de forme-couleur » de Piero[33] –, la singularité expressive et affective d'un art de peindre qui pense et produit, par le travail de la perspective, l'unité vivante de l'homme et de la nature ou, pour le dire en termes plastiques, l'unité dynamique et équilibrée de la forme et de la couleur. Par cette voie, Piero invitait son spectateur à devenir le témoin d'une réalité à laquelle il ne pouvait accéder que selon des affects nouveaux et singuliers car dépouillés de tout *pathos*. C'est ce processus, cathartique et sélectif, du dispositif pictural – dont il faut souligner la nature *éthique* – qui opère le *déplacement*, à la fois pratique et théorique, de l'expression psychologisante (ou spirituelle) des personnages (et du sujet-spectateur) à l'expression de la réalité effective et affective de la peinture ainsi que la production d'une vision « déthéologisée » du monde. Ce second aspect a été particulièrement mis en lumière par Erwin Panofsky[34]. Son essai nous permet de percevoir que, bien qu'éléments de deux mondes de pensée fort différents, la

---

[31] Nous citons le texte de la revue *Verve* (1938-1939) publié dans *Les Voix du silence* d'André Malraux, in *Écrits sur l'art, Œuvres Complètes*, t. IV, Paris, Gallimard, coll. « Bibliothèque de la Pléiade », 2004, p. 290 (c'est nous qui soulignons).

[32] Roberto Longhi : « Piero dei Franceschi e lo sviluppo della pittura veneziana », *L'Arte*, XVII, 1914, p. 198-221, 241-256, ora in *Scritti giovanili, 1912-1922* (*Opere complete*, I), Firenze, Sansoni, 1961, *cit.*, pp. 61-106.

[33] L'expression, qui se trouve dans l'article de 1913 (publié en 1914), est plusieurs fois reprise par l'auteur dans son *Piero della Francesca*, de 1927 (que nous citons dans la traduction de Pierre Léglise-Costa, Paris, éditions Hazan, coll. « 35/37, 1989).

[34] Erwin Panofsky, *La perspective comme forme symbolique et autres essais*, Paris, Les Éditions de Minuit, 1975, p. 158-159.

perspective, chez Piero, comme le *more geometrico* spinoziste ont, en commun, un sens proprement philosophique et constructif : la clarté mathématique et la conviction de l'intelligibilité du monde. Panofsky permet, en effet, d'établir le lien en concevant la perspective comme la forme symbolique d'un monde d'où Dieu s'est retiré et qui devient ainsi déjà le monde nécessaire et rationnel de la « matière infinie »[35]. Pour Panofsky, en effet, la perspective, au temps de Piero, nous met directement en phase avec « la vision d'un univers déthéologisé », où « l'infini en acte, qui était absolument inconcevable pour Aristote et que la scolastique classique ne concevait que sous la forme de la toute-puissance divine, [...] a pris désormais la forme de la *natura naturata* »[36]. La *prospectiva pingendi* pouvait donc ainsi déjà produire et penser, de manière intempestive, une image *expressive* que Piero retourne contre les formes psychologisantes, téléologiques et théologiques de l'imaginaire de son temps. *Exit* donc l'expression sous les figures des sentiments personnels que le peintre mettrait dans sa peinture ; des sentiments que le spectateur projette sur les panneaux peints ; des sentiments exprimés par les visages des personnages représentés ; du sentiment, enfin, de la beauté divine que le peintre aurait pour mission de créer, à nouveau, pour la faire entrevoir... Pour Piero, contrairement à ses géniaux contemporains – la dramaturgie émotionnelle de Donatello ou le pittoresque élégant de Botticelli – l'expression est ailleurs : c'est celle, sous nos yeux, de la construction architecturale de la peinture elle-même en tant que corps, en tant qu'affect. En tant que puissance en acte ; en tant que communication du mouvement entre les parties de ce corps selon un certain rapport ; soit en tant qu'image matérielle qui-fait-corps, dans et par sa singulière et dynamique « synthèse perspective de forme-couleur »... Par son « expressionnisme », Piero prenait, de fait, ses distances avec la théorie néoplatonicienne de l'émanation pour s'intéresser (et nous intéresser) aux corps expressifs en tant que tels. Des corps, celui des hommes comme celui des œuvres, qui sont tenus sur un strict plan d'*égalité ontologique* avec toutes les autres productions naturelles. Les corps des hommes, Piero les peint d'ailleurs, le plus souvent, en intensifiant tendanciellement leur densité par simple déplacement des points de fuite, plus bas que ne l'indiquait alors la règle énoncée par Alberti, et en attachant

---

[35] Daniel Arasse, *Histoires de peintures*, « L'invention de la perspective », Paris, Gallimard, Folio essais, 2004, p. 65. Longhi notait déjà « l'acuité extrême » de Leonardo Olschki qui, en 1918, a vu en Piero « l'inventeur du traitement d'une discipline selon les règles de la géométrie (« *more geometrico* ») ; méthode qui donnera ses fruits non pas avec Léonard [dit-il], mais avec Galilée et son école. Pour Olschki, l'œuvre de Piero della Francesca clôt l'ère empirique à laquelle appartiennent encore Filippo Brunelleschi et Leon Battista Alberti et inaugure l'ère scientifique », *op. cit.*, p. 273.

[36] Erwin Panofsky, *op. cit.*, p. 158.

solidement les corps à la terre par des pieds larges dont les chevilles massives accentuent encore l'effet de stabilité et d'équilibre. Ce sont des corps consistants, fortement vigoureux dont nous sentons et expérimentons, par la clarté et la netteté de l'éclairage, la présence vivante de leur consistance, de leur résistance, de leur insistance, de leur solidité. Chez Piero c'est donc bien toujours de l'expression de la puissance dont il est question. D'une puissance qui échappe à toute spiritualisation : une puissance ontologique de « déthéologisation », comme Panofsky l'avait perçu. Est-ce un hasard ou un éclatant symptôme (beaucoup de ses œuvres ont été détruites et l'on ne connaît qu'une partie de sa production...), mais l'unique peinture explicitement « païenne » de Piero (mis à part quelques portraits), est celle d'un *Hercule*. Il s'agit d'une fresque qui personnifie, en la glorifiant, la « toute puissante énergie corporelle »[37] du héros. Or cette fresque, Piero l'avait réalisée pour lui-même, dans sa propre maison ! Et, de même, le tableau, dont le thème est, par excellence, celui du fondement spirituel de la foi chrétienne, *La Résurrection*, donne à voir le corps le plus athlétique et le plus puissant de l'histoire de la représentation du Christ. *La Résurrection* montre un corps profane qui, par sa puissance, s'arrache à la mort comme à toute expression spirituelle de l'âme (« rien d'heureux n'est peint sur son visage... »[38]). Car ce qui est donné à voir c'est l'expression et/ou l'affect du *corps-ressuscitant* en tant que tel ; un corps dans l'expression matérielle de sa plus haute puissance et de sa plus haute gloire, celle de l'actuel. Piero prend donc philosophiquement au sérieux la résurrection *des corps*. C'est ce qui définit l'essence de son art et ce que signifie chez lui la Renaissance : une résurrection matérielle de la peinture et/ou de l'image peinte qui-prend-corps. La peinture comme corps puissant, expressif, inactuelle dans son actualité même. Piero semble nous donner à voir des personnages étrangement absents à leur propre histoire, car, de cette histoire-destin voulue par Dieu, les hommes ne seraient que les instruments passifs de la hiérarchie divine... Pourtant, ce que *réalise,* en vérité, la peinture de Piero c'est le passage à une puissante *activité*, celle du statut expressif de l'image dans la construction effective du monde.

L'œuvre de Piero peut être alors considérée comme une étape majeure, dans ce mouvement de la radicalisation de l'émanation vers l'immanence. Un plan d'immanence qui revendique, de fait, l'égalité ontologique des êtres. Égalité que manifeste *Le Baptême du Christ* quand, sous une lumière

---

[37] Roberto Longhi, *op. cit.*, p. 139.
[38] *Cf.* ce que dit Albert Camus de ce tableau dans *Noces* (*Œuvres Complètes,* t. I, publiées sous la direction de Jacqueline Lévi-Valensi, Paris, Gallimard, coll. « Bibliothèque de la Pléiade », 2006, p. 136) ; et notre commentaire, « Le Christ Ressuscitant de Piero della Francesca », ch. II de notre ouvrage, *Albert Camus, de la transfiguration. Pour une expérimentation vitale de l'immanence*, Paris, Publications de la Sorbonne, 2014, p. 54-71.

plate qui n'émane de rien, Piero traite la colombe du Saint-Esprit comme un nuage parmi les nuages et le corps divin de Jésus comme un cylindre, de la même manière géométrique que le tronc de l'arbre qui lui est proche. Dans ce calme géométrique, s'efface toute « subordination hiérarchique et finalement théocratique », écrit Longhi ; et, il ajoute aussitôt, que « cela ne s'était encore jamais vu parmi nous »[39]… Ce mouvement de radicalisation de l'émanation à l'immanence, dont on trouve la trace en histoire de la philosophie comme dans les productions de Piero, ouvrait la voie à la construction conceptuelle de l'ontologie spinoziste.

L'immanence et l'histoire de l'expression

Indépendamment d'une considération philosophique sur les œuvres d'art, Gilles Deleuze a retracé les étapes essentielles de l'histoire de la théorie de l'expression[40]. Une histoire qui voit l'immanence prendre une importance de plus en plus grande et, finalement, exclusive, aux dépens de l'émanation. Or l'histoire de la radicalisation de l'immanence, dont Deleuze montre qu'elle conduit, comme étape ultime, à la philosophie de Spinoza, est, de fait, inséparable d'un mouvement équivalent dans l'histoire de la peinture. Et l'œuvre de Piero est un exemple majeur de ces correspondants picturaux auxquels l'image expressive, chez Spinoza, va faire conceptuellement écho. Il va en être de même, mais de manière, certes, fort différente, de l'œuvre peint de Pierre Bruegel l'Ancien. Pour comprendre ce second cas – que nous souhaitons examiner par l'étude des liens théoriques et historiques profonds de l'œuvre de Pierre Bruegel avec la philosophie de Spinoza – il nous faut, d'abord, revenir sur quelques traits principaux de l'histoire philosophique de l'expression.

Gilles Deleuze a montré que l'histoire de la pensée d'une matérialité expressive de l'image passe par une étape décisive : celle de l'œuvre de Nicolas de Cues[41]. Une étape qui nous permet de penser une seconde interface entre le spinozisme et l'art. Comme Spinoza va radicaliser, jusqu'à son acmé, le mouvement qui, avec Nicolas de Cues, voit l'immanence prendre progressivement le pas sur l'émanation, Bruegel va lui-même radicaliser, dans et par ses images, ce dont traitait, en son domaine propre, la philosophie du Cusain. Ce parcours de radicalisation d'une même tension partagée, émanation-immanence, qui conduit vers l'immanence radicale mais dans des champs différents, fait de l'œuvre peint de Bruegel l'Ancien un puissant correspondant pictural de questions par ailleurs traitées sur le plan conceptuel. Pour comprendre cela il faut repartir de Platon et du

---

[39] Roberto Longhi, *op. cit.,* p. 34.
[40] Gilles Deleuze, *Spinoza et le problème de l'expression*, ch. XI, « L'immanence et les éléments historiques de l'expression », Paris, Les Éditions de Minuit, 1968, pp. 153-169.
[41] Gilles Deleuze, *op. cit.*, p. 158 *sq.*

néoplatonisme, soit de la problématique de la *participation* et de la manière dont ce problème a d'abord été posé.

Le principe de participation est, en effet, cherché d'abord du côté du participant et Platon d'insister alors sur la violence que subit le participé ; la participation étant une aventure qui survient du dehors. Le néoplatonisme va alors renverser le problème en cherchant un principe interne qui rend la participation possible du point de vue du participé ; soit un principe (et/ou un mouvement) qui fonde la participation dans le participé comme tel. Subordonner l'imitation à une genèse ou à une production à partir du « donateur », c'est ce qui va définir la logique de l'émanation pour laquelle le participé est donc actif (c'est le donateur) et le participant un « effet » qui ne reçoit que ce que lui donne la Cause (c'est-à-dire le Bien, le Beau, la Vérité...), tout en étant elle-même, en tant que fondement, ni participé ni participable. Ce sera le « Un », supérieur à ses dons, qui va rendre compte de la genèse du participant (qui en tant qu'effet, reçoit), mais aussi du participé (qui en tant que cause, donne) et qui rend compte, de ce fait, qu'il est participé. Le donateur est conçu comme supérieur à ses dons comme à ses produits ; il est à la fois « participable » (d'après ce qu'il donne) et « imparticipable » (en lui-même ou selon lui-même), en ce qu'il est le fondement transcendant de toute participation. Quelles sont les conséquences de ces distinctions pour notre réflexion ? La participation, du point de vue du participant (Platon) ou du point de vue du participé (Plotin, Proclus, Damascius...), ne change rien, essentiellement, au statut de l'image. Dans les deux cas, l'image n'a pas de consistance ontologique propre ; elle se réduit à une apparence en elle-même impuissante. La question de la consistance de l'image et de sa puissance expressive se posera seulement dans la tension, propre à l'histoire du néoplatonisme, entre cause émanative et cause immanente. Toute poussée de l'immanence, dans l'émanation, devenant alors favorable – dans et par la consistance gagnée par l'image – à la promotion d'une expression propre. C'est aussi la raison pour laquelle l'auteur d'une telle avancée ou poussée ontologique, court le risque d'être accusé de panthéisme... comme ce fut le cas pour Nicolas de Cues. Et Deleuze montre combien, chez le Cusain, *l'usage de l'image* surdétermine cette poussée dans le concept. Ainsi en est-il des métaphores du rayonnement et de la sphère infinie qui corrigent nettement, de fait, la théorie néoplatonicienne de la hiérarchie[42]. L'un, en effet, *rayonne* dans et par les choses, si bien que cette *resplendentia*[43] radicalise (et fait basculer), visuellement, l'émanation vers l'immanence. Quant à l'image de la sphère

---

[42] *Id., ibid.*

[43] « À mesure, en effet, que l'Inattingibilité se développe, dans la variété des images, en celles-ci le Même *resplendit* davantage » (*De Genesi*, n. 150-151), cité par Maurice de Gandillac in *Nicolas de Cues,* Paris, Ellipses, 2001, note 3, p. 37 (c'est nous qui soulignons).

infinie, Nicolas de Cues l'applique, pour la première fois, à Dieu comme il l'a appliquée à la machine du monde : « Donc, la machine du monde aura, pour ainsi dire, son centre partout et sa circonférence nulle part, parce que Dieu qui est partout et nulle part est sa circonférence et son centre »[44]. De ce point de vue, c'est le multiple et les singuliers qui s'expriment dans l'Un, comme l'Un lui-même s'explique et s'exprime dans le multiple : « Dieu complique donc toutes choses en lui, en ce sens que tout est en lui. Et il explique toutes choses, en ce sens qu'il est en tout »[45]. Il est la complication universelle « et l'explication de toutes choses, et que, en tant que complication, toutes choses sont Lui en Lui, et que, en tant qu'explication, Il est dans toutes les choses ce qu'elles sont, comme la vérité est dans l'image »[46]. Les deux concepts majeurs du Cusain, *complicare* et *explicare*, pourtant compris dans la doctrine de l'émanation, viennent ainsi contrecarrer les principes néoplatoniciens de la hiérarchie et de la dégradation (de l'Un dans la multiplicité de ses images). Dans la complication de l'explication et de l'implication (toutes choses étant présentes à Dieu qui les complique ; Dieu étant présent à toutes choses qui l'expliquent et l'impliquent), il y a coprésence de deux mouvements corrélatifs. Cette coprésence a pour effet une très grande diversité de points de vue. Chez Nicolas de Cues, la notion de *multitudo* est alors immédiatement liée à celle de la « diversité » mais aussi à la servitude politique d'une existence violemment soumise à la domination monarchique : « Mais tu sais bien, Seigneur, qu'une grande multitude ne peut exister sans grande diversité et que presque tous les hommes sont contraints de mener une vie de travail, pleine de tribulations et de malheurs et de se soumettre en servile soumission à des rois qui les dominent »[47]. Or la métaphysique de la complication conteste puissamment, de fait, la logique politique de la domination d'un seul. Elle affirme, au contraire, *l'égalité de l'être*, car c'est le même être auquel les choses sont présentes et qui, lui-même, est présent dans les choses. Deleuze (qui n'aborde pas ici la question politique) écrit cependant à ce propos que : « La participation trouve son principe, non plus dans une émanation dont l'Un serait la source plus ou moins proche, mais dans l'expression immédiate et adéquate d'un Être absolu qui comprend tous les êtres et s'explique par l'essence de chacun »[48]. L'expression de l'Être absolu enveloppe ainsi toutes les dimensions ontologiques de la complication : de l'explication, de l'inhérence (des choses à l'Être), et de l'implication (de Dieu par et dans les

---

[44] Nicolas de Cues, *La Docte Ignorance,* ch. II, ch. XII, 162, trad. Hervé Pasqua, Paris, Payot & Rivages, coll. « Bibliothèque Rivages », 2008, p. 165.

[45] Id., *ibid.,* II, ch. III, 107, p. 124.

[46] Id., *ibid.,* II, ch. III, 111, p. 127.

[47] Nicolas de Cues, *De pace fidei / La Paix de la foi,* cité *in* M. de Gandillac, *op. cit.,* p. 104.

[48] Gilles Deleuze, *op. cit.,* p. 159.

choses qui l'expliquent). Sur ce chemin qui, *via* Nicolas de Cues, va de l'émanation à l'immanence, on découvre que l'avènement de l'expressivité de l'image (et/ou de sa consistance) est liée à l'affirmation émancipatrice d'une « multitude ». C'est ce chemin que va dessiner Bruegel sur ses panneaux peints, surdéterminant ainsi l'effet immanentiste de l'image qui passe de la métaphore à la puissante complexité d'un dispositif pictural.

Ce que la peinture de Pierre Bruegel pense (vers 1525-1569)

Avant de devenir un concept fondamental du *Traité Politique*, la multitude a d'abord surgi dans le domaine de la représentation picturale et plus particulièrement dans l'œuvre peint de Pierre Bruegel l'Ancien. Bruegel n'a rien laissé comme écrits. On ne sait donc que très peu de choses sur ses pensées, seulement qu'il fut l'ami du grand géographe Abraham Ortelius et que c'est par lui qu'il a pénétré le milieu humaniste extrêmement érudit, autour de l'imprimerie Plantin à Anvers. C'est symptomatiquement que, dans son *Album Amicorum*, Ortelius écrit : « Dans toutes les œuvres de notre Bruegel, il y a toujours plus de pensée que de peinture »[49].

Indiquons, d'ores et déjà, que si Bruegel a été reconnu et apprécié en son temps, un siècle plus tard, durant l'Âge d'or des Provinces-Unies, Bruegel est quasiment un inconnu. Les goûts picturaux ont changé et il est donc probable que Spinoza ignore tout de lui. Pourtant entre le peintre et le philosophe, il y a au moins – et d'abord – une symétrie historique. Bruegel construit, en effet, son œuvre alors que s'amorce la période décisive de l'histoire des Pays-Bas qui va du soulèvement des Gueux (à partir de 1566 après plusieurs années de troubles) à l'assassinat des frères de Witt qui signe (un siècle plus tard, en 1672) la fin de ce que l'on a appelé la « vraie liberté » de la République des Provinces-Unies. Une fin dont Spinoza a été le témoin/acteur à la fois attentif et révolté. La mise en relation du peintre et du philosophe, par ce trait d'union de l'unité et de l'unicité d'une *période historique*, n'a rien d'un artifice rhétorique. Comme, un siècle plus tard chez le philosophe hollandais, le travail pictural de Bruegel produit, en effet aussi, un *dispositif* qui, dans son domaine propre, réfléchit « sur » (et à partir « de ») la distinction, politiquement et théologiquement décisive, entre *imagination* et *entendement*. L'enjeu étant, pour Bruegel, la constitution, en acte – l'acte même de peindre – d'un appareil perceptif qui donne accès à la réalité expressive des choses et aux conditions (affectives et intellectuelles) de la production de sa vérité. Chez Bruegel, la question du regard géométrique est à nouveau posée : celui qui permet de voir ce que la peinture

---

[49] *In omnibus eius operibus intelligitur plus semper quam pingitur*, texte latin donné dans *Bruegel. Tout l'œuvre peint et dessiné*, Roger H. Marijnissen (en collaboration), Anvers, Fonds Mercator et Paris, Éditions Charles Moreau, 1988, puis 2003, p. 13.

pense[50]. Nous aborderons cette question sous l'angle de l'antagonisme bruegélien entre les deux figures de la sphère : en tant que signe de domination (l'image dominante) et comme dispositif perceptif et émancipateur de l'acte de peindre (l'image constituante).

« Vois mon fils, je le sais depuis longtemps, les gros poissons mangent les petits ». C'est la légende d'un dessin mise dans la bouche d'un homme faisant la leçon à son fils face au spectacle de cette vérité sur fond de la ville d'Anvers. En incrustation sur la lame du couteau qui découpe un immense poisson, se trouve une figure récurrente de l'œuvre, celle du globe impérial : le globe terrestre serti d'une couronne surmonté d'une croix, qui va symboliser la domination du monde des Habsbourg *via* l'empire romain-germanique et l'Espagne… et plus généralement toute volonté hégémonique d'enclore l'infinie diversité du réel ou la sphère infinie et parfaite de la vie multiple du Monde, *sous* la sphère finie et close d'une imagination théologico-politique à la fois toujours particulière et mortifère.

Le tableau, intitulé *Les Proverbes*, montre sur sa surface peinte autant de pratiques singulières et multiples qui, dans leur diversité même, s'affirment *ensemble* dans un espace ouvert dans lequel et par lequel ces pratiques se distribuent. Et cela en débordant de toutes parts une unité idéale et englobante qui serait justement celle du modèle parfait de l'unité transcendante du monde symbolisée, dans cette peinture, par la sphère de l'Empire universel surmonté d'une croix, plusieurs fois ici représentée. Car dans ces *Proverbes*, rien ne marche au doigt et à l'œil d'un *principe* souverain qui subsumerait les différences. Le Prince est ainsi représenté de manière assez ridicule quand il prétend, illusoirement, tenir le globe au bout de son pouce... Ce même globe dans lequel un personnage infirme s'efforce péniblement de pénétrer en se contorsionnant. Le proverbe dit : « Il faut savoir se courber pour faire son chemin dans le monde »... C'est sans doute pour cela que d'autres pensent qu'il vaut mieux déféquer sur le globe… Le même globe encore qui est tenu sous la main d'un Christ de carnaval à qui un moine place une fausse barbe… Ce qui est en question dans ce tableau, c'est essentiellement l'unité souveraine du savoir ou de la sagesse du monde que viennent contester les multiples points de vue de l'expérience et/ou des pratiques de la vie commune, « de tout un chacun ».

---

[50] Nous reprenons, ci-après, de brefs passages de notre ouvrage, *Pieter Bruegel, Le Tableau ou la Sphère infinie. Pour une réforme théologico-politique de l'entendement*, Paris, Vrin, 2019. Des passages plus étendus de ce même livre ont déjà été publiés dans deux articles : « Peinture de l'ordinaire et pensée politique du commun. Machiavel, Bruegel, Spinoza », in *L'ordinaire et le politique*, Sandra Laugier et Claude Gautier (dirs.), Paris, Puf, 2006 ; et « La multitude chez Bruegel et Spinoza : de l'image au concept », in *Les Pays-Bas aux XVIIᵉ et XVIIIᵉ siècles. Nouveaux regards,* Catherine Secretan et Delphine Antoine-Mahut (dirs.), Paris, éd. H. Champion, 2015.

Il faut reprendre ici une hypothèse seulement esquissée par Charles de Tolnay[51] qui avait vu en Bruegel l'expression de l'humanisme chrétien dans une filiation philosophique avec Nicolas de Cues. Or cette mise en relation Bruegel-Nicolas de Cues (totalement délaissée depuis par les commentateurs) est très éclairante étant donné la lecture panthéiste qu'on a pu faire de *La Docte Ignorance* ; une lecture panthéiste dont s'était défendu son auteur mais qui a eu ses résonances historiques effectives, et, selon nous, chez Bruegel lui-même chez qui on peut non seulement respirer, dans ses grands panneaux de paysages une « vaste conception panthéiste »[52], mais chez qui on peut aussi, plus profondément encore, percevoir, dans et par les dispositifs picturaux spécifiques de son expression de l'Un et du multiple, cette « sphère infinie », dont a parlé Nicolas de Cues, en appliquant à l'univers matériel une formule qui n'était jusqu'alors réservée qu'à Dieu. Une sphère infinie, que le dispositif pictural bruegélien construit véritablement comme l'œuvre ouverte de la peinture elle-même qu'il oppose à son simulacre théologico-politique particulier, le globe terrestre surmonté d'une croix que Bruegel ne manque jamais d'utiliser comme signe de domination. Opposer l'opération de la machinerie matérielle et expressive de son dispositif pictural à l'univers des signes de la domination, c'est ce que *fait* effectivement Bruegel ! Il ne représente pas, il résiste et il construit. La *résonance* de sa pratique picturale avec la philosophie du Cusain est alors d'autant plus éclairante qu'elle peut être prolongée par le projet de valoriser, comme chez Nicolas de Cues, l'attitude profane, celle de l'homme ordinaire, dans l'exploration et la lecture du « Grand Livre de la nature ».

Un dessin, titré justement *Elck ou Un chacun*, concentre quelques-uns de ces thèmes. Les personnages, ici, ne cherchent pas, comme le philosophe Diogène, avec une lanterne, mais ils recherchent *la* lanterne elle-même qui les éclairera. En fond d'image, une Église et une armée en campagne qui déploie ses étendards. C'est une parabole des pouvoirs, mais aussi, en cette situation, la puissance émancipatrice que peut exercer l'intellect humain. Là où les critiques ne voient qu'un dessin moralisateur à partir de la peinture de la cupidité (Elck est un personnage légendaire dont la signification est convenue...), Bruegel construit, bien au contraire, un dispositif extraordinairement intelligent. En effet Elck, avec ses désirs, ses imaginations, ses aveuglements, examine minutieusement la lanterne qu'il vient de découvrir et ce, en enjambant, avec la plus grande désinvolture, le globe impérial surmonté d'une croix qui gît à terre éventré. Or ce geste est sûrement déjà le signe qu'il a découvert la bonne lanterne, celle qui le rend

---

[51] Charles de Tolnay, *Pierre Bruegel L'Ancien,* 2 volumes (Texte et Planches), Bruxelles, Nouvelle Société d'éditions, coll. « Bibliothèque du XVIe siècle », 1935.
[52] Ce qu'a essentiellement souligné Tolnay, *op. cit.*, texte p. 17. *Cf.* déjà aussi Max Dvořák, *Pierre Bruegel l'Ancien*, Gérard Monfort Éditeur, trad. Ernest Klaruill, p. 36 *sq.*

capable de liberté et d'indifférence vis-à-vis des effets habituels de soumission théologico-politique aux pouvoirs du monde. Elck ne se contorsionnera plus pour entrer dans la sphère... Il traite les pouvoirs *par-dessous la jambe*... L'Empire universel n'est plus alors qu'un œuf crevé, comme sont obsolètes tous les instruments de mesure, ici abandonnés, instruments inhérents à ce pouvoir... La lanterne institue donc une nouvelle norme de vérité : c'est la puissance même de l'entendement et de la reconstitution de la vie, une « source de vie vraie » disaient les *Proverbes* de Salomon. Voilà ce que Elck est désormais en train d'apprendre et de nous apprendre. Elck, c'est-à-dire nous-mêmes, tout un chacun, l'homme profane de Nicolas de Cues. Le Cusain qui enseignait déjà, en référence aux *Proverbes* de Salomon, qu'il fallait savoir écouter « la sagesse » du Profane qui crie sur le marché et la place publique[53].

Dans *Le Combat de Carnaval et de Carême*, il est significatif de remarquer que la lutte des deux contraires se déroule avec, au centre géométrique du tableau, deux figures qui nous forcent à penser. Tout d'abord un puits qui ne donne pas d'eau et, sur la gauche du puits, un bouffon qui conduit, avec un flambeau, deux personnages (trompés par la folie) dont un porte, accrochée à sa ceinture, une lanterne éteinte. Comme la lumière de l'entendement, éteinte par la folie du combat des contraires autour d'un enjeu vide : celui d'un fondement illusoire que l'eau et la vie ont déserté. Cette vie, c'est dans la puissance du multiple carnavalesque du tableau lui-même que Bruegel la défend et l'affirme. Un multiple vivant et puissant que le combat des contraires risque de totalement capter, capturer, anéantir. Cette affirmation positive du multiple, c'est dans *Les Jeux d'enfants* que nous la trouvons la plus clairement exprimée. Ici, la multiplicité de la vie et sa créativité ont investi les cadres rigides des pouvoirs du monde et de ses institutions en les traversant et en les débordant de toutes parts. Les murs, les barrières, les bâtisses sont comme vidées (avec leurs habitants) de leurs significations et de leurs valeurs. Ils ne sont plus les maîtres de la mesure des choses et des actions. Le ciel est né par une ligne d'horizon très haute, la tête du bâtiment principal tranchée. S'ouvre alors la dynamique d'un espace-temps, immanent et expressif, libéré de la domination.

Ce qui est remarquable dans ce tableau, c'est, comme nous l'avons déjà observé pour *Les Proverbes* ou *Carnaval et Carême*, que s'affirme une relation dynamique, pacifique et équilibrée à partir d'une multiplicité de singuliers, eux-mêmes pluriels (puisque chaque jeu implique plusieurs

---

[53] Nicolas de Cues, *Idiotia De Sapentia / La Sagesse selon l'idiot* traduit par F. Coursaget, introduit et annoté par R. Bruyeron, Paris, Paris, Hermann, coll. « Hermann Philosophie », 2009, puis Nicolas de Cues, *La sagesse, l'esprit, les expériences de statique selon l'Idiot*, traduit par F. Coursaget, introduit et annoté par R. Bruyeron, Paris, Hermann, coll. « Hermann Philosophie », 2012.

enfants)[54]. Des groupuscules singuliers qui, tout en affirmant leur manière propre d'exister, coexistent pourtant, à égalité de vitalité et d'attention à la vie, baignés dans une même luminosité. De toute cette agitation, qui pourrait faire chaos, naît pourtant une sorte de sérénité, de contentement, qui est celui de ce nouveau corps commun de singuliers qui n'est plus dominé par rien, ni même par notre regard qui, comme les enfants eux-mêmes, se déplace sans cesse dans et par la toile, sautant d'un lieu à un autre, car ici le centre est véritablement partout et les limites nulle part. Chaque groupuscule étant perçu sous les angles les plus variés et affirmant une vérité propre qui est celle de son activité singulière, de sa manière précise et déterminée d'exprimer la puissance même de la vie. Des commentateurs ont remarqué, en s'interrogeant, le sérieux avec lequel ces enfants jouent : « ce ne sont pas de vrais enfants » disent-ils... C'est que Bruegel peint effectivement le sérieux et l'équilibre parfait de la vie quand celle-ci a conquis son espace de jeu, c'est-à-dire la liberté de la distribution de ses rôles et de ses actions. Cela exclut sans doute des rires déséquilibrants, mais manifeste, pour l'ensemble du corps dont tous les membres sont affectés à égalité de la même lumière et de la même quiétude, un affect que Spinoza appellera l'*hilaritas*. Un affect dont il a écrit qu'il est toujours bon et qu'il ne peut avoir d'« excès »[55]. Ce corps commun en liberté (ou ce *corps de la liberté*) manifeste, chez Bruegel, le corps de la divinité, corps matériel et divin dans lequel et par lequel « nous avons la vie, le mouvement et l'être »[56]. Une conception dont la référence est certes, d'abord, théologique, mais qui est devenue, chez Bruegel, l'affirmation même de l'immanence *contre* la transcendance de la domination.

Sur les panneaux peints de Bruegel déjà, la divinité n'est donc jamais, à proprement parler, « cause éloignée ». Elle est la vie même dans sa matérialité expressive. Il est remarquable de constater que, dans ses derniers grands tableaux, en modifiant son dispositif pictural, Bruegel approfondit encore le point de vue *immanent* de l'égalité d'être entre Dieu, le monde et la multiplicité de ses images. Dans *Le Repas de noce* et *La Danse des paysans*, Bruegel délaisse, en effet, la position extérieure qu'il imposait à son spectateur en plaçant, à présent, celui-ci à l'entrée du tableau à hauteur de l'événement. En renonçant à la ligne d'horizon haute, il invite ainsi les témoins éclairés que d'abord nous étions, à *prendre part* à la fête

---

[54] Pierre-François Moreau nous a fait remarquer qu'au bas du tableau, un enfant semblait jouer seul en chevauchant un bâton emmanché d'une tête de cheval. La chose est, en effet, remarquable et elle pourrait signifier combien l'aventure, dans laquelle engage l'ambition de domination (suivant le symbole du cheval dont la signification est dans l'œuvre récurrente), *isole* effectivement de la libre communauté humaine en se retournant contre elle pour la détruire.

[55] *Éth.*, III, 11, sc. et IV, 42 et dém.

[56] *Actes des Apôtres* (17, 28).

eucharistique du réel lui-même, au partage du repas de noce et à la danse des paysans. Bref, à devenir des acteurs. Bruegel nous invite à participer *matériellement*, *effectivement*, ici-maintenant, à l'alliance même de la vie qui résiste aux logiques de la domination. Comme le constate Pierre Francastel, Bruegel est ainsi, dans ses dernières toiles, « plus près des dissidents qui vont faire la Hollande que de ceux de ses compatriotes qui, *par crainte des foules*, se soumettront aux Espagnols et à l'Église éternelle »[57].

Comme corps expressif de la *prospectiva pingendi* ou comme sphère infinie du dispositif pictural, la peinture de Piero, comme celle de Bruegel, sont donc exemplaires de ces ponts théoriques que nous pouvons jeter entre Spinoza et l'art. Des ponts singuliers d'où l'on peut concevoir que la peinture pense (et qu'elle peut s'inscrire ainsi dans une histoire de la philosophie), mais aussi qu'une philosophie offre, elle-même, une peinture du monde qui pourrait, corrélativement, s'inscrire dans une histoire de l'art. Dans le cas étudié, il s'agit d'une pensée et/ou de la peinture d'une vérité expressive des forces à laquelle nous sommes invités à participer matériellement, effectivement. La problématique de la création et de l'émanation rendait impossible la pensée radicale de cette participation active, matérielle et expressive des *images* qui conduit à la construction éthico-politique d'un plan d'immanence. Avec Piero, Bruegel et Spinoza, participer signifiera, bien au contraire, *prendre part* ou *avoir part* singulièrement à la constitution du monde. Avec eux, l'art et la philosophie sont effectivement des pratiques d'émancipation éthico-politiques.

Ce que va ainsi démontrer, dans et par le concept, l'ontologie immanente, historique et politique de Spinoza – qui a mené le mouvement à son terme –, la peinture de Piero et de Bruegel le donnait à voir, mais déjà aussi à le comprendre, en réalisant magnifiquement, sur leurs panneaux peints, le *déplacement* subversif et constructif de l'émanation à l'immanence.

---

[57] Pierre Francastel, *Bruegel*, Paris, Hazan, 1995, p. 216 (c'est nous qui soulignons).

9. *À la recherche du temps perdu* : « roman du spinozisme » ?

Adrien CHASSAIN

> Quelle force dans ces œuvres aux pieds déséquilibrés, [...] dont le lecteur découvre avec admiration qu'ils ont écrit le roman du spinozisme... Certes, ils ne font pas une synthèse d'art et de philosophie. Ils bifurquent et ne cessent de bifurquer. Ce sont des génies hybrides qui n'effacent pas la différence de nature, ne la comblent pas, mais font servir au contraire toutes les ressources de leur « athlétisme » à s'installer dans cette différence même, acrobates écartelés dans un perpétuel tour de force[1].

Très tôt, de son vivant même, Proust a été comparé à Spinoza. En bonne part...

Tandis qu'une partie du cerveau de Marcel admire et goûte, une autre critique et s'irrite et une troisième assiste, indifférente et comme « *spinozée* », aux ébats des précédentes (Léon Daudet, *Souvenirs littéraires*, 1925).

... comme en mauvaise :

[L'écriture proustienne n'est qu']une plantation de raisonnements, inductions, définitions, analyses, théorèmes, corollaires, lemmes et inductions, plus denses, plus compacts, plus imbriqués et enchevêtrés les uns dans les autres que tout ce qu'on en voit dans le texte, déjà redoutable, de Spinoza (Pierre Lasserre, « Marcel Proust humoriste et moraliste », *La Revue universelle*, 1er juillet 1920).

D'un côté, chez L. Daudet, la référence au philosophe hollandais prend place dans un portrait moral de l'écrivain et qualifie son style de vie, sa propension à se déprendre de lui-même et de son environnement pour s'en faire l'observateur et l'analyste distant. De l'autre, la mention de l'*Éthique* permet à P. Lasserre de disqualifier le style de la *Recherche*, comparé à celui de Spinoza pour son caractère démonstratif et revêche. L'exposition géométrique, qui chez le philosophe attestait la clarté et la scientificité de la démonstration, est devenue la métaphore d'une prose nombreuse et ratiocinante, dont l'usage est jugé intolérable dans un roman. Pour différents qu'ils soient, ces deux exemples présentent tous deux l'intérêt de nous situer en deçà des approches doctrinales des liens de Proust à la philosophie. Le nom de Spinoza intervient chez le critique sévère pour caractériser non pas la doctrine de Proust mais la dominance d'un registre de discours théorique, d'un style philosophique, tandis qu'il vient souligner chez Léon Daudet la manière dont cette tendance philosophique s'incorpore dans un caractère et dans un comportement.

---

[1] Gilles Deleuze et Félix Guattari, *Qu'est-ce que la philosophie ?*, Paris, Éditions de Minuit, 1991, p. 65.

Tout juste ici ébauchées, ces deux perspectives formelle et éthique constituent des prismes féconds pour étudier les modalités d'une présence du spinozisme dans les œuvres de Proust. Car à confronter Proust aux philosophes du seul point de vue théorique, le risque est grand de surdéterminer philosophiquement la pensée et le vocabulaire de la *Recherche*. Le roman proustien présente bien une visée philosophique, mais ne prétend pas en revanche s'inscrire directement dans l'histoire de la philosophie ni véritablement stabiliser un système conceptuel. Aussi, si la *Recherche* est un roman philosophique et si ce roman a affaire avec la philosophie de Spinoza, on verra que ce n'est pas tant du point de vue de sa doctrine que du point de vue de son régime d'exposition, et de la valeur éthique que celui-ci reçoit. Le roman proustien expose en effet les conditions de possibilité d'une réforme de l'entendement[2], trace un itinéraire aboutissant à la conquête d'une certaine forme de sagesse et de béatitude. Couronné par le passage à l'écriture, un tel itinéraire présente ceci de spinoziste qu'il se produit dans une immanence radicale, à mesure que le héros augmente son aptitude affective, à mesure aussi qu'il acquiert l'intelligence de celle-ci.

Alors qu'il dénonce l'exposition logique *more geometrico* et lui substitue l'ordre « impressionniste » du roman, Proust n'en livre pas moins dans la *Recherche* un portrait de l'artiste en géomètre des passions. Cette réhabilitation romanesque de la géométrie affilie d'une manière originale la démarche de l'écrivain à la tradition spinoziste. J'essayerai de montrer que Proust, par là, traduit moins le système de Spinoza dans le roman qu'il ne découvre et explore un certain potentiel romanesque du spinozisme lui-même. la recherche du temps perdu : roman spinoziste ?

À la recherche du temps perdu : roman spinoziste ?

Proust a très certainement découvert Spinoza au lycée Condorcet avec son professeur de philosophie, Alphonse Darlu. Républicain et dreyfusard, celui-ci fonde en 1893 avec quelques-uns de ses élèves la *Revue de métaphysique et de morale* au sein de laquelle la pensée spinoziste tient un rôle prépondérant[3]. Lors de son année de licence de philosophie en 1894-1895, Proust approfondira sa connaissance du philosophe de La Haye, dont l'œuvre figure au programme d'études. Dans *Jean Santeuil*, l'*Éthique* apparaît comme un des ouvrages de prédilection du personnage dont Darlu est la clé, le professeur Beulier[4]. Quant à la *Recherche*, le nom de Spinoza y

---

[2] Le titre spinozien est utilisé de la sorte par Vincent Descombes pour décrire la démarche proustienne, cf. *Proust, philosophie du roman*, Paris, Éditions de Minuit, 1987, p. 46.

[3] *Cf.* « La pensée de Spinoza et la naissance de l'intellectuel démocratique dans la France du tournant du siècle », Vincent Duclert, *Archives juives*, 2003/2, vol. 36, p. 20-42.

[4] *Jean Santeuil*, Paris, Gallimard, « Quarto », 2001, p. 143.

est un *hapax* : il apparaît dans *Sodome et Gomorrhe*, lorsque Charlus tempère l'antisémitisme qu'il déverse sur Bloch en s'interdisant de « condamner en bloc, puisque Bloch il y a, une nation qui compte Spinoza parmi ses enfants illustres »[5]. Cité une fois par roman, le nom de Spinoza n'y est ainsi jamais l'occasion d'un développement substantiel ou d'une évocation doctrinale explicite, du moins est-il toujours mobilisé de façon positive, et semble même affecté d'une certaine aura.

Le philosophe de La Haye apparaît en revanche à plusieurs reprises dans la correspondance et dans les articles de Proust, et a vraisemblablement été l'objet de relectures au cours des dernières années de sa vie[6]. Spinoza est alors caractérisé par son style *more geometrico*[7] et par ce que Proust nomme son « goût de la nécessité », mais il se présente surtout comme une figure de la vocation. Dans un article de 1895, le jeune écrivain fait ainsi l'éloge de la musique qui élève l'âme « jusqu'à une tragédie de Sophocle, à un dialogue de Platon, à la vie de Spinoza, à la mort de Philopœmen »[8]. Là où Platon est mobilisé pour son œuvre, Spinoza l'est pour sa vie, et Proust semble accorder à l'une comme à l'autre une même valeur philosophique, une même puissance d'édification. Aux yeux de l'écrivain, avant d'être l'auteur d'un système, Spinoza est donc l'homme d'une vie. Proust se fait ici le relais d'une image qui remonte au XIXᵉ siècle ; en effet, l'introduction du *Traité de la réforme de l'entendement* ainsi que les biographies de Colerus et du médecin Lucas ont alors servi de matériel à l'élaboration d'une conception tragique[9] de la vie de Spinoza, philosophe s'arrachant aux leurres et aux affres de la vie commune au terme d'une crise existentielle et d'une violente conversion. Lecteur de Schopenhauer, Proust a ainsi pu lire dans la quatrième partie du *Monde comme volonté et comme représentation* une célébration de la vie de Spinoza pour l'authenticité humaine et la force de renoncement « sublime » qui s'en dégage. Dans la même veine, en France, Paul Bourget publie en 1872 un portrait de Spinoza en amoureux déçu, victime d'un « grand drame caché » dont l'*Éthique* aurait été la

---

[5] *Sodome et Gomorrhe* (dorénavant *SG*), in *À la recherche du temps perdu*, t. III, Paris, Gallimard, coll. « Bibliothèque de la Pléiade », 1988, p. 491.

[6] En témoignent les mentions de Spinoza dans la correspondance de l'écrivain, toutes comprises entre 1917 et 1922, ce qui porte Juliette Hassine à affirmer que Spinoza aurait alors constitué chez Proust un « pôle de réflexion », *cf.* « Spinoza » dans le *Dictionnaire Marcel Proust*, Annick Bouillaguet et Brian G. Rogers (dirs.), Paris, Champion-Classiques, coll. « Références et Dictionnaires », 2004, p. 955.

[7] Une occurrence de l'expression dans *SG*, t. III, p. 88.

[8] « Un dimanche au Conservatoire » [1895], in *Essais et articles*, dans le volume *Contre Sainte-Beuve*, Paris, Gallimard, coll. « Bibliothèque de la Pléiade », 1971, p. 372.

[9] Cet aspect est développé par Pierre-François Moreau, in *Spinoza. L'expérience et l'éternité*, Paris, Puf, 1994, p. 13 *sq.*

« consolation secrète »[10]. Telle qu'on l'a observée chez Proust, cette double appréhension du spinozisme comme pensée de la nécessité et comme itinéraire de conversion n'est donc pas originale pour l'époque. Que l'écrivain s'en fasse l'écho n'est pourtant pas anodin, s'il est vrai que la *Recherche* se présente elle-même comme le récit d'une « vocation »[11] menée au sein d'un monde soumis à la nécessité des lois sociales et psychologiques.

S'il ne lui fait pas directement référence, le roman proustien présente certaines parentés avec la philosophie spinoziste, dont les plus significatives sont une critique du libre arbitre adossée à une pensée de la nécessité, ainsi qu'une éthique eudémoniste prêtant un rôle central à la compréhension des affects.

> Même mentalement, nous dépendons des lois naturelles beaucoup plus que nous ne croyons et notre esprit possède d'avance comme certain cryptogame, comme telle graminée les particularités que nous croyons choisir. Mais nous ne saisissons que les idées secondes sans percevoir la cause première…[12]

Proust inscrit ses personnages dans une double passivité qui tient, d'une part, à la soumission du réel (ici du réel psychologique, mental) à la juridiction de lois et, d'autre part, à une illusion de liberté qui s'explique, comme chez Spinoza[13], par un manque de connaissance à l'égard de ces lois. C'est cette saisie du réel par les effets plutôt que par les causes qui fait que « nous croyons choisir ». Dans *La Prisonnière*, Proust fait de même le portrait du « causeur qui croit exprimer librement sa pensée »[14], formule qui rappelle le scolie de la proposition III, 2 de l'*Éthique*, où Spinoza évoque « le délirant, la bavarde, l'enfant et un très grand nombre d'individus de même farine [qui] croient parler par un libre décret de l'Âme, alors cependant qu'ils ne peuvent contenir l'impulsion qu'ils ont à parler »[15]. Une telle critique du libre arbitre se poursuit chez Proust sous la forme d'une critique de *l'intelligence* :

> Les idées formées par l'intelligence pure n'ont qu'une vérité logique, une vérité possible, leur élection est arbitraire. Le livre aux caractères figurés, non tracés par nous, est notre seul livre. Non que ces idées que nous formons ne puissent être justes logiquement, mais nous ne savons pas si elles sont vraies. Seule l'impression, si chétive qu'en semble la matière, si insaisissable la trace, est un critérium de vérité, et à cause de cela mérite seule d'être appréhendée par l'esprit, car elle est seule capable, s'il sait en dégager cette vérité, de l'amener à

[10] *La Renaissance littéraire et artistique,* 28 décembre 1872.

[11] Le roman se présente en effet comme le récit d'une « vocation invisible », cf. *Le Côté de Guermantes* (dorénavant *CG*), *À la recherche du temps perdu*, t. II, Paris, Gallimard, coll. « Bibliothèque de la Pléiade », 1988, p. 691.

[12] *À l'ombre des jeunes filles en fleurs* (dorénavant *JF*), *ibid.*, p. 246.

[13] *Éthique*, III, 2, sc. : « les hommes se croient libres par cela seul qu'ils sont conscients de leurs actions mais qu'ils ignorent les causes qui les déterminent ».

[14] *La Prisonnière* (dorénavant *P*), *À la recherche du temps perdu*, t. III, Paris, Gallimard, coll. « Bibliothèque de la Pléiade », 1988, p. 749.

[15] *Éth.*, traduction de Charles Appuhn, Paris, Garnier-Flammarion, 1965, p. 139.

une plus grande perfection et de lui donner une pure joie. L'impression est pour l'écrivain ce qu'est l'expérimentation pour le savant, avec cette différence que chez le savant le travail de l'intelligence précède et chez l'écrivain vient après.[16]

Le vocabulaire et la thématique de ces lignes fameuses du *Temps retrouvé* ont des résonances spinoziennes, cette découverte de la vérité qui amène notre esprit à sa « perfection » et s'accompagne d'un sentiment de « pure joie » pouvant évoquer la béatitude du troisième genre de connaissance. Dans les pages suivantes, ce vocabulaire s'étoffe : le héros est décidé à percer le mystère de la joie impressive qu'il disait avoir d'abord éprouvée « sans la notion de sa cause »[17] lors de l'épisode de la madeleine ; cette joie lui procure une expérience « d'éternité »[18] qu'il distingue soigneusement d'une immortalité jugée illusoire[19].

Et pourtant, en vertu des conditions dans lesquelles il était lu et traduit à l'époque de Proust, Spinoza constitue une des cibles possibles sinon privilégiées de cette critique de l'intelligence pure et de ses vérités logiques que donne à lire *Le Temps retrouvé*. L'image du spinozisme dont Proust dispose a en effet toute chance d'être informée par une lecture logiciste de l'*Éthique*. Traducteur et interprète de Spinoza dans la seconde moitié du XIXe siècle, Émile Saisset en donne le ton, lui qui souligne l'effort de Spinoza pour « [ne] laisser pénétrer [dans son système] aucun élément empirique, aucune donnée de la conscience et des sens ; tout y est, à ce qu'il lui semble, strictement rationnel, nécessaire, absolu » ; il ajoute : « l'expérience n'a rien à faire ici ; elle ne pourrait que troubler de ses ténèbres la pureté de l'intuition intellectuelle et arrêter, par la force de ses impressions et la séduction de ses prestiges, le progrès de la déduction métaphysique »[20]. Taine, dans une formule très proche des vérités seulement possibles dont Proust dénonce l'arbitraire, écrit pareillement que Spinoza « ne démontre que des possibilités, non des existences. Tout son système a le défaut de la géométrie »[21].

Face à cela, il est tentant de crier au malentendu : car lorsque Proust, dans le même passage, décrit le corps humain comme ce « livre aux caractères

---

[16] *Le Temps retrouvé* (dorénavant *TR*), *À la recherche du temps perdu*, t. IV, Paris, Gallimard, coll. « Bibliothèque de la Pléiade », 1989, pp. 458-459.

[17] *Du côté de chez Swann* (dorénavant *CS*), *À la recherche du temps perdu*, t. I, Paris, Gallimard, coll. « Bibliothèque de la Pléiade », 1987, p. 44.

[18] Dans sa préface à la *Bible d'Amiens* de John Ruskin, Proust mobilisait l'expression spinoziste « sous un aspect d'éternité » ; *cf.* John Ruskin, *La Bible d'Amiens*, traduction, notes et préface de Marcel Proust, Paris, Bartillat, 2007 (première édition 1904), p. 13.

[19] Cf. *TR*, t. IV, pp. 508-509.

[20] *Cf.* Emile Saisset, *Œuvres de Spinoza*, Paris, Charpentier, deux volumes, 1842, édition revue et augmentée, trois volumes, 1861, tome 1, « Introduction critique », pp. 33-34 (cité par Pierre-François Moreau, *op. cit.*, p. 231).

[21] Pierre-François Moreau, « Taine lecteur de Spinoza », *Revue philosophique de la France et de l'étranger*, tome 177, n ° 4, octobre-décembre 1987, p. 486.

figurés, non tracés par nous », comme le produit des affections successives par lesquelles la réalité s'est imposée à nous du dehors, nous a pour ainsi dire écrits, le lecteur spinoziste songe à la manière dont le philosophe définit le corps humain dans le second livre de l'*Éthique*[22]. Plus encore, en situant dans le traitement de ces impressions sensibles et de ces traces mémorielles par l'intelligence la tâche la plus urgente de l'écrivain, Proust invite à sa manière à la connaissance des affects invoquée dans le livre V de l'*Éthique* : « une affection qui est une passion, cesse d'être une passion, sitôt que nous en formons une idée claire et distincte » (V, 3). Pas plus que le système spinozien n'est étranger au domaine de l'expérience, la théorie proustienne de l'impression et la critique de l'intelligence qui lui fait pendant ne sauraient être assimilées à une profession de foi instinctiviste et antirationaliste : si l'impression est « critérium de vérité », ce n'est pas qu'il faille retourner à la candeur ou à la naïveté de celle-ci, c'est au contraire que s'impose à son égard un effort d'intelligence pour la comprendre et se libérer des illusions qui la couvrent.

Proust et la géométrie : le roman du spinozisme

Explicites ou latentes, conscientes ou involontaires, ces affinités spinoziennes relevées chez Proust ne suffisent sans doute pas à faire de la *Recherche* un roman spinoziste : tout au plus peut-on relever entre les deux auteurs certaines aires de partage et tâcher d'inscrire celles-ci dans une généalogie, une histoire intellectuelle[23]. Mais plutôt que de poursuivre une telle confrontation doctrine à doctrine[24], on gagne à s'installer au point de divergence qu'on a relevé entre l'écrivain et le philosophe, qui engage une question de forme, d'ordre de présentation. Car en menant la critique des vérités logiques de l'intelligence pure, Proust dénonce du même geste un

---

[22] Lorenzo Vinciguerra retrouve une telle métaphore du livre (qu'il puise pour sa part chez Baudelaire), lorsqu'il présente le corps spinoziste comme une « écriture d'écritures, une mise en chaîne autant qu'une mise en scène de marques, qui s'enrichit et se complexifie avec l'expérience », cf. *Spinoza et le signe. La genèse de l'imagination*, Paris, Vrin, 2005, p. 168.

[23] Pour une historisation minutieuse des rapports de Proust à la philosophie, voir Luc Fraisse, *L'Éclectisme philosophique de Marcel Proust*, Paris, Presses de l'Université Paris-Sorbonne, coll. « Lettres françaises », 2013.

[24] Certains critiques ont déjà produit des « parallèles » doctrinaux entre Proust et Spinoza. Voir Henri Bonnet, *Le progrès spirituel dans la « Recherche » de Marcel Proust*, « Conclusion générale », 2e édition revue et augmentée, Paris, Nizet, 1979, pp. 426-439 ; Alain de Lattre, *La doctrine de la réalité chez Proust*, 3 vol., Paris, José Corti, 1978-1985 ; Max Dorra, *Quelle petite phrase bouleversante au cœur d'un être ? Proust, Freud, Spinoza*, Paris, Gallimard, coll. « Connaissance de l'inconscient », série « Tracés », 2005 ; Martha Nussbaum, « The Ascent of Love: Plato, Spinoza, Proust », in *New Literary History*, vol. 25, n° 4, 25th Anniversary issue, part 2 (Autumn, 1994), pp. 925-949.

certain mode de présentation du savoir, dont l'exposé *more geometrico* des *Principes de la philosophie de Descartes* ou de l'*Éthique* constitue le modèle exacerbé. Il en va moins ici d'un problème de doctrine philosophique que d'art romanesque : en 1914, dans une lettre à J. Rivière, Proust, citant Malebranche, définit son entreprise comme une « recherche de la Vérité » et désigne son œuvre comme « un ouvrage dogmatique et une construction » ; simplement, le choix du roman implique pour lui de ne pas exprimer frontalement cette vérité :

> J'ai trouvé plus probe et plus délicat comme artiste de ne pas laisser voir, de ne pas annoncer que c'était justement à la recherche de la Vérité que je partais, ni en quoi elle consistait pour moi. [...] Ce n'est qu'à la fin du livre, et une fois les leçons de la vie comprises, que ma pensée se dévoilera[25].

Le roman se présentera donc à la fois comme la reconstitution d'un itinéraire éthique et comme l'exposition différée d'une vérité que Proust ne tient pas moins pour « objective »[26]. L'écrivain ne congédie pas l'exposé logique mais le réserve pour la fin, « une fois les leçons de vie comprises », et se porte par là aux antipodes de la méthode géométrique : déployant dans l'*Éthique* son système à partir de l'idée de Dieu, Spinoza identifie l'ordre d'exposition des causes à l'ordre ontologique des choses ; chez Proust, l'ordre général de présentation est à l'inverse l'expression de l'ordre constitutif propre à l'itinéraire d'apprentissage.

L'écrivain thématise abondamment son recours à un tel ordre de présentation, qu'il nomme « optique », ou « impressionniste », et lui donne différents modèles dans son roman. Ainsi de Dostoïevski, Mme de Sévigné et du peintre Elstir, qui « au lieu de présenter les choses dans l'ordre logique, c'est-à-dire en commençant par la cause, nous montre[nt] d'abord l'effet, l'illusion qui nous frappe »[27]. Représentant romanesque de l'esthétique impressionniste, Elstir est aussi celui qui, indirectement, justifie d'un point de vue éthique l'adoption d'un tel ordre de présentation :

> On ne reçoit pas la sagesse, il faut la découvrir soi-même après un trajet que personne ne peut faire pour nous, ne peut nous épargner, car elle est un point de vue sur les choses. Les vies que vous admirez, les attitudes que vous trouvez nobles n'ont pas été disposées par le père de famille ou par le précepteur, elles ont été précédées de débuts bien différents, ayant été influencées par ce qui régnait autour d'elles de mal ou de banalité. Elles représentent un combat et une

---

[25] Lettre à Jacques Rivière, 6 février 1914, *La Correspondance de Marcel Proust*, (1880-1922), édition établie par Philip Kolb, Plon, 21 vol., 1976-1993 (dorénavant noté *Corr.*), XIII, Paris, Plon, p. 99.

[26] Ainsi, l'épisode de la madeleine « n'est nullement un détail minutieusement observé, c'est toute une théorie de la mémoire et de la connaissance [...] non promulguée directement en termes logiques (du reste tout cela ressortira dans le troisième volume) », cf. *Corr.*, XII, p. 231.

[27] *P*, t. III, p. 880.

victoire. Je comprends que l'image de ce que nous avons été dans une période première ne soit plus reconnaissable et soit en tout cas déplaisante. Elle ne doit pas être reniée pourtant, car elle est un témoignage que nous avons vraiment vécu, que c'est selon les lois de la vie et de l'esprit que nous avons, des éléments communs de la vie, de la vie des ateliers, des coteries artistiques s'il s'agit d'un peintre, extrait quelque chose qui les dépasse[28].

Aucun manuel, aucun traité ne saurait inculquer la sagesse, qui réclame l'épreuve de la vie commune et consiste précisément en une certaine intelligence de celle-ci, en un certain « point de vue sur les choses ». Comptant lui-même, comme on l'a vu plus haut, parmi ces « vies que [Proust] admire », Spinoza, ou plutôt le mythe biographique qui a cristallisé sur sa personne, illustre parfaitement le propos du peintre. En revanche si Proust, dans sa correspondance, se réclame de Spinoza pour affirmer qu'il est « agréable de répéter le bien »[29], la méthode démonstrative choisie par le philosophe ne saurait convenir à cette fin et doit céder le pas à l'ordre du récit. L'ordre géométrique est peut-être capable d'énoncer ce que c'est que la sagesse, il ne peut en revanche la communiquer[30] : telle est la leçon d'Elstir qui fonde du même coup le recours à l'ordre impressionniste du roman.

Le modèle impressionniste permet non seulement de décrire le mouvement d'ensemble de la *Recherche*, mais caractérise aussi à moindre échelle la scène, l'épisode narratif. Sans attendre que le héros tire les leçons de son expérience, le narrateur, tout au long du roman, corrige les illusions et les erreurs de celui-ci à mesure qu'il en fait le récit. Toutes les fois que le héros, pour reprendre une formule de l'*Éthique*, prend « pour les choses les affections de son imagination », il s'agira d'œuvrer au « redressement de l'oblique discours intérieur »[31], de ramener celui-ci à « la droite qui aurait dû partir de l'impression ». Ainsi, bien qu'il conçoive l'exposition romanesque comme l'envers même d'une démonstration géométrique, Proust ne mobilise pas moins le vocabulaire de la discipline : tant et si bien que cet écrivain en devenir qu'est le héros apparaît dans le roman en habits de géomètre, anticipant le portrait que L. Daudet fera de lui en observateur « spinozé » :

Il y avait en moi un personnage qui savait plus ou moins bien regarder, mais c'était un personnage intermittent, ne reprenant vie que quand se manifestait quelque essence générale, commune à plusieurs choses, qui faisait sa nourriture et sa joie. Alors le personnage regardait et écoutait, mais à une certaine profondeur seulement, de sorte que l'observation n'en profitait pas. Comme un

---

[28] *JF*, t. II, p. 219.
[29] Lettre à Gaston Gallimard, 17 février 1922, *Corr.*, XXI, p. 360. Proust fait certainement ici référence à *Éth.*, IV, 37, « Le bien que désire tout homme qui pratique la vertu, il le désire également pour les autres hommes, et avec d'autant plus de force qu'il aura une plus grande connaissance de Dieu ».
[30] Voir sur ce point chez Spinoza Ariel Suhamy, *La Communication du bien chez Spinoza*, Paris, Classiques Garnier, 2010.
[31] *TR*, t. IV, p. 469.

géomètre qui dépouillant les choses de leurs qualités sensibles ne voit que leur substratum linéaire, ce que racontaient les gens m'échappait, car ce qui m'intéressait, c'était non ce qu'ils voulaient dire mais la manière dont ils le disaient, en tant qu'elle était révélatrice de leur caractère ou de leurs ridicules ; ou plutôt c'était un objet qui avait toujours été plus particulièrement le but de ma recherche parce qu'il me donnait un plaisir spécifique, le point qui était commun à un être et à un autre. [...] J'avais beau dîner en ville, je ne voyais pas les convives, parce que, quand je croyais les regarder, je les radiographiais. Il en résultait qu'en réunissant toutes les remarques que j'avais pu faire dans un dîner sur les convives, le dessin des lignes tracées par moi figurait un ensemble de lois psychologiques où l'intérêt propre qu'avait eu dans ses discours le convive ne tenait presque aucune place[32].

Que Proust, en évoquant cette « essence générale, commune à plusieurs choses », fasse allusion à la théorie spinoziste des notions communes est une hypothèse philologiquement invérifiable ; notons tout de même que l'idée se trouve déjà, en des termes plus spinozistes, dans un passage de *La Prisonnière* où il est question d'« un certain philosophe qui n'est heureux que quand il a découvert, entre deux œuvres, entre deux sensations, une partie commune »[33]. Il est tentant d'imaginer Spinoza sous le masque de ces dénominations énigmatiques : un certain philosophe, un *géomètre*, un *personnage*... Quoi qu'il en soit, lorsque Proust déclare traiter les comportements humains « comme un géomètre qui, dépouillant les choses de leurs qualités sensibles ne voit que leur substratum linéaire », il reconduit à la lettre une comparaison déjà formulée par le philosophe de La Haye : « Je considérerai les actions humaines et les appétits comme s'il était question de lignes, de surfaces ou bien de corps[34] ».

Proust n'est pas le premier à trouver dans l'ouverture du troisième livre de l'*Éthique* matière à nourrir une réflexion sur le traitement littéraire des passions humaines. Paul Bourget, déjà, y avait puisé le modèle d'une écriture des mœurs émancipée de la raillerie et du jugement propres au moraliste – modèle dont Proust se revendique lui aussi dans son roman[35]. Pour autant, en vertu de son mode de vie et de son régime de pensée, Spinoza apparaît à Bourget comme le contraire même de l'écrivain : à ce philosophe ascète qui « voyait les passions, comme un géomètre voit les corps, dans leur figure idéale et du fond de sa chambre solitaire », Bourget oppose Stendhal qui

---

[32] *TR*, t. IV, pp. 296-297.

[33] *P*, t. III, p. 522.

[34] *Éth.*, III, préf.

[35] « Les êtres les plus bêtes, par leurs gestes, leurs propos, leurs sentiments involontairement exprimés, manifestent des lois qu'ils ne perçoivent pas, mais que l'artiste surprend en eux. A cause de ce genre d'observations le vulgaire croit l'écrivain méchant, et il le croit à tort, car dans un ridicule l'artiste voit une belle généralité, il ne l'impute pas plus à grief à la personne observée que le chirurgien ne la mésestimerait d'être affectée d'un trouble assez fréquent de la circulation ; aussi se moque-t-il moins que personne des ridicules », *TR*, t. IV, p. 480.

« calcule et médite au milieu de ces passions mêmes, et comme un peintre qui copie un modèle d'après nature »[36]. Dans un texte consacré à Taine, Bourget spécifie les différentes approches qui distinguent le philosophe de l'écrivain dans leur appréhension du comportement humain :

> Quand un poète, un Molière ou un Shakespeare, se propose de peindre une passion, telle que la jalousie, il aperçoit un certain jaloux, Arnolphe ou bien Othello, personnage vivant et concret qui va et vient parmi des événements délimités, et, ce faisant, il obéit à son organisation d'artiste. Quand un philosophe, au contraire, comme Spinoza, se propose d'étudier cette même passion, il aperçoit, non plus un cas particulier, mais la loi commune qui gouverne tous les cas, et il exprime cette loi dans une formule capable d'être appliquée à l'aventurier maure Othello ainsi qu'au bourgeois parisien Arnolphe : « Figurez-vous qu'un autre s'attache ce que vous aimez avec le même lien d'affection qui vous unissait à cet objet aimé : vous haïrez cet objet aimé en même temps que vous envierez votre rival... » Et un commentaire suit, théorique, placide, universel, comme le développement d'une proposition de géométrie. C'est proprement le travail du philosophe de rechercher des lois de cette sorte et d'élaborer des formules de cette espèce. A les poursuivre, son imagination entre en branle[37].

Ces deux points de vue ici opposés par Bourget, Proust les mêlera quant à lui dans sa prose, incarnant les passions dans des personnages et des situations concrètes, tout en émaillant son récit d'énoncés théoriques qui, on l'a vu, vaudront justement à son style d'être comparé à celui de l'*Éthique*. Plutôt qu'un genre de discours homogène, la géométrie proustienne constitue davantage une opération qui consiste pour le narrateur à passer du figuratif à l'abstrait, du narratif au théorique (et retour). Il est frappant de voir comme l'auteur de la *Recherche* bouleverse le partage déterministe qui chez Bourget liait de manière rigide un mode de vie à un régime d'analyse et d'écriture. Dans le passage du *Temps retrouvé* cité plus haut, l'abstraction géométrique des passions n'est pas réalisée dans la retraite, elle a lieu au milieu de la vie mondaine, à son spectacle même – ou, dans la perspective de la narration : à son souvenir. Suivant l'expression de *Sodome et Gomorrhe* qui en remobilise l'étymologie, la géométrie se définit chez Proust comme la « belle mesure de la terre », art d'exploration et d'arpentage pour lequel la voiture peut faire office de compas[38].

---

[36] « Stendhal » (1890), in *Essais de psychologie contemporaine. Études littéraires*, Paris, Tel Gallimard, 1993 (première édition complète 1899 chez Plon), p. 190.

[37] « Taine » (1882), *ibid.*, p. 129.

[38] *SG*, t. III, p. 394. Alors que le train préserve l'identité mystérieuse et illusoire du lieu auquel il mène, l'automobile « donne par contre l'impression de le découvrir, de le déterminer nous-même comme avec un compas, de nous aider à sentir d'une main plus amoureusement exploratrice, avec une plus fine précision, la véritable géométrie, la belle « mesure de la terre » ». Au cours du roman, Proust associe de manière assez systématique les moyens de transports à des genres de connaissance, genres que le lecteur spinoziste, par jeu, peut sans peine rapporter aux trois genres de l'*Éthique* : le

Aussi, loin d'être comme chez Bourget l'emblème réservé d'une posture philosophique, le personnage du géomètre préfigure au contraire auprès du héros proustien une certaine disposition d'écrivain. Être écrivain, c'est alors jouir, plus qu'un autre peut-être, de ce sens du général qui fait voir des lignes et des points en lieu et place des individus. La géométrie ne vaut plus ici comme une méthode d'exposition, elle signale une certaine manière d'être, un certain régime d'attention fait de présence aux phénomènes et d'absence aux échanges.

Que la géométrie soit envisagée par Proust comme la démarche même de la connaissance romanesque et comme un *ethos* privilégié de l'écrivain, voilà qui invite peut-être moins à voir dans la *Recherche* un roman spinoziste qu'un roman du spinozisme (pour reprendre l'expression deleuzienne citée en épigraphe) : au prisme du roman proustien, la géométrie et la compréhension des affects qu'elle désigne se trouvent ramenées à l'échelle d'une existence singulière, engagées dans les situations concrètes de la vie commune et de l'expérience intime.

La méthode géométrique cesse d'être une méthode d'exposition intellectuelle ; il ne s'agit plus d'un exposé professoral mais d'une méthode d'invention. Elle devient une méthode de rectification vitale et optique. Si l'homme est en quelque sorte tordu, on rectifiera cet effet de torsion en le rattachant à ses causes *more geometrico*[39].

Étrangement[40], ce propos de Deleuze sur l'*Éthique* s'applique mieux à la *Recherche*, ou plutôt apparaît plus clairement dans l'*Éthique* au miroir de la *Recherche*, qui met ici au jour une part romanesque du spinozisme lui-même. Considérée depuis la *Recherche*, la voie escarpée à laquelle Spinoza suspend l'acquisition du troisième genre de connaissance n'est plus seulement alléguée[41] mais prend vie, devient l'objet d'un récit[42]. Du côté de Spinoza, cette part romanesque émerge dans telle lettre, tel scolie ou avant-propos de l'*Éthique*, le philosophe s'y livrant souvent à de courtes narrations qui inscrivent le système dans le champ de l'expérience. Mais elle est surtout manifeste dans l'introduction au *Traité de la réforme de l'entendement* : un

---

train correspond au premier genre de connaissance, celui de l'expérience vague, de l'ouï-dire, par lequel nous considérons les choses extérieures comme des « substances » autonomes plutôt que comme des modes en relation. La voiture est le véhicule du second genre, celui qui, de proche en proche, permet une connaissance adéquate du terrain ; quant au troisième genre de connaissance, c'est bien sûr l'avion, que Proust associe à l'exercice du style et qui signale un genre d'observation supérieur, cf. *JF*, t. I, p. 545.

[39] Gilles Deleuze, *Spinoza. Philosophie pratique*, Paris, Éditions de Minuit, 1981, p. 23.

[40] La chose paraît moins étrange si l'on pense que le philosophe de Vincennes était également grand commentateur proustien, sa lecture de Spinoza est ici traversée par celle de Proust, comme réciproquement dans *Proust et les signes*, Paris, Puf, 1964 (édition augmentée en 1970).

[41] Cf. *Éth.*, V, 42, sc.

[42] « Cette évolution d'une pensée, écrit Proust dans la lettre à Rivière de 1914 déjà citée, je n'ai pas voulu l'analyser abstraitement mais la recréer, la faire vivre ».

narrateur s'exprimant en première personne fait le récit de son expérience dans la vie commune et de l'itinéraire qui, de proche en proche, de déception en déception et sans l'intervention d'aucune instance transcendante, a rendu possible sa conversion philosophique. Illustrant par anticipation la leçon d'Elstir évoquée plus haut, ce texte pourrait être considéré comme une sorte de maquette, de figuration miniature de la grande geste proustienne.

Écriture et occupation de l'esprit : le roman d'un spinoziste ?

La *Recherche* permet ainsi de donner corps à cette géométrie spinozienne conçue par Deleuze comme une technique de « rectification vitale et optique ». Or, la réforme de l'entendement racontée par le roman prenant la forme d'un devenir écrivain, c'est dans la littérature, tenue pour seule « vraie vie », qu'une telle technique trouvera son aboutissement et son plein régime. À cet égard, porter un regard spinoziste sur la *Recherche*, c'est aussi se rendre attentif à la manière dont l'œuvre dit quelque chose de la valeur éthique associée à sa propre écriture. Dans *Le Temps retrouvé*, l'écriture apparaît en effet comme une pratique qui optimise l'expression et la compréhension de notre régime de sensibilité. Par elle, notre aptitude affective trouve les moyens de s'accroître, de tirer profit des impressions et réminiscences, en même temps que de s'expliquer de mieux en mieux les lois de son propre fonctionnement :

> Que je revoie une chose d'un autre temps, c'est un jeune homme qui se lèvera. Et ma personne d'aujourd'hui n'est qu'une carrière abandonnée, qui croit que tout ce qu'elle contient est pareil et monotone, mais d'où chaque souvenir, comme un sculpteur de génie tire des statues innombrables[43].

La réminiscence est cet événement qui trouble la passivité du corps depuis laquelle tout semble « pareil et monotone ». L'écriture n'est certes pas l'initiatrice des impressions et des réminiscences qui sont on le sait involontaires, tributaires de stimulations extérieures. Elle prête en revanche à ces impressions une certaine inertie, elle leur permet de « prendre », d'adopter une forme suffisamment stable pour laisser à l'esprit le temps de s'y appliquer et d'en rendre compte. En langage spinoziste, on dirait que l'écriture permet au corps de disposer ses affects dans un ordre pour l'entendement. La littérature se conçoit alors comme une pratique de joie et de santé :

> [...] penser d'une façon générale, [...] écrire, est pour l'écrivain une fonction saine et nécessaire dont l'accomplissement rend heureux, comme pour les hommes physiques l'exercice, la sueur, le bain[44].

Il faut souligner la manière dont Proust conjoint ici l'écrire et le penser d'une façon générale. Tout se passe comme si le premier était le moyen pratique, le pendant corporel du second : pour le dire avec Spinoza, écrire pourrait être

---

[43] *TR*, t. IV, p. 464.
[44] *TR*, t. IV, p. 480-481.

l'équivalent, dans l'attribut de l'étendue, de penser de manière générale dans celui de la pensée, il y aurait là deux points de vue sur la même activité. Notons qu'il ne s'agit pas de n'importe quelle pensée, mais d'une pensée générale, la généralisation, comme tout à l'heure l'abstraction géométrique, désignant ici le gain propre de l'écriture et apparentant celle-ci à une forme d'exercice spirituel : « l'œuvre est signe de bonheur, écrit encore Proust, parce qu'elle nous apprend que dans tout amour le général gît à côté du particulier, et à passer du second au premier par une gymnastique qui fortifie contre le chagrin en faisant négliger sa cause pour approfondir son essence ».

Reste que l'écriture, tissée au fil des chagrins et des deuils passés, demeure profondément ambivalente, non moins « signe néfaste de souffrance » que « signe heureux de consolation »[45] :

> Certes nous sommes obligé de revivre notre souffrance particulière avec le courage du médecin qui recommence sur lui-même la dangereuse piqûre. Mais en même temps il nous faut la penser sous une forme générale qui nous fait dans une certaine mesure échapper à son étreinte, qui fait de tous les copartageants de notre peine, et qui n'est même pas exempte d'une certaine joie[46].

Il y a un instant (à quelques pages d'intervalle dans *Le Temps retrouvé*), l'écriture était une pratique « saine » qui rendait « heureux », la voici désormais abordée comme une activité douloureuse qui tout au plus n'est « pas exempte d'une certaine joie ». Alors qu'à maints endroits du roman, Proust comprend la joie et la connaissance comme des synonymes, l'une valant comme marque et critère de l'autre, c'est la douleur qui sert à présent d'aiguillon à la connaissance : « Car le bonheur [seul], écrit Proust, est salutaire pour le corps ; mais c'est le chagrin qui développe les forces de l'esprit »[47] ; au point que l'apprentissage, qui n'est pas « compatible avec le bonheur, avec la santé, ne l'est pas toujours avec la vie. Le chagrin finit par tuer »[48].

Hésitant de la sorte entre une conception eudémoniste et une conception doloriste de l'écriture, Proust résoudra pour partie cette tension en adoptant une position spiritualiste, qui le mènera à figurer le livre à venir comme une sorte de corps glorieux de l'écrivain[49]. Ces tensions, pourtant, doivent être prises au sérieux et considérées pour elles-mêmes, car elles interrogent le rapport affectif qui lie l'écrivain à sa pratique d'écriture. Par là, Proust thématise quelque chose que Spinoza n'évoque qu'en passant : le dénouement de l'itinéraire, la fin de la vie, l'épuisement de l'activité. On se rappelle

---

[45] *TR*, t. IV, p. 482.
[46] *TR*, t. IV, p. 484.
[47] *Ibid.*
[48] *TR*, t. IV, p. 485.
[49] « […] acceptons le mal physique qu'il [le chagrin] nous donne pour la connaissance spirituelle qu'il nous apporte ; laissons se désagréger notre corps, puisque chaque nouvelle parcelle qui s'en détache vient […] s'ajouter à notre œuvre », *ibid.*, t. IV, p. 485.

le mot de Montaigne : « Qui ne voit que j'ai pris une route par laquelle, sans cesse et sans peine, j'irai autant qu'il y aura d'encre et de papier au monde ? »[50]. En investissant lui aussi l'écriture comme une pratique à poursuivre sans fin (mais non pas sans peine), Proust fait de son œuvre le journal, l'espace d'enregistrement d'une lutte entre passions joyeuses et passions tristes, lutte à l'horizon de laquelle se fait parfois jour la victoire à venir des causes extérieures, de l'épuisement et de la mort : c'est peut-être en ce sens là encore qu'il est permis de dire que Proust a écrit le roman du spinozisme[51].

---

[50] « De la vanité », *Les Essais*, III, 9, Paris, Gallimard, 2009, p. 235.

[51] D'un tel épuisement, Spinoza donne une image frappante dans un scolie de l'*Éthique* (IV, 39, sc.) qui évoque le cas d'un poète espagnol tombé dans l'amnésie, rendu incapable de se souvenir de ses œuvres, et même de les reconnaître. Au point que le philosophe se demande si malgré l'impression de continuité donnée par son aspect extérieur, il s'agit là encore du même corps, du même mode. Chez Proust, c'est Bergotte qui donne l'occasion d'anticiper et de figurer le dénouement de la vie active : « Il ne lisait presque rien. Déjà la plus grande partie de sa pensée avait passé de son cerveau dans ses livres. Il était amaigri comme s'il avait été opéré d'eux. Son instinct reproducteur ne l'induisait plus à l'activité, maintenant qu'il avait produit au-dehors presque tout ce qu'il pensait. Il menait la vie végétative d'un convalescent, d'une accouchée ; ses beaux yeux restaient immobiles, vaguement éblouis, comme les yeux d'un homme étendu au bord de la mer qui dans une vague rêverie regarde seulement chaque petit flot », *CG*, t. II, p. 624.

10. Pieter de Hooch : une lecture spinoziste

Sergio ROJAS PERALTA

Todorov[1] (1997 et 2004) a dessiné un régime de la vie quotidienne dans la peinture hollandaise. Les activités domestiques évoquent pour lui « les vertus de l'application, du travail, de l'accomplissement du devoir », face aux « différentes formes de dissipation »[2]. Mais les tableaux peuvent-ils être réduits à des *figurations* de la moralité ? Comment lire la vie quotidienne, le genre de la peinture hollandaise ? Pour reprendre les mots de Todorov, « le peintre ne nous donne pas seulement à voir ; il nous incite à regarder, et à interpréter de telle façon plutôt que de telle autre […] »[3]. Si tel est le cas, une lecture spinoziste de ce regard est-elle possible ? Comment parle ce corps qu'est la peinture, si le quotidien se présente sous la forme abstraite et confuse d'une représentation intérieure ? Si ces tableaux n'ont pas une signification préétablie, la lecture à laquelle ils invitent n'est pas nécessairement d'ordre moral. Comme on le verra, c'est plutôt la question de l'éducation et de l'éthique qui émergera de nos analyses, dans un sens proche de celui développé par Spinoza dans son *Éthique.*

On peut commencer par remarquer que, parmi les tableaux néerlandais, nombre d'entre eux sont composés selon un double jeu : deux côtés (gauche-droite), deux plans (intérieur-extérieur) qui articulent un double mouvement. Le thème de l'ouverture vers le dehors, des couloirs qui font communiquer l'intérieur avec l'extérieur, est très présent, par exemple, chez Nicolas Maes (*L'Oreille indiscrète*, 1656), Samuel van Hoogstraten (*Vue d'intérieur, circa* 1658), Gabriel Metsu (*Fête musicale*, 1659), Jan Vermeer (*Femme à la balance*, 1664) ou encore chez E. de Witte (*Intérieur avec une femme au virginal*, 1665)[4]. Toutefois, c'est surtout Pieter de Hooch qui, dans un nombre significatif de tableaux, apparaît résolument comme un peintre de la vie quotidienne et de l'intérieur hollandais. Comme le signale Franits[5], les œuvres de Pieter de Hooch présentent des intérieurs avec des effets spatiaux et lumineux bien plus complexes que chez Vermeer. De Hooch est parmi ceux qui soulignent le mieux *l'orthogonalité* de ce double jeu. Pour ce faire,

---

[1] Tzvetan Todorov, *Éloge du quotidien. Essai sur la peinture hollandaise du XVIIe siècle*, Paris, Seuil, « Point Essais », 1997 et *Éloge de l'individu. Essai sur la peinture flamande de la Renaissance*, Paris, Seuil, « Point Essais », 2004.

[2] Tzvetan Todorov, *Éloge du quotidien*, p. 57.

[3] *Ibid.*, p. 16.

[4] Voir le tableau de Petrus Christus, *La Vierge à l'Enfant dans un intérieur domestique* (*c.* 1460-1467). Ces tableaux font penser aussi à un autre tableau de l'époque, *Les Ménines* de Velázquez (1656).

[5] W. Franits, *Pieter de Hooch. A Woman preparing bread and butter for a boy*, Los Angeles, The J. Paul Getty Museum Publications, 2006, p. 20.

il n'hésite pas à démultiplier les plans de la représentation. Ce procédé est même constitutif chez lui. Dans ce cadre, les motifs les plus intéressants sont la composition des figures, l'espace intérieur et l'articulation entre les différents plans. Suivant le fil de cette orthogonalité, je proposerai une lecture à partir de Spinoza, pour faire surgir la question de la complexion de l'individu et avec elle celle de sa formation.

L'orthogonalité des tableaux de Pieter de Hooch construit l'espace de la manière suivante : au premier plan, les figures sont ou bien concentrées d'un côté (comme dans *Intérieur avec un jeune couple* ou *La Buveuse* ou encore *Intérieur d'une maison hollandaise* ou *Intérieur avec une femme et une enfant*), ou bien distribuées selon des oppositions (comme dans *La Chambre à coucher*, *L'Armoire à linge*, *La Cour d'une maison à Delft* ou *Homme remettant une lettre à une femme dans le hall d'entrée d'une maison*). Dans la composition, on retrouve les thèmes habituels : les jeux de cartes, la plaisanterie et la boisson, les lettres d'amour, l'épluchure des pommes de terre, les chiens, *etc.* ; toujours au premier plan, des figures qui se penchent vers l'extérieur, une fenêtre pleine de lumière qui inonde de couleurs la chambre. Sur les lignes de fuite indiquant la profondeur, une autre lumière s'introduit, dans la pièce d'à côté à travers la fenêtre, ou directement du dehors. Dans l'espace intérieur du premier plan, sont logés les personnages *en composition* en train de jouer une scène quotidienne souvent sous la lumière du jour, qui provient du dehors par les multiples portes et fenêtres. Éclairant l'intérieur, elle signale la présence de l'extérieur, rend visible les figures et les choses, fixe les images. Or, c'est par l'extériorité qu'on peut connaître d'une façon ou d'une autre l'intériorité : « les idées que nous avons des corps extérieurs indiquent bien plus la constitution de notre corps que la nature des corps extérieurs », dit Spinoza[6]. Notre intériorité est aussi invisible aux autres qu'elle l'est pour nous. Elle est en réalité *invisible*, constituée par le dehors, et ce qui nous semble donné d'emblée est de fait invisible. Le ressenti de ce que nous sommes se dérobe à nous avec l'extériorité de laquelle il émerge. On reconnaît plus facilement les affections et les réactions des autres, on peut même les décrire et les nommer. Cependant cet exercice est le fruit d'une projection. À la lumière des mots de Spinoza, que nous venons de citer, on comprend que nous sommes affection. Connaître exactement ce en quoi consistent ces affections est plus ardu. En ce sens le *visible* ne l'est pas réellement. L'*invisible* serait plutôt ce qui rend visible le visible.

Sans abandonner les genres traditionnels (biblique, historique et mythologique)[7], la peinture hollandaise introduit la vie quotidienne comme sujet de la peinture. L'intime est désormais objet d'attention et de

---

[6] Spinoza, *Éth.*, II, 16, c. 2, d'après les abréviations habituelles.
[7] Rembrandt en est un bon exemple : *Le Sacrifice d'Isaac* (1635), *L'Enlèvement d'Europe* (1632) ou *La Leçon d'anatomie du Dr. Tulp* (1632).

connaissance. Alors que l'intérieur est, de fait, pour nous invisible, dans la peinture hollandaise de l'époque, l'intime et le privé se donnent à voir. Ce qui est d'ordinaire visible, l'extérieur, se soustrait à la vue. Aussi l'intime et le visible, l'invisible et le public s'articulent-ils dans la peinture de Pieter de Hooch sous forme de chiasme. Le tableau se donne à voir à partir de cette structure, le thème du quotidien venant remplacer les sujets plus nobles de la peinture. Par contraste, *La Ruelle* (1661) de Vermeer montre un couloir avec une femme, la porte ouverte et une autre femme, les fenêtres fermées. Celles qui sont ouvertes restent obscures. Les personnages sont lointains et froids, mais les femmes font exactement les mêmes choses que celles de l'intérieur. La femme en train de coudre sort pour avoir de la lumière. Les enfants jouent sur l'entrée, pas très loin des femmes.

On dit souvent que les tableaux hollandais de cette époque représentent le caractère domestique de la société. Au XVIIe siècle, la maison est le lieu réservé à la femme[8], l'espace public étant réservé à l'homme. Ces tableaux sont-ils un simple souvenir de la « vertu féminine » au sein de la maison hollandaise ? S'il y a bien une assignation de lieu et donc de fonctions pour les femmes et les enfants, l'espace du premier plan n'est jamais fermé à l'espace public représenté en arrière-plan. Les deux espaces communiquent, la continuité entre les pièces marquant ce lien. La frontière entre l'intérieur et l'extérieur demeure donc incertaine. Une série de tableaux multiplie le jeu des plans, parmi eux : *Homme remettant une lettre à une femme dans le hall d'entrée d'une maison* (1670). À l'articulation des espaces, s'ajoute aussi le fait que le premier plan est également le lieu de l'enfance. La scène est habitée par des enfants. Les enfants dedans, les adultes dehors, opposition qui insiste sur la détermination que joue l'extérieur sur l'intérieur. Rendre visible l'invisible, c'est en effet le jeu de l'extériorité sur l'intérieur, qui dévoile la constitution de ce qui nous est invisible : « le corps humain existe tel que nous le sentons »[9].

Les situations représentées ont généralement un aspect ludique (jeu de cartes, fête, musique, jeu d'amour, jeu d'enfants, parfois des travaux domestiques, *etc.*). Elles révèlent la teneur « morale » de la représentation face à ce qui demeure caché ou seulement suggéré dans le tableau : le public, l'extérieur. La moralité n'acquiert de sens que dans le commerce avec les autres, en relation avec l'extériorité. De même, la présence des enfants fait appel à ce moment constitutif de l'individu, sans rien dire encore de la passivité ou de l'activité des figures, qui sont comme en attente de se réaliser. Différents modes de penser se donnent ici à voir : 1) les objets de la vie quotidienne représentée (les draps, les chiens, les cartes, les lettres d'amour, *etc.*), toutes ces choses sont autant de repères matériels qui jalonnent le parcours de l'imagination et de la mémoire des individus

---

[8] Voir T. Todorov, *op.cit.*, p. 34.
[9] Spinoza, *Éth.*, II, 13, c.

dévoilant leur intimité ; 2) le deuxième fait référence aux habitudes de vie et aux mœurs qui incarnent ces mêmes parcours ; 3) les affections produites chez les personnages. Ce triptyque du quotidien renvoie à deux plans de la constitution de l'individu fait de vestiges, accompagnés de leurs interprétations : les affections. Les vestiges sont les empreintes du jour, des associations d'images : ce qui est représenté n'est pas simplement le quotidien, mais ce qui reste de la journée dans les individus, voire ce qu'ils peuvent projeter dans le futur comme désirable. Chaque chose dans le tableau est ce qui reste du jour, un vestige des personnages du tableau, mais aussi un vestige pour celui qui regarde. Comme dans les rêves, l'imagination de la veille se mélange aux vestiges[10].

Or chez Spinoza, on trouve une théorie des vestiges. On peut l'exposer brièvement de la façon suivante. L'*Éthique* développe une théorie de la mémoire en deux parties : l'une, comme présentification et association de choses et d'images[11] ; l'autre, comme reformulation de la notion d'impression, que la tradition élabore à partir de celle de trace ou d'empreinte. Dans le *Théétète*, Platon compare l'âme à un morceau de cire[12] qui retient plus ou moins facilement les empreintes, les laissant se superposer les unes aux autres selon sa plus ou moins grande ductilité, qui varie en fonction de la complexion de chaque individu. L'idée est comme une image, un *týpos*, une *graphê*[13]. Bien que l'exemple soit métaphorique, la tradition l'a pris plus ou moins à la lettre. En effet, l'idée fonctionne comme une image sur le mode du *týpos*. Toutefois Spinoza précise : la représentation est sans figure[14]. Elle n'est que la représentification d'une chose présente à nous ou existante en acte, ou encore absente, après avoir été présente ; bref, de ce que l'on peut désigner sous le *régime de la présence*. Le *vestigium*, bien que reste, empreinte en nous, n'est donc pas un *týpos* ou une *graphê*, car l'imagination n'est pas une image dans le sens visuel de la métaphore. La confusion ne vient pas non plus de la superposition des empreintes, comme dans l'exemple platonicien. L'imagination dépend plutôt de la succession de corps qui se présentent et se substituent les uns aux autres devant nous, de sorte que l'imagination possède un caractère tout à fait inertiel : « Si le corps humain est affecté par un mode qui enveloppe la nature d'un corps extérieur, l'esprit humain contemplera ce corps extérieur comme existant en acte, ou comme lui étant présent, jusqu'à ce que le corps soit affecté par un affect qui

---

[10] Voir M. Bertrand, *Spinoza et l'imaginaire*, Paris, Puf, coll. « Philosophie d'aujourd'hui », 1983 et J. D. Sanchez-Estop, « Des présages à l'entendement : Notes sur les présages, l'imagination et l'amour dans la lettre à P. Balling », in *Studia Spinozana*, vol. 4, 1988.

[11] Spinoza, *Éth.*, II, 17 et II, 17, sc. ; II, 18 et II, 18, sc.

[12] Platon, *Théétète*, 191e *ss.*

[13] Aristote, *De memoria*, 450b 16.

[14] Spinoza, *Éth.*, II, 17, sc.

exclut l'existence ou la présence de ce corps » écrit Spinoza[15]. L'empreinte n'est ni le *týpos*, ni la *graphê*, mais le résidu de la présence des corps extérieurs.

D'après Spinoza, « quand une partie fluide du corps humain est déterminée par un corps extérieur à frapper souvent une partie molle, elle change la surface de celle-ci et lui imprime comme des empreintes du corps extérieur qui la pousse »[16]. Le corps extérieur imprime du mouvement au corps humain, dont le résultat est précisément la trace ou le vestige. Dans ce sens, le vestige est plutôt une quantité de mouvement et de repos, une proportion de mouvement et de repos[17] du corps extérieur, quantité qui maintenant nous appartient, nous constitue, sans nous faire changer de forme, comme cela est souligné dans les lemmes[18]. Chaque fois que l'on rencontre une chose associée à une autre, avec la première on se souviendra de la deuxième. Quand un changement survient dans le corps d'après les affections qu'il a subies, un mécanisme se met en branle par lequel l'individu se constitue autrement lors du souvenir, sans toutefois changer de forme. Le corps humain étant une composition de corps, les vestiges sont des différentiels de vitesse dans ce corps, et la mémoire l'ensemble des enchaînements des idées des affections du corps humain produits à partir des empreintes. De sorte que chaque fois que quelque chose se présente au corps et que l'esprit la perçoit, si la chose a été enchaînée à une autre, on passera de l'une à l'autre, comme on passe d'une vitesse à l'autre, le corps se modifiant de façon à vivre la modification comme il l'avait vécue la première fois, *etc*[19]. La forme du souvenir n'est donc qu'un certain parcours des empreintes, modifiant la disposition de l'individu. Il ne faut pas oublier que lors de la formation de l'individu la multiplicité des affections joue un rôle fondamental, puisque « l'esprit humain est capable de percevoir plusieurs choses, et il l'est d'autant plus que le corps est disposé selon un plus grand nombre de modes »[20]. Ce qui conduira au théorème d'après lequel « celui qui a un corps apte à un plus grand nombre de choses a un esprit dont la plus grande partie est éternelle »[21].

Je propose ici de lire la mémoire et l'imagination à partir de la théorie des graphes, selon laquelle un graphe orienté est l'ensemble de sommets ou nœuds et l'ensemble des arêtes entre les sommets[22]. Chaque souvenir est un

---

[15] Spinoza, *Éth.*, II, 17.

[16] Spinoza, *Éth.*, II, 13, sc., post. 5.

[17] Spinoza, *Éth.*, II, 13, sc., ax. 1.

[18] Spinoza, *Éth.*, II, 13, sc., lem. 3-6.

[19] Spinoza, *Éth.*, II, 18, sc. et V, 1.

[20] Spinoza, *Éth.*, II, 14.

[21] Spinoza, *Éth.*, V, 39.

[22] M. Aenishänslin, *Le* Tractatus *de Wittgenstein et l'*Éthique *de Spinoza : Étude de comparaison structurale* (Thèse, 1988), Basel/Boston/Berlin, Birkhäuser, 1993,

sommet qui conduit à d'autres, produisant des parcours définis (la mémoire, en tant qu'ensemble) qui peuvent être refaits, s'il y a des nouvelles impressions qui modifient le corps là où il y avait déjà une trace (espèce de blessure et, donc, de cicatrice) ou s'il y a de nouvelles associations. Sous l'effet de l'intime, la composition des individus nous signale la fonction de l'imagination et la mémoire comme noyau dans la formation de l'individu. Or, la notion de vestige renvoie à celle d'affection, présente déjà dans les propositions 16 et 17 de la deuxième partie de l'*Éthique*. Nous sommes cette existence que nous sentons en tant qu'elle est modification. Nous existons donc en tant que nous sommes affectés et que nous affectons. L'affection peut être comprise comme l'interprétation des images et des vestiges et comme l'histoire de cette interprétation. L'interprétation ne se joue donc plus sur le seul premier plan du tableau. Sur celui-ci le mouvement joue sur la composition des figures. Au deuxième plan, sur l'orthogonale, le mouvement du tableau joue sur la perspective et les lignes de fuite. Pieter de Hooch ménage un passage[23] vers l'extérieur, qui fait communiquer l'invisible avec le public, l'affection en tant que constitution de l'individu avec son expression extérieure. Les portes et les couloirs signalent ce passage, au milieu duquel se place une femme ou un enfant, comme dans *La Cour d'une maison à Delft* (1658) ou *La Chambre à coucher* (*c.* 1658-1660) – mais on peut trouver d'autres exemples chez de Hooch. C'est en effet un *leitmotiv* de sa peinture. Chez Spinoza, l'enfance est un cas de figure de l'oubli ou de l'inconscience. Sortir, c'est sortir de l'enfance. Ces portes et couloirs symbolisent donc la formation de l'individu et les rites de passage par lesquels il doit passer avant de pouvoir sortir.

L'extérieur en général symbolise l'espace du danger et des menaces. L'intérieur prodigue des protections que l'on ne retrouve pas à l'extérieur. L'enfance est un âge dans lequel les affects s'ignorent (et c'est pour cela qu'on peut parler d'oubli ou d'inconscience). Grandir toutefois ne résout pas le problème, dans la mesure où nos souvenirs sont pour une bonne part les souvenirs que les autres ont de nous, les souvenirs qu'ils nous racontent et que nous intégrons aux nôtres. Ces souvenirs ont des parcours différents, puisqu'ils déposent des traces supplémentaires en nous. Pour l'individu, cette double couche de vestiges pose un problème d'interprétation. Le travail sur les affections doit montrer en quel sens l'enfance est extérieure à elle-même. Le comprendre nous installe sur la voie de la connaissance de soi, de la conscience de soi, de Dieu et des choses[24].

---

p. 306, où il utilise partiellement la théorie des graphes pour étudier la composition des corps chez Spinoza. Cela peut renvoyer aussi à l'exemple aristotélicien sur la réminiscence (*De Mem.*, 452a 19 *ss.*).

[23] La forme mécanique du passage.

[24] Spinoza, *Éth.*, V, 39, sc.

La Ruelle nous semblait dans un certain sens un tableau lointain et froid, parce qu'il s'appuie sur une extériorité vue du dehors. Un peu comme un paysage, où les personnages se conduiraient sans nuire à personne. Malgré la ressemblance avec les tableaux de Pieter de Hooch, la toile de Vermeer manque de cette orthogonalité qui crée un contraste entre les espaces. Le mouvement en profondeur produit par la perspective chez Pieter de Hooch (en particulier le carrelage et les couloirs) n'organise pas seulement l'espace interne, il dirige le regard vers l'extérieur. Là où il doit se diriger.

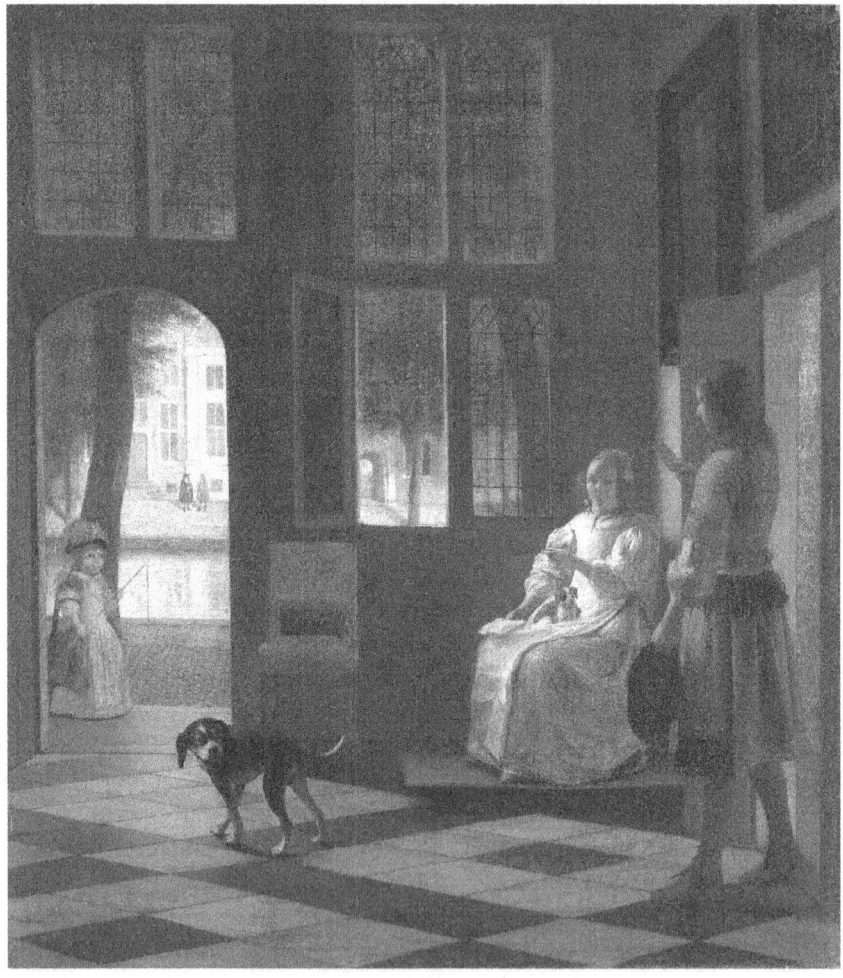

Figure : Pieter de Hooch, Homme remettant une lettre à une femme dans le hall d'entrée d'une maison, *1670, Rijksmuseum, Amsterdam.*

162

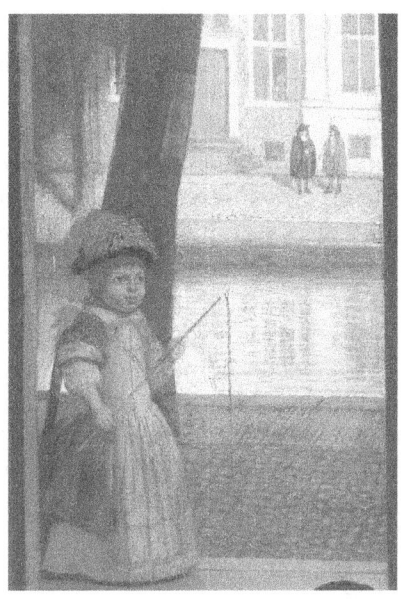

Figure : idem *(détail).*

Pour finir, voyons de plus près *Homme remettant une lettre à une femme dans le hall d'entrée d'une maison* (1670)[25]. De Hooch y articule une multiplicité de plans : 1) celui de l'homme, une lettre à la main, qui semble rentrer par la droite, 2) celui de la dame avec le petit chien et une autre lettre à la main, séparée de l'homme par un autre chien, en position suspecte, 3) celui de la jeune fille à la canne à pêche, placée au dehors de la pièce et qui regarde vers l'intérieur, 4) celui des deux hommes de l'autre côté du canal en pleine conversation, 5) enfin, celui de la dame qui regarde par la fenêtre, comme si elle surveillait les deux hommes, au-dessus d'eux. Une opposition supplémentaire vient se glisser entre les trois premiers plans et les deux autres, entre la fille qui regarde du dehors vers l'intérieur et qui essaye de comprendre quelque chose à la scène, et la dame qui regarde du dedans vers l'extérieur. Du dehors vers l'intérieur, de l'intérieur vers l'extérieur : chassé-croisé des regards, regards en chiasme. Enfin un double passage : celui de la porte, et celui qui relie l'extérieur et la cour. Du dehors on n'aperçoit que l'intérieur qui est en effet peu visible, voire invisible. La lumière entre dans la pièce du premier plan. Sans doute éclaire-t-elle de la même façon la demeure située au fond, ce qui suggère une réversibilité des plans. L'extérieur, avec ses deux hommes qui causent, reste invariable. Même chose pour le

---

[25] On peut trouver une construction semblable dans *Les Joueurs de golf* (*c.* 1658-60), *Fête musicale dans un salon* (*c.* 1663-1665) et *Portrait d'une famille faisant de la musique* (*c.* 1663). Le tableau rappelle aussi celui de Nicolas Maes, *L'Oreille indiscrète* (1656), parmi d'autres.

passage que l'on aperçoit sur le côté droit, à travers la fenêtre ouverte. Le tableau forme ainsi une sorte de *triptyque* : intérieur-extérieur-intérieur.

On peut dès lors essayer d'imaginer la scène intérieure de *La Ruelle* de Vermeer par le même jeu de miroirs. La construction de la mémoire et de l'histoire de l'individu vue à partir de la scène intérieure, non comme morale mais comme éducation, doit être suivie d'un regard sur autrui aussi réflexif que sur soi. La scène des lettres passerait presque inaperçue, si la chaise sur laquelle repose la femme lisant la première lettre n'était pas surélevée. Etait-elle en attente de la deuxième lettre ? Suggère-t-on que la femme est perçue grâce à cette élévation (on voit bien le décalage de sa chaise par rapport à la chaise vide à gauche) par les deux hommes de l'autre côté de la rue ? L'un d'entre eux attend-il une réponse ? Il y a en effet un triangle entre la fille, les deux hommes et la dame. De Hooch met en scène la perception sociale de l'individu. Les affections de l'individu sont intégrées à celles que les autres ont de nous. On a affaire aux images de la reconnaissance de soi et des autres (orgueil, *etc.*).

Pour conclure, on peut donner deux types d'interprétation des tableaux de Pieter de Hooch. La première, plus immédiate, va dans un sens moral, celui que Todorov apprécie dans la peinture hollandaise, comme dans les proverbes populaires chez Bruegel. La deuxième montre qu'il n'est pas question simplement de moralité mais de transformation et de formation de l'individu. Les tableaux de Pieter de Hooch nous invitent à penser le passage d'un âge à l'autre, à lire la construction sociale des affections en dépassant un point de vue simplement moral.

11. Spinoza. *Ars educandi*

Cristina ZALTIERI

On n'a pas porté une très grande attention au problème de la formation de l'homme dans les études dédiées à la pensée de Spinoza[1]. Il y a plusieurs

---

[1] Les citations de Spinoza sont tirées de B. Spinoza, *Œuvres complètes*, texte traduit, présenté et annoté par R. Caillois, M. Francès et R. Misrahi, Paris, Gallimard, coll. « Bibliothèque de la Pléiade », 1954. Les œuvres de Spinoza sont abrégées de la manière suivante : *CT* (*Court Traité*), *Éth.* (*Éthique*), *TP* (*Traité politique*), *L* (*Lettre*) in B. Spinoza, *Œuvres complètes*. Pour les citations en latin, nous avons utilisé *Spinoza Opera. Im Auftrag der Heidelberger Akademie der Wissenschaften*, hrsg. v. C. Gebhardt, Heidelberg, Carl Winters Universitätsbuchhandlung, 1925 (*G*). Bien qu'on constate une attention croissante, les recherches philosophiques consacrées au thème de la formation chez Spinoza ne sont pas très nombreuses. Pourtant en 1933, Adolfo Ravà soulignait déjà l'importance de la pédagogie ; toutefois, il n'examinait que le paragraphe 49 du chapitre VIII du *TP* (« Les universités, dont la fondation est supportée pécuniairement par l'administration publique, sont des institutions destinées non à cultiver, mais à contraindre les esprits. Dans une aristocratie libre, les sciences et les arts se développeraient dans l'atmosphère la plus favorable, si un certain nombre de conditions se trouvaient réalisées : toute personnalité en ayant fait la demande serait autorisée à donner un enseignement public, à ses frais et au péril de sa réputation ») et les chapitres IX et XX de l'*Appendice* du Livre IV de l'*Éthique* (« chacun ne peut donc mieux montrer sa valeur acquise ou naturelle *(arte et ingenio)* qu'en éduquant les hommes de sorte qu'ils vivent enfin sous l'autorité propre de la Raison » ; « Quant au mariage, il est certain qu'il s'accorde avec la Raison, si le désir de l'union des corps n'a pas pour origine la seule forme belle, mais aussi l'amour *(amore)* de mettre au monde des enfants et de les éduquer dans la sagesse *(sapienter)* [...] ») ; *cf.* A. Ravà, « La pedagogia di Spinoza », in *Septimana spinozana, Acta conventus œcumenici in memoriam Benedicti de Spinoza diei natalis trecentesimi Hagæ Comitis habiti*, La Haye, M. Nijhoff, 1933, p. 195-207 (œuvre commémorative pour le 300ᵉ anniversaire de la naissance de Spinoza). En 1957, Giuliana Limiti écrit un article où elle déclare que l'on peut retrouver une forte inspiration éducative dans toutes les œuvres de Spinoza et insiste sur la nécessité de développer d'une façon harmonieuse le corps, l'intellect, la volonté et la mémoire si l'on veut rester dans une perspective spinozienne. Elle examine ensuite les institutions chargées de l'éducation (la famille, l'État, *etc.*) en considérant le rôle qu'elles jouent dans la perspective de la pensée spinozienne. L'idée qui en ressort est que l'impulsion pédagogique serait un argument pour affaiblir une lecture déterministe de la philosophie de Spinoza, la formation renvoyant à un espace de liberté du devenir des modes ; *cf.* G. Limiti, *Le vedute pedagogiche nella filosofia di Benedetto Spinoza*, Roma, Università degli Studi, 1957. L'article de Diliberto Reale Maria Adonella, *L'eudemonismo etico-gnoseologico e sociale nella pedagogia del* De Intellectus Emendatione *di Spinoza* (*Rassegna di pedagogia*, XLVII, fasc. 1, jan.-mars 1989, p. 51-65) est centré sur la recherche du bonheur en tant que moteur de

raisons à cela. L'une des premières concerne l'image communément répandue du philosophe néerlandais, qui nierait la liberté en tant que superstition et soumettrait toute action humaine à la loi inflexible du déterminisme, incompatible avec l'idée même de formation, qui pour elle semble requérir un cadre de liberté, de contingence et de possibilité, aussi restreint soit-il. Pourtant, l'élan paidétique accompagne en réalité toute la réflexion de Spinoza. Le philosophe met sa philosophie au service d'un projet de perfectionnement de l'homme et donc de ce que désormais nous appellerons *ars educandi*. Ce projet apparaît dès le *Traité de la réforme de l'entendement*, où la question de la méthode est posée d'une manière qui n'est pas purement gnoséologique, mais dans la perspective d'un changement d'*institutum vitæ*. C'est aussi dans ce texte que Spinoza insère la doctrine concernant l'éducation des enfants parmi les sciences nécessaires.

Dans le *Court traité de Dieu, de l'homme et de la béatitude*, Spinoza exprime encore une fois l'exigence de perfectionnement qui peut conduire à un niveau supérieur de bonheur. Spinoza y utilise l'expression « *volmaakten* »[2] dans le sens de « changer en mieux », « élever à la

---

l'éducation à partir du *Traité de la réforme de l'entendement*. La recherche menée par François Zourabichvili est purement philosophique puisqu'il consacre à la pensée de Spinoza une monographie sur le thème de la forme (F. Zourabichvili, *Spinoza. Une physique de la pensée*, Paris, Puf, coll. « Philosophie d'aujourd'hui », 2002) et une sur celui de la formation (F. Zourabichvili, *Le conservatisme paradoxal de Spinoza. Enfance et royauté*, Paris, Puf, coll. « Pratiques théoriques », 2002). Le premier texte se concentre principalement sur la notion de forme et de transformation contre les interprètes qui, comme Hegel, lui reprochèrent une pensée statique. Le second texte propose de lire le concept de transformation comme oubli d'une forme antérieure, pour établir des correspondances entre la sortie de la période de l'enfance chez l'individu et la sortie de la condition de servitude d'un peuple asservi par l'imaginaire monarchique. Les deux études sont d'une grande utilité pour explorer les potentialités paidétiques que l'œuvre de Spinoza nous offre. Parmi les recherches récentes : F. B. de Oliveira (« Espinosa e a liberdade de ensinar », in *Pro-Posições*, vol. 21, n° 1, jan.-avr. 2010), qui revient sur le texte du *TP*, pour souligner chez Spinoza le défenseur de la liberté d'enseignement contre le monopole étatique. J. Merçon (*Aprendizado ético-afetivo : uma leitura spinozana da educação*, Campinas-São Paulo, Ed. Alínea, 2009) interprète l'éducation comme un des « efforts conatifs » que la collectivité, la *multitudo*, entreprend pour persévérer dans son existence. Les instruments conceptuels spinoziens sont utilisés ici pour déconstruire les « mythes éducatifs » du manque, de la méthode et de la finalité. Voir aussi le numéro 100 de la revue *Diálogos*, Revista del Departamento de Filosofía de la Universidad de Puerto Rico, 2017, sous la direction de Raúl de Pablos Escalante, entièrement consacrée à l'analyse des implications psychologiques et paidétiques de la philosophie de Spinoza. Je me permets enfin de renvoyer à mon étude comparative sur la formation chez Nietzsche et Spinoza : *Il divenire della Bildung in Nietzsche e in Spinoza*, Milano, Mimesis, 2013.

[2] *G*, I, 67.

perfection », « perfectionner » et, à propos de l'homme, dans le sens d'« éduquer ». Cette « transformation pour le meilleur » se concrétise dans l'action envers toute chose (*ens*), qui permet de supprimer ce qui pourrait être assimilé à un défaut de la chose, et donc aussi toute raison de haine à son égard, pour accroître nos occasions de joie. Ainsi, la formation se montre comme ce qu'il y a de mieux non seulement pour l'individu mais aussi pour toute la collectivité :

> Ce qui vient d'être dit nous permet de connaître facilement que, si nous nous servons bien de notre raison, nous ne pouvons haïr aucune chose, ni éprouver d'aversion contre elle, parce qu'autrement nous nous priverions de la perfection qui est en elle. Et nous connaissons aussi par la raison que nous ne pouvons jamais haïr personne, parce que tout ce qui est dans la nature, nous devons le transformer en quelque chose de meilleur, soit pour nous, soit pour la chose même, si nous voulons en tirer parti. Et puisqu'un homme parfait est la meilleure chose que nous connaissons présentement, le mieux pour nous tous et pour chacun est de toujours nous efforcer de conduire les hommes à cette perfection ; car c'est alors seulement qu'ils peuvent tirer de nous et nous d'eux les plus grands avantages.[3]

Le but éducatif des *Principes de la philosophie de Descartes*, seule œuvre publiée sous son nom et qui présente une synthèse de son enseignement de la doctrine de Descartes pour un étudiant de l'Université de Leyde issu du cercle de ses amis, est clairement expliqué dans la lettre de Spinoza adressée à Meyer, qui l'a aidé à rédiger la version latine du texte et à le publier. Le thème central de la lettre est précisément celui de l'« utilité » de la philosophie pour l'intérêt commun :

> Je voudrais que chacun puisse aisément se persuader que je publie cet écrit dans l'intérêt de tous les hommes, et que vous-même en l'éditant n'êtes inspiré que par le seul désir de répandre la vérité ; que vous avez donc fait de votre mieux pour que ce petit ouvrage soit agréable à tous, pour initier les hommes, avec douceur et bienveillance, à l'étude de la véritable philosophie, et pour vous soucier du seul intérêt commun.[4]

Ces quelques lignes font apparaître le thème fondamental de la réflexion de Spinoza relative à l'« utilité » de la philosophie. Dans le *Traité de la réforme de l'entendement*, Spinoza affirme explicitement que les biens terrestres – plaisir, richesse et célébrité – sont « inutiles » pour obtenir le bonheur et soutient que la philosophie est en mesure de conduire les hommes vers un nouvel *institutum vitæ* en vue de son propre perfectionnement et de celui des autres.

La même idée est sous-entendue par l'*Éthique*. Les parties consacrées à la nature de Dieu, à la nature de l'esprit, aux affects et à leur emprise sur l'homme sont conçues au service d'un projet de réalisation de la liberté et de

---

[3] *CT*, II, VI, 6-7, p. 55 ; *G*, I, 67.
[4] *L XV*, p. 1112 ; *G*, IV, 73, l. 5-6 : « *hominesque ad veræ philosophiæ studium benevole, atque benigne invitare omniumque utilitati studere* ».

la béatitude de l'esprit. Les deux œuvres politiques de Spinoza, le *Traité théologico-politique* et le *Traité politique*, visent également un projet éducatif. La première s'efforce de libérer les hommes de la superstition qui paralyse la raison. Une situation qui se produit fréquemment, quand les passions dominent les hommes et que ceux-ci n'arrivent pas à les maîtriser. Peur et espérance transforment les hommes en proies faciles des gouvernements peu soucieux de la liberté. La seconde, à partir des différentes typologies des États, illustre les possibles solutions d'union de la vertu publique de la sécurité avec la vertu privée de la force d'âme.

Le projet éducatif qui anime le parcours spinozien ne doit pas être considéré comme venant se placer à côté d'autres thématiques déjà reconnues par la tradition critique ; une fois admis, il s'agit plutôt de reconnaître qu'il produit des conséquences fondamentales sur l'interprétation générale de la pensée de Spinoza. Notamment, il peut s'opposer aux lectures qui font du déterminisme un élément central de sa philosophie. Son importance doit plutôt porter à reconnaître l'originalité d'une pensée qui fait de la forme un élément central de l'« anomalie » spinozienne au sein de notre tradition. En ce qui concerne le déterminisme, Spinoza ne renonce pas à envisager la perspective d'une « perfectibilité » de la nature humaine. On le comprend aisément si l'on considère l'attention constante – nous venons de le rappeler – que Spinoza réserve à la « transformation pour le mieux », au « perfectionnement », à la « promotion de l'utilité pour tous ». S'y révèle clairement le mécanisme selon lequel la nature que Dieu attribue à chacun de nous, bien que déterminée, nous permet dans certaines limites d'accéder à un parcours de développement de nos capacités. Il s'agit de ce que nous pourrions appeler notre « perfection perfectible », qui laisse une marge d'action, de liberté à la *Bildung*, marge toutefois limitée à une nature déterminée. Par ailleurs, là où un projet de formation est envisagé (et nous pensons que ce projet est toujours présent à l'esprit de Spinoza), il est inévitable qu'il intervienne au sein d'une certaine conception de la forme de l'homme. Celle-ci doit être conçue dans un double sens : comme ensemble des différents traits communs à tous les hommes (sans recours aux universaux, comme notre tradition de pensée est habituée à le faire depuis Socrate ; et envers laquelle Spinoza est très critique) ; comme modèle que l'homme devrait atteindre – ou, du moins, s'efforcer d'atteindre – pour se réaliser et ainsi satisfaire complètement aux exigences de sa nature.

Dans une lettre à Oldenburg datée de juillet 1663, Spinoza parle de « *doctrinam* [...] *puerilem, et nugatoriam de Formis Substantialibus* »[5]. Aussi, devons-nous concevoir l'utilisation du terme *forme*, employé dans l'*Éthique* – où les occurrences, sans être nombreuses, ne sont pas rares –,

---

[5] « doctrine enfantine et ridicule des formes substantielles », *L XIII*, p. 1103 ; *G*, IV, 64, l. 30.

dans un sens différent de celui de « forme substantielle ». À ce propos, dans son étude relative à l'utilisation du terme de « forme », Pierre-François Moreau conclut :

> In conclusion, it appears that Spinoza employs the term "form" in a variety of ways: to reject « substantial forms », as a technical term denoting the essential and, above all, as an element of the general view of a world in which objects are ordered according to fixed and eternal laws, in which their transformations are regulated, and in which to know these objects is first to know the manner of their production.[6]

Chez Spinoza, on retrouve donc le problème de la « forme ». Un problème qui se cache aussi derrière l'usage de termes comme « *fabrica* » ou « *facies* », et qui indique ce qui est essentiel à l'être pour qu'il puisse exprimer de manière accomplie ce qu'il est, tout en respectant les lois de la nature qui déterminent sa puissance. Spinoza n'a nullement l'intention de définir une « forme de l'homme » à valeur universelle, puisque l'exigence de respecter la singularité de chaque mode rend impossible l'utilisation d'une essence générique, qui perdrait les différentes caractéristiques de chacun des modes existants. Cependant dans la conception spinozienne, il y a bien une prise en compte des traits communs aux êtres humains, qui permet d'en faire comprendre la nature et de l'améliorer. Ces traits sont exprimés selon des modalités différentes, qui ne s'excluent pas les unes les autres. Elles demandent plutôt à être comprises ensemble. Les caractères de la forme de l'homme sont, comme Zourabichvili le montre dans *Spinoza. Une physique de la pensée*, suivant les indications de Gueroult : 1) une relation particulière entre repos et mouvement ; 2) le monisme de l'esprit et du corps ; 3) le *conatus*, puissance de conservation, mais aussi d'expression et de perfectionnement propre à chacun ; 4) la vertu en tant que *conatus* accompagné de raison. Selon Spinoza, en effet, « le premier fondement de la vertu, c'est de conserver son être […], et cela sous la conduite de la Raison […] Qui donc s'ignore lui-même, ignore le fondement de toutes les vertus et par conséquent toutes les vertus »[7].

Il s'agit maintenant de caractériser les indications suggérées par ces différentes modalités de la forme humaine, en ce qui concerne l'*ars educandi*. Nous prendrons en considération ici surtout trois modalités : la corporéité, la relation et l'affectivité. Avant cela, il faut souligner une caractéristique de l'*ars educandi* qui découle de la nature particulière du *conatus*. Le *conatus* spinozien n'est pas un pur effort d'autoconservation de l'être. Il est plutôt la source de sa propre vertu, cette puissance unique et singulière qui peut rendre l'être vertueusement actif si elle parvient à

---

[6] P-F. Moreau, *The Metaphysics of Substance and the Metaphysics of Forms*, in Y. Yovel (ed.), *Spinoza on Knowledge and the Human Mind*, Papers Presented at The Second Jerusalem Conference *(Ethica II)*, Leiden-New York-København-Köln, E. J. Brill, 1993, p. 27-35.

[7] *Éth.*, IV, 56, dem., p. 536 ; *G*, II, 251, l. 1-5.

s'accroître, mais qui peut aussi s'affaiblir jusqu'à s'éteindre par la tristesse. Le *conatus* est donc moins un effort qu'un élan. Il n'est pas un effort de maximisation par le calcul selon une logique de type économique. En contre-tendance par rapport au modèle éducatif qui s'affirme à l'époque moderne, il n'est pas non plus une simple dépense de force en pure perte. Il en appelle plutôt à un *ars* de la stratégie.

Rappelons, ici, le sens du *conatus* dans l'*Éthique*. On est loin, en effet, d'un modèle basé sur la dissipation orgiastique de la force archaïque mise en scène, par exemple, dans l'*Iliade*, le premier texte de notre culture. Il ne coïncide pas non plus avec l'exigence de conservation, telle que Hobbes la pense. C'est la raison pour laquelle, comme Laurent Bove nous invite à le penser, le *conatus* requiert une *stratégie*, autrement dit un projet, un *ars* qui ne se livre pas à la pure dépense de soi[8]. Si le *conatus* ne peut pas se réduire à un simple calcul, Spinoza nous montre cependant qu'il ne lui convient pas non plus de s'abandonner aux passions négatives, tout individu cherchant à augmenter sa puissance. Donc, par *ars educandi*, il faudra comprendre une pratique d'accroissement de la puissance d'exister, en deçà de tout calcul et de toute méthode universelle et fixe. Elle sera plutôt une pratique de promotion orientée par un projet, par une stratégie, qui ne peut guère être déterminée par avance en dehors de la pratique éducative elle-même, étant donné que celle-ci ne pourra avancer qu'en prenant appui sur ses propres effets. L'analyse qui va suivre se limitera à considérer trois aspects (la corporéité, la relationnalité et l'affectivité), qui caractérisent d'une façon originale et profonde l'*ars educandi* telle qu'elle se laisse saisir à partir des textes spinoziens.

Corporéité

Le rapport de repos et de mouvement à la base de la définition du mode corporel indique la forme relationnelle de tous les corps. Cela signifie que leur forme est exposée à l'action d'autres corps, en permanence stimulée et sollicitée par d'autres rapports de repos/mouvement, et, finalement, modifiée là où ce rapport est transformé. Le rôle nullement marginal joué par le corps dans tous les processus éducatifs présente deux aspects. Le premier est explicité dans l'Appendice de la première partie de l'*Éthique*. Les jugements de perfection et d'imperfection, de beauté et de laideur, d'utilité et d'inutilité que les hommes formulent à l'égard des êtres comme si ces qualités étaient propres à leur nature, ces jugements passent, exactement comme tous les autres jugements, par le corps, et, plus précisément, à travers les réactions corporelles aux traces que les affections, occasionnées par la rencontre avec d'autres modes corporels, ont laissées sur lui. L'action de l'esprit, idée du

---

[8] Laurent Bove, *La stratégie du conatus. Affirmation et résistance chez Spinoza*, Paris, Vrin, 1996.

corps, procède en même temps que ces effets perceptifs en produisant des concepts et des jugements. Le second thème cher à Spinoza est celui de la puissance du corps. Au lieu de faire obstacle à la puissance de l'esprit, celle-ci peut l'accroître. Il s'agit d'une façon très particulière dans notre tradition philosophique de concevoir le rapport entre le corps et l'esprit, en grande partie redevable de la conception platonicienne présentée dans le *Phédon*, dialogue où le corps est considéré comme source de tous les facteurs qui affaiblissent l'âme. Spinoza, au contraire, pense que les sollicitations et les transformations du corps interviennent inévitablement en même temps que celles de l'esprit puisque, en tant qu'idée du corps, « l'esprit humain est apte à percevoir un très grand nombre de choses, et d'autant plus apte que son corps peut être disposé d'un plus grand nombre de façons »[9].

Cette nouvelle conception du corps est centrale pour toute l'*ars educandi* d'inspiration spinozienne. Spinoza ne considère ni la corporéité en général, comme ce sera plutôt le cas pour l'anthropologie du vingtième siècle (Plessner, Gehlen, Leroi-Gourhan), ni les différentes typologies corporelles, comme ce sera plutôt le cas chez Nietzsche, inspirateur de cette anthropologie. Plessner, Gehlen et Leroi-Gourhan ont certainement eu le mérite de comprendre le rôle essentiel joué par la corporéité dans la détermination de ce qui est propre à l'homme[10]. Si ces trois auteurs parlent

---

[9] *Éth.*, II, 14, p. 374 ; *G*, II, 103, l. 7-8.

[10] Nous nous limiterons ici à quelques notations de synthèse sur le rôle que le corps joue dans l'anthropologie philosophique de Plessner et de Gehlen et dans l'ethno-paléontologie de Leroi-Gourhan. Dès sa première œuvre, *Die Stufen des Organischen und der Mensch. Einleitung in die philosophische Anthropologie*, in *Gesammelte Schriften*, vol. IV, Frankfurt a. M., Suhrkamp, 2003 (édition originale 1928), H. Plessner identifie la spécificité du caractère humain dans le monde animal par rapport à sa relation avec le corps : l'homme est corps, mais en même temps possède un corps, à savoir il vit à distance de son propre corps, il peut l'objectiver en tant qu'instrument. Donc il éprouve ses limites, tout comme son être « étranger » à la conscience, ainsi que l'impossibilité de le contrôler totalement. L'homme vit donc non pas dans une condition d'immédiateté, comme le font les animaux, mais dans une condition de médiation qui lui permet d'éprouver sa propre excentricité. Dans son œuvre la plus importante, *Der Mensch. Seine Natur und seine Stellung in der Welt* (1940), Arnold Gehlen déclare que la spécificité humaine réside dans les caractéristiques biologiques de sa corporéité, qui en font un animal manquant du point de vue organique mais en même temps capable d'utiliser activement ses primitivismes et l'absence de spécialisations. Ce « non » correspond en effet à une remarquable plasticité du corps que l'homme utilise grâce au mécanisme de l'exonération (*Entlastung*) pour se construire une médiation « technique » et pour constituer des habitudes qui, toutes ensemble, transforment les réponses du corps en automatismes. Ce qui libère des énergies qu'il peut utiliser pour les fonctions supérieures. Dans *Le geste et la parole. Tome II : La mémoire et les rythmes*, Paris, Éditions Albin Michel, coll. « Sciences d'aujourd'hui », 1965, Leroi-Gourhan affirme que le langage et l'écriture, qui sont les instruments les plus importants dans

toujours du corps de l'espèce et pensent que c'est bien le corps qui détermine la spécificité humaine dans la vaste étendue du monde animal, Spinoza quant à lui se révèle beaucoup plus radical. Il considère, en effet, la puissance de chaque corps comme unique, tout en tenant compte du fait que l'esprit est l'idée singulière d'un rapport lui-même singulier entre l'inertie et le mouvement qui définit chaque corps.

Nietzsche revient sans cesse dans ses textes sur un thème qui pourrait être appelé « spinozien ». Chaque fois qu'il nie la possibilité d'une seule et même physiologie pour tous les corps, il est conscient qu'il est impossible de ramener la spécificité de chaque constitution physique à un corps commun, identique pour tous les êtres humains. Cela apparaît clairement quand Nietzsche arrive à considérer sa propre physiologie, les fonctions indispensables à son propre corps, qui rendent l'attention quotidienne pour la nourriture, le paysage, la température, le climat, l'humidité, *etc.*, incontournable pour sa santé et pour parvenir à exprimer sa pensée. Ces éléments peuvent en fait augmenter la puissance ou bien faire dépérir le corps, et donc la pensée[11]. Néanmoins, ce que Nietzsche nous offre de plus caractéristique dans sa réflexion sur le corps est la construction de véritables « types » corporels auxquels correspondent différentes expressions de la pensée. Par exemple, à la base de la manifestation dionysiaque, on trouve un corps exubérant, aux forces débordantes, alors qu'une condition d'épuisement aura pour effet une des trois formes possibles d'ascétisme : artistique, philosophique ou sacerdotale[12]. Pour autant le rapport entre les conditions corporelles de la pensée et la pensée elle-même ne doit pas être conçu – nous dit Nietzsche – de manière purement mécanique et déterministe. De temps en temps, des croisements se font, des bifurcations face auxquelles une même typologie corporelle peut choisir une voie plutôt qu'une autre. Nietzsche fournit d'autres exemples, parmi lesquels celui de l'idéalisme : à la base de l'idéalisme il y a un refus des sens, mais la raison peut en être soit la faible constitution du corps – Spinoza est donné comme exemple – soit une nature luxuriante qui veut se préserver d'une excessive force sensuelle – c'est le cas, selon Nietzsche, de Platon[13].

---

le processus de construction de la rationalité, naissent simultanément à partir de la conquête de la position érigée qui libère la main du mouvement de la marche et le système vocal du travail de la recherche de la nourriture. C'est donc de la spécificité du corps humain que surgissent les caractères propres de l'histoire de la culture de l'homme.

[11] *Aurore*, 372, in F. Nietzsche, *Œuvres philosophiques complètes*, vol. IV, Paris, Gallimard, 1980, p. 216.

[12] *La généalogie de la morale*, Troisième Dissertation, « Que signifient les idéaux ascétiques ? » in F. Nietzsche, *Œuvres philosophiques complètes*, vol. VII, Paris, Gallimard, 1971.

[13] *Aurore*, 553, in F. Nietzsche, *Œuvres philosophiques complètes*, vol. IV, Paris, Gallimard, 1980, p. 282-283.

La thématique d'une singularité corporelle inséparable de l'expression elle aussi singulière de l'esprit, qui en est l'idée, est traitée explicitement par Spinoza. Son attention pour le corps singulier n'autorise aucun renversement du platonisme : Spinoza ne pense pas que l'esprit soit l'effet du corps. Tout au contraire, il refuse cette conclusion en raison d'une double impossibilité : l'impossibilité pour la pensée de déterminer le corps au mouvement et, *vice versa*, l'impossibilité pour le corps de déterminer l'esprit à penser. Il s'agit plutôt de deux expressions autonomes d'une même chose, relatives aux deux attributs auxquels l'homme a accès, la Pensée et l'Étendue. En ce sens, Spinoza ne renverse pas la primauté traditionnelle de l'âme sur le corps, il outrepasse de manière plus profonde – et beaucoup plus problématique pour nous qui devons l'interpréter – le dualisme du matérialisme et de l'idéalisme qui caractérise une grande partie de notre tradition de pensée.

La position articulée et complexe de Spinoza sur le corps conduit à penser qu'une *ars educandi* authentique devra considérer l'impossibilité d'un développement de l'esprit qui se réalise au détriment d'un développement du corps. En outre, elle devra considérer les caractéristiques de ce corps singulier et faire en sorte que ses capacités, c'est-à-dire les modalités d'expression de sa nature particulière, soient valorisées, puisque c'est la seule façon de développer les expressions particulières de la puissance de son esprit, et *vice versa*. Nous devons penser de façon adéquate la puissance du corps qui, pour Spinoza, se manifeste comme capacité de produire plusieurs effets, de moduler différentes compétences, d'agir tout autant que de pâtir. Cette puissance du corps n'est donc pas le simple déploiement d'une force. Chaque parcours de perfectionnement demandera un développement du corps au regard de ses aptitudes. Ce développement concerne sa singularité, qui ne peut pas être soumise à des normes générales ni à des mesures standard, dans la mesure où tout perfectionnement doit prendre en considération la singularité de chaque corps et de chaque esprit.

Relationnalité

Étant donné qu'avec l'apparition du concept de *conatus*, à partir du livre III de *l'Éthique*, la puissance divine entre en scène en s'exprimant dans chacun des modes singuliers, décliné de façon unique et irremplaçable dans chacun de ces êtres singuliers, Spinoza commence à expliquer dans un sens pour ainsi dire « énergético-affectif » le mode, et donc, l'homme aussi. Il s'ensuit une nouvelle considération de la forme. Celle-ci est en premier lieu relationnelle.

Spinoza nous invite à interroger la nature de chaque singularité à partir de la question : que peut-elle ? Que peut ce corps, que peut cet esprit ? C'est une question « pragmatique », puisque l'*être* est expliqué à travers ce qu'il peut faire par ses aptitudes, ses comportements, ses capacités. L'homme n'est pas Dieu, il est seulement une partie de la nature et, donc, destiné à la relation et à la rencontre avec des modes qui lui conviennent (dans ce cas, ils lui permettent d'accroître sa puissance) ou non, parce que doués d'une puissance supérieure ou contraire (dans ce cas, ils peuvent lui nuire ou le détruire).

À ce propos, Spinoza écrit :

> Il s'ensuit que l'homme est nécessairement toujours soumis aux passions, qu'il suit l'ordre commun de la Nature et y obéit, et qu'il s'y adapte autant que la nature des choses l'exige.[14]

« Adapter » traduit le verbe latin *accommodare*, qui renvoie au terme *accommodatio* utilisé par Spinoza dans la Lettre 6 à Oldenburg. Ici, *accommodatio* acquiert un sens exclusivement physique : il indique un processus où les modes, qui de façon naturelle entrent en contact les uns avec les autres, se composent autant que possible, qu'il s'agisse du salpêtre, du carbonate de potassium, de l'eau, ou encore du nitre, dont nous parle la lettre[15]. Dans ce sens physique, l'*accommodatio* est à la base de processus essentiels, en majorité mécaniques et irréfléchis, tels que la nutrition et la respiration. Si on réfère le terme *accommodatio* à l'homme, le concept s'enrichit de valeurs relationnelles, pour rentrer au cœur de la sphère éthique. Ici il s'accompagne d'une recherche consciente de la meilleure disposition envisageable, qui requiert d'abandonner tout narcissisme individualiste et toute forme d'anthropocentrisme. C'est ainsi seulement que nous pourrons reconnaître que notre santé, dans le sens le plus large (médical, psychologique, existentiel), dépend en premier lieu de notre bonne disposition à comprendre que le monde n'est pas fait à notre mesure ou pour nous plaire, et que les autres modes pourraient tirer profit de notre affaiblissement ou de notre destruction. Face à cette situation, le comportement le plus efficace n'est pas celui de se refermer sur soi en excluant tout le reste, mais de développer une connaissance de plus en plus adéquate et complète de ce que nous allons rencontrer afin de convenir avec ce qui développe notre puissance tout en évitant ce qui la diminue.

Il y a à ce propos un radical changement du paradigme éducatif. Notre tradition de pensée perpétue un mythe concernant l'éducation : celui de l'acquisition de la connaissance de soi, conformément à l'impératif de la devise delphique « connais-toi toi-même ». Chez Spinoza, le problème éducatif se pose autrement : à partir de la question relationnelle impliquée par l'*accommodatio*. Le « connais-toi toi-même » imposé par la tradition socratico-platonicienne comme but de toute éducation voit son sens modifié, une fois apprécié du point de vue de la problématique de l'*accommodatio*. Cette dernière comporterait plutôt le précepte suivant : « apprends à connaître ce que tu rencontres ». En effet, c'est seulement dans les sensations éprouvées par l'*ego* à l'occasion de chaque rencontre que l'on

---

[14] *Éth.*, IV, 4, cor., p. 495 ; *G*, II, 213, l. 31-33.
[15] *L VI*, p. 1069-1082 ; *G*, IV, 17

peut espérer se connaître soi-même. Telle est donc la voie qu'il convient de suivre, quand cela est possible, en développant les convergences et les convenances qui peuvent nous édifier, nous et les autres.

Il s'agit d'une compétence qui mobilise ce que Spinoza appelle la vertu, que l'on pourrait envisager comme l'objectif spécifique de toute *ars educandi*, au point où éducation et politique se rencontrent. L'*accommodatio* est en effet l'une des composantes principales de la relation formative et concerne aussi bien le formateur que le disciple. Il ne peut en effet y avoir de formation sans un effort prudent et continu d'*accommodatio*, qui enveloppe l'*ethos* général de la formation ainsi que sa vocation politique. Car dans la disposition de chacun envers l'autre et dans la convenance commune, ce qui est en jeu, c'est bien la constitution de la communauté. Pour autant, la convenance propre à l'*accommodatio* ne constitue pas à elle seule la réalisation complète de l'*ars educandi* ; elle est plutôt l'exercice nécessaire pour parvenir, au moins partiellement et provisoirement, à partager un même objet d'amour. La communication des modes ne constitue pas en soi un problème pour Spinoza, car elle est ontologiquement fondée. Elle est même l'explication constante du *clinamen* intérieur aux modes. Les modes ne sont pas des monades closes : leur existence est donnée dans une condition de coexistence en tant que modifications d'une même substance. Ils sont donc d'une certaine façon voués à se rencontrer dans un entrelacs continu d'affects.

La « théorie du présage », que Spinoza expose dans la Lettre 17 à Balling[16], pour étrange qu'elle puisse paraître, s'enracine dans un terrain marqué par une profonde continuité entre les modes. L'explication du présage de la maladie mortelle du fils, donnée par le père bien avant qu'elle ne se déclare, peut être reliée à la fameuse réflexion que Spinoza développe sur le pouvoir inconnu du corps, qui se répercute sur le pouvoir de l'esprit sous la forme de l'idée dont l'objet est le corps. L'action éducative se présente comme une pratique dont l'essence est à la fois *traçage* particulier des corps – pour utiliser ici le concept développé par Lorenzo Vinciguerra – et déduction des esprits, ce qui n'est possible que parce qu'elle est ontologiquement garantie[17]. Le vrai problème est alors plutôt celui-ci : obtenir de l'*ars educandi* qu'elle devienne dans la rencontre une pratique de convenance. Tracer l'autre pour le former signifie respecter sa forme (toujours individuelle), c'est-à-dire la proportion particulière de mouvement et de repos, expression spécifique de la puissance, dans le but de promouvoir sa vertu.

---

[16] *L XVII*, p. 1115-1117 ; *G*, IV, 77-78.
[17] Lorenzo Vinciguerra, *Spinoza et le signe. La genèse de l'imagination*, Paris, Vrin, 2005.

Non firmare, sed frangere[18] : telle est l'accusation que Spinoza porte sur la mauvaise éducation. Les mauvais éducateurs brisent l'âme des jeunes plutôt que de la fortifier, avec des conséquences néfastes à force de ne pas respecter la forme des disciples et de les déformer, au lieu d'en tracer la nature par des signes formateurs. Réfléchir à l'*ars educandi* comme pratique de traçabilité veut dire aussi admettre la réciprocité impliquée par la nature de cette pratique ; tracer n'est pas seulement le fait de l'activité consciente de l'éducateur, c'est tout autant une pratique du corps (au-delà des pouvoirs de l'esprit) inévitablement affective. Elle implique chez l'éducateur aussi d'être tracé par le disciple, partie prenante de la relation éducative, dans laquelle activité et passivité, agir et pâtir appartiennent autant au formateur qu'au formé.

Spinoza sait que la voie du perfectionnement ne peut pas être empruntée seul. Elle sera différente pour chaque mode et devra concerner le plus grand nombre d'hommes possible pour pouvoir se réaliser, étant donné que le mode est consigné depuis toujours à une infinité de relations intermodales. L'*ars educandi* doit être intermodale, à savoir concerner le plus grand nombre possible de singularités. La connexion ontologique entre un mode et l'autre rend impossible une amélioration solitaire du sujet. Aussi, l'horizon politique de *l'ars educandi* n'est-il jamais très loin, même quand il s'agit d'une relation à deux : maître et disciple, Jean-Jacques et Émile... Renforcer le *clinamen* veut dire prendre soin de la relation et rechercher la convenance à partir du corps et de l'esprit du maître et du disciple. C'est à partir de là que l'on peut ensuite espérer étendre cette convergence à une communauté plus large, étant donné que, dans le convenir même, se renforce la puissance de chacune des singularités impliquées dans la relation. Il n'y a pas de communication des savoirs sans concours du corps. Aussi, la pratique de l'*ars educandi* devient-elle un véritable terrain de construction du corps politique. Il se donne comme *ethos* fondamental pour le devenir particulier de chaque individu.

Affectivité

Le perfectionnement de chacun intéresse tous les sujets de l'*ars educandi*, donc autant le maître que les disciples. Pour autant, la relation éducative d'un mode en voie de perfectionnement sera plus difficile s'il est entouré de modes affectés par des passions tristes. Pourtant, si l'on faisait coïncider la stratégie éducative avec l'effort d'éliminer les passions tristes, on risquerait de limiter fortement ses possibilités. Les passions tristes peuvent en effet jouer un rôle positif dans la pratique éducative. Certes, Spinoza nous invite à ne fonder aucune morale sur ces passions, bien que plusieurs philosophes du passé l'aient fait. Il nous suggère néanmoins qu'il

---

[18] *Éth.*, IV, app., ch. XIII, p. 556 ; *G*, II , 269, l. 24-25.

est possible de les utiliser avec un certain profit (un certain usage de la peur, de la honte…). Cette possibilité manifeste clairement la fonction anti-égotique qu'elles peuvent jouer, bien qu'elle soit d'ordre imaginatif, et non d'ordre rationnel. L'*Éthique* nous permet de penser que nous pouvons considérer tous les hommes comme des sujets de *païdeia*, puisque tous sont affectés par ces passions, chacun à sa façon, et donc tous intéressés par une possible utilisation stratégique et positive de ces affects.

L'affect triste peut véhiculer un élément « transductif » – pour reprendre ici le concept de Gilbert Simondon –, à savoir susceptible d'outrepasser notre réalité individuelle. Toutes les émotions, tous les affects sont les premières formes de « prothèses » à travers lesquelles l'individu élargit ses propres limites et s'étend hors de lui-même pour constituer une totalité communicante. Le processus paidétique devra alors travailler les relations effectives et affectives qui constituent le collectif, en cherchant à identifier ses pathologies (les monoïdéismes catastrophiques dont nous parle Matheron[19], les manifestations obsessives, même si elles concernent les passions joyeuses, l'incapacité d'oublier les *habitus* qui attristent), à augmenter les éléments qui peuvent enrichir la vie du collectif, ainsi que la puissance d'expression de l'individu engagé dans la pratique fragile et jamais achevée du processus d'individuation. Si l'on reste dans l'horizon du discours spinozien, il n'y a pas d'alternative tranchante entre l'éducation du collectif et celle de l'individu, entre les positions individualiste et communautaire. L'*ars educandi* sera tout autant singularisante – attentive à la manière dont le mode réagit aux rencontres selon l'expression singulière et unique de chaque *conatus* – que transindividuelle[20], étant donné que la dimension collective ne s'ajoute pas à la dimension individuelle dans un moment ultérieur ou latéral, mais qu'elle est plutôt la trame de sa constitution ; c'est seulement en elle que la perfectibilité de la perfection du mode singulier va s'exprimer.

Il y a une évidence fondamentale pour toute *ars educandi* d'inspiration spinozienne : pour Spinoza, les passions qui garantissent la vie civile en commun sont aussi bien « naturelles » que modifiables, « éducables ». C'est là un aspect de distinction possible avec le « très fin » Machiavel : pour Spinoza la transformation de l'homme « naturel » est possible, les affects sont des événements incontrôlables quand ils naissent, mais ils peuvent ensuite être modelés – comme nous venons de le dire – par les connexions imaginatives, qui peuvent changer de signe dans la pratique éducative.

Comme l'écrit Spinoza :

---

[19] Alexandre Matheron, *Individu et communauté chez Spinoza*, Paris, Les Éditions de Minuit, 1969.
[20] Pour la notion de « transindividualité », voir Étienne Balibar, « Individualité et transindividualité chez Spinoza », dans *Architectures de la raison. Mélanges offerts à Alexandre Matheron*, Paris, ENS éditions, 1996.

Ainsi donc les hommes sont par nature enclins à la haine et à l'envie, à quoi s'ajoute l'éducation elle-même.[21]

Suivant donc l'éducation que chacun a reçue, il se repent *(pænitet)* d'une action ou s'en glorifie.[22]

Enfin, le maître n'est pas un manipulateur occulte de l'affectivité qui circule dans la relation paidétique. Il est à son tour affecté par elle, bien qu'il demeure celui à qui l'on demande d'avoir une « conscience affective », c'est-à-dire une connaissance des mécanismes générés par la pratique et la capacité de les modifier. Cela dit, l'*ars educandi*, en tant que traçage des corps et modification des esprits, ne va pas sans la reconnaissance d'un excès inévitable de la pratique sur la théorie, qui rend toujours difficile de prévoir la figure que prendra la forme tracée. C'est la raison pour laquelle il s'agit d'un art et non d'une méthode. Toutefois, la conscience de cette marge entre pratique et théorie ne doit pas conduire le formateur à s'abandonner au hasard de ce qui le dépasse. Elle doit plutôt l'inciter à se mettre constamment en jeu sans se protéger derrière des normes et des règles abstraites.

---

[21] *Éth.*, III, 55, sc., p. 462 ; *G*, II, 183, l. 21-23 : « *Apparet igitur homines naturâ proclives esse ad Odium, & Invidiam, ad quam accedit ipsa educatio* ».
[22] *Éth.*, III, déf. aff., 27, expl., p. 478 ; *G*, II, 197, l. 22-24 : « *Prout igitur unusquisque educatus est, itâ facti alicujus pæninet, vel eodem gloriatur* ».

12. Spinoza à Kiev

Mériam KORICHI

Je voudrais ici évoquer la différence à faire entre le sens (que vise d'une manière ou d'une autre l'activité artistique) et l'élaboration conceptuelle qui caractérise l'activité philosophique, et ce à partir de mon activité de dramaturge et de metteure en scène. J'ai écrit un texte pour le théâtre à partir du roman de Bernard Malamud, *The Fixer*[1], qui met en jeu et en question les effets de la philosophie de Spinoza sur la pensée d'un personnage amené à endurer de très cuisants coups du sort à Kiev en 1911. J'ai intitulé ce texte *Spinoza à Kiev*. Quand j'ai imaginé la forme de ce texte – une sorte de dialogue entre un narrateur et le personnage principal qui fait ainsi usage de la première personne (le roman est écrit en troisième personne et joue entre la focalisation externe et la focalisation interne), je n'ai pas fait de philosophie à proprement parler, mais quelque chose qui touche la philosophie, et qui reste intentionnellement à sa lisière. Je voudrais essayer d'approcher cette idée de « toucher la philosophie », sans en faire à proprement parler.

Une image montrant la phrase « (In logic what is unnecessary is also *useless.*) »[2] formée par des lettres de néon sur un mur blanc me fournit une accroche pour introduire plus précisément mon propos. La teneur du message tient dans une parenthèse. C'est « soit dit entre parenthèses », soit dit en passant. Le message s'adressait à ceux qui circulaient parmi les stands de la Foire Internationale d'Art Contemporain (FIAC) de 2012. La phrase décrit un fonctionnement qui est valide « en logique », c'est-à-dire dans le champ de la logique – sous-entendu, cela fonctionne différemment en art. Autrement dit, l'artiste qui fait valoir ainsi son point de vue suggère aux visiteurs de la FIAC de garder en tête, pendant qu'ils regardent cette foire aux œuvres d'art, qu'en logique, cela se passe tout autrement qu'en art. Cette phrase me semble frappante parce qu'elle invite idéalement à reconsidérer le rapport de l'art à la nécessité et le rapport de l'art au concept d'utilité. Il est certain que dans une foire d'art contemporain, le questionnement, voire le doute, s'immisce au sujet de la nécessité de toutes ces œuvres-là. Mais c'est là un questionnement bienvenu qui met sur la voie d'une réflexion sur la nature et la définition de l'art dans une perspective contemporaine en rupture avec la tradition. Et l'on se met aussi de cette manière dans la bonne position pour envisager ce qui se présente par conséquent d'abord comme l'autre de l'art : la philosophie.

---

[1] *The Fixer*, Londres, Penguin Books, 1967.
[2] « (En logique ce qui est non-nécessaire est aussi inutile) ».

La philosophie ou la voie de la nécessité

La philosophie, enfin une certaine philosophie, celle qui a le souci de la logique, du « procéder par ordre », donne la chasse à ce qui n'est pas nécessaire, pour l'évacuer de son domaine d'expertise et de juridiction. Donner la chasse ici veut dire : éliminer par travail d'élucidation. C'est ainsi que le geste philosophique fondamental de Spinoza est de refondre toute la doctrine de la nécessité et de la rendre absolument universelle et univoque dans le but d'avancer et d'affirmer la proposition suivante : « Dans la nature des choses il n'y a rien de contingent, mais tout y est déterminé, par la nécessité de la nature divine, à exister et opérer d'une manière précise »[3]. Spinoza fonde son ontologie exclusivement sur cette catégorie et cette acception univoque et universelle de la nécessité. Son ontologie et son éthique. De sorte que les champs disciplinaires de la métaphysique et de la morale, traditionnels en philosophie, sont les objets d'une réduction radicale, tant dans leur intention que leur extension[4].

Le corollaire très important pour établir cette position réductionniste voire éliminativiste, se trouve dans la proposition 33 de la première partie de l'*Éthique*, qui établit que les choses n'ont pu être produites par Dieu d'aucune autre manière, ni dans aucun autre ordre, qu'elles ont été produites. C'est *ainsi*, il n'y a qu'un seul monde non seulement existant, mais possible. Cela a l'air restrictif mais ne suffit-il pas de penser que ce monde suit d'une substance absolument infinie ? Il n'y a donc lieu de parler de choses contingentes qu'eu égard au défaut de notre connaissance, et non pas en référence à une quelconque réalité des choses[5]. Pour la raison que l'ordre des choses nous échappe, beaucoup, si ce n'est l'écrasante majorité des choses auxquelles nous pensons et que nous envisageons, nous apparaissent non pas comme nécessaires mais comme contingentes, par suite de la négation d'une perception tout à fait complète de l'esprit humain qui n'est qu'un mode fini et qui n'a qu'un nombre de pensées limitées.

Et Spinoza, ce faisant, nous fait percevoir l'infinité des choses avec lesquelles nous co-existons, en même temps que la limitation de notre point de vue. Nous pouvons comprendre que, plongés au milieu de cette infinité, vue d'un point de vue local et limité, nos impressions sont celles de contingences, de possibilités sans certitudes, de facticité : souvent, autour de nous, en nous, les choses arrivent mais nous ne savons pas trop comment elles arrivent. Ce dernier sentiment est plus proche de la vérité, que la volonté de tout reconstruire selon un schéma qui donnerait un sens, une

---

[3] *Éthique*, I, 29, trad. Bernard Pautrat, Paris, Seuil (1988), 1999, p. 65.
[4] Voir ma thèse de doctorat soutenue à l'Université de Paris-I Panthéon-Sorbonne en 2003 sous la direction de Denis Kambouchner : *La Définition de l'esprit humain par Spinoza. L'éthique ou les limites de la métaphysique.*
[5] *Éth.*, I, 33, scolie 1.

direction, un plan préétabli, un modèle (imaginaire) de dignité ontologique antérieure et supérieure « au monde factice ». Comme le dit Spinoza à la fin du second scolie de la proposition 33 de la première partie de l'*Éthique* : « J'avoue que l'opinion qui soumet tout à certaine volonté indifférente de Dieu, et pose que tout dépend de son bon plaisir, s'écarte moins du vrai que l'opinion de ceux qui posent que Dieu agit en tout en tenant compte du bien »[6].

Exit en effet alors la métaphysique, la morale, le destin au sens d'existence soumise à une signification *supérieure et extérieure*. Et ce qui est très remarquable, et c'est ce qui m'autorise à faire ici rapidement, sans doute trop rapidement, ce rapprochement entre la philosophie de Spinoza et une philosophie de la logique, c'est la proximité de cette opinion de Spinoza citée ci-dessus avec celle de Wittgenstein qui commente la distinction entre deux conceptions du Bien : celle qui dit que le Bien est Bien parce que Dieu le veut et celle, théologiquement plus traditionnelle, que défend un théoricien éthique du cercle de Vienne qui consiste à dire que Dieu veut le Bien parce qu'il est Bien, opinion que discute Wittgenstein. Celui-ci pense que la première conception est la plus profonde et que la seconde est en réalité superficielle. L'essence du Bien n'a rien à voir avec les faits, aucune proposition ne peut l'expliquer. Au moins, soutenir l'arbitraire du Bien barre la route à toute explication qui dirait pourquoi le Bien est Bien, ce qui n'a absolument pas de sens, pour Wittgenstein. Cette voie de la nécessité, qui a un rapport avec le caractère indépassable selon moi de la facticité du monde, est celle-là même qu'a tracée Spinoza sans aucune ambiguïté. Ce parti de la nécessité fait de la philosophie spinoziste une proposition de pensée *radicale* qui peut nous entraîner très loin dans les expériences de pensée et qui, il faut bien le dire, réduit à néant les prétentions de la morale et qui laisse, je dirais, énigmatique, en tout cas problématique – l'éthique qui est à la fois tout et rien.

C'est ce dont atteste la correspondance avec Guillaume de Blyenbergh. Devant les tentatives de sauvetage de la morale par ce correspondant qui se proclame philosophe chrétien, Spinoza avance des positions inouïes : il nie tout bonnement toute réalité au mal et au vice, base de toute morale. Spinoza se montre là d'une radicalité, voire d'une brutalité, sans concession – il y a d'un côté la proposition qu'avance Spinoza dans l'*Éthique* : « La connaissance du mal est une connaissance inadéquate »[7], et de l'autre ce que cela signifie concrètement au plan des faits, le raisonnement ne pouvant que se soumettre à la logique implacable de la nécessité comme ce propos de Spinoza adressé à Blyenbergh en atteste :

La Nature d'un certain être ne voudrait-elle pas par hasard qu'il se pende, ou y a-t-il quelque raison pour qu'il ne se pende pas ? Supposons que puisse exister un

---

[6] *Op. cit.*, p. 77.
[7] *Éth.*, IV, 64, *op. cit.*, p. 441.

être doué d'une telle nature ; dès lors (que j'admette ou refuse d'admettre le libre arbitre) je réponds : si un homme quelconque s'aperçoit qu'il peut vivre plus commodément suspendu au gibet, qu'assis à sa table, il serait insensé de ne pas se pendre ; de même celui qui verrait clairement qu'il peut jouir d'une vie ou d'une essence meilleures, en commettant des crimes, au lieu de s'attacher à la vertu, serait insensé lui aussi d'hésiter à commettre des crimes.[8]

Il s'agit bien de regarder absolument tout sous le point de vue de la nécessité. Et de ce point de vue, tout ce qui arrive doit être considéré au même niveau, doit être considéré comme *égal*. N'est-ce pas ce que prône Wittgenstein tout aussi bien, en partant de la citation d'Hamlet dans sa *Conférence sur l'éthique* ?

Sans doute quelques-uns parmi vous en conviendront, se souvenant de ce que dit Hamlet : « Rien n'est bon, rien n'est mauvais, c'est la pensée qui crée le bon ou le mauvais ». Mais ceci à nouveau pourrait donner naissance à un malentendu. Les paroles d'Hamlet semblent impliquer que le bon et le mauvais, bien que n'étant pas des qualités du monde extérieur, sont des attributs de nos états d'esprit. Au contraire, ce que je veux dire, c'est qu'un état d'esprit (dans la mesure où nous entendons par cette expression un fait que nous pouvons décrire) n'est ni bon ni mauvais dans un sens éthique. Par exemple, si nous lisons dans notre livre du monde la description d'un meurtre, avec tous ses détails physiques et psychologiques, la pure description de ces faits ne contiendra rien que nous puissions appeler une proposition *éthique*. Le meurtre sera exactement au même niveau que n'importe quel autre événement, par exemple la chute d'une pierre. Assurément, la lecture de cette description pourrait provoquer en nous la douleur, la colère ou toute autre émotion, ou nous pourrions lire quelle a été la douleur ou la colère que ce meurtre a suscitée chez les gens qui en ont eu connaissance, mais il y aura là seulement des faits, des faits, – des faits mais non de l'éthique.[9]

Le travail en philosophie, dès lors, est de bien considérer, de mettre au jour et d'analyser ce qui empêche les hommes d'embrasser l'enchaînement des choses non seulement dans sa nécessité absolue, intégrale et universelle, mais dans son immense, infini et indéfini détail. C'est là une affaire de quantité autant que de qualité de la perception humaine. C'est là que les différences de points de vue sont déterminantes. Et c'est là qu'on peut proposer des sorties de route de la philosophie comprise comme la tâche d'élucidation de la réalité en termes de vérité et de fausseté, en fonction d'un principe de production et d'avènement des choses ressortissant intégralement au principe de nécessité.

Ces sorties de route de la logique sont ce que propose l'art.

Ces excursus hors du domaine de juridiction de la philosophie peuvent rester à proximité de ce domaine et de cette activité d'élucidation. Mais je remarquerai d'abord qu'il est très clair, selon moi, quand on parle d'art, que

---

[8] Lettre 23 à Blyenbergh, Spinoza, *Œuvres complètes*, Paris, Gallimard, coll. « Bibliothèque de la Pléiade », 1955, p. 1164.

[9] *Conférence sur l'éthique*, trad. Jacques Fauve, Paris, Gallimard (1971), coll. « Folioplus Philosophie », 2008, p. 11-12.

ces excursus ne se font pas à des fins de *connaissance* mais afin d'introduire des parenthèses, des interruptions, des suspensions dans les efforts de comprendre le monde. Ces efforts peuvent mener à plus et mieux habiter et occuper le monde mais il ne me paraît pas que ces efforts mènent à mieux le connaître.

L'art pourrait bien être l'ensemble de ces efforts interstitiels qui dessinent des lignes de fuite à partir du réel, qui profilent des perspectives échappant sans cesse. On considérera ici en effet que l'art n'est pas apparenté à la mathématique ou à toute autre activité intellectuelle qui vise et permet l'établissement ferme de la vérité, si importante dans le développement de la philosophie de Spinoza, comme le philosophe tient à le souligner dans l'Appendice de la première partie de l'*Éthique*. L'activité artistique introduit des dissonances, des disjonctions dans la logique, par son inutilité, par son in-signifiance, son caractère *sans objet* – par sa plasticité en un mot. Elle propose une échappée à l'exclusive du jugement logique. Mais la sortie de route que l'art propose est complète : échappée par rapport à la logique et échappée par rapport au jugement sensible ou esthétique. Ici je me sers de la distinction que Joseph Kosuth a fait valoir dans les années 60 entre Art et esthétique[10]. L'art est un système de relations irréductible au plaisir (ou déplaisir) visuel ou sensible en général. C'est l'idée que l'art n'est qu'art. Idée aperçue et développée notamment par Arthur Danto et les tenants d'une nouvelle région de la philosophie : la philosophie de l'art, qui se distingue de l'Esthétique.

Voici donc une manière de radicaliser la thèse de l'inutilité de l'art : la seule tâche de l'artiste à proprement parler est de questionner (et de donner) la définition de l'art, et non pas de confectionner des œuvres pour les sens – pour convenir (ou disconvenir) aux sens et à l'esprit sensibilisé. L'inutilité de l'art signifie donc son autonomie revendiquée : l'art ne se rapporte à rien d'autre qu'à lui-même. Il est un domaine de juridiction propre. D'où ce que l'on peut appeler le caractère tautologique des pièces qui sont des propositions artistiques dans le sens qui m'intéresse. Le but est de produire du sens sans concept, détaché de la convenance esthétique, ou sans viser la convenance esthétique. Il s'agit d'envisager l'art comme une affirmation, une action détachée des questions de goût. Pour cela le langage peut fournir un outil pour formuler ces affirmations séparant l'œuvre d'art de son impression purement rétinienne. Ce sera l'œuvre des mots et l'œuvre sur les mots, comme une certaine forme de théâtre ou de poésie mais aussi comme une certaine forme d'art visuel dit conceptuel, dont le travail de Joseph Kosuth contribue à fournir un éminent exemple.

---

[10] Joseph Kosuth, « Art after Philosophy », *Studio International,* 178, n° 915, October 1969, traduit dans *Art Press*, n° 1, décembre-janvier 1973.

Ainsi cette œuvre en néon de Joseph Kosuth, datant de 1991, qui sculpte la phrase « Words are deeds. », citation d'un aphorisme de Wittgenstein[11]. Cette œuvre emporte les mots vers des régions plus visuelles. Que penser de cette réalisation icono-textuelle ? Les mots sont des actes, et ainsi matérialisés, ils ont un véritable impact visuel. Mais en même temps, ils emportent l'image vers des régions plus verbales. Cette image introduit en effet du *trouble*. Du trouble dans tous les registres. Le registre purement visuel est perturbé par la mise en valeur de cette phrase signifiante. Le registre purement verbal, lexical et sémantique, est dérangé par le traitement formel au néon et le registre conceptuel est bousculé parce qu'il y a la référence au registre de l'action, du faire. Finalement, les mots et le langage se trouvent rapportés à la sphère de la pratique, du faire, de l'engagement, de la présence, de la transformation du réel ou de l'intrusion dans le réel de quelque chose de supplémentaire au-delà ou en deçà, différent en tout cas de la logique de la connaissance.

En travaillant au plus près d'une philosophie comme celle de Spinoza, en l'envisageant comme un matériau plastique pour ainsi dire, j'ai cherché à me demander vraiment si Wittgenstein et Kosuth n'avaient pas fondamentalement raison, à savoir qu'il faut peut-être reconnaître que les activités artistiques ne sont pas des processus à dire, mais des processus à montrer. C'est très frappant et troublant quand on construit des objets-verbaux qui s'éloignent de la visée de connaissance, et par conséquent de vérité. Plus on s'approche de la visée conceptuelle philosophique à travers une démarche artistique, plus on marque, me semble-t-il, l'incommensurabilité des types de discours, celui pour dire (asserter) et connaître, celui pour montrer.

« Sortir du monde » : ce que propose l'art, notamment pour exprimer et expérimenter la pluralité irréductible des perceptions du monde ou de la nature.

L'art, donc, serait une manière de sortir du monde ou de la nature, en ne disant rien sur lui, mais tout en restant à proximité, voire même très proche. Mais qu'est-ce qui pousse à sortir du monde tout en restant très proche ? Il faudrait peut-être reformuler la question : de quel monde l'art organise-t-il la sortie ? Peut-être du monde qui fait système, du monde des propositions vraies ou fausses, de la nécessité intégrale des choses, les seules choses existantes qui sont toutes nécessaires et toutes diverses, comme y insiste Spinoza. Tout le système de la raison humaine tend à construire du commun tandis que toute l'analyse ontologique de Spinoza dans la première partie conclut irrémédiablement à la multitude absolument infinie et *diverse* des choses singulières.

C'est cette conception spinoziste de la production et de la productivité infinies des choses sans aucune hiérarchisation en termes de « dignité ontologique » du genre de ce que les métaphysiques anciennes et classiques

---

[11] *Culture and Value*, Chicago, University of Chicago Press, 1984, p. 46.

ont élaboré, c'est donc cette thématisation d'une production *immanente absolument infinie* et la conception du temps et de la durée correspondante qui permettent de faire valoir le caractère absolu du point de vue singulier de l'individu plongé dans le monde, et subissant la pression de son environnement, physique et mental – la pression des ambiants. L'individu chez Spinoza est *in medias res*, chose parmi les choses, pressant les choses et pressé par elles. Il ne s'agit pas tant ici de souligner l'irréductibilité et la différence des points de vue individuels, que de souligner leur incommensurabilité. C'est comme si, quand on parvient à cette extrémité qu'est le point de vue singulier individuel, le pouvoir d'analyse et d'élucidation générale proprement philosophique devait s'arrêter ; et qu'un autre outil devait prendre le relais, pour sensibiliser à cette irréductibilité du regard affecté au milieu des choses, mais un outil qui ne soit plus conceptuellement systématique, procédant par catégorisation et par ordre de déduction (ou d'induction) – un outil donc qui soit local, empirique, ponctuel. Rarement nous contemplons les causes des effets qui nous affectent, et quand bien même nous en contemplons quelques-unes, la quantité des effets qui nous affectent est tellement grande que nous ne pourrons jamais réduire cette quantité, elle existe bel et bien, et cette partie d'idées affectives et inadéquates qui définit donc en grande partie l'individu a tendance à augmenter si la part d'affections produites par des choses que nous ne contrôlons pas augmente.

Pour le dire clairement, plus on considère la diversité des manières dont les individus s'exposent aux effets du monde ou de la nature, plus on comprend qu'à part l'endurance, la persévérance, il n'y a pas de règles… Pas de règles qui conviennent à tous.

Ce n'est pas autre chose que dit Wittgenstein dans sa *Conférence sur l'éthique*. Pour Wittgenstein, l'éthique, dans sa prétention prescriptive, « donne du front contre les bornes du langage », elle sort du monde. Le monde étant l'ensemble des faits, si l'éthique est quelque chose, elle ne peut être que relative, et non pas ce domaine de pensée absolue qu'elle prétend être. Wittgenstein argumente :

> La route correcte est celle qui conduit à un but que l'on a prédéterminé de façon arbitraire et il est tout à fait clair pour chacun de nous qu'il n'y a pas de sens à parler d'une route correcte en dehors d'un tel but prédéterminé. Voyons maintenant ce que nous pourrions bien entendre par l'expression : « *la* route absolument correcte ». Je pense que ce serait la route que *chacun* devrait prendre, mû par une *nécessité logique*, dès qu'il la verrait, ou sinon il devrait avoir honte. Similairement, *le bien absolu*, si toutefois c'est là un état de choses susceptible de description, serait un état dont chacun, *nécessairement*, poursuivrait la réalisation, indépendamment de ses goûts et inclinations, ou dont

on se sentirait coupable de ne pas poursuivre la réalisation. Et je tiens à dire qu'un tel état de choses est une chimère.[12]

Si l'éthique est bien cette chose *supérieure* aux autres sujets, voici ce qu'en dit Wittgenstein :

> Je ne puis décrire mon sentiment à ce propos que par cette métaphore : si un homme pouvait écrire un livre sur l'éthique qui fût réellement un livre sur l'éthique, ce livre, comme une explosion, anéantirait tous les autres livres de ce monde.[13]

Spinoza aura-t-il écrit ce livre ? Mais reformulons franchement la question à partir des propos de Wittgenstein : qu'est-ce qu'un livre face à la force des engrenages qui piègent l'individu ? Quelle efficace peut avoir l'idée ? La pensée ? Précisément une pensée aussi proche du réel que celle de Spinoza, mais tant systématique ? Voyons donc un peu Spinoza à travers les effets que son texte produit sur ses lecteurs. Je ne serai pas exhaustive ici : je prendrai deux exemples de lecteurs de Spinoza, apparemment très différents dans leur genre : Goethe, d'abord, et Yakov B., le personnage de théâtre que j'ai créé à partir du personnage de Bernard Malamud. Voici ce que dit Goethe du livre de Spinoza, car c'est d'abord du *livre* que Goethe parle :

> Après avoir cherché vainement dans le monde entier un moyen de culture pour mon étrange nature [Goethe revendique la conscience aiguë de la singularité de son individualité], *je* finis par tomber sur *l'Éthique* de ce grand homme [Spinoza donc]. Ce que j'ai pu tirer de cet ouvrage, ce que j'ai pu y mettre du mien, je ne saurais en rendre compte ; en un mot, j'y trouvai l'apaisement de mes passions ; il me semblait voir s'ouvrir une vaste et libre perspective sur le monde sensible et le monde moral.[14]

Et dans son journal, il souligne que le souvenir de l'effet de cette *lecture* demeure vif, il se rappelle très bien le calme et la clarté qui s'étaient répandus en lui, lorsqu'un jour il avait parcouru les ouvrages laissés par « cet homme remarquable » (Spinoza). L'effet était encore parfaitement distinct. Les effets identifiés pour Goethe sont le calme, la sérénité – il s'agit en somme d'effets « éthiques », et Goethe explicite cela lui-même en des termes de philosophie morale classique : ce livre peut offrir l'apaisement des passions.

Chez le personnage Yakov B., en revanche, il y a de la fascination, mais il n'y a pas de place pour contempler au calme les effets éthiques de la philosophie de Spinoza. On se trouve même face à un personnage interloqué devant cette figure de Spinoza. Le rapport à la lecture et à l'imagination de la figure de Spinoza est loin d'être calme, il provoque même des remous et des tempêtes intérieures, voire même de la révolte.

---

[12] *Conférence sur l'éthique, op. cit.*, p. 13.
[13] *Ibid.*, p. 12.
[14] *Poésie et vérité, souvenirs de ma vie*, trad. et préf. de P. du Colombier, Paris, Aubier, coll. « Domaine allemand », 1991, p. 400-401.

Voici ci-dessous des citations qui retracent le parcours du rapport de ce personnage de fiction à sa lecture de Spinoza[15]. C'est d'abord une rencontre et une interrogation :

> Je trouvai *Une vie de Spinoza*, que j'achetai et que je lisais pendant mes nuits solitaires. Est-ce possible de tirer des leçons de la vie d'un autre homme ?

Puis c'est le récit d'une lecture assidue le soir, et la formulation imaginative de l'effet de la philosophie nécessitariste et réductionniste de Spinoza :

> Je revenais à Spinoza, relisant des chapitres sur la critique biblique, sur la nature de la superstition, sur la nature des miracles, chapitres que je connaissais quasiment par cœur. S'il y avait eu un Dieu, après avoir lu Spinoza, il avait fermé son échoppe et était devenu une idée.

Puis poussé à dire ce qu'il pense avoir compris de la philosophie de Spinoza une fois jeté en prison et interrogé par une sorte d'avocat compatissant et lui-même spinoziste, voici ce qu'il retient de sa lecture de Spinoza :

> Peut-être c'est que Dieu et la Nature sont une et même chose, et ainsi l'homme, qu'il soit pauvre ou riche. Si vous comprenez que l'homme est une partie de Dieu, alors vous comprendrez cela comme moi. De cette façon, vous êtes libre, si vous êtes dans l'esprit de Dieu. Si vous y êtes, vous le savez. En même temps, le problème vient de ce que vous êtes contraint par la Nature, ce qui n'est pas vrai de Dieu, qui est la Nature elle-même. Il y a aussi une chose qui se nomme la nécessité, qui est toujours là même si personne n'en veut, et on doit s'y frotter. Dans le shtetl, Dieu est censé s'affairer avec les Lois dans chaque main, mais cet autre Dieu, alors qu'il occupe plus d'espace, a moins à faire dans l'ensemble. Quel que soit celui auquel vous croyez, rien ne change dans le monde si vous n'avez pas de travail. Voilà sur le chapitre de la nécessité. J'imagine aussi que Spinoza veut dire que la vie est la vie et qu'il n'y a pas beaucoup de sens à l'enterrer au cimetière. Quelque chose comme ça ou je comprends encore moins que je le crois.

On peut ainsi penser que ce personnage, précisément plongé dans les pires des circonstances, juif dans une prison de Kiev en 1911, accusé du meurtre rituel d'un enfant, pourra tirer toute une *application* éthique, *bénéfique*, de sa connaissance de la philosophie de Spinoza. Or précisément, ce qui est intéressant de ce que je perçois dans cette histoire comme une confrontation entre d'une part la vie et les circonstances (dramatiques/tragiques) de la vie et d'autre part la philosophie, c'est de faire sentir cette hétérogénéité, à certains égards incommensurable, comme l'huile et l'eau.

---

[15] Les citations sont tirées de *Spinoza à Kiev. Mélodrame*, non publié, mais joué à Londres dans le cadre de « *My Night With Philosophers* », le 8 juin 2013, à Berlin dans le cadre de « *Die Nacht der Philosophie* », le 13 juin 2014 et à New York, dans le cadre de « *A Night of Philosophy* » le 24 avril 2014.

Au milieu de la durée indéfinie de sa détention, le personnage tente bien de faire de sa pensée une ressource, mais cette ressource est faible et est infiniment surpassée par la puissance des causes extérieures.

> Il essaya désespérément d'ordonner en une séquence rationnelle les événements qui l'avaient conduit inévitablement de son départ du shtetl à une prison de Kiev ; mais les tentatives de considérer toutes ces aventures étranges et inattendues comme étant reliées significativement entre elles jetaient son esprit dans la plus grande confusion. Vrai, le monde était ce qu'il était. La pluie éteignait les incendies et provoquait les inondations et les déluges.

Le personnage exprime sa perplexité et l'on sent son désespoir, parce que les limites de ses forces sont exprimées, notamment à travers le point de vue d'un narrateur qui fait le récit de l'aventure de Yakov B. tout en initiant un dialogue avec lui :

> La nécessité avait libéré Spinoza et avait emprisonné Yakov. Spinoza se concevait appartenir à l'univers mais les pauvres pensées de Yakov étaient encloses dans une cellule.

Mais précisément il ne s'agit pas de dériver une conclusion morale pessimiste, c'est-à-dire de rester dans le *système* des propositions vraies ou fausses, mais de faire valoir un point de vue plongé dans les choses, en l'occurrence en prison. L'expression de ce point de vue fait sentir l'écart entre la figure de Spinoza et la situation concrète d'un homme jeté injustement en prison, écartèlement ou creusement paradoxal sensible que j'ai voulu faire sentir en donnant comme titre à ma petite pièce de théâtre : *Spinoza à Kiev.*

J'ai repris les bases de l'histoire de Bernard Malamud[16] sous forme de dialogue, sans la mener au bout, en m'arrêtant justement au milieu, en coupant la fin signifiante, qui donne son sens, dans le roman, à tout ce qu'aura enduré Yakov Bok – car l'homme à la fin, malgré tout ce qu'il a enduré, a persévéré et n'a pas été brisé par le système carcéral tortionnaire de la Russie antisémite de 1911 et va pouvoir défendre ses droits d'individu au tribunal. Ce sens final m'intéresse moins que le point de vue singulier qui s'exprime à la première personne au moment où les choses arrivent. C'est la raison pour laquelle *Spinoza à Kiev* devait prendre pour moi la forme d'un mélodrame, pour exprimer la texture émotionnelle du point de vue qui dit « je », qui se différencie de tous les autres mondes perçus.

C'est là qu'on retrouve l'éthique, mais non pas sous une forme théorique. Il y a ainsi une observation de Wittgenstein qui me frappe : alors que d'un côté il affirme catégoriquement, lui, que tenter de traduire l'éthique dans le système des propositions vraies ou fausses, c'est « donner du front contre les bornes du langage » (selon sa magnifique image), d'un autre côté, à la fin de sa *Conférence sur l'éthique*, il conclut que l'éthique (qui s'apparente au désir de dire quelque chose sur la signification ultime de la vie et de la valeur

---

[16] *Op. cit.*

absolue), « nous documente sur une tendance qui existe dans l'esprit de l'homme, tendance que je ne puis que respecter profondément *quant à moi* »[17]. Wittgenstein commente ensuite : « À la fin de ma conférence sur l'éthique, j'ai parlé à la première personne. Je crois qu'il y a là quelque chose de tout à fait essentiel. À ce niveau rien ne peut plus faire l'objet d'un constat, *je ne puis qu'entrer en scène comme une personne et dire je* »[18]. Cette dernière phrase est tout à fait frappante, nouant de manière extraordinaire éthique et esthétique, deux manières de sortir du monde, c'est-à-dire du système des propositions vraies ou fausses. Ceci étant dit, dans cette forme qui met sous le projecteur le personnage qui dit je, ici la tension constitutive du point de vue singulier en première personne est fournie par la confrontation, la référence, la rencontre avec la figure de Spinoza et sa philosophie (ce qui fait un).

Spinoza est une source d'inspiration puissante, source de fascination, il constitue un objet de cristallisation tout au long de l'histoire de la réception du spinozisme. Il y a certes la question de l'éthique et l'espoir d'un apaisement, d'une *acquiescientia in se ipso*, d'un contentement de soi-même, d'un acquiescement à son sort, qui motivent ce rapport privilégié, captif. Or dans ces motifs, la motivation profonde pour impliquer Spinoza dans une œuvre à la frontière du discours philosophique, c'est de tenter de communiquer l'émotion ressentie à sa fréquentation, d'essayer modestement de faire comprendre comment Spinoza peut embarquer son lecteur et son commentateur. Même Goethe finalement parle de l'effet émotionnel produit par l'œuvre de Spinoza, effet qui ne concerne pas la connaissance mais la structure toute entière de la personnalité, comme si le spinozisme pouvait fournir des bases transcendantales de la perception du monde à certains individus.

Pour conclure d'une phrase, je dirais qu'il y a une différence entre un monde avec Spinoza et un monde sans Spinoza, différence à entendre sans doute à la manière dont Wittgenstein entend la différence entre le monde de l'homme heureux (celui qui se sent en sécurité) et le monde de l'homme malheureux (celui qui se sent de toute façon coupable), affaire de perception qui est au-delà ou en deçà de ce qui est vrai ou faux, affaire de formes de vie, et conséquence de leur pluralité.

---

[17] *Conférence sur l'éthique, op. cit.*, p. 20.
[18] L. Wittgenstein, *Leçons et conversations* suivi de *Conférence sur l'éthique*, Paris, Gallimard, 1971, p. 155-156.

Partie III

L'ESTHÉTIQUE DE SPINOZA ?

13. *Corporis humani fabrica.* Penser les arts avec Spinoza

Lorenzo VINCIGUERRA

Sed ad hæc ars, & vigilantia requiritur.
Ethica IV, caput XIII

Le philosophe et l'artisan

Ces dernières années, notre portrait de Spinoza s'est modifié[1]. L'image d'Épinal colportée par la tradition du sage solitaire retiré et isolé du monde, banni de la société et imperméable aux passions s'est affadie, pour laisser transparaître celle d'un homme vivant parmi les hommes, immergé dans son temps, cultivant les amitiés et les relations derrière une proverbiale prudence. La communauté des chercheurs s'est souvent interrogée sur les rapports de Spinoza avec les sciences, la religion, la politique et les autres philosophes et philosophies. Cela a été beaucoup moins le cas pour les arts. Pourtant Spinoza ne semble pas avoir été que philosophe. Il fut sans doute aussi tailleur de verre, probablement acteur de théâtre, mais également dessinateur, du moins si l'on en croit son biographe, Jean Colerus : « Après s'être perfectionné dans cet Art (méchanique) [de la taille des verres pour des Lunettes d'approche & pour d'autres usages], il s'attacha au Dessein »[2].

Il y a cent ans, le peintre, graveur et historien de l'art André-Charles Coppier confiait dans un article que des recherches plus poussées dans les archives hollandaises n'auraient pas manqué d'apporter confirmation des accointances du philosophe avec les peintres et les artisans de son temps[3].

---

[1] Notamment depuis la publication de la biographie de Steven Nadler, *Spinoza. A life*, Cambridge, Cambridge University Press, 1999, trad. fr. par J.-F. Sené, *Spinoza. Une vie*, Paris, Bayard, 2003 ; le récent livre de fiction, mais très documenté, de Maxime Rovere, *Le Clan Spinoza. Amsterdam, 1677. L'invention de la liberté*, Paris, Flammarion, 2017, marque le trait de cette tendance iconoclaste, pour ne pas dire révisionniste, de l'hagiographie spinoziste.

[2] Jean Colerus, *La vie de B. de Spinosa, tirée des écrits de ce fameux philosophe, Et du témoignage de plusieurs Personnes dignes de foi, qui l'ont connu particulièrement*, en appendice de la traduction de l'*Éthique* par Bernard Pautrat, Paris, Seuil, « Points Essais », 2010, p. 585. Nous présentons ici une version largement remaniée de l'essai intitulé « Lineamenti per un'estetica spinoziana », paru dans le numéro monographique de la revue *Il Cannocchiale. Rivista di studi filosofici*, « Corporis humani fabrica. Percorsi nell'opera di Spinoza », R. Finelli, S. Manzi-Manzi, P.-F. Moreau, F. Toto (éds), 40e année, n° 2-3, maggio-agosto 2015, Napoli, Edizioni Scientifiche Italiane, p. 225-241.

[3] André-Charles Coppier, « Rembrandt et Spinoza », *Revue des Deux Mondes*, tome 31 (1916), p. 160-191.

Jamais véritablement démentie, cette enquête reste à faire. Nous savons en effet que dans l'Amsterdam du siècle d'or, les Spinoza vivaient sur la Burgval, non loin de la synagogue, et que dans le même quartier avaient leur demeure et leur « bottega » de nombreux artisans, décorateurs, peintres. Parmi eux Potter et Rembrandt, qui résidait sur la Breestraat depuis 1631. Dans le même pâté de maisons, vivait Hendrick van Uylenburgh, riche commerçant d'art en lien étroit avec Rembrandt, qui, en 1639, alla habiter à deux pas de la maison de Menasseh Ben Israël et de Rabbi Saul Morteira, dont il laissera le portrait. Comme le rappelait André-Charles Coppier, la tradition veut que le jeune Baruch ait inspiré la figure de David jouant de la harpe dans la célèbre toile *Saül et David* conservée à la Mauritshuis à La Haye. En plus d'être un libre penseur, un homme politique et un pédagogue, Franciscus van den Enden tenait une galerie, où l'on commerçait en œuvres d'art et tableaux[4]. Après s'être éloigné d'Amsterdam suite à son excommunication, Spinoza ira s'installer dans la banlieue de Leyde, à Rijnsburg, pour s'établir au printemps 1663 à Voorburg, non loin de La Haye. Ici, il loue une chambre auprès d'un peintre nommé Daniel Tydeman, sympathisant des Collégiants. En 1671, il s'installe de nouveau chez un peintre-décorateur, Hendrik van der Spyck. Colerus écrit que le philosophe apprit l'art du dessin en autodidacte. Un autre biographe, Monnikhoff, avance que ce fut Tydeman qui le guida dans l'apprentissage de cet art. À en croire ces témoignages, Spinoza acquit une certaine maîtrise dans l'art du portrait : « il réussissait bien à tracer un portrait avec de l'encre ou du charbon »[5]. Colerus raconte avoir eu entre les mains un livre entier de semblables portraits. Parmi eux, ceux de plusieurs personnes distinguées qui étaient connues du philosophe, ou qui avaient eu occasion de lui rendre visite et dont il préfère « non sans raison » taire les noms. Parmi ces dessins, également un dessin représentant un pêcheur en chemise avec son filet sur l'épaule droite sous les traits du célèbre rebelle napolitain Masaniello, tel qu'il était connu par les gravures qui circulaient à l'époque. En raison de sa ressemblance avec Spinoza, Hendrik van der Spyck aurait assuré qu'il s'agissait d'un autoportrait. De ce fameux carton, nous n'avons jamais eu trace.

L'intérêt de Spinoza pour le théâtre remontait à sa jeunesse. C'est à la sortie du théâtre (pour d'autres il s'agirait de la synagogue), qu'il aurait été poignardé par un fanatique. Mais il n'aurait pas été simplement spectateur et

---

[4] Koenraad Oege Meinsma, *Spinoza et son cercle. Étude critique historique sur les hétérodoxes hollandais* (1896), préface de Henri Gouhier, traduit par S. Roosenburg, appendices traduits par J.-P. Osier, Paris, Vrin, 2006, p. 136 ; on apprend également que « Leendert van Beijeren, élève de Rembrandt et grand collectionneur d'art, était pensionnaire de F. van den Enden. Ce riche étudiant, qui mourut jeune, légua plusieurs tableaux à Van den Enden », *ibid.*, note o.

[5] Jean Colerus, *La vie de B. Spinoza, op. cit.* p. 585.

bon connaisseur de littérature classique (Plaute, Sénèque, Térence) ; il aurait également été attiré par le jeu d'acteur. Du moins, c'est ce qui ressort des derniers travaux d'Omero Proietti, grâce auxquels cela est aujourd'hui mieux connu[6]. D'après les recherches sur les pratiques pédagogiques et l'école de Van den Enden, où l'apprentissage du latin se faisait aussi par le jeu et la représentation de comédies classiques, un nombre assez important de crypto-citations repérées dans les œuvres accréditent l'idée qu'il aurait personnellement participé à des pièces de Térence. En particulier dans l'*Eunuque*, monté au théâtre d'Amsterdam les 16 et 17 janvier 1657, il aurait interprété le rôle du serviteur Parménon. Pour la représentation de l'*Andria*, toujours à Amsterdam, il aurait prêté ses talents au rôle du *senex* Simo. Au sein de la société des arts *Nil volentibus arduum*, où Spinoza comptait plusieurs amis, on débattait d'esthétique théâtrale et projetait une réforme linguistique du néerlandais. Le projet d'écrire le *Compendium grammatices linguæ Hebrææ* serait né de ces discussions[7]. Enfin, il est possible qu'à l'école de Van den Enden, le jeune Spinoza n'ait pas fait qu'apprendre le latin. Il l'enseigna sans doute aussi aux plus jeunes. Et bien qu'il ait refusé plus tard d'occuper une chaire à l'Université de Heidelberg, l'art d'éduquer à la philosophie ne le laissa certainement pas indifférent. Son rapport avec le jeune étudiant Casearius d'une part, la composition d'œuvres comme *Les Principes de la philosophie de Descartes* d'autre part, pour ne rien dire du projet de l'*Éthique* lui-même, répondent ouvertement à des visées pédagogiques, et à cet art tout spinozien de disposer la matière, et avec elle le lecteur, à une compréhension plus aisée et efficace de la philosophie.

La vie de Spinoza est donc loin de n'être absorbée que par la lecture et l'écriture philosophique. Comme le soulignait naguère Colerus : « La Loi & les anciens Docteurs Juifs, marquent expressément qu'il ne suffit pas d'être sçavant ; mais qu'on doit en outre s'éxercer dans quelque Art méchanique ou profession, pour s'en pouvoir aider à tout événement, & y gagner de quoi subsister »[8]. Citant Rabban Gamaliel dans le Traité du *Talmud Pirke avoth* (chap. 2), il rappelait que :

l'étude de la Loi est quelque chose de bien désirable, lors qu'on y joint une profession, ou quelque Art méchanique ; Car [...] l'application continuelle à ces deux éxercices, fait qu'on n'en a point pour faire le mal & qu'on l'oublie ; Et tout sçavant qui ne s'est pas soucié d'apprendre quelque Profession, devient à la fin un homme dissipé & déréglé en ses mœurs. [...] Spinosa sçavant dans la Loi

---

[6] Omero Proietti, Philedonius, *1657. Spinoza, Van den Enden e i classici latini*, Macerata, Eum, coll. « Spinozana », 2010.

[7] *Cf.* Guido van Suchtelen, « Nil volentibus arduum. Les amis de Spinoza au travail », *in Studia Spinozana*, 3 (1987), p. 391-404 ; Roberto Bordoli, *Etica arte scienza tra Descartes e Spinoza. Lodewijk Meyer (1629-1681) e l'associazione* Nil Volentibus Arduum, Milano, FrancoAngeli, 2001.

[8] Jean Colerus, *La vie de B. de Spinosa, op. cit.*, p. 584.

& dans les coûtumes des Anciens, n'ignoroit pas ces maximes, & ne les oublia pas, tout séparé des Juifs & excommunié qu'il étoit.[9]

Le quotidien de Spinoza n'était pas seulement occupé par la philosophie et la pratique des arts mécaniques. Ces témoignages indiquent que ses intérêts étaient diversifiés. La coupe manuelle des lentilles (qu'il préférait aux procédés mécanisés), la récitation et le jeu (pour le temps au moins qu'il fréquenta l'école de Franciscus van den Enden), le dessin (quand il résidait à La Haye) : autant d'activités accompagnant l'étude et l'écriture. Si l'on songe à la fréquentation quasi quotidienne de peintres, décorateurs et artisans qui l'entouraient et dont visiblement il appréciait la compagnie, il devient difficile de croire que notre philosophe-artisan n'ait pas tant soit peu médité sur les arts, leur exercice, leur rôle social et plus largement leur importance pour la vie humaine, dans une société comme celle des Pays-Bas du XVIIe siècle qui les cultivait autant.

Ce constat fait, il faut bien avouer que les références et les observations sur les arts n'abondent pas dans les œuvres. Il n'est pas moins vrai, cependant, que les rares qui s'y trouvent interviennent toujours en des lieux cruciaux des textes et des doctrines. Quoi qu'il en soit, une réflexion sur les arts, chez Spinoza comme chez ses contemporains, ne pouvait en aucun cas assumer les formes qui nous sont ensuite devenues familières, après l'invention du terme « esthétique » par Baumgarten au milieu du XVIIIe siècle et, plus tard, ce que nous avons appris à penser avec ce terme suite à la troisième critique de Kant. Encore moins trouverait-on chez Spinoza quelque chose qui s'apparenterait à une philosophie de l'art au sens où Hegel pourra la comprendre. Il est évident que les catégories héritées du romantisme, les questions ayant trait aux beaux-arts, et plus tard les problématiques de l'art moderne, du modernisme puis du post-modernisme qui ont tant occupé les réflexions occidentales tout au long du XXe siècle, ne peuvent en aucun cas servir de cadre conceptuel pour interpréter la pensée de Spinoza sur les *artes*. Pourtant, en partie sans doute à cause de cet héritage, le spinozisme s'est souvent prêté à une lecture « esthétique », pour ne pas dire esthétisante[10]. Le projet de penser une esthétique spinozienne n'est en soi ni neuf ni un cas isolé. C'est un fait, cette philosophie a été souvent approchée avec un regard tourné vers l'esthétique. Que l'on se soit intéressé à ses traits baroques du point de vue d'un art de l'imagination[11], que l'on ait voulu

---

[9] *Ibid.*

[10] On peut par exemple ranger dans cette catégorie le texte du critique d'art Pontus Hultén, *Vermeer et Spinoza*, Paris, L'Échoppe, 2003.

[11] *Cf.* Filippo Mignini, *Ars Imaginandi. Apparenza e rappresentazione in Spinoza*, Napoli, ESI, coll. « La cultura delle idee », 1981. Ce livre reprend, en la critiquant, une tradition vivante surtout en Allemagne dans les années 1920, où la pensée de Spinoza est évaluée à la lumière des caractères de l'époque du baroque, où elle a été en particulier rapprochée de la figure de Rembrandt ; *cf.* notamment l'Appendice de ce livre « Interpretazioni novecentesche dell'estetica spinoziana », p. 389-430 ; sur

éclairer la science intuitive par le recours à une expérience de type esthétique[12], pour ne rien dire ici de ce que poètes et écrivains comme Heine, Hugo, Flaubert, Proust et bien d'autres purent y trouver, les raisons historiques et philosophiques d'une lecture prenant en compte l'aspect « aisthétique » de cette philosophie ne sont en soi ni négligeables ni inintéressants.

À condition de respecter le cadre historique et conceptuel qui fut le sien, on pourra trouver dans cette philosophie des éléments pour orienter une réflexion sur l'art susceptible d'inspirer sinon une esthétique, de fait absente, du moins une manière d'envisager les activités artistiques sans en passer par une esthétique, comme nous avons été habitués à le faire. Orientation d'autant plus précieuse pour une époque comme la nôtre, théâtre d'une croissante diversification des arts, au moment où l'esthétique comme branche de la philosophie a connu une crise sans précédent et peut-être sans retour. Il est vrai que tout au long du siècle dernier les arts n'ont fait qu'amplifier le mouvement d'émancipation amorcé par les avant-gardes vis-à-vis de l'ancien paradigme des Beaux-Arts. Leur évolution récente, la démocratisation des pratiques artistiques, l'éclatement et le mélange des genres ont contribué au profond remaniement de notre manière de les penser et de les juger. Aussi, l'absence d'une définition formelle de l'art au sein du spinozisme, son apparent anachronisme, au lieu de constituer un handicap, pourraient paradoxalement se révéler une ressource inattendue, un banc d'essai critique à l'aune duquel venir mesurer les différentes théories dont les arts ont fait l'objet.

Corporis humani fabrica

Revenons alors aux textes, *a priori* si avares. En réalité, le terme *ars* est loin d'être absent du vocabulaire spinozien. En général il est employé dans le sens de technique, ou de maîtrise d'une technique[13]. Plus encore, en tant que technique, méthode, adresse, on entend par ce terme notamment la capacité à rendre facile ce qui est difficile[14]. C'est pourquoi il renvoie

---

Spinoza et le baroque, voir aussi Saverio Ansaldi, *Spinoza et le baroque. Infini, désir, multitude*, Paris, Kimé, 2001.

[12] *Cf.* notamment Roberto Diodato, *Vermeer, Góngora, Spinoza. L'estetica come scienza intuitiva*, Milano, Bruno Mondadori, 1997, qui soutient que « l'imagination, considérée dans sa puissance et dans sa liberté comme vertu de l'esprit n'est pas une alternative à la science intuitive », mais au contraire que « sa plus grande liberté et sa puissance a lieu dans la science intuitive » (p. 198).

[13] Le premier à avoir recensé les différents sens du mot *ars* a été Filippo Mignini, *Ars imaginandi, op. cit.*, p. 271-278.

[14] « L'art facilite beaucoup de choses difficiles » ; *Traité de la réforme de l'entendement*, 15, trad. Michelle Beyssade, *in* Spinoza, *Œuvres I, Premiers écrits*, publiées sous la direction de Pierre-François Moreau, Paris, Puf, coll.

volontiers à des notions comme *faber*, *fabrica*, *ingenium*, *virtus*, autrement dit à une capacité du corps à mettre en œuvre en lui ou hors de lui, de manière innée ou acquise, des actions et des productions aptes à rendre plus puissantes ses pratiques. À ce titre, les arts indiquent bien une activité, et plus précisément une activité corporelle, à ceci près que les productions artistiques des hommes ne constituent pas un empire dans l'empire des productions de la nature. Rien n'encourage en effet à opposer productions naturelles et productions artificielles, ainsi que le fera, par exemple, l'esthétique hégélienne, qui considérera les premières comme l'expression de la liberté de l'esprit au détriment des secondes réduites à de simples effets d'une nécessité aveugle. De là aussi la relative hiérarchisation des arts, révélatrice d'une époque, quand cela ne repose pas entièrement sur les raisons du philosophe. Chez Hegel, par exemple, la poésie est considérée comme le plus « spirituel » des arts, dans la mesure où elle serait la moins liée à la matérialité de ses moyens d'expression. Chez Schopenhauer, au contraire, c'est la musique qui l'emporte, son contenu ne se distinguant pas de sa forme, elle est jugée plus apte à exprimer le mouvement même de la Volonté. Dans un cas comme dans l'autre, les formes artistiques se rangent aux valeurs que le discours philosophique leur prête. En somme, à chaque philosophie son art de prédilection.

Rien de tel chez Spinoza. Pour commencer, aucune opposition n'est faite entre artificiel et naturel. C'est peut-être là l'une des raisons qui font que les considérations spécifiques aux arts sont assez rares. La nature de l'art se comprend en continuité avec l'art de la nature. Il s'agit plutôt de penser une vertu qui de part en part s'exprime dans la nature même des choses. Les productions artistiques humaines participent des autres productions de la nature au même titre que certaines capacités ou productions animales, qui ne manquent pas de susciter l'admiration. On peut aussi rappeler la célèbre phrase : « la musique est bonne pour le mélancolique, mauvaise pour l'affligé, et pour le sourd elle n'est ni bonne ni mauvaise »[15]. Encore que, à proprement parler, une telle considération relève davantage de la médecine que de l'esthétique. Par ailleurs, on chercherait en vain dans les textes une référence à Vossius[16], à Bellori, ou à toute autre indication pour asseoir un

---

« Épiméthée », 2009, p. 73) ; sur l'art dans ce premier traité, *cf.* Adrien Klajnman, *Méthode et art de penser chez Spinoza*, Paris, Kimé, 2006.

[15] *Éthique*, IV, préface, p. 357.

[16] Mignini pense déceler une certaine proximité entre les positions esthétiques de Vossius et de Spinoza : « Peuvent être soulignés au moins quatre aspects importants de la conception non seulement picturale, mais aussi esthétique de Vossius, présents également en partie, dans la pensée de Spinoza : l'art tire son origine du plaisir de l'imitation ; il consiste dans la seule *représentation* du vrai par le biais d'images, c'est-à-dire de signes et de symboles des choses [...] ; l'art ne semble pas être réservé à la détermination et à la représentation du beau : il est intimement lié à toutes les sciences dans un rapport de réciprocité » [*Ars imaginandi, op. cit.,* p. 281,

quelconque classement, voire un semblant de hiérarchie entre art libéral et art mécanique. Aussi est-il plus prudent de s'en tenir à ce que notait déjà Colerus : Spinoza les pratiqua tous deux, et, semble-t-il, sa renommée fut aussi grande dans l'un comme dans l'autre.

D'autant que dans le *Traité théologico-politique*, il ne se gêne pas pour appeler *artes* toute une série d'activités auxquelles nous n'aurions pas *a priori* songé. Notamment toutes celles destinées *ad vitam sustentandum*, comme « labourer, semer, moissonner, moudre, cuire, tisser, coudre et [...] bien d'autres choses indispensables pour se conserver en vie »[17]. Non seulement, rien d'esthétique ne vient ici rehausser ces activités (encore que rien n'exclut que l'on puisse les apprécier aussi esthétiquement), mais surtout ces *artes* semblent avant tout participer d'une définition sociale, économique et politique. En effet, « si les hommes ne s'entraidaient pas mutuellement, l'art et le temps [*ars et tempus*] leur feraient défaut »[18]. Autant dire que la vie humaine ne saurait se soutenir sans ce « temps de l'art », au risque de se révéler tout simplement invivable. On peut remarquer que dans ce même paragraphe 7 du chapitre V, Spinoza alterne l'hendiadys *ars et tempus* avec le couple *vires et tempus,* pour enfin en prolonger le sens avec le binôme *artes et scientias*. « Art » et « force » en viennent à être quasi-synonymes et soulignent la puissance que les hommes gagnent à vivre en société, dans la mesure où aucun d'eux n'est, seul, apte à tout, et que pris isolément chacun est incapable de se procurer ce dont il a besoin pour vivre. Les arts ont ainsi leur part autant dans la division du travail que dans la distinction des talents. Par ailleurs, il y a bien continuité entre *artes* et *scientias*, notamment à travers les techniques. Ensemble ils sont « tout à fait nécessaires [*summe necessariae*] à la perfection de la nature humaine et à sa béatitude »[19]. Discrètement, mais clairement, la question des *artes* rejoint le projet éthique et politique, tout en s'ouvrant sur une perspective civilisationnelle. Le passage du *Traité théologico-politique* fait ainsi écho à la perspective éthique et sociale esquissée au début du *Traité de la réforme de l'entendement*, où le jeune Spinoza insistait sur la nécessité de diriger les sciences vers « une fin unique » et de développer, avec la philosophie

---

note 32 ; souligné par Mignini] ; et il conclut : « l'étonnante relation que Vossius établit entre art et nature, la considérant à la fois comme génitrice de l'art, et comme étant aussi continuellement régénérée par l'art [...] peut être considérée, parmi nombre de celles diffusées en Hollande de son temps, comme la conception la plus proche de celle qui transparaît des écrits du même Spinoza » (p. 285).

[17] *Traité théologico-politique*, V, 7, traduction et notes par Jacqueline Lagrée et Pierre-François Moreau, *in* Spinoza, *Œuvres III*, publiées sous la direction de Pierre-François Moreau, Paris, Puf, coll. « Épiméthée », 1999, p. 219, l. 19-21.

[18] *Ibid.*, l. 13-15.

[19] *Ibid.*, l. 22-23.

morale, notamment la doctrine de l'éducation des enfants, la médecine et la mécanique[20].

Aussi ont droit à être appelés arts : la mécanique, la médecine, la géométrie, la politique, l'art militaire, l'économie, l'architecture, la décoration et les ornements, la musique, le théâtre, *etc.* Filippo Mignini fait remarquer que « le concept d'art peut être rapporté à toutes les activités humaines », que « tous les hommes peuvent être dits artistes » et que « l'exercice de l'art et du talent n'est donc pas le privilège ni le droit de quelques-uns, mais l'exigence et le *devoir* de tous »[21]. Ainsi « démocratisée », cette obligation n'est en réalité que le reflet de la nécessité naturelle, l'exercice des arts étant l'expression de cet effort d'auto-promotion de la puissance agissante en chaque individu. C'est pourquoi, à suivre cette indication, rien ne devrait limiter le domaine de l'art à la seule sphère de l'humain, rien ne s'opposant à ce que l'on parle, par exemple, d'art animal.

Maintenant, si on poursuit la lecture des textes, on s'aperçoit que les rares références au portrait, à la peinture, à l'architecture ne se donnent pas pour objet le problème de la beauté. Quand il est question de la nature du beau, comme c'est le cas dans la correspondance avec Boxel, ou dans l'Appendice de la première partie de l'*Éthique*, la critique envers la tentation d'ontologiser le sentiment du beau rejoint la critique plus large du finalisme, pour souligner cette tendance, elle bien humaine, qui consiste à esthétiser la nature comme œuvre d'un suprême architecte :

> Quand [les hommes] voient la construction du corps humain [*Corporis humani fabricam*], ils sont stupéfaits, et, de ce qu'ils ignorent les causes de tant d'art, ils concluent que ce n'est pas un art mécanique qui l'a fabriquée, mais un art divin ou surnaturel.[22]

Si bien que l'admiration pour l'art et la beauté est pour partie au moins conséquence d'une ignorance, qu'il s'agit avant tout de démasquer. Spinoza n'est pas davantage disposé à faire de l'artiste un dieu en miniature doué de pouvoirs de création quasi divins. Bref, il n'est ni un néoplatonicien, ni un pré-romantique voué au culte du génie créateur de l'artiste. De même que les notions de perfection, bien, ordre, mérite et leurs contraires, la beauté et la laideur, ne sont pas des propriétés des choses, mais bien des reflets de notre imagination, des manières de voir qui engagent parfois toute une vision du monde. C'est pourquoi, quand il est question de beauté et de jugement de goût, aspects qui commencent à faire l'objet d'une attention croissante dans les milieux cartésiens et empiristes contemporains, Spinoza n'hésite pas à couper court, préférant renvoyer à des explications d'ordre physiologique :

---

[20] *Traité de la réforme de l'entendement*, 16 avec sa note *e*, p. 73.
[21] *Ars imaginandi, op. cit.*, p. 277 et p. 295 ; souligné par Mignini.
[22] *Éthique*, I, Appendice, p. 89 ; je modifie légèrement la traduction de B. Pautrat.

si le mouvement que les nerfs reçoivent en provenance des objets qui se représentent par les yeux contribue à la santé, les objets qui le causent sont dits beaux, et ceux qui excitent un mouvement contraire, laids.[23]

En réalité, derrière cette attitude critique, relativiste, voire iconoclaste, pointe déjà une autre question. Celle qui touche à la santé du corps. Les arts consacrés à la conservation de la santé du corps sont d'un côté la médecine (qui s'occupe des parties composant l'individu humain), de l'autre la politique (qui concerne la composition de plusieurs individus comme parties d'un individu plus grand). Fondés dans la physique, ils sont tout à fait nécessaires à la conservation de la vie humaine individuelle et collective.

Si l'intérêt de Spinoza pour les arts ne fait pas de doute (il en pratiqua plus d'un et partagea son quotidien avec artistes et artisans), il n'est pour autant pas tourné vers la constitution d'une théorie des arts, encore moins vers une quelconque hiérarchisation de ses formes ou de ses genres. Il se concentre plutôt sur leur utilité pratique et ce que nous pouvons tirer de leur usage. Loin d'avoir voulu simplement honorer un ancien précepte hébraïque, le philosophe ne conçut ni ne vécut une vie de pure pensée dans l'oubli du corps. Car, chez l'homme sage également, pas moins que chez l'ignorant (quoique de manière très différente), le corps réclame sa part. Une part qui lui revient en propre comme manière de participer et contribuer à une bonne vie, sans quoi l'esprit lui-même ne saurait parvenir à réaliser ses propres aspirations. D'autant que, uni au corps, il forme avec lui une seule et même chose. Si bien que, entre la médecine et la politique, viennent se ranger toute une panoplie d'activités corporelles qui accompagnent, aident, favorisent selon l'*ingenium* de chacun la réalisation de ce *novum institutum* projeté dès les premières lignes du *Traité de la réforme de l'entendement*. Les appétits du corps ne sont pas sacrifiés sur l'autel d'une improbable ascèse. Au contraire, ils restent des protagonistes du projet de vie heureuse. À sa réalisation, l'exercice des arts et des techniques du corps n'est pas moins nécessaire que la philosophie et les sciences.

> Il est d'un homme sage, dis-je, de se refaire [*reficere*] et recréer [*recreare*] en mangeant et buvant de bonnes choses modérément, ainsi qu'en usant des odeurs, des agréments des plantes vertes, de la parure [*ornatu*], de la musique, des jeux et des exercices du corps [*ludis exercitatoriis*], des théâtres et autres choses de ce genre.[24]

Dans l'économie du projet spinoziste, l'exercice des arts renforce certains usages du corps et de l'imagination, qui ont constamment besoin d'être alimentés, régénérés, recréés, pour promouvoir autant que possible l'allégresse (*hilaritas*) et faire reculer la mélancolie. La première est en effet une joie qui,

---

[23] *Ibid.*, p. 93.
[24] *Éthique*, IV, proposition 45, scolie, p. 431 ; je modifie légèrement la traduction de B. Pautrat.

rapportée au corps, affecte toutes ses parties à égalité. Elle en conserve la bonne forme, en augmente la puissance d'agir. Elle est toujours bonne et ne peut être excessive. La seconde, au contraire, diminuant la puissance d'agir de tout le corps, est toujours mauvaise[25]. Aussi le rire (*risus*) et la plaisanterie, que Spinoza qualifie de pure joie (*mera lœtitia*), entretiennent-ils l'allégresse. On pourrait un tant soit peu associer l'art de plaisanter à l'art de la conversation qui est en passe de connaître une certaine fortune tout au long du siècle qui va suivre. Spinoza, on peut le noter, préfère expurger la plaisanterie de toute moquerie[26]. La dernière partie de l'*Éthique* ne fera que confirmer la place tout à fait importante du corps pour la réalisation de la béatitude et du troisième genre de connaissance.

Ce que le corps peut

À y regarder de plus près, on s'aperçoit que quand l'*Éthique* fait référence à des œuvres d'art, les exemples viennent avant tout servir et illustrer la conception spinozienne des relations entre le corps et l'esprit. En effet, la manière dont le vulgaire s'imagine la cause des œuvres d'art est à l'image de son incapacité de se représenter adéquatement la nature même de cette union, à savoir que « le Corps ne peut déterminer l'Esprit à penser, ni l'Esprit déterminer le Corps au mouvement, ni au repos, ni à quoi que ce soit d'autre (si ça existe) »[27]. Cette incapacité rejaillit notamment sur la conception que l'on se fait de la cause des œuvres d'art, dont visiblement le vulgaire a du mal à imaginer qu'elles puissent être réalisées sans une intervention de l'esprit sur le corps. Si bien que, dans le scolie de la deuxième proposition de la troisième partie, les exemples des édifices, temples, peintures et autres choses de ce genre produites par l'art humain finissent pas avoir un effet de loupe sur le préjugé qui consiste à considérer le corps comme étant incapable ou indigne par lui-même d'agir

---

[25] *Éthique*, IV, proposition 42 et démonstration, p. 425-427.

[26] Cf. *Court Traité*, II, XI « De la moquerie et de la raillerie », trad. J. Ganault, *in* Spinoza, *Œuvres I*, *Premiers écrits*, publiées sous la direction de Pierre-François Moreau, Paris, Puf, coll. « Épiméthée », 2009, p. 313-315. À propos de l'art de converser dont Spinoza put donner preuve en société, Colerus rapporte que ses amis « se trouvoient volontiers en sa compagnie, & prenoient beaucoup de plaisir à l'entendre discourir » et que « sa conversation [était] douce & paisible », Jean Colerus, *La vie de B. de Spinosa*, *op. cit.*, p. 586 et p. 588 ; l'autre biographe, Lucas, n'exclut pas pour autant tout accent de raillerie : « il avait dans ses entretiens un air si engageant, et des comparaisons si justes, qu'il faisait insensiblement tomber tout le monde dans son opinion. Il était persuasif, quoiqu'il n'affectât de parler ni poliment, ni élégamment. Il se rendait si intelligible, et son discours était si rempli de bon sens, que personne ne l'entendait, qui n'en demeurât satisfait. […] Il savait si bien assaisonner la raillerie, que les plus délicats et les plus sévères y trouvaient des charmes tout particuliers », Lucas, *La vie de M. Benoît de Spinoza*, *op. cit.*, p. 643 et p. 645.

[27] *Éthique*, III, proposition 2, p. 217.

indépendamment du commandement de l'esprit. C'est presque par provocation que Spinoza y affirme que la cause de si belles et ingénieuses productions doit être considérée comme corporelle, sans recours à une interaction avec l'esprit, ainsi qu'on le ferait par exemple pour expliquer le comportement d'un somnambule :

> Mais ils vont dire que des seules lois de la nature considérée seulement en tant que corporelle, il ne peut pas se faire que l'on puisse déduire les causes des édifices, des peintures et des choses de ce genre, qui se font par le seul art humain, et que le Corps humain, à moins d'être déterminé et conduit par l'Esprit, ne serait pas capable d'édifier un temple. Mais j'ai déjà montré, quant à moi, qu'ils ne savent pas ce que peut le Corps, ou ce qu'on peut déduire de la seule contemplation de sa nature, et qu'ils ont l'expérience d'un très grand nombre de choses qui se font par les seules lois de la nature et qu'ils n'auraient jamais cru pouvoir se faire sinon sous la direction de l'Esprit, comme sont celles que font les somnambules dans leur sommeil et qui les étonnent eux-mêmes quand ils sont éveillés. J'ajoute ici la construction même du Corps humain [*Corporis humani fabricam*], qui dépasse de très loin en artifice [*artificio*] toutes celles qu'a fabriquées l'art humain, pour ne rien dire ici du fait, je l'ai montré plus haut, que de la nature, considérée sous n'importe quel attribut, il suit une infinité de choses.[28]

Les résonances de ce passage avec le texte de l'Appendice sont évidentes, ne serait-ce que parce que l'on y rencontre une nouvelle fois l'expression *Corporis humani fabrica*[29], qui fait référence au corps humain comme à un ouvrage supérieur par sa structure à ce que lui-même est capable de fabriquer. Quand plus tard, pour illustrer sa conception de l'identité du corps et de ce qui définit sa vie et sa mort eu égard à ses aptitudes, Spinoza prendra l'exemple d'un poète amnésique, il fera de nouveau référence à des œuvres d'art. Cette fois à des fables et des tragédies :

> Aucune raison ne me force à penser que le Corps ne meurt que s'il est changé en cadavre ; bien plus, l'expérience même semble persuader du contraire. Car il arrive parfois qu'un homme pâtisse de changements tels que c'est à peine si je dirais qu'il est le même, comme j'ai entendu dire d'un certain Poète Espagnol qui avait été saisi par la maladie et qui, quoique guéri, demeura pourtant dans un tel oubli de sa vie passée qu'il ne croyait pas que les *fables et les tragédies* qu'il avait faites fussent de lui, et à coup sûr on aurait pu le prendre pour un bébé adulte s'il avait aussi oublié sa langue maternelle.[30]

Ne pouvant plus se reconnaître comme l'auteur de ses œuvres, on peut considérer que le poète n'est plus le poète qu'il fut. Ce corps, qui répond encore à son ancien nom, ne répond plus à la même essence. L'ancienne forme du poète a quitté un corps oublieux. Bien qu'il lui reste la maîtrise de la langue

---

[28] *Éthique*, III, proposition 2, scolie, p. 219-221.
[29] L'expression est employée aussi en *Éthique*, IV, proposition 59, scolie, p. 453.
[30] *Éthique*, IV, proposition 39, scolie, p. 423 ; je souligne.

maternelle, il est passé à une autre vie, la continuité avec l'ancienne ayant été compromise au point de ne plus pouvoir s'attribuer les produits de son art. On peut supposer, bien que le texte ne le dise pas[31], que « quoique guéri » ce corps survivant soit tout aussi incapable de produire de nouvelles fables et tragédies semblables aux anciennes. Car le poète n'habite plus ce corps. Le corps-artiste n'est plus. Sans vouloir entrer dans la question de savoir ce qui permet de conserver dans la durée l'existence d'une essence corporelle, et notamment dans quelle mesure la mémoire participe de sa définition[32], on peut toutefois au moins remarquer qu'ici la cause des fables et des tragédies renvoie une fois de plus à l'*ingenium* de la *fabrica* du corps. Or visiblement la mémoire du poète n'a plus la puissance de fabriquer des œuvres littéraires. Il n'a pas conservé son *ingenium* de poète.

Auparavant Spinoza avait dit que personne n'avait su déterminer par les seules lois de la nature corporelle *quid Corpus possit*. Or, parmi les choses que peut le corps, il cite des édifices, des temples, des peintures, des fables, des tragédies et autres choses de ce genre (*rerumque hujusmodi*). Effectivement nul ne connaît l'étendue et les limites de ce que peut un corps, tant les capacités de sa *fabrica* nous sont inconnues. En revanche, on peut au moins relever que parmi les choses que le corps peut par les seules lois de sa nature corporelle, Spinoza énumère des actions et des productions, des gestes et des artefacts que nous avons coutume d'appeler œuvres d'art. Le texte répond donc bien à la question de savoir ce que peut un corps : un corps est capable d'art. Encore qu'il ne dise pas par quelles voies il le peut ; car il y a bien des choses que le corps fait, parmi les plus complexes et étonnantes, dont l'esprit ignore comment il les fait. S'ouvre ici une voie pour penser sinon une esthétique, du moins une poïétique. Ce qui se trace et se trame dans et par le corps, en lui et hors de lui, en vertu de ressorts et de ressources aussi insoupçonnés que chez le somnambule, se soustrait aux yeux de l'esprit. Il se soustrait d'autant plus à celui qui, rêvant les yeux ouverts, s'imagine que l'esprit y présiderait.

Si les arts relèvent du corps, s'ils se révèlent dans et par le corps, penser les arts avec Spinoza signifie les ramener à un agir que le corps exerce quand il peut être cause adéquate de ce qu'il fait et produit, indépendamment des représentations que l'esprit s'en fait. Aussi les pratiques artistiques, aux formes historiquement aussi variées, peuvent se laisser saisir à partir de la doctrine de l'*adæquatio*. Bien que cette doctrine soit habituellement réservée aux idées, rien n'interdit pourtant de l'envisager également du point de vue du corps, autrement dit eu égard à ce que le corps fait en vertu des seules lois de sa nature corporelle. L'*ars* en tant que puissance du corps, en union certes

---

[31] Encore que ce scolie intervienne à la suite de deux propositions, les 38 et 39, où il est question, notamment dans la 38, des aptitudes du corps.

[32] Cette question est traitée dans mon ouvrage *Spinoza et le signe*, Paris, Vrin, 2005, ch. X, p. 154-162.

avec l'âme, mais d'une âme qui en ignore en grande partie les lois et qui n'a aucun pouvoir sur lui, se laisse comprendre comme mise en œuvre d'actions qui, au lieu de s'exercer sur le mode hétéronome de l'opération, se produisent selon le mode autonome d'un agir, c'est-à-dire d'une *nécessité interne* à la puissance du corps même :

> Je dis que nous agissons quand il se fait, en nous ou hors de nous, quelque chose dont nous sommes cause adéquate, c'est-à-dire *(par la Défin. précéd.)* quand de notre nature il suit, en nous ou hors de nous, quelque chose qui peut se comprendre clairement et distinctement par elle seule. Et je dis au contraire que nous pâtissons quand il se fait en nous quelque chose, ou quand de notre nature il suit quelque chose, dont nous ne sommes la cause que partielle.[33]

Cette définition, au spectre sémantique assez large, est rarement référée au corps en tant que tel, bien que la définition qui suit, consacrée, elle, à l'Affect, enveloppe le corps de manière explicite. Si bien qu'un art du corps, entendu comme expression active de sa *fabrica* peut se comprendre comme une manière de modifier dans le corps ou hors de lui la puissance qui lui est propre.

En rattachant la cause de l'activité artistique à l'appétit corporel, on comprend que les distinctions classiques entre arts libéraux et arts mécaniques, arts de l'esprit et arts manuels, beaux-arts et arts appliqués finissent naturellement par passer au second plan. Les genres et les formes que les arts peuvent revêtir dépendent de l'histoire et de réalités socio-culturelles particulières. Ils sont donc destinés à changer avec les temps et les institutions. Les différentes manières de les classer et de les valoriser reflètent, non pas une valeur intrinsèque aux arts eux-mêmes, mais plutôt la façon de se représenter les rapports entre le corps et l'esprit. C'est peut-être là la raison qui poussa Spinoza à produire des exemples d'œuvres d'art dans le contexte d'une discussion portant sur ces rapports. Cependant, en logeant les causes de l'art dans la puissance de fabrication du corps, on comprend aussi que les différents systèmes des arts soient voués à être perpétuellement remis en cause et comme dépassés par des pratiques corporelles émergentes, celles-ci ne pouvant jamais être totalement soumises à l'idéologie de leur temps. Car seuls les corps actifs, seuls les corps à l'œuvre, sont en dernière instance habilités à décider du devenir des arts, de ce que les arts doivent faire ou ne pas faire. Encore une fois, l'accent porté sur le corps et sa puissance permet de comprendre la force émancipatrice qui se dégage des activités artistiques eu égard aux canons et aux modèles institutionnels en vigueur, surtout quand ces derniers finissent, pour tout autre raison, par enrayer l'autonomie du corps et de son imagination.

L'effet libérateur des arts bénéficie d'abord au corps actif et à une imagination active. D'un point de vue philosophique cela n'est pensable que si l'on est disposé à accorder à l'imagination une certaine forme de

---

[33] *Éthique*, III, définition 2, p. 213.

puissance et donc de liberté. Or, longtemps la critique a considéré le premier genre de connaissance davantage pour ses limites et son incomplétude que pour sa puissance propre, comme y encourageait sans doute aussi une certaine tendance à voir dans les trois genres de connaissance l'équivalent de la traditionnelle doctrine des facultés de l'âme. Pourtant, dans l'*Éthique* le pouvoir de fiction propre à l'imagination avait été souligné par Spinoza comme étant une vertu :

> Si l'Esprit, pendant qu'il imagine avoir en sa présence des choses non existantes, en même temps savait qu'en vérité ces choses n'existent pas, il est sûr qu'il attribuerait cette puissance d'imaginer à une vertu et non à un vice de sa nature ; surtout si cette faculté d'imaginer dépendait de sa seule nature, c'est-à-dire (*par la Défin. 7 p.* 1) si cette faculté qu'a l'Esprit d'imaginer était libre.[34]

Il est vrai que le sens de ce passage n'a jamais fait l'unanimité. L'hypothèse d'une « imagination libre » a soulevé plusieurs questions, au point que certains ont préféré y lire une hypothèse par l'absurde, sans doute aussi pour se débarrasser d'un oxymore encombrant. Comment comprendre, en effet, l'idée d'une imagination libre alors que le *Traité de la réforme de l'entendement* s'était prononcé, certes de manière elliptique et provisoire, mais non moins clairement dans le sens d'une passivité foncière dont il convient de se libérer ?

> Qu'on entende ici par imagination tout ce que l'on voudra, pourvu que ce soit quelque chose de différent de l'entendement, et qui confère à l'âme un rôle passif. Peu importe en effet la manière dont on l'entend, dès qu'on sait qu'elle est quelque chose de vague et qui rend l'âme passive, et qu'on sait aussi par là-même comment s'en libérer avec l'aide de l'entendement. Que personne ne s'étonne donc que je ne prouve pas encore ici qu'il y a un corps, et autres choses nécessaires, tout en parlant de l'imagination, du corps et de sa constitution : peu importe, je l'ai dit, comment je l'entends, dès que je sais qu'elle est quelque chose de vague, etc.[35]

Ce texte de jeunesse définit l'imagination de manière sommaire à défaut de plus amples explications sur le corps et sa constitution. Or la seconde partie de l'*Éthique* consacrera à l'imagination un grand nombre de propositions, déduites pour la plupart des lois de la nature des corps. Les raisons de cette évolution sont multiples. Sans vouloir ici en faire l'objet de notre propos, on peut au moins rappeler les principales. Ce premier traité laissé inachevé est encore fortement marqué par la référence à Descartes ; par son vocabulaire et ses argumentations, il se meut en terrain cartésien : la question de la méthode et la réforme de l'entendement en sont la thématique principale. Comme le précise l'auteur lui-même, manque encore une doctrine du corps, sans laquelle l'imagination ne peut être appréhendée de manière adéquate. Or, la question de l'étendue et du corps, son union avec l'âme, l'individualité corporelle, son rôle

---

[34] *Éthique*, II, proposition 17, scolie, p. 143.
[35] *Traité de la réforme de l'entendement*, 84, p. 119.

épistémologique, éthique et politique vont considérablement enrichir la réflexion de Spinoza. Tout en conservant la référence au binôme passivité-activité, l'imagination sera alors reprise pour être positivement comprise comme une véritable puissance[36]. Dès lors, la question ne pourra plus être celle de se libérer de l'imagination (chose aussi impossible que de se libérer du corps lui-même), mais éventuellement de libérer l'imagination de ce qui en empêche une expression sinon libre, du moins libératrice. Une libération non malgré l'imagination, mais par elle, ou avec elle. Si bien que la question du corps dans l'économie du salut est appelée à mûrir, pour assumer une importance qu'elle ne pouvait recouvrir auparavant. Dès lors il ne sera plus envisageable d'imaginer l'imagination par défaut, c'est-à-dire de l'aborder de manière seulement négative ou passive. L'idée d'une *libera imaginatio*, introduite par l'*Éthique*, n'est donc pas une simple hypothèse d'école, qui n'aurait été formulée que pour être écartée. Pour autant, il ne s'agit pas de lui attribuer plus qu'elle ne peut, en l'affublant par exemple d'une liberté absolue. Celle-ci ne revient qu'à la *libera necessitas* de la substance. On peut néanmoins lui accorder une certaine vertu, directement proportionnelle aux actions que le corps exerce par ses lois. Une puissance et une relative liberté que le corps gagne par l'expression d'une certaine *nécessité intérieure* à sa nature. Tel est le sens qu'il convient de tirer de ce passage, qui par ailleurs demeure à certains égards énigmatique.

Quoi qu'il en soit, interprétée de cette façon, l'imagination a la possibilité de s'exercer non seulement de manière « vive », comme dans le cas des prophètes, mais également de manière « active », comme c'est le cas de l'agir artistique. Quelles que soient les formes produites par les corps actifs, compris en tant que *pratiques corporelles adéquates*, l'art réside d'abord dans la qualité d'une action qui transforme autant que faire se peut une passivité native en une activité. Ces actions libèrent une plus grande puissance en premier lieu chez les individus qui s'en font les auteurs ou les acteurs. Puis, à travers eux, elles bénéficient à tout le corps social, comme autant de nourritures offertes aux autres individus. En transformant la tristesse en joie, ce travail du corps, par ses propres manières de « fabriquer », délimite un domaine dans lequel il se donne à lui-même les moyens d'un libre jeu. Non des facultés, ce qui reviendrait à assigner

---

[36] Une évaluation plus juste de la doctrine de l'imagination est une conquête relativement récente, dont les premiers jalons remontent au livre de Cornelis de Deugd, *The significance of Spinoza's first kind of knowledge*, Assen, Van Gorcum, coll. « Wijsgerige teksten en studies », 1966 ; depuis, d'autres contributions allant dans le sens d'une réévaluation sont venues de Filippo Mignini, *Ars imaginandi, op. cit.* ; Henri Laux, *Imagination et religion chez Spinoza. La* potentia *dans l'histoire*, Paris, Vrin, coll. « Bibliothèque d'histoire de la philosophie », 1993 ; Daniela Bostrenghi, *Forme e virtù della immaginazione in Spinoza*, Napoli, Bibliopolis, coll. « Serie Studi », 1996 ; Lorenzo Vinciguerra, *Spinoza et le signe, op. cit.* ; Céline Hervet, *De l'imagination à l'entendement. La puissance du langage chez Spinoza*, Paris, Classiques Garnier, 2011.

d'obscurs pouvoirs à une fantomatique âme agissante sur lui, mais des lois corporelles constitutives de son *ingenium*. Ces lois étant largement méconnues, les notions de *fabrica* et d'*ingenium* ne gagnent rien à être rapprochées de la conception romantique du génie créateur. Cette dernière, en effet, n'apporte pas grand-chose à la connaissance des lois du corps qui sont à l'œuvre dans les productions artistiques. Au contraire, elle tend à les occulter dans les brumes d'un étonnement admiratif qui empêche de pénétrer les mécanismes, les stratégies et les techniques concrètement déployés par le corps. Au lieu de faciliter l'accès à la connaissance des problèmes de l'art, la conception du génie, fille d'une attitude émerveillée, rejoue l'ancien paradigme théologique selon lequel l'œuvre se ferait comme par miracle. Pour abandonner cette posture admirative, rien ne vaut que de faire l'expérience de l'apprenti aux prises avec les difficultés corporelles imposées par la pratique de son art.

Avant même d'être jugé par ses résultats, en tant que production d'actions adéquates, l'art réside dans les modalités même de l'agir corporel. Un agir qui travaille à transformer la passivité en activité, la tristesse en joie, la difficulté en (apparente) facilité (*ars celandi artem*) et qui, par ce que le corps met en œuvre, réalise à différents degrés ce que l'on pourrait appeler la vraie vie du corps. Par ce biais, l'activité artistique répond tout à fait à un désir « rationnel », au sens où toute action artistique répond au désir de faire passer le corps à une plus grande perfection. Car :

> Agir absolument par vertu n'est en nous rien d'autre qu'agir, vivre, conserver son être (trois façons de dire la même chose) sous la conduite de la raison, et ce d'après le fondement qui consiste à rechercher son propre utile.[37]

L'agir artistique comme recherche de l'utile du corps est bien l'expression d'un vivre selon la raison. Une raison qui n'est ni un principe, ni une faculté, mais plutôt le désir animant un *corps glorieux*. En sortant les corps de leur passivité, les arts permettent de réaliser ce qu'il arrive à Spinoza de nommer dans l'*Éthique* une « *vita vitalis* », du moins si l'on suit l'édition du manuscrit du Vatican récemment découvert[38]. La variation entre *vitalis* et *rationalis* suggère à sa manière que la vie de l'esprit qui se définit par l'intelligence ne néglige pas de cultiver une vraie vie du corps. Le soin apporté au développement des aptitudes corporelles contribue en effet à la béatitude, comme le confirmera la proposition 39 de la dernière partie de l'*Éthique* : « Qui a un Corps apte à un très

---

[37] *Éthique*, IV, proposition 24, p. 393.
[38] Cf. *Éthique*, IV, app., ch. v (*The Vatican Manuscript of Spinoza's* Ethica, Leen Spruit & Pina Totaro (eds), Leiden-Boston, Brill, coll. « Brill's Studies in Intellectual History, 2011, p. 284, ligne 20). La version vaticane, en effet, présente la variante *Nulla igitur vita vitalis est sine intelligentiâ*, au lieu du *Nulla igitur vita rationalis est sine intelligentia* des *Opera Posthuma*, à la suite desquels les traducteurs ont choisi de traduire « vie rationnelle » ; je remercie Ariel Suhamy d'avoir attiré mon attention sur ce point.

grand nombre de choses a un Esprit dont la plus grande part est éternelle ». Parmi ces aptitudes, on y inclura les arts.

C'est pourquoi les arts sont tout aussi essentiels que les sciences à l'érection et à la conservation des civilisations. Un État bien constitué ne peut que se donner pour but de les promouvoir. Car, de même que la vie du corps ne saurait se définir par la seule circulation du sang, de même un État ne peut se définir par la seule circulation des biens et de la monnaie issus de l'activité économique.

> Lorsque nous disons que l'État le meilleur est celui où les hommes passent leur vie dans la concorde, j'entends par là une vie humaine, qui se définit non par la seule circulation du sang et par les autres fonctions communes à tous les animaux, mais avant toute chose par la raison, véritable vertu de l'âme, et sa vraie vie. [39]

Survivre n'est pas vivre. La *vera vita* du corps individuel ou collectif s'exprime aussi et surtout par sa capacité à produire des formes vitales d'existence, à travers lesquelles la vie du corps se dote de formes véritablement humaines. Quels qu'ils soient, les beaux comme les mécaniques, les majeurs comme les mineurs, les libéraux comme les appliqués, pris du point de vue de leur production comme de leur réception, tous les arts peuvent être considérés comme les meilleures nourritures que les corps, notamment humains, désirent pour développer et accroître leur puissance – l'art étant, si l'on peut dire, cet effort corporel de valorisation et glorification de l'existence.

La non-vérité de l'art

Si les arts résultent des seules lois du corps, si les procédés artistiques renvoient à des processus corporels de valorisation, on ne saurait leur faire philosophiquement porter la question de la vérité, ainsi que l'on a voulu le faire au siècle dernier, dans le sillage par exemple de l'esthétique heideggerienne. La vérité et sa manifestation, aurait fait remarquer Spinoza dans le langage qui était le sien, concernent les idées, non les corps. De même que l'adéquation d'une idée ne doit rien à la vérité de l'idée au sens extrinsèque (c'est à dire à la convenance avec son objet), mais plutôt à la puissance de pensée qui s'y exprime intrinsèquement, de même on peut dire de l'art que son essence réside intrinsèquement dans la puissance du corps, comme mise en œuvre de modifications adéquates dérivant de ses lois. Aussi, ne serait-il pas entièrement satisfaisant de faire coïncider les raisons de l'art avec le plaisir de l'imitation. Certes, l'imitation de la nature a joué (et en partie continue à jouer) un rôle historique de premier plan quant à la

---

[39] *Traité politique*, V, 5, *Œuvres* V, édition publiée sous la direction de Pierre-François Moreau, texte établi par Omero Proietti, traduction, introduction, notes, glossaires, index et bibliographie par Charles Ramond, Paris, Puf, coll. « Épiméthée », 2005, p. 137.

manière de comprendre et juger certaines productions artistiques. Il serait imprudent d'en minimiser l'importance. En même temps, la doctrine de la *mimèsis*, aussi déterminante qu'elle ait pu être pour les destins de l'histoire de l'art occidental, ne semble pouvoir recouvrir qu'une valeur extrinsèque quant aux figures que les actions du corps sont en droit d'assumer.

Il reste que, ainsi compris, les arts ne concernent ni la beauté ni la vérité. La question à laquelle ils répondent est bien celle de la liberté. Ils y répondent, en effet, en ce que le corps est concerné par la définition de la chose qu'il convient d'appeler libre selon la célèbre définition 7 de la première partie de l'*Éthique*. Autrement dit, les arts ne relèvent pas de la compétence de l'esthétique, mais de l'éthique. Si les hommes naissaient libres, et tant qu'ils le demeureraient, il ne forgeraient aucune notion d'art. En effet, les œuvres d'art, dirait Spinoza, ne sont en soi ni vraies ni belles. Elles sont plutôt, comme il le dit de la musique, bonnes ou mauvaises, ou bien encore indifférentes (en ce cas elles ne produisent pas de valeur). C'est ici qu'il est peut-être possible de cerner l'un des aspects les plus contemporains de cette pensée, à une époque comme la nôtre où règnent un relativisme éclectique et un scepticisme désenchanté quant à la possibilité de produire une définition même minime de ce que nous nommons art. Non bien sûr parce que l'art serait mort, comme cela a été répété à l'envi en se réclamant (le plus souvent maladroitement) de Hegel, mais plutôt parce que les pratiques artistiques ont naturellement tendance à excéder les représentations et les théories qu'on leur impose. Une approche de type spinoziste permettrait de prendre en charge la crise que traverse la réflexion contemporaine, en mettant à distance les discours et les complaintes sur la fin ou la mort de l'art, pis encore sur sa corruption et son soi-disant asservissement aux lois du marché d'une finance globalisée. Elle permettrait surtout de séparer de manière critique l'art de son discours, évitant tout assujettissement ou mise sous tutelle de l'art par la philosophie. Une telle séparation n'a pas pour autant vocation à les rendre étrangers l'un à l'autre, mais à les sauvegarder chacun libre et sans subordination dans son propre domaine, chacun demeurant l'expression d'une seule et même puissance, reconductible au *conatus*. De même que Spinoza naguère sépara la théologie de la philosophie en abolissant la concurrence millénaire qui animait l'histoire de la théologie depuis que les spéculations aristotélicienne et platonicienne avaient été imposées aux Écritures, de même le spinozisme aujourd'hui offre de quoi séparer l'esthétique, devenue entre temps philosophie de l'art, de la philosophie sans faire de gagnants ni de perdants. Autant la philosophie n'avait plus à être assujettie à la théologie, ni la théologie à la philosophie, autant l'art n'a plus à l'être aux jugements des philosophies de l'art.

La question de l'essence de l'art, qui a tant inquiété la philosophie occidentale du XIXe et du XXe siècle, se trouve dès lors déplacée du lieu d'où souvent elle a été posée. Cette question en effet accompagne comme son ombre celle que la philosophie s'adresse à elle-même avec un enracinement profond dans notre tradition. Les dialogues de Platon s'élaborent comme une pratique de démarcation de la philosophie vis-à-vis de la sophistique. La condamnation platonicienne dont les artistes font l'objet dans la *République* est la conséquence d'une rivalité jamais totalement résolue entre le philosophe et l'artiste, entre Socrate et les sophistes. Tout comme la théologie, l'art a été tantôt l'autre de la philosophie, tantôt son *analogon*, comme pour les romantiques et leurs épigones[40].

Un penseur parmi les plus lucides de l'art de notre temps, Arthur Danto, faisait remarquer comme « la relation entre l'art et la philosophie est ancienne et complexe »[41], au point d'être obligé de reconnaître que

> sa subtilité est telle qu'elle transcende peut-être notre pouvoir de description analytique, comme c'est le cas pour la relation entre l'esprit et le corps : il est loin d'être évident qu'on puisse séparer l'art de la philosophie, puisque la substance de l'art est en partie constituée par ce qu'on croit philosophiquement qu'il est.[42]

Danto pointait clairement le problème dans sa généralité philosophique. Il mesurait l'ampleur de la difficulté, qui est historiquement interne à la philosophie. Et cependant, en néo-hégélien, il ne pouvait que voir « la substance de l'art » prise dans l'idée que la philosophie se fait d'elle. Mieux que cela, il mettait à jour la question sous-jacente à la difficulté : la relation entre le corps et l'esprit. Appréciée d'un point de vue « idéaliste », cependant, celle-ci lui paraissait si mince et subtile qu'elle devenait indiscernable et insoluble. En même temps, il soulignait efficacement la tutelle exercée sur l'art par la philosophie, c'est-à-dire par une certaine *idée* de l'art. Autrement dit, une certaine idée de la relation corps-esprit.

Là où Danto avait raison, c'est qu'une certaine idée de l'art ne peut être défaite que par une autre idée, celle-ci reposant en dernière instance sur une conception différente des rapports entre le corps et l'esprit. Or c'est précisément ce que nous avons voulu faire dans ce chapitre : montrer comment une pensée dépourvue d'esthétique, comme celle de Spinoza, encadrait les œuvres d'art dans la question fondamentale de la relation corps-esprit. En ce sens, aujourd'hui encore, le spinozisme offre une clé pour relire dans une perspective critique l'histoire de l'esthétique et de la philosophie de l'art. Elle permet notamment de sortir du dilemme dans lequel se débat la pensée contemporaine, partagée entre d'un côté une définition nominaliste – l'art est tout ce que nous appelons art – et, de l'autre, ceux qui au contraire ne veulent pas abandonner une conception

---

[40] *Cf.* Jean-Marie Schaeffer, *L'Art de l'âge moderne. L'esthétique et la philosophie de l'art du XVIIIe siècle à nos jours*, Paris, Gallimard, coll. « NRF Essais », 1992.
[41] Arthur Danto, *L'Assujettissement philosophique de l'art*, trad. fr. par C. Hary-Schaeffer, Paris, Seuil, coll. « Poétique », 1993, p. 23.
[42] *Ibid.*

ontologique de l'œuvre. Il y a certes un prix à payer : du côté de l'art, cela passe par une relativisation historique et culturelle de ses formes, comme par exemple l'obsolète division en genres avec ses multiples hiérarchisations, que les pratiques artistiques ont contribué à défaire de l'intérieur ; du côté de la philosophie, qui importe ici, cela implique une refondation de l'esthétique dans l'éthique, ou de ce qu'il conviendrait d'appeler désormais une éthique du corps. Tout comme l'ancien, le spinozisme contemporain n'a aucun besoin de s'embarrasser d'une esthétique, naguère impossible, aujourd'hui inutile, dans la mesure où l'expérience artistique se trouve inscrite dans le projet éthique de la vie heureuse du corps. Ce que nous appelons « arts », ce sont des pratiques corporelles individuelles ou collectives, que les corps s'efforcent de mettre en œuvre en eux et hors d'eux pour jouir de la part d'éternité qui leur revient. Si les gestes, actions et productions auxquels nous réservons le nom d'œuvres d'art n'ont rien d'éternel, mais sont toujours sujets à l'histoire mouvante de leur pratique, il reste que ce qui est fait *avec* art accroît la part éternel du corps, et donc aussi de l'esprit.

À la nature de ce que nous appelons art appartient ce que le corps peut en vertu de sa seule puissance. De même et tout autant, il appartient à ce que Spinoza appelait philosophie de nous guider à la compréhension de la nature et de l'origine de la pensée, ainsi que de ce qui peut nous mener à la béatitude. C'est pourquoi, il ne peut y avoir de vraie philosophie sans art du corps et de l'imagination qui l'accompagne. Ensemble, ils constituent ce que nous appelons l'art de vivre. Par sa capacité à faciliter la compréhension de ce qui est difficile et rare, nul doute que l'*Éthique*, dans son contenu comme dans sa forme, fasse œuvre autant de philosophie que d'art.

14. Y a-t-il une construction sociale du beau chez Spinoza ?

Philippe DRIEUX

Selon l'Appendice à la Première Partie de l'*Éthique*, la beauté (*pulchritudo*) et la laideur (*deformitas*) sont comme le chaud et le froid. Ce sont des modes de l'imagination, des propriétés de notre perception des choses que leur nom fait passer pour des réalités hors de nous.

Un certain mouvement particulier des nerfs sensoriels passe ainsi pour une propriété des choses, par le truchement d'un mot dont le sens est pourtant constitutivement incertain. La beauté n'est pas même un être de raison, mais un être d'imagination. S'il conduit ou contribue à la « santé », à la « nature humaine » et « délecte le sens des hommes », ce mouvement nerveux ne paraît pas même pouvoir définir le beau dans sa généralité, puisqu'il est nommé différemment selon les différents sens. Il varie d'un sens à l'autre, comme s'il se déclinait selon le type de nerf mis en mouvement. Cette pluralisation sensorielle prend le pas sur le critère très général de la convenance, qui servait déjà à définir ce que les hommes appellent « bien ». Elle s'ajoute à la pluralisation des constitutions individuelles pour dissoudre le beau dans une expérience singulière difficilement objectivable :

> Tout cela montre assez que chacun a jugé des choses d'après la disposition de son cerveau, ou plutôt a pris pour les choses les affections de l'imagination.[1]

L'illusion nominaliste fait passer la beauté et la laideur pour des qualités réelles et même pour les « principaux attributs des choses », dès lors qu'il s'agit d'expliquer la nature par le dessein de Dieu. Le beau désignerait donc une dimension purement idiosyncratique de l'expérience, dont la communication reposerait finalement sur les ambiguïtés et les malentendus du langage, et dont la réalisation objective serait une supercherie.

Lorsqu'il s'adresse à Oldenburg, Spinoza commence par rappeler que le beau ou l'ordre ne sont pas des catégories de la réalité[2]. Quand il s'agit de séparer le beau du vrai, un tel constat d'instabilité peut suffire, en ce qu'il témoigne de la « divergence » des corps des hommes, de l'irréductible différence entre « ce qui est agréable à l'un » et « désagréable à l'autre ». Mais l'imagination n'est pas seulement l'occasion de l'erreur, elle est aussi en elle-même un effet positif de la nature, qui engage non seulement le corps individuel, mais le rapport des corps humains entre eux. Son fonctionnement mérite l'attention, non seulement parce que c'est instructif, mais précisément parce qu'il est lui-même l'objet d'un jugement spécifique de beauté :

---

[1] *Éthique*, I, app., trad. de B. Pautrat, Paris, Seuil, Points Essais, 2010, p. 93.
[2] Lettre 32.

Car [...] je considère les affects humains et leurs propriétés comme les autres étants naturels. Et les affects humains, à coup sûr, n'indiquent pas moins la puissance et l'art, sinon de l'homme, du moins de la nature, que bien d'autres choses que nous admirons et dont la contemplation nous délecte.[3]

Une tout autre définition de la beauté pointe ici. Comment comprendre que Spinoza puisse ainsi passer d'une thèse hypercritique qui déréalise le beau à une thèse hyperréaliste qui attribue la beauté à la puissance et à l'art *de la nature* ? Le problème s'accuse encore du fait que ces deux déterminations soient liées : c'est précisément ce qui permet d'expliquer la diversité des jugements et donc la relativité du beau apparent – à savoir les lois naturelles des affects –, qui fait l'objet d'une satisfaction esthétique de second degré. S'il ne semble pas y avoir d'« esthétique » chez Spinoza, peut-on déceler dans cette formule quelque chose comme une « méta-esthétique », entendue comme une critique du jugement d'un nouveau genre ?

Pour s'expliquer ces paradoxes apparents, il faut sortir de l'opposition méthodologique entre le beau et le vrai. Aussi irrationnel qu'il paraisse, le *jugement de beauté* répond à une logique, dont le processus est remarquable en ce qu'il révèle l'art caché de la nature.

§ 1

Spinoza s'arrête en particulier sur la question de la beauté dans la Lettre 54 à Hugo Boxel. Le point de vue est très différent de celui de l'Appendice. La question de savoir si « les spectres, les visions et les imaginations existent vraiment » n'est pas quelque chose qu'il faut négliger :

[...] pour ma part, j[e] retiens [de ta lettre] [...] quelque chose de plus important, car je considère que non seulement les choses vraies, mais aussi les sottises et les imaginations, peuvent m'être d'un certain usage.[4]

Boxel pose d'abord, en faveur des spectres, que leur existence contribue à la beauté et à la perfection de l'Univers. Spinoza répond sans surprise que :

la beauté, mon ami, n'est pas tant une qualité de l'objet considéré que son effet chez celui qui le considère.[5]

C'est d'abord un effet de perspective, ou plutôt de *distance* de vue :

Si notre vue était plus longue ou plus courte, ou si notre constitution [*temperamentum*] était autre, les choses qui nous semblent belles aujourd'hui nous sembleraient laides, et celles qui semblent aujourd'hui laides nous sembleraient belles. La plus belle des mains, considérée au microscope, a un aspect abominable. Certaines choses, vues de loin, sont belles, et considérées de près, sont laides.[6]

---

[3] *Éth.*, IV, 57, scolie, p. 449.
[4] Lettre 52 à Boxel, in *Spinoza, Correspondance*, présentation et traduction par M. Rovere, Paris, GF Flammarion, 2010, p. 293.
[5] Lettre 54 à Boxel, *op. cit.*, p. 301.
[6] *Ibid.*

La beauté ne tient pas à grand-chose, c'est une affaire de distance focale. Il faut choisir le bon dispositif dioptrique pour que la vision produise en nous l'image qui suscitera l'agrément. Si le dispositif de production de l'image est modifié, par un instrument par exemple, tout le charme se disperse et s'évanouit. L'usage du microscope, qui nous aide à mieux voir, désenchante le regard. Car de fait, la beauté est d'abord cet enchantement *du regard*, et non de la chose. Sa composante essentielle est bien celle de l'appétit avec lequel nous nous portons vers les choses perçues :

> Celui qui dit que Dieu a créé le monde pour qu'il soit beau doit nécessairement soutenir l'une ou l'autre de ces positions : soit Dieu a adapté le monde à l'appétit et à la vue des hommes, soit il a adapté l'appétit et la vue des hommes au monde.[7]

La beauté est un alignement opportun entre l'objet, la vue et le désir. Car la vue porte un appétit, et notre regard tient à notre « tempérament ». La disposition particulière du corps est rappelée ici en ce qu'elle constitue un élément essentiel de notre « génie propre ». Celui-ci implante le regard dans l'imagination, et l'ouvre à ce que l'on pourrait appeler son bestiaire fantastique :

> Qu'est-ce qui contribue le plus à l'ornement et à la perfection du monde, l'existence des spectres ou celle de toutes sortes de monstres comme les centaures, les hydres, les harpies, les satyres, les gryphons, les argus et bien d'autres sottises de ce genre ?[8]

Il n'y a pas davantage de raison d'accorder l'existence aux spectres qu'à toutes ces créatures imaginaires, que l'on prenne parti pour l'une ou l'autre des hypothèses finalistes précédentes. Si notre regard était la mesure des choses, alors le monde serait ainsi livré au plus grand désordre[9]. Voir ne se distingue pas fondamentalement de rêver. Voir, c'est se voir soi-même en lieu et place de la réalité, c'est peupler le monde de rêveries. La beauté est liée à l'enchantement propre d'un regard. La main est belle parce qu'elle est une promesse, un signe. Ce signe est défait par la connaissance objective, mais déjà par le seul fait de l'instrumentation technique de la vision. Le truchement de l'instrument opère déjà ce désenchantement à son niveau propre. Par contrecoup, on comprend donc que la beauté n'est que l'équivalent d'un spectre. Ce n'est pas tant que le fantôme dût exister en tant que bel ornement du monde ; c'est le beau lui-même qui est un objet purement fantasmatique.

On aurait bien tort toutefois de considérer que cette projection artiste de notre imaginaire dans les choses serait une simple affaire personnelle, dépourvue de significations sociales. Ces fantômes ont un nom, et passent

---

[7] *Ibid.*

[8] *Ibid.*, p. 302.

[9] « Certes le monde aurait été joliment décoré, si au gré de notre Fantaisie, Dieu l'avait composé et orné de ces choses, que quiconque peut aisément s'imaginer et voir en rêve, mais que nul n'a jamais pu concevoir », Lettre 54 à Boxel.

pour des choses. On peut mieux le comprendre à partir de la suggestion du même passage, qui rapporte la beauté à la perfection[10]. Ce rapprochement des « dénominations » autorisé par Spinoza en 1674, du moins dans leur acception courante, permet de s'appuyer sur la Préface de la Quatrième Partie de l'*Éthique* pour déterminer les opérations de l'imagination dans la perception du beau.

§ 2

La perfection a d'abord désigné un point de vue sur l'œuvre accomplie :

> Qui a décidé de faire une certaine chose et l'a faite jusqu'à son terme [*perfecit*], ce n'est pas seulement lui qui dira que sa chose est parfaite, mais également quiconque sait pertinemment [*recte*], ou croit savoir, ce qu'avait en tête l'auteur de cette œuvre et quel était son but [*scopum*].[11]

La perfection d'une œuvre est un jugement que l'on prononce relativement à son achèvement, à la réalisation complète du plan que l'auteur ou l'ouvrier (*opificis*) s'est fixée. Dans un premier temps, le point de vue de *celui qui fait* semble devoir prévaloir[12]. Mais dans un second temps, chacun ayant forgé sa propre idée générale de maison, qu'il prend pour modèle et détermine relativement à ses préférences propres, la perfection devient :

> ce qui convient avec l'idée universelle qu'il avait formée de la même chose, et au contraire [l'imperfection consiste en] ce qu'il voyait convenir moins avec son concept du modèle, quoique de l'avis de l'ouvrier ce fût tout à fait achevé[13].

Alors prévaut sur celui de l'artisan le point de vue du spectateur. L'œuvre est parfaite non parce qu'elle répond au plan prévu par son auteur, mais parce qu'elle se conforme aux priorités de celui qui l'observe. Le *critique* a finalement imposé son point de vue dans l'histoire de la signification de la perfection. Or cette histoire n'est pas contingente, elle est un effet structurel de la légalité des passions. Elle renvoie directement à la logique de l'imitation des affects, dont elle est une application parfaite. Il n'y a pas lieu de la décrire ici dans son ensemble, et il suffira de s'appuyer directement sur ses résultats. Dans la relation intersubjective entre l'artiste et le critique, une situation de concurrence se met en place en vue d'obtenir la position du prescripteur. Même si le critique « écoute » d'abord l'artiste, il tend à terme à ce que tout le monde l'écoute, lui. De façon générale, il faut que je puisse me contempler toujours comme la cause de la joie des autres, sans pour autant changer ma propre disposition à juger. Telle est la situation la plus avantageuse dans l'économie affective, que chacun

---

[10] « Quant à la perfection et à l'imperfection, ce sont des dénominations qui ne diffèrent guère de celles de beauté et de laideur », Lettre 54 à Boxel, in *Spinoza, Correspondance*, p. 302.

[11] *Éth.*, IV, préface, trad. Pautrat, p. 351.

[12] « Telle semble avoir été la première signification de ce vocable », *Éth.*, IV, préface.

[13] *Éth.*, IV, préface, trad. Pautrat modifiée, p. 353.

recherche, et que chacun conteste à autrui. Chacun tend donc à imposer son propre critère de jugement à l'autre, et chacun s'y efforçant en même temps, cela institue nécessairement le beau comme un champ de bataille sémantique[14].

La lutte pour faire triompher son propre *ingenium* est au cœur de la définition ordinaire de la perfection et donc du beau. De l'artiste au critique et du critique à l'artiste, un jeu de co-détermination du jugement, un rapport de « puissances normatives » lié à l'imitation affective se met inévitablement en place. La détermination originaire de la perfection, attachée à l'expérience singulière de l'aptitude de l'artiste à parachever sa production de l'utile, se trouve déréalisée. Il se voit dépossédé de sa légitimité de prescripteur, c'est-à-dire du pouvoir de déterminer lui-même quand il a achevé son œuvre[15].

---

[14] Pour une explication complète du processus, inspirée des dynamiques de l'imitation affective, on peut procéder ainsi : la première signification de la perfection implique une relation intersubjective asymétrique. Celui qui fabrique, l'artiste au sens large, ne peut finalement pas décider par lui-même de ce qu'est une œuvre achevée. L'achèvement doit pouvoir être constaté par un tiers, au moins putatif – appelons-le le critique. Celui-ci quant à lui sait qu'il a un rôle essentiel, qui est de valider l'œuvre. Mais pour y procéder, il doit connaître ou imaginer l'intention d'un autre. En ce sens, son jugement dépend d'une règle extérieure. S'il reconnaît la perfection de l'œuvre en se soumettant à ce critère extérieur à lui, il sait gratifier l'autre d'une joie dont il est la cause. Quant à l'artiste, il reçoit cette approbation avec joie. Il sait que c'est son propre génie, sa propre complexion qui sert ici de règle, et que l'autre fait effort pour lui complaire et lui être agréable. La validation est en même temps approbation ; celle-ci produit un échange de gratifications qui alimente et rend plus constant le régime affectif de chacun. Mais ce régime, même s'il satisfait partiellement le critique, n'est pas suffisamment « rentable » pour lui. Se plier à la complexion d'un autre, même si on y trouve une satisfaction, est trop coûteux. D'une part, s'il continue à chercher à plaire aux dépens de ses propres logiques d'attachement, il subira une fluctuation, qui s'ajoute à la soumission, alors même qu'il perçoit son pouvoir dans l'approbation, ce qui est insupportable. D'autre part et surtout, il suffirait qu'il puisse devenir lui-même subrepticement le prescripteur de ce que l'artiste « a en tête » pour que toute la circulation d'affects se produise à son avantage, alors même qu'il continuerait à jouer la comédie de l'approbation. L'artiste agirait alors pour lui complaire quand bien même il penserait l'inverse. L'artiste serait conduit à aimer et à produire ce qu'aime le critique, tout en pensant éventuellement le contraire. Il s'agit d'un nouveau régime affectif, moins asymétrique mais plus conflictuel, où chacun s'efforce de se présenter comme règle de jugement.

[15] On peut peut-être le déplorer, et considérer ce phénomène comme une trahison, mais cette satisfaction individuelle originaire, quoi qu'indispensable à sa définition, est plus hypothétique que réelle et caractérise moins la beauté en tant que telle que la transaction sociale à laquelle elle donne lieu. On peut aussi relire cette histoire en la versant au crédit d'individus géniaux qui auraient marqué l'histoire de l'art par leur seule virtuosité. Mais cette reconstruction est une fable édifiante. Le « génie » cache le jeu des génies.

Cette dépossession du plaisir de faire – premier en tant qu'il est simple et relié à l'expérience singulière d'une aptitude, est cruciale dans la question du goût. Le jeu social s'empare du produit réalisé, le rapporte à ses propres attentes, et déréalise l'expérience « esthétique » primitive. Ce phénomène objective sans doute le plaisir « esthétique » au profit de normes sociales de gratification, mais il risque en même temps de lui faire perdre son ancrage dans l'opération concrète de production de l'utile propre. Si hypothétique et fictive qu'elle puisse être, cette détermination originaire de la perfection n'en fournit pas moins la *matière* même du plaisir esthétique, qu'il n'est pas sans conséquences de mettre ainsi en retrait. Si par opposition on envisage la *forme* du beau comme sa détermination issue du régime social de circulation des gratifications, les effets de cette scission interne deviennent manifestes.

Il devient possible en effet de poser comme norme du beau ce qui est contraire à la matière même de la beauté, à savoir la joie de l'utile. Dès lors que le beau désigne davantage un rapport entre les hommes qu'une congruence entre des corps, un dévoiement potentiel est prévisible. Il est loin d'être impossible en effet que la norme du goût soit imposée socialement par le caractère de l'envieux superstitieux, dans la mesure où ce caractère n'est que la conséquence ultime des logiques imitatives.

§ 3

D'après le scolie de la proposition 57 du livre IV, l'homme orgueilleux ne se « délecte » qu'à la présence de ceux qui conduisent leur vie selon l'impuissance de son esprit[16], et qui à terme le rendent fou par un effet de fascination égocentrée obsessionnelle, selon la logique de polarisation maniaque décrite dans la proposition 44 du livre IV. Pour autant que la figure de l'orgueil définit le triomphe imaginaire de celui qui se pose en prescripteur universel, elle aide déjà à saisir une partie de l'impasse à laquelle conduit le déploiement à l'œuvre dans le champ esthétique. Il est même possible de tourner le *ridicule* de ce personnage en dérision, à la manière d'un personnage de théâtre[17].

Mais l'orgueilleux reste conduit par la joie, alors que l'homme abject confond la joie avec la fin de la tristesse. L'abjection, qui est en réalité une forme de l'orgueil, est moins manifeste et moins scandaleuse – moins *ridicule* en apparence. L'homme bas ou abject n'est pas joyeux de lui-même, il est triste de la puissance des autres. Autant l'orgueil vient de la comparaison flatteuse pour soi-même, même si elle est parfaitement imaginaire, autant la bassesse vient d'une comparaison peu flatteuse, où l'on

---

[16] « [L'homme orgueilleux] ne se délecte [*delectari*] qu'à la présence de ceux qui se plient au caprice [*morem gerunt*] de son âme impuissante et font d'un sot un fou », *Éth.*, IV, 57, scolie, p. 447.

[17] Cette idée que le ridicule (et le rire qui en découle) constitue à la fois la sanction et le remède immanent aux développements erratiques de l'imitation affective est fondamentale. Elle permet de comprendre le sens de la « méta-esthétique » évoquée plus bas.

juge de son impuissance par la puissance des autres. Dès lors, tout ce qui porte atteinte à la puissance des autres est un allègement de la tristesse, et l'impuissance des autres devient pour l'homme abject l'objet propre de fascination obsessionnelle.

Il se délecte alors de l'impuissance de l'autre, des signes corporels qui en attestent, comme le sont les larmes, les sanglots et la peur[18]. S'il considère ces formes revêtues par le corps d'autrui comme convenantes avec la sienne, c'est que sa constitution est telle que la tristesse de l'autre soulage la sienne par imitation affective, parce qu'il a des « compagnons de malheur »[19]. Par ailleurs, qui prend la parole pour dénoncer et punir est aisément prescripteur. Il est « tenu pour divin »[20], son art est consommé, il plaît aux hommes qui n'en reviennent pas d'être aussi mauvais, plongés qu'ils sont dans l'admiration de leur propre impuissance, si souvent impunie, et dans le besoin d'expiation. Il peut donc rejeter toute autre forme de délectation comme coupable. Le plaisir esthétique simple que l'on tire des choses ou des arts qui le procurent est maudit.

Il faut en conclure que la délectation de l'homme abject *est bien d'ordre esthétique*, et représente même le *formalisme* du goût dans sa forme épurée. Le mécanisme formel de l'imitation affective, qui finit par prendre pour objet non la joie mais le soulagement de la tristesse, le pose *a priori* en prescripteur. On pourrait dire que la forme du beau ne se montre jamais aussi bien que dans cette opposition presque aberrante entre sa pure forme, liée à la gratification sociale, et sa matière qui est l'utile ou la joie, qui en sont entièrement expulsés. La délectation de l'homme abject procède d'une esthétique, ou plutôt d'une contre-esthétique, ataviquement doloriste. Il est d'autant plus dangereux que le raffinement de son « esprit » le met à l'abri du ridicule. Les raisons profondes de ses agissements sont dissimulées, et peuvent apparaître comme de la rigueur, du contrôle de soi, de la sagesse, de la modestie. L'abjection ne montre pas sa propre outrance à la façon de l'orgueil. Le problème qu'il pose n'est pas seulement esthétique, mais aussi éthique et théologico-politique. Mais il peut être aussi traité esthétiquement !

Il revient à l'homme raisonnable d'opposer un garde-fou à cette contre-esthétique « abjecte » qui, pour être le parfait témoin de sa *forme* sociale, n'en est pas moins profondément nuisible. Son divorce avec le plaisir la condamne. Elle conduit les hommes à se détourner de l'utilité véritable, qui se mesure au développement de nos aptitudes humaines, de notre puissance ou vertu propre, à l'échelle du corps individuel comme de la vie sociale.

---

[18] « Il n'y a dieu ni personne, à moins d'un envieux, pour prendre plaisir à mon impuissance et à ma peine, et pour nous tenir pour vertu les larmes, les sanglots, la crainte et autres choses de ce genre, qui sont les signes d'une âme impuissante », *Éth.*, IV, 45, scolie.

[19] *Éth.*, IV, 57, scolie, trad. Pautrat, p. 447.

[20] *Éth.*, III, préface, p. 209.

Au délire (très réglé) de l'imagination et de la connaissance du premier genre, il faut donc d'abord opposer une *ratio vivendi*, une règle issue de la connaissance du second genre : à l'idée générale arbitraire du beau et du laid imposée par *l'ethos* doloriste, il faut substituer une notion commune du beau fondée sur la connaissance rationnelle de l'utile. Le principal contenu de cette règle est d'autoriser le plaisir, d'user des choses de telle sorte qu'on puisse s'en délecter[21]. Ce qui chasse la mélancolie, c'est certes le plaisir lui-même, s'il est bien réparti, mais c'est surtout le *droit* au plaisir en tant qu'il s'oppose aux anathèmes superstitieux. C'est au moins autant parce que cette pratique conjure la norme esthétique doloriste qu'elle peut se présenter comme norme rationnelle du beau, que parce qu'elle énumère des choses bonnes. Et si Spinoza se présente en première personne comme *exemplar* du beau « rationnel », puisqu'il dit que c'est « sa règle » tout en sachant que c'est aussi la « commune pratique » (*praxis commune*), c'est parce qu'il tient à montrer qu'il défie lui aussi l'anathème, que ce dernier ne doit empêcher personne de suivre son plaisir.

Mais sous l'expresse réserve de rappeler ainsi le critère général du plaisir et du développement des aptitudes corporelles, à l'échelle de l'individu comme de la communauté, il est à la fois possible, inévitable, et souhaitable de laisser fonctionner la transaction sociale concernant la norme du goût, le jeu instable de gratifications qui l'accompagne, sans que cela porte atteinte à l'intégrité des individus et à l'existence de la communauté.

§ 4

La différence entre *risum* et *irrisio* s'éclaire du même coup[22]. On peut bien sûr se moquer à plusieurs, et pour l'esthétique même de la moquerie. Mais il y aura alors une difficulté à conserver un rapport direct avec l'utile propre et la « joie pure et simple », à l'échelle de l'individu comme du groupe. Le *rire* et sa communication ont un tout autre usage et un tout autre effet. S'il peut se considérer comme un droit imprescriptible, il permet aussi le passage à *un autre point de vue*. Le rire, qui est peut-être le modèle de l'expérience esthétique authentique, est une transition *collective* à une « plus grande perfection[23] ». La perfection est ici utilisée dans son sens propre, et sans rapport avec ce que l'un

---

[21] C'est l'objet du scolie de *Éth.*, IV, 45. La liste d'exemples qu'on y trouve n'est pas un inventaire de choses qui seraient bonnes en soi et qui pourraient fournir les éléments d'une esthétique réaliste. Le simple fait de rappeler que le plaisir n'est pas un mal, que le beau se rapporte à la production de quelque chose d'utile par un artisan qui cherche à « refaire et recréer » les aptitudes du corps, suffit à conjurer les effets de ceux qui affirment, sous l'effet de *l'ethos* doloriste, qu'il est laid, mauvais et nuisible de le faire.

[22] *Éth.*, IV, 45, scolie.

[23] « […] mais au contraire, plus grande est la joie qui nous affecte, plus grande la perfection à laquelle nous passons, c'est-à-dire, plus nous participons, nécessairement, de la nature divine », *Éth.*, IV, 45, scolie, p. 431.

ou l'autre considère ou non comme achevé. La réjouissance collective n'est plus seulement un droit, c'est l'expérience *par laquelle nous nous « parachevons » nous-mêmes*. Grâce à lui, nous comprenons que nous pouvons développer les aptitudes de tous et de chacun sans se nuire. Cette augmentation collective de puissance se rapporte non à une norme, mais à la connaissance de Dieu, ou à la connaissance du troisième genre. Aux yeux de celui qui connaît la vraie nature de Dieu, c'est-à-dire du point de vue de la connaissance du troisième genre, la joie du rire est transition de perfection, et rattachement à la puissance de Dieu. Elle est donc un aspect de l'amour de Dieu, qui ne peut nuire à personne mais facilite au contraire la vie sociale, puisqu'il triomphe des affects humains ordinaires et a pour objet un bien communicable.

Telle est finalement la réalité profonde du beau, quelles que soient les normes transitoires forgées par l'imagination humaine. Le beau est et doit rester l'occasion de cette transition commune qui est sa réalité même. Peu importe ce que les hommes trouvent beau, peu importe les variations particulières qui font que chacun ne s'accorde pas avec son prochain sur ce qui est beau ou non, peu importe la nature des transactions normatives qui constituent la trame de l'histoire de l'art. Ce qui importe dans la beauté, c'est d'être et de former un tout plus apte. Ce qui importe c'est que dans sa construction sociale même, sa jouissance et son partage puissent repousser la crainte et lutter contre le dépérissement. Elle produit un échange entre les hommes qui les rend tous plus aptes à faire ce qui dépend de leur seule nature. Une esthétique réglée par la raison et connue adéquatement lutte donc de l'intérieur contre *l'ethos* doloriste qui contribue au dépérissement des hommes[24]. Surtout, elle nous en libère, et par cette mise à distance, nous rend capables de nous réjouir de l'art doloriste lui-même :

> Les affects humains, à coup sûr, n'indiquent pas moins la puissance et l'art, sinon de l'homme, du moins de la nature, que bien d'autres choses que nous admirons et que nous prenons plaisir à contempler.[25]

Cet art doloriste témoigne lui aussi, sous une forme à la fois pervertie et épurée, de la puissance de l'imitation des affects. Voilà ce que la nature peut faire de l'homme, semble dire Spinoza. Le spectacle de l'abjection, ou l'abjection en tant que spectacle, dans le rire du « théâtre » et du point de vue de l'amour véritable de Dieu, témoignent de la puissance même de la nature. Ce n'est pas l'art de maudire l'homme abject qu'il faut admirer, mais son statut de pantin, régi par les lois de la nature[26].

---

[24] C'est ainsi que le rire est utile contre le ridicule de l'orgueilleux, et *a fortiori* contre l'orgueil dissimulé de l'homme abject.

[25] *Éth.*, IV, 57, sc., trad. Pautrat modifiée, p. 449.

[26] Tel était déjà en partie l'enseignement de la préface de la Troisième Partie, à propos de la contemplation des passions humaines comme effets de la loi de la nature.

La façon dont l'impuissance achevée passe pour la norme du goût est un effet sophistiqué et caché de la puissance de la nature et des lois de l'imitation. Le voir ainsi, ce n'est pas seulement se mettre à en rire, comme on pourrait rire du ridicule de l'orgueilleux, c'est se délecter de la puissance de Dieu même dans ses effets les plus nuisibles à l'homme. Ce n'est pas tuer toute joie au nom du triomphe de la tristesse, mais le sentiment de triompher de la tristesse, de la haine des hommes, des arts et de la vie elle-même. C'est trouver le point de vue et la perspective, propre à l'homme sage, d'où la difformité retrouve une forme, d'où le laid devient beau. Voilà ce qui est agréable au sage et qui le délecte, tel est l'agrément raffiné de son esthétique propre, qui est en quelque sorte une méta-esthétique.

Cette esthétique renouvelée est-elle intellectualiste, ou l'effet d'une rationalisation excessive ? Elle reste fondée sur une joie toute sensible quoique liée à l'amour de Dieu. Mais surtout, cette disposition ne prescrit pas autre chose que la bonne distance focale, le bon point de perspective qui donne à voir « des dieux dans la cuisine », pour parler comme Aristote.

15. L'utilité propre de l'art

Nathalie CHOUCHAN

Il ne s'agit pas ici d'affirmer l'existence au sein de la philosophie de Spinoza d'une thèse, *a fortiori* d'une doctrine, relatives à l'utilité propre de l'art mais de se demander dans quelle mesure une telle utilité est pensable à partir des concepts spinozistes. Il n'est pas question de faire dire à Spinoza ce qu'il ne dit pas – la notion d'« utile propre » n'est pas expressément ou particulièrement associée par lui aux relations que les hommes entretiennent avec les arts – mais de réfléchir à la possibilité d'élaborer un concept d'utilité propre de l'art. Il n'existe dans la philosophie de Spinoza aucun traitement spécifique de la nature des arts et de leurs productions, ni aucune réflexion d'ordre esthétique, si l'on entend par là – sur la base de la constitution moderne de cette notion – une réflexion sur les sentiments que nous pourrions ou devrions éprouver en présence d'une œuvre identifiée comme relevant de l'art, associée à une réflexion sur le jugement que nous pourrions ou devrions porter sur les œuvres ou sur l'art en général. Si juger de la beauté – de la nature ou des œuvres d'art – est une des caractéristiques essentielles du jugement esthétique, celui-ci semble, au regard même du lexique utilisé par Spinoza, ne pouvoir relever que du premier genre de connaissance[1].

Malgré cette absence de poétique et d'esthétique – ou peut-être grâce à elle – on fera l'hypothèse qu'il est possible de répertorier dans l'*Éthique* les outils conceptuels permettant d'instruire et de déplacer certaines difficultés propres à l'approche contemporaine des arts : qu'est-ce qui constitue un objet en œuvre d'art ? Comment sommes-nous affectés par les productions artistiques ? À quels types d'expériences ces productions donnent-elles lieu et quel jugement sommes-nous susceptibles de porter sur elles ?

L'objet principal de l'esthétique est la question du jugement sur les œuvres, en tant que la sensibilité y joue un rôle déterminant. À l'opposé, une critique de l'esthétique renvoie cette dernière à une approche restrictive, par trop subjective, de l'œuvre et lui préfère une considération de l'œuvre d'art en et pour elle-même, qu'on l'appréhende comme manifestation d'une idéalité intelligible ou comme ouverture à la vérité par une dispensation de l'être. Or le contexte de la production artistique contemporaine et les bouleversements que celle-ci a connus depuis la fin du XIXe siècle ont, dans une certaine mesure, rendu obsolète cette opposition qui a longtemps prévalu entre esthétique et rejet de l'esthétique. La dépasser implique de considérer qu'il y a en philosophie des *questions esthétiques* sans qu'il soit nécessaire d'isoler une esthétique ou une philosophie de l'art comprises comme des

---

[1] Spinoza, *Éthique*, I, Appendice, Paris, Seuil, 1988, p. 87.

domaines autonomes, dotées de contenus et de méthodologies spécifiques. On peut ainsi faire le choix, d'une part, de prendre au sérieux l'idée d'une expérience de (ou avec) l'œuvre d'art ; de considérer qu'elle n'est pas une expérience irréductible à d'autres formes d'expérience, inscrites dans le cours de la vie quotidienne ou associées à des dispositifs techniques ou scientifiques particuliers[2]. En rendre compte suppose à la fois de se tourner vers le sujet de cette expérience et de se demander quelles sont, parmi les propriétés d'un objet – toutes ne le permettent pas – celles qui sont susceptibles de donner naissance à une expérience qu'on pourra alors qualifier d'esthétique, en un sens qui ne soit pas philosophiquement ou métaphysiquement surchargé. Y a-t-il une différence et laquelle, entre l'expérience que je peux avoir d'un porte-bouteille, selon que je le rencontre dans une quincaillerie ou dans un musée ? Entre l'expérience que je peux avoir d'un amoncellement de pierres selon que je le rencontre au hasard des agencements naturels, ou qu'il est intentionnellement travaillé et composé ?

Si l'on s'installe dans cette perspective, traiter de questions esthétiques requiert d'une part de chercher à déterminer les propriétés qui permettent à une réalité de devenir une œuvre d'art, et cela au sein d'une approche qu'on peut caractériser d'ontologique ; et, d'autre part, de chercher à caractériser les rapports qu'il est possible d'entretenir avec les œuvres ou plus généralement avec les productions de l'art. La lecture de Spinoza permet justement d'associer cette approche ontologique de l'œuvre à une prise en compte des affects qu'elle peut engendrer, de penser l'expérience esthétique sans la considérer comme expérience radicalement singulière, de s'intéresser à ce qui est partagé par l'artiste qui produit l'œuvre et par celui qui la reçoit, à ce qu'il y a de commun à l'œuvre dans sa matérialité sensible et aux corps qu'elle affecte.

Ainsi Klee écrit dans *Théorie de l'art moderne* :

> Il faut bien qu'il existe un *terrain commun* à l'artiste et au profane, un *point de rencontre* d'où l'artiste n'apparaisse plus fatalement comme un cas en marge, mais comme votre semblable, jeté sans avoir été consulté dans un monde multiforme et, comme vous, obligé de s'y retrouver tant bien que mal.[3]

Leur différence consiste simplement dans les moyens spécifiques dont l'artiste dispose pour se tirer d'affaire, « plus heureux parfois que le non créateur qui ne parvient pas au salut dans la réalité d'une œuvre ». En réalité, Klee n'insiste pas tant sur la différence entre l'artiste et le profane que sur l'idée que nous sommes tous également plongés dans un monde multiforme et néanmoins commun, que

---

[2] C'est notamment le point de vue exposé par Roger Pouivet dans *L'Ontologie de l'œuvre d'art*, deuxième édition revue et corrigée, Paris, Vrin, coll. « Essais d'art et de philosophie », 2010.

[3] Paul Klee, *Théorie de l'art moderne*, Genève, Gonthier, bibliothèque Médiations, 1968, p. 16. Nous soulignons.

nous avons à y exister, comme nous avons à nous orienter dans la multiplicité des formes du monde et à composer, plus ou moins, avec elles. Ce que les œuvres permettent de faire, différemment sans doute pour l'artiste et le profane. Mais si elles y parviennent c'est du fait de l'existence de ce *point de rencontre*, de ce *terrain commun* propre à celui qui produit l'œuvre comme à celui qui la reçoit.

Il n'est pas impossible de concevoir l'existence et la nature de ce terrain commun à partir d'une notion proche de ce que Spinoza conçoit comme composition et déploiement d'un « utile propre ». Si, comme l'affirme Spinoza, « à l'homme […], rien de plus utile que l'homme »[4], il est possible de *déterminer* cet énoncé, de le *particulariser* en considérant la composition à laquelle les œuvres donnent lieu – aussi bien du point de vue de leur production que de leur réception – de même qu'il peut être déterminé par la considération des formes d'utilité caractéristiques de la société en général ou de la société politique en particulier – et cela sans qu'il s'agisse d'identifier ou de confondre des formes d'utilité et d'usage à chaque fois spécifiques. Nous ne pouvons jamais « vivre sans avoir commerce avec les choses qui sont à l'extérieur de nous »[5] et ces choses ne se réduisent pas à celles qui assurent notre conservation en un sens étroit. Les œuvres d'art peuvent-elles relever, et de quelle manière, de ce qui nous est « proprement utile » ? Ce qui conduit aussi à se demander – en un sens qui n'emprunterait pas à l'idée kantienne d'un sens commun esthétique – s'il est possible de se dégager d'un simple relativisme physiologique et partant judicatif – « autant de têtes, autant d'avis » – et s'il est possible de penser la relation aux œuvres et le jugement associé comme ne relevant pas exclusivement de l'imagination.

Pour donner consistance à cette hypothèse, on commencera par rappeler qu'il est d'un « homme sage » d'« user des choses », d'y « prendre plaisir autant que faire se peut »[6]. L'énumération des plaisirs inclut la musique, le théâtre, les jeux qui exercent le corps et auxquels il est de bonne utilité de prendre part. On peut considérer que le rapport aux arts, dans leur variété, y trouve sa place. Il n'y a aucune contradiction à envisager une telle extension du propos de Spinoza – même si la peinture n'est pas ici mentionnée, elle l'est dans d'autres scolies. Les productions de l'art engendrent une affection sensible du corps et, pour certains d'entre eux, le corrélat joyeux de cette affection dans l'esprit. Aucune différence de nature, aucune hiérarchie n'est alors établie entre les plaisirs, entre l'agrément des plantes vertes et le théâtre, entre ce qui ne serait qu'agréable et ce qui serait un plaisir spécifiquement *esthétique* et désintéressé. Cela pourrait être identifié comme une forme de négligence des arts mais cette interprétation ne s'impose

---

[4] Spinoza, *Éthique*, IV, 18, scolie, p. 371.
[5] *Ibid.*, p. 371.
[6] *Ibid.*, IV, 45, scolie, p. 413.

nullement – sauf à valider par avance et comme une vérité indiscutable une philosophie de l'art d'inspiration kantienne.

Spinoza explique en effet dans ce scolie la nécessité d'user d'une pluralité de plaisirs par le fait que :

> le corps humain se compose d'un très grand nombre de parties de nature différente, qui ont continuellement besoin d'une *alimentation nouvelle et variée* pour que le corps tout entier soit partout également apte à tout ce qui peut suivre de sa nature, et par conséquent pour que l'esprit soit lui aussi partout également apte à comprendre plusieurs choses à la fois.[7]

Cette alimentation d'un corps donné et de l'individu qu'il compose enveloppe la multiplicité des relations à d'autres corps qui sont susceptibles de l'affecter. Si l'on considère le cas particulier d'une représentation picturale, le matériau, la couleur, la figure peuvent participer de cette « alimentation » et cela dans et par des compositions associant « parties du corps » et « parties de l'œuvre » ou du dispositif artistique opérant. Les affections du corps par la matérialité sensible de l'œuvre s'accompagnent dans l'esprit d'une idée de ces affections. Le corps humain, parce qu'il est composé d'un très grand nombre de parties, peut être *nourri* d'une pluralité de manières, qui sont autant d'occasions permettant à l'esprit de « comprendre plusieurs choses à la fois ». La rencontre de certains corps, au nombre desquels on peut compter les œuvres – ou les dispositifs – d'art, est l'occasion d'un possible passage à une « joie » plus grande. Faire prévaloir cette alimentation nouvelle et variée participe d'une « règle de vie » qui s'impose « clairement » comme la meilleure de toutes.

Dans un deuxième temps, on peut se rendre attentif au fait que Spinoza ne distingue pas, ontologiquement parlant, nature et artifice. De sorte que les œuvres, comme tous les objets fabriqués, sont des modes au même titre que les corps naturels, dans la mesure où elles consistent en une certaine composition de parties. Il est clair que cela ne permet pas de déterminer ce qu'est une œuvre, d'en donner une définition qui serait caractéristique d'une espèce de réalité spécifique.

La question de la production des œuvres – au sens d'objets artificiels – est complexe. Dans le scolie de la proposition 2 de la partie III, elle n'est explicitée que de façon négative. À ceux qui estiment que :

> des seules lois de la nature, considérée seulement en tant que corporelle, il ne peut pas se faire que l'on puisse déduire les causes des édifices, des peintures et des choses de ce genre, qui se font par le seul art des hommes, et que le corps humain, à moins d'être déterminé et guidé par l'esprit, ne serait pas capable d'édifier un temple[8].

Spinoza répond que ce point de vue découle d'une « ignorance de ce que peut le corps ». Est-ce que cela implique de considérer que la production d'une œuvre,

---

[7] *Ibid.* Nous soulignons.
[8] *Ibid.*, III, 2, scolie, p. 209.

« édifice, peinture ou autre chose de ce genre » relèverait d'une sorte de somnambulisme – dont il question dans le même scolie – ou pourrait s'expliquer de manière analogue ? Cela signifierait dans ce cas, pour reprendre le titre de l'essai de Paul Valéry, qu'il n'y a pas de différence entre « l'homme et la coquille » : l'œuvre se produirait, en quelque sorte spontanément et par le simple effet de mécanismes corporels. La critique radicale de la finalité développée par Spinoza est tout à fait compatible avec cette manière de voir.

Or il est possible d'envisager de manière complémentaire – et cela n'est pas contradictoire avec ce qui vient d'être dit – que la productivité du corps, la capacité d'un corps à produire des effets et même, sur la base d'une certaine augmentation de puissance, ses effets, ne soit pas un donné immuable, qu'elle puisse être enrichie, nourrie par des expériences diverses. Enrichissement de l'expérience du corps qui s'accompagne nécessairement pour l'esprit d'un accroissement de la connaissance et de la compréhension. Loin d'empêcher de penser l'art, la critique de la finalité permet de penser la production d'une œuvre sans recours à la finalité consciente. Ce qui n'implique pas et ne revient pas à dire – au contraire – que l'œuvre serait produite sans pensée – car la pensée n'est pas réductible à ses modalités conscientes et intentionnelles. La production d'une œuvre peut être pensée comme un effet non pas aléatoire mais en partie non intentionnel – ce par quoi elle échappe au modèle inadéquat d'une supposée création. Ce qui importe n'est ni l'intention d'un artiste, ni la relation entre intention et effet produit, mais la manière dont l'œuvre est produite simultanément par le corps et l'esprit de l'artiste et la manière dont elle affecte simultanément le corps et l'esprit de celui qui la reçoit, qu'il soit spectateur, auditeur ou lecteur.

Klee, exposant les traits caractéristiques de son travail de peintre[9], donne les moyens d'expliciter ce point : il use en effet de la parabole de l'arbre afin de placer l'artiste dans une position qu'il qualifie « d'intermédiaire », simple tronc qui recueille ce qui monte des profondeurs de la nature et le transmet sous une autre forme. L'artiste ordonne ou plutôt se fait le lieu où s'ordonne le flux des apparences et des expériences et cette mise en ordre consiste en une transformation, qui emprunte davantage à la « nature naturante » qu'à la « nature naturée ». Il devient alors possible de caractériser les effets produits sur un corps donné par ces autres corps singuliers que sont les œuvres. Comme par rapport à n'importe quel autre corps, nous percevons l'idée d'une affection qui enveloppe à la fois notre corps et le corps qui l'affecte[10]. On n'échappe pas, dans cette mesure et pour cette raison même, à la nécessité de l'imagination et de l'inadéquation. Mais est-il pensable que, selon les formulations du scolie de la proposition 29 de la partie II, le rapport à une œuvre ne revienne pas seulement à « percevoir les choses selon l'ordre

---

[9] Klee, *op. cit.*, p. 24.
[10] Spinoza, *op. cit.*, II, 25, p. 147.

commun de la nature », ne consiste pas seulement dans la rencontre fortuite d'une chose correspondant à une « détermination du dehors », mais en une « détermination du dedans », celle-là même qui permet de comprendre en quoi les choses conviennent, diffèrent ou s'opposent et de s'ajuster à cette convenance (ou disconvenance) ?

Tentons de mieux caractériser ce que signifie ici comprendre, ou connaître. D'une part, et si l'on s'en tient à l'idée que les corps conviennent seulement en ce qu'ils sont des modes de l'attribut étendue, le rapport à l'œuvre ne diffère pas du rapport à n'importe quel corps et l'on parvient alors à la connaissance de propriétés communes qui sont des propriétés physiques générales. Connaître un tableau à partir de telles propriétés physiques participe d'une connaissance adéquate : il sera décrit et expliqué en tant que toile peinte et encadrée, c'est-à-dire par les caractéristiques physiques nécessaires d'une matière donnée. Cela n'a pas d'intérêt du point de vue de la relation à une œuvre singulière et de cette utilité que l'on a commencé à caractériser. On parviendrait alors à l'idée que la manière dont les œuvres d'art nous affectent rejoue la simple opposition entre le premier et le deuxième genre de connaissance. Une œuvre donne lieu à un jugement sur la beauté issu de l'imagination et par définition inadéquat. Elle peut par ailleurs être connue adéquatement par ses propriétés communes de corps. Il faudrait alors conclure qu'il n'y a pas d'utilité propre des œuvres d'art ni de l'art.

Il me semble que le jeu de la conceptualité spinoziste invite à faire un pas de plus, et que l'on n'est pas limité à une telle alternative. L'énumération de la pluralité des plaisirs mentionnés dans le scolie 45 de la partie IV, est par elle-même instructive. On se demandera alors s'il y a place pour l'appréhension d'*autres* relations de convenance et de disconvenance entre les corps que ces propriétés physiques générales, appréhension qui ne prendrait pas la forme d'une connaissance adéquate explicitable mais qui serait plutôt à penser comme expérience. Des trois fonctions de l'expérience distinguées par P.-F. Moreau[11], je retiens en particulier la deuxième qualifiée de « constitutive », qui intervient là où certains faits ne peuvent être conclus de la définition d'une chose. Ainsi est-il impossible de déduire la diversité des choses en partant de la seule idée d'étendue. Ce constat ne concerne pas seulement la physique, mais également d'autres domaines où se manifestent l'activité des modes finis plus complexes que sont le langage, l'histoire, les passions – qui touchent aux modalités sociales de l'existence.

Je fais l'hypothèse que les arts et la relation aux œuvres d'art pourraient constituer – quoique Spinoza lui-même ne s'engage pas dans cette voie – une partie de ces formations ou compositions modales. À la limite – mais la position d'une frontière pourrait aussi participer d'une généralisation mal ajustée – un domaine ou plutôt un type d'expérience à la fois associé et

---

[11] P.-F. Moreau, *Spinoza. L'expérience et l'éternité,* Paris, Puf, 1994.

distinct des autres. Car les œuvres et la relation que nous entretenons avec elles, diffèrent des seules médiations langagières et de la manière dont nos corps et nos idées s'articulent à des mots – raison de plus pour ne pas circonscrire la compréhension de l'art à la seule perspective d'une poétique. Par les mots en effet, chacun « tombe d'une pensée dans une autre »[12] suivant l'ordre que l'habitude a mis entre les images des choses. Or il n'y a pas lieu de penser que l'œuvre d'art qui est singulière nous affecte en produisant une habitude équivalente.

Si l'on considère que la production de l'œuvre d'art par l'artiste relève d'une certaine nécessité, au sens où l'artiste n'use pas d'un libre arbitre mais se confronte au matériau qu'il travaille et aux effets que produit cette confrontation ; au sens aussi où il ne « crée » pas de toutes pièces la forme qu'il compose – ce qui n'implique aucunement de le ramener à un automate mécanique ou à minimiser son travail artistique – on peut suggérer que c'est cette nécessité même qui est appréhendée et pratiquement – empiriquement – comprise sous la forme d'une convenance de l'œuvre avec ce corps (ou ces corps) dont elle augmente la puissance d'agir.

Cette convenance est à la fois commune, au sens où tous les hommes, dont les corps ont des propriétés communes, sont susceptibles d'en faire l'expérience. Et à la fois singulière si l'on songe que « la musique est bonne pour le mélancolique, mauvaise pour l'affligé ; et, pour le sourd ni bonne ni mauvaise[13] ». Proposition qui peut être étendue au fait que parmi les œuvres, certaines peuvent résonner plus que d'autres avec notre propre complexion et notre propre histoire, à l'intérieur d'un cadre de propriétés communes joint à des dispositions particulières. Dans la préface de la partie IV de l'*Éthique*, Spinoza redéfinit la perfection et ce, dans une perspective éthique. On peut envisager que le rapport à une œuvre d'art, la composition de corps qu'elle produit, rende aussi « plus parfait », sans que cela suppose pour autant de ramener l'éthique à une esthétique. De ce point de vue, on pourrait supposer que l'œuvre d'art, certaines œuvres d'art – et non l'art en général – sont « proprement utiles » et que cela se manifeste par un plaisir, une augmentation de la puissance d'agir de notre corps accompagnée d'une meilleure compréhension de l'esprit.

Ce cheminement, qui emprunte à Spinoza la notion d'utile propre et lui donne une extension qu'elle n'a pas chez cet auteur, permet de concevoir une définition immanente de l'œuvre d'art caractérisée comme un certain mode, une certaine manière d'être, dont le fonctionnement est esthétique parce qu'elle entretient – et seulement lorsqu'elle entretient – certaines relations avec des individus qui la reçoivent, qui « entrent en relation » avec elle. Dans ce cadre, la question esthétique du jugement de goût est secondaire. Ce qui importe, du point de vue d'une esthétique renouvelée,

---

[12] Spinoza, *op. cit.*, II, 18, scolie, trad. modifiée, p. 139.
[13] *Ibid.*, IV, préface, p. 341.

c'est l'étude de ces relations qui peuvent exister sur la base de certaines propriétés de ce corps composé qu'est l'œuvre d'art, et l'étude de la manière dont elle affecte, par ces propriétés mêmes, le sujet qui s'y rapporte comme à une œuvre d'art ; et qui peut ne pas le faire, au sens où on peut passer devant un monochrome et y voir simplement un objet suspendu à un mur, entendre certains enchaînements sonores en n'y percevant que du bruit.

Ajoutons pour (ne pas) conclure, qu'il est intéressant d'opérer un rapprochement avec l'approche qui est celle de Dewey dans la mesure où il développe, dans le chapitre 7 de *L'art comme expérience,* l'hypothèse d'une « histoire naturelle de la forme », faisant de la forme une propriété qui caractérise toute expérience comme une expérience, forme qu'il est possible, de surcroît, de déterminer, comme forme esthétique. C'est en particulier le schème du rythme, « schème universellement répandu qui sous-tend tout phénomène d'ordre dans le changement », qui permet d'envisager une structure unitaire de l'art et de penser l'émergence de ces formes que sont les œuvres d'art, et les relations de convenance et de disconvenance entre elles et les corps qui les perçoivent. Cela implique que l'art et les œuvres d'art peuvent s'expliquer et se comprendre à l'intérieur de la nature, que cette explication et cette compréhension peuvent prendre la forme d'un naturalisme[14].

---

[14] La notion de « naturalisme » est équivoque et donne lieu à de vives oppositions théoriques qu'il n'est pas possible d'expliciter ici. Je précise simplement que par « naturalisme » je n'entends pas un « physicalisme » et qu'il n'est pas question de réduire la compréhension des œuvres d'art à des explications fournies par les sciences expérimentales.

16. Les fondements spinozistes d'une esthétique des corps

Julie HENRY

« Dans une éthique du devenir, il y a aussi place pour l'élaboration d'une esthétique » : c'est de cette suggestion énoncée par Lorenzo Vinciguerra que nous avons souhaité repartir, pour construire une réflexion autour des fondements spinozistes d'une esthétisation des corps. Comment le corps comme foyer d'activité peut-il devenir le matériau de pratiques qui se tissent dans le silence de l'esprit ? Comment cette interface à inventer avec les corps environnants fait-elle progressivement de la sensation le moyen d'une esthétique à même le corps ? Et finalement, comment le rapport actif à sa propre corporéité, par la médiation de l'habitude, peut-il nous mener vers l'invention d'une singularité toujours en devenir ? Ce sont les thématiques de notre présence aux autres choses de la nature, d'un autre rapport à soi et du modelage sensitif et affectif de notre corps comme de notre esprit que nous souhaitons aborder ici en proposant quelques éléments de réponse à ces questions, à partir d'une anthropologie spinoziste des corps et des variations qui les animent.

Aptitudes physiques et puissance de l'imagination

Deux passages donnent ainsi toute sa force et toute son extension à la célèbre affirmation selon laquelle :

> ce que peut le corps, personne jusqu'à présent ne l'a déterminé, c'est-à-dire, l'expérience n'a appris à personne jusqu'à présent ce que le corps peut faire par les seules lois de la nature en tant qu'on la considère seulement comme corporelle.[1]

Il s'agit d'une part de l'explication de la définition 1 des affects, dans laquelle on lit que, « que l'homme soit ou non conscient de son appétit, l'appétit n'en demeure pas moins un et le même[2] » : l'adjonction de la conscience (esprit) à l'appétit (corps) n'est pas plus à même de modifier cet appétit qu'une idée vraie en tant que vraie n'est à même de contrecarrer à elle seule une affection[3]. Et il s'agit d'autre part du scolie d'*Éthique*, V, 10, qui affirme l'appui que peuvent constituer, en l'absence d'une connaissance parfaite de nos affects, des principes de vie gravés en notre mémoire et appliqués « sans cesse aux choses particulières qui se rencontrent couramment dans la vie, afin qu'ainsi notre

---

[1] *Éthique*, III, prop. 2, sc., trad. B. Pautrat, Paris, Points Seuil, 1999, p. 209. Toutes les références à l'*Éthique* seront citées dans cette édition.

[2] *Ibid.*, définition des affects, I, explication, p. 305.

[3] Voir par exemple à ce sujet le scolie d'*Éthique*, IV, prop. 1, p. 345.

imagination s'en trouve largement affectée[4] » : il y a donc une attention toute particulière portée par Spinoza aux effets des pratiques quotidiennes et répétées dans la modification des habitudes affectives, y compris en l'absence d'une connaissance adéquate de la raison d'être de ces principes comme du moyen par lequel ils peuvent nous permettre d'accroître notre puissance d'agir et de penser. Dans un cas comme dans l'autre, et dans la continuité avec la première affirmation issue du scolie d'*Éthique*, III, 2, ce sont les aptitudes physiques du corps, sans qu'il n'obéisse en cela à un décret de l'esprit, sur lesquelles nous souhaitons insister : il y a des pratiques du corps qui se font dans le silence de l'esprit – et qui se font parfois d'autant mieux que l'on impose momentanément silence à son esprit –, et qui ne sont pas simplement de l'ordre du maintien en vie, de ce que l'on doit supporter faute de pouvoir le faire taire, ou encore de l'illusion dont il conviendra à un moment ou à un autre de se départir pour accéder à la vérité des choses qui nous entourent.

Parallèlement, il est possible, toujours à partir des textes spinozistes, de réévaluer le statut de l'imagination et la place que l'on peut lui attribuer dans diverses pratiques de vie. Dans un premier temps, il est même nécessaire de le faire, dans la mesure où les images des choses ont une effectivité dans la détermination de nos actions qu'il convient de prendre en compte afin de ne pas en être dupes. Selon le scolie 1 d'*Éthique*, III, 18 en effet, « en tant que nous l'imaginons ainsi [une chose passée ou future], nous affirmons son existence [...] ; et par suite [...] le corps est affecté par l'image de cette chose de la même manière que si la chose elle-même était en sa présence[5] ». Savoir qu'une image peut avoir la même effectivité que la présence de la chose dont elle est image sera de grand intérêt pour penser ce que peut être une esthétique à même les corps, un rapport à soi médiatisé par une sensation et non par une méditation introspective et solipsiste. Mais cela ne s'arrête pas au constat d'une puissance neutre – au sens où on ne se trompe pas en tant qu'on imagine –, mais qui peut se révéler un obstacle à la connaissance, dans la mesure où une idée vraie ne permet pas de modifier à elle seule la manière dont nous imaginons les choses. En effet, dans un second temps, nous pouvons même faire de l'imagination un adjuvant, une puissance au sens pleinement positif du terme, comme en témoigne la fin du scolie d'*Éthique*, II, 17 : si l'esprit savait que la chose imaginée n'existe pas au moment où il imagine l'avoir en sa présence, « il est sûr qu'il attribuerait cette puissance d'imaginer à une vertu de sa nature, non à un vice ; surtout si cette faculté d'imaginer dépendait de sa seule nature, c'est-à-dire [...] si cette faculté qu'a l'esprit d'imaginer était libre[6] ». Il y a donc une place pleine et entière des imaginations aux côtés de la connaissance, l'aptitude à former des images et celle à concevoir adéquatement étant conçues comme

---

[4] *Éthique*, V, prop. 10, scolie, p. 499.
[5] *Ibid.*, III, prop. 18, sc. 1, p. 233 et p. 235.
[6] *Ibid.*, II, prop. 17, sc., p. 137.

deux puissances (*potentia ad*) corrélatives à condition que chacune se voit accorder sa juste place et son statut adéquat.

L'attention portée aux corps et à leurs aptitudes liées à leur dimension physique d'une part, et l'importance accordée aux images qui donnent sens aux actions auxquelles elles sont associées d'autre part, nous mènent vers la conception d'une pratique de la matérialité, dans laquelle l'esprit raisonnant n'interviendrait que dans un second temps. Cette démarche est fidèle au scolie d'*Éthique*, II, 13, selon lequel « pour déterminer en quoi l'esprit humain diffère des autres, et l'emporte [*praestet*, nous y reviendrons] sur les autres, il nous est nécessaire de connaître [...] la nature de son objet, c'est-à-dire du corps humain[7] ». C'est la spécificité du corps humain et la possible singularité de notre rapport à lui qui rendront envisageable une esthétique à même le corps. Un autre élément entre en jeu, c'est le fait que l'on puisse devenir acteurs des variations qui nous animent continuellement. La remarque des *Pensées métaphysiques* (en un vocabulaire encore cartésien) selon laquelle « tout changement provient ou de causes externes, avec ou sans la volonté du sujet, ou d'une cause interne, et par le choix du même sujet[8] » donne en quelque sorte sens par avance aux postulats 3 et 6 de la petite physique, dans lesquels il est affirmé que le corps humain « est affecté par les corps extérieurs d'un très grand nombre de manières », et « peut mouvoir les corps extérieurs d'un très grand nombre de manières[9] ». Ou encore au scolie d'*Éthique*, III, 2 qui évoque la nature du corps en termes de structure [*fabrica*] donnant lieu à un grand nombre de fonctions. Dans un cas comme dans l'autre, le corps est appréhendé comme un possible agent, comme un actant qui se révèle être une source quasi inépuisable (en tout cas inépuisée dans l'expérience que l'on en a) d'activités diverses. C'est sur cela que nous pouvons faire fond pour envisager une pratique de la matérialité, dans laquelle le corps est à la fois matériau de variations et interface dynamique avec les choses extérieures, comme en témoigne la suite du scolie d'*Éthique*, II, 13 : « plus un corps l'emporte sur les autres par son aptitude à agir et pâtir de plus de manières à la fois, plus son esprit l'emporte sur les autres par son aptitude à percevoir plus de choses à la fois[10] ».

Affections et rôle de la sensation

Il y a ainsi quelque chose qui se joue à l'interface entre le corps et les corps environnants, au frottement entre un individu et ce qu'il perçoit comme lui étant extérieur mais qui ne lui est pas indifférent ; c'est en cela que le corps lui-même devient matériau de pratiques artistiques, et non

---

[7] *Ibid.*, prop. 13, sc., p. 119.

[8] *Pensées métaphysiques*, 2ᵉ partie, ch. IV, section « Quelles sont les causes du changement », trad. Ch. Appuhn, Paris, Garnier-Flammarion, 1964, p. 364.

[9] *Éthique*, II, postulats 3 et 6 après le lemme 7, p. 129 et p. 131.

[10] *Ibid.*, prop. 13, sc., p. 119.

seulement outil permettant à l'esprit de travailler des matériaux dans lesquels l'individu ne serait pas impliqué. C'est dans cette optique que l'on peut lire la proposition 38 d'*Éthique*, IV :

> ce qui dispose le corps humain à pouvoir être affecté de plus de manières, ou ce qui le rend apte à affecter les corps extérieurs de plus de manières, est utile à l'homme [dans toute la variété de ses dimensions et dans toute la richesse de ses diverses activités, pourrions-nous ajouter].[11]

Nous sommes toujours en relation avec les autres choses de la nature (corps avec corps, esprits avec esprits), et travailler ces relations est partie prenante de la constitution d'une esthétique à même le corps. Plus encore, les limites et la situation de cette interface restent toujours à interroger et à expérimenter, dans la mesure où nous serons à l'avenir déterminés à juger et à agir en partie selon la manière dont nous sommes actuellement affectés par les choses extérieures, et dans la mesure où la particulière complexité de notre corps (composé de corps eux-mêmes très composés) fait que nous pouvons être affectés d'un grand nombre de manières sans changer de forme[12], selon le scolie du lemme 7 de la petite physique. Le rapport aux autres choses de la nature (travail d'autres matériaux, mouvement dans l'espace, diversification des approches perceptives, *etc.*) constitue ainsi une forme de médiation pour un rapport à soi enrichi et élaboré : être apte à percevoir plusieurs choses à la fois, sentir avec précision l'état dans lequel nous sommes présentement et inventer un cheminement qui nous soit propre sont partie prenante d'une seule et même démarche.

Il faut ici entendre le verbe « inventer » au sens classique du terme *:* rencontrer, découvrir. Il ne peut s'agir de créer *ex nihilo* puisque ce que nous faisons dans le moment présent est déterminé par la conjonction de notre nature et de nos rencontres et affections passées. Il s'agit plutôt d'élaborer progressivement une singularité dans nos pratiques, par distinction avec la particularité d'un groupe auquel on appartient de fait, sans avoir conscience de la manière dont cela nous détermine. C'est ainsi le sens que l'on peut donner à l'une des toutes dernières phrases de l'*Éthique :* « si maintenant l'on trouve très difficile le chemin que j'ai montré y mener [à la satisfaction de l'âme], du moins peut-on le découvrir[13] » : l'éthique comme l'art ne sont ni dans la création absolue, ni dans la simple reproduction. En l'occurrence, la découverte d'une certaine singularité se fait par le biais d'un ordonnancement de nos affections : nous sommes de fait affectés par les choses extérieures ; mais la manière dont ces affections s'ordonnent en

---

[11] *Ibid.*, IV, prop. 38, p. 401 et p. 403.
[12] Et donc sans changer de nature, ce qui revient alors en un certain sens à devenir autre tout en restant le même.
[13] *Ibid.*, V, prop. 42, sc., p. 541.

nous[14], passivement ou activement, dessine des rapports très différents à ces affections, à nous-mêmes, à la matérialité qui nous environne. L'invention passe ainsi dans ce cadre par une « mise en chaîne qui est aussi une mise en scène » des affects, selon la belle expression de Lorenzo Vinciguerra[15], et cette mise en chaîne des affects en nous se traduit par une forme d'expérience affective, dans laquelle nos affections et affects deviennent matériau d'une pratique artistique et éthique dans le même mouvement. Cette expérience affective se donne ensuite du mouvement à elle-même, en ce que, « par ce pouvoir d'ordonner et d'enchaîner correctement les affections du corps nous pouvons faire de ne pas être aisément affectés par des affects mauvais[16] » : ce n'est alors plus seulement l'ordonnancement, mais ce sont les affects eux-mêmes qui se trouvent modelés, à l'occasion de rencontres favorisées avec certaines autres choses de la nature, corps comme esprits.

Dans ce modelage des affections et dans cette élaboration du rapport à sa corporéité comme à celle des choses extérieures, il est un élément qui joue un rôle crucial : la sensation. La sensation plus que la perception, même s'il est question de production artistique. En effet, Spinoza utilise avant tout le terme de *percipere* et ses dérivés lorsqu'il est question de connaissance, par exemple dans la distinction entre trois genres de connaissance dans le deuxième scolie d'*Éthique*, II, 40[17]. Il utilise en revanche celui de *sensatio*[18] dans le rapport qu'on a à son propre corps, comme en témoigne le § 21 du *Traité de la réforme de l'entendement* : tandis que nous *percevons* les corps extérieurs, « nous *sentons* tel corps [à savoir le nôtre], et nul autre [*et nullum aliud*] », et nous concluons de là que « l'âme est unie au corps, cette union étant la cause d'une telle sensation[19] » (sans que nous sachions en quoi

---

[14] Elles peuvent ainsi s'enchaîner en nous du dehors, à partir de l'ordre commun de la nature, ou bien du dedans, à mesure de notre aptitude à percevoir plusieurs choses à la fois. Voir à ce sujet le scolie d'*Éthique*, II, prop. 29.

[15] Lorenzo Vinciguerra écrit ainsi, dans la sixième section de son livre *Spinoza et le signe. La genèse de l'imagination*, que « toute mise en chaîne est aussi une mise en scène de représentations, dans lesquelles l'interprète est moins l'auteur que l'acteur de ce qui s'y joue » (Paris, Vrin, 2005, ch. XIII, p. 201).

[16] *Éthique*, V, prop. 10, sc., p. 499.

[17] Spinoza parle ainsi, dans le premier genre de connaissance, des « singuliers qui se représentent à nous par le moyen des sens de manière mutilée, confuse, et sans ordre pour l'intellect », ajoutant qu'il a « l'habitude d'appeler de telles perceptions [*perceptiones*] connaissance par expérience vague » (*ibid.*, II, prop. 40, sc. 2, p. 169).

[18] Il emploie d'ailleurs assez rarement ce terme, et principalement dans le *Traité de la réforme de l'entendement*. Seule la forme verbale *sentire* est mobilisée dans l'*Éthique*.

[19] *Traité de la réforme de l'entendement*, 21 [numérotation de l'édition Bruder], trad. Michelle Beyssade, *in* Spinoza, *Œuvres I, Premiers écrits*, publiées sous la direction de Pierre-François Moreau, Paris, Puf, coll. « Épiméthée », 2009, p. 77.

consiste précisément cette union du corps à l'âme). Or, il se trouve que la sensation que l'on a de son corps a une très grande effectivité dans la manière dont sont déterminées nos actions ; il ne s'agit pas simplement d'une approche purement *subjective* des choses, comme nous dirions aujourd'hui – sous-entendu : sans effet et sans validité. Nous lisons ainsi dans le corollaire d'*Éthique*, II, 13 que « le corps humain existe tel que nous le sentons[20] », ce qui signifie dans ce contexte que la manière dont notre corps est affecté s'impose à nous, et que cela a des effets concrets sur la manière dont nous percevons les choses extérieures (d'où la dimension seconde de la perception en regard de la sensation) et sur la manière dont nous agirons sur ces choses et sur leur matérialité, en les façonnant de façon particulière ou singulière. C'est en ce sens que nous parlerions d'une esthétique qui se noue à même le corps, par le biais d'expériences qui sont sensitives, affectives et perceptives dans le même mouvement.

Médiation de l'habitude et éducation sensitive

Or, le fait que nous puissions ordonner les affections du dedans, en un sens qui nous convienne tout particulièrement, nous met sur la voie d'une élaboration progressive de ces expériences sensitives et affectives, afin qu'elles ne se traduisent pas seulement par une accumulation *de fait* de diverses affections juxtaposées selon l'ordre commun des choses, mais qu'elles puissent constituer une histoire affective singulière – raconter une histoire, pourrions-nous dire, si la référence à un langage articulé et construit n'introduisait ici une ambiguïté. Découvrir un cheminement singulier se fait dans le passage d'une dépendance à l'égard des choses extérieures à une aptitude à nouer un rapport actif avec ces choses, comme en témoigne le balancement entre *pendens* et *aptus* dans le scolie d'*Éthique*, V, 39 : le corps de l'enfant est « dépendant au plus haut point des causes extérieures », et dans le cadre d'une éducation qui serait tout à la fois sensitive, affective et perceptive, il s'agirait de le rendre « apte à beaucoup de choses », le pendant étant alors un esprit ayant « une grande conscience de soi et de Dieu et des choses[21] ». Il ne s'agit donc pas de passer d'un mode sensitif et affectif à un mode spiritualisé et rationalisant, mais de construire des aptitudes et une activité à même l'affectivité ; de se remettre en mouvement face au double écueil de la polarisation affective et du ballottement en tous sens au gré des diverses rencontres fortuites. On peut alors comprendre la proposition selon laquelle « l'esprit humain est apte à percevoir un très grand nombre de

---

[20] *Éthique*, II, prop. 13, corollaire, p. 117.
[21] *Ibid.*, V, prop. 39, sc., p. 535. Les trois étant de même indissociables : il n'est pas de conscience de soi dans la seule introspection.

choses, et d'autant plus apte que son corps peut être disposé d'un plus grand nombre de manières[22] » au sens d'une pratique artistique et éthique de soi.

Toutefois, il n'est pas si aisé de se lancer dans de nouvelles pratiques de soi et de sa corporéité, dans la mesure où la manière que l'on a d'être le plus couramment affecté se traduit par une forme de sédimentation de cette affectivité ; et comme il n'y a pas de pure création en contexte spinoziste, de production qui ne soit pas déterminée par la situation dans laquelle on se trouve, c'est l'affectivité elle-même qui doit entrer en un certain devenir, qui doit être progressivement modifiée (d'où l'inscription de toute pratique dans une temporalité longue de l'existence). Cela se ressent à différents niveaux, comme en témoigne le scolie 2 d'*Éthique*, I, 33, au sujet de l'ignorance et de la superstition : les hommes « ont pris l'habitude [*sunt assueti*] d'attribuer à Dieu une autre liberté, [...] à savoir une volonté absolue[23] » ; ou encore le scolie d'*Éthique*, II, 18, à propos de l'enchaînement des idées dans la vie quotidienne : si à la vue d'un cheval, un soldat pense à la guerre et un paysan à la charrue, c'est que « chacun, de la manière qu'il a accoutumé [*consuevit*] de joindre et d'enchaîner les images des choses, tombera [de façon pleinement déterminée, pourrions-nous ajouter] d'une pensée dans telle ou telle autre[24] ». C'est pourquoi toute une place doit être accordée à une éducation sensitive et affective, dans laquelle on diversifie les rencontres pour l'enfant, tout en les enchaînant en un certain ordre pour lui, en attendant qu'il soit à même d'ordonner ses affects du dedans. Et à l'âge adulte, c'est la médiation de l'*habitude* qui permet cette modification affective en un sens singulier : non plus alors au sens de concrétion de liaisons, mais au sens d'aptitude active à lier, selon les expressions de Laurent Bove[25]. Il est à ce sujet significatif que la question de la répétition, des traces et de l'habitude soit placée, dans le postulat 5 de la petite physique, à l'intersection entre le *fait* que le corps humain soit affecté de diverses manières (postulat 3), et la *possibilité* qu'il a de mouvoir les corps extérieurs d'un très grand nombre de manières (postulat 6). C'est ainsi la modification de nos habitudes affectives en amont qui rendra possible une production artistique singulière en aval ; la pratique artistique elle-même se

---

[22] *Ibid.*, II, prop. 14, p. 131.

[23] *Ibid.*, I, prop. 33, sc. 2, p. 73.

[24] *Ibid.*, II, prop. 18, sc., p. 139.

[25] Laurent Bove propose ainsi, dans son ouvrage *La stratégie du* conatus. *Affirmation et résistance chez Spinoza* (Paris, Vrin, 1996), de ne pas concevoir l'habitude comme la concrétion de liaisons mais plutôt comme l'aptitude, en amont, à établir des liaisons : « l'habitude, devons-nous encore une fois le rappeler, n'étant pas ici [à savoir dans le scolie d'*Éthique*, II, 18], malgré l'apparence, le comportement acquis dans la répétition d'une même expérience (par laquelle se contractent en nous des habitudes), mais l'aptitude (ou la puissance spontanée) du corps à lier, dès la première expérience, deux ou plusieurs affections, qu'elles soient simultanées ou successives » (ch. I, p. 24-25).

trouve dès lors inscrite dans une temporalité qui lui est essentielle, dans un devenir toujours en cours. Dans ce cadre, c'est une forme d'esthétisation du corps qui prend forme, à la frontière entre ce que nous sommes (sensitivement et affectivement) et ce que nous pourrions devenir (activement et singulièrement).

Ce balancement spinoziste entre ce que nous sentons de nous et ce que nous faisons de nous, entre esthétique à même le corps et esthétisation du corps, nous permet de donner un sens autre à l'ambiguïté actuelle du terme « esthétique », entre expérience sensible quelle qu'elle soit et jugement de goût à dimension possiblement normative. Il nous semble en effet que l'on pourrait relire cette problématique à la lumière du rapport établi par Spinoza entre réalité et perfection. Tout d'abord, Spinoza affirme que « les choses ne sont pas plus ou moins parfaites selon qu'elles charment ou offensent le sens des hommes[26] » ; leur perfection ne doit ainsi s'estimer qu'à partir de leur nature ou puissance. On retrouve ces considérations dans la préface d'*Éthique*, IV, dans laquelle Spinoza affirme que passer d'une moindre perfection à une plus grande ne revient pas à changer de nature, et que par perfection en général, il entend « réalité, c'est-à-dire l'essence d'une chose quelconque, en tant qu'elle existe et opère de manière précise[27] ». Mais dans le même temps, cela ne revient pas à considérer que tout se vaut parmi les choses de la nature, ou plus exactement pour chacune de ces choses en regard de sa puissance d'agir. Ainsi, nous avons vu qu'un corps humain pouvait être plus ou moins apte à être affecté de diverses manières, que les affections pouvaient être enchaînées en nous du dedans ou bien selon l'ordre fortuit des choses, ou bien encore que nos actions pouvaient être passivement (en tant qu'elles sont particulières) ou activement (en tant qu'elles deviennent singulières) déterminées. Et si Spinoza affirme qu'il faut comprendre les choses de la nature et non les juger en les comparant entre elles, cela ne l'empêche pas d'affirmer que le corps humain l'emporte [*praestet*] sur les autres par son aptitude à agir de plus de manières à la fois, et de relever combien le sage est fort et l'emporte [*polleat potiorque sit*] sur l'ignorant[28].

Mais en reprenant les idées de rapport sensitif à soi, de travail à même son affectivité et à partir de ce que nous sommes, de la corporéité comme matériau et de l'inscription dans une temporalité ouverte, il me semble qu'on est plus du côté de l'interaction esthétique et éthique entre réalité et perfection que de l'ambiguïté et de l'ambivalence. Les pratiques artistiques et le cheminement éthique ne sont, dans le cadre de la pensée spinoziste, pas distincts des « choses de la vie », pour faire référence au beau titre du film de Claude Sautet. Et en ce sens, il n'y a pas de raison que les jugements

---

[26] *Éthique*, I, Appendice, p. 91.
[27] *Ibid.*, IV, préface, p. 341.
[28] Voir à ce sujet le scolie d'*Éthique*, II, 13, ainsi que le scolie d'*Éthique*, V, 42.

esthétiques – que l'on spécifiera en jugements de goût en un sens subjectif que ne leur donne pas Spinoza – et la découverte du beau – en lien avec la forme et non au sens spiritualisé que cela prendra aux siècles suivants – soient foncièrement distincts de l'expérience sensitive et affective de sa corporéité et de la matérialité des autres choses de la nature, et ce pour deux raisons. D'une part parce que cette expérience n'est pas un donné mais se forge et s'oriente selon les modèles (effectifs) que l'on se donne. D'autre part parce que cette expérience détermine en retour les jugements que nous serons à même de porter – d'où l'idée fondamentale d'une *éducation* sensitive et affective. C'est donc dans la mesure où notre existence quotidienne est inscrite dans une temporalité en devenir (se donner du mouvement à partir de la puissance qui est la nôtre et au fil des occasions qui se présentent[29]) qu'une pratique artistique et un cheminement éthique pourront s'inscrire eux-mêmes dans le fil de notre existence, y trouver ancrage et avoir un effet en retour sur la manière dont nous sommes quotidiennement affectés par les choses et événements de la vie courante.

Sur le modèle d'une éthique du devenir, c'est ainsi une esthétique de vie qui se dessine à partir des fondements spinozistes d'une esthétisation des corps, au sens où il s'agit de rendre à l'art sa dimension pratique et son intrication foncière avec l'affectivité du corps humain. Dans cette optique, l'œuvre d'art comme production artistique, posée devant soi sans pour autant être un simple objet, pourrait être appréhendée comme un condensé d'affects, comme la forme que l'on donne à l'état affectif [*constitutio*] dans lequel on est à un moment de son existence. Et en retour comme ce qui redonne du mouvement à cet état affectif que l'on est, à même le corps et à la fois en deçà et au-delà de ce qu'on appelle les décrets de l'esprit.

---

[29] Cela suppose déjà d'être apte à recevoir, à accueillir le différent et le nouveau pour soi ; donc d'avoir accru cette aptitude en amont de la rencontre avec une éventuelle occasion.

17. Poétique de la puissance. Éléments pour une théorie spinoziste de la création littéraire

Céline HERVET

Le rire médecin

L'objet de cette contribution est de montrer comment le point de vue novateur que Spinoza adopte sur le langage et l'imagination permet de penser les procédés utilisés dans le discours littéraire. Plus largement, le traitement que la poésie et la littérature en général font subir au langage nous paraît emblématique des effets que produit l'art en termes de puissance et d'impuissance, et des mécanismes affectifs qu'il mobilise. Un tel choix parmi toutes les formes d'expression artistique n'a rien d'arbitraire car, si les arts du langage n'apparaissent pas dans l'énumération des sources de plaisir esthétique du scolie relatif aux deux corollaires de la proposition IV, 45 de l'*Éthique*[1], c'est bien une remarque sur la raillerie qui en constitue le point de départ[2]. Si l'on replace ce texte dans le mouvement démonstratif de la quatrième partie, ces considérations sur la moquerie s'articulent à une condamnation de la haine considérée comme absolument néfaste : « La haine ne peut jamais être bonne », dit Spinoza. Si elle n'est pas un vice, elle est ruineuse sur les plans individuel et interindividuel, tout comme les affects qui en dérivent directement, parmi lesquels la dérision (*irrisio*). Ce passage s'inscrit dans un ensemble de propositions (IV, 38 à 58) où Spinoza entreprend d'exposer sa conception de la vertu, en distinguant les affects bons et utiles des affects mauvais et nuisibles à sa recherche. Rien de ce qui

---

[1] « Il est d'un homme sage de se refaire [*reficere*] et de se recréer [*recreare*] au moyen d'une nourriture et de boissons agréables prises avec modération, comme aussi au moyen des parfums, du charme des plantes verdoyantes, de la parure, de la musique, des jeux qui exercent le corps, des théâtres, et des autres choses de ce genre [...]. Car le corps humain se compose d'un très grand nombre de parties de nature différente, qui ont continuellement besoin d'une alimentation nouvelle et variée pour que le corps tout entier soit partout également apte à tout ce qui peut suivre de sa nature, et par conséquent pour que l'esprit soit lui aussi partout également apte à comprendre plusieurs choses à la fois », traduction d'André Guérinot (Paris, Éditions d'art Édouard Pelletan, 1930) légèrement modifiée, Paris, Ivrea, 1993, p. 283 ; *Spinoza Opera*. Im Auftrag der Heidelberger Akademie der Wissenschaften herausgegeben von Carl Gebhardt, Heidelberg, Carl Winters, 1925, tome II, p. 244-245, l. 26-2 (désormais Geb. suivi de la tomaison, de la pagination et des numéros de lignes).
[2] « Entre la dérision [*irrisio*] (que, dans le corollaire 1, j'ai dite être mauvaise) et le rire [*risus*], je reconnais une grande différence. Car le rire, comme aussi la plaisanterie [*jocus*], est une pure joie ; et par conséquent, pourvu qu'il n'ait pas d'excès, il est bon par lui-même », *op. cit.*, p. 282 ; Geb. II, p. 244, l. 13-15.

provoque la tristesse ne peut servir la vertu. Aussi l'opposition établie au début du scolie entend-elle montrer que l'on ne combat pas la tristesse par la tristesse et que le mépris envers soi-même provoqué par la moquerie est destructeur du lien social au même titre que la haine à l'état « pur ». Une telle critique n'a rien de surprenant, bien qu'elle ne relève d'aucune axiologie. La haine n'a rien de bon, et pourtant, il est parfois si bon d'être méchant. Le rire cruel a ses délices qui passent pour particulièrement spirituels. La culture littéraire de Spinoza l'a familiarisé avec les moralistes du baroque espagnol[3] qui utilisent volontiers et valorisent un certain humour acide pour ridiculiser les travers de la nature humaine dans le but de l'améliorer en lui faisant honte de ses prétendus vices. Ainsi la pointe, le trait d'esprit, la satire ou le sarcasme sont des armes mises au service du triomphe de la volonté sur les passions. La lutte contre les mauvais penchants ne se réduit donc pas à des discours prescriptifs et ouvertement moralisateurs[4], elle emprunte les voies les plus raffinées de l'esprit, mettant le rire au service du salut de l'homme passionné que la tristesse provoquée par la moquerie doit mener à la vertu. Spinoza commence ainsi ce scolie par une distinction entre deux formes d'humour : la raillerie ou la moquerie (*irrisio*) et le rire (*risus*), dont la commune étymologie ne doit pas égarer le lecteur. La référence à la plaisanterie, au jeu ou au badinage (*jocus*) indique qu'il s'agit bien là de deux manières fort différentes de jouer et de se jouer de l'autre à travers le langage. C'est bien dans cette mise au jour d'un plaisir non destructeur que vient s'ancrer la règle de vie du sage, dont le but est de nourrir le corps et l'esprit, en les recréant et les régénérant tout ensemble. Or, dans l'anthropologie baroque, la raillerie, le discours du mépris et le rire méchant constituent un remède à la servitude passionnelle où le langage devient l'instrument d'une action sur l'affectivité elle-même par l'intermédiaire des images qu'il véhicule : capable de blesser lorsqu'il est utilisé pour combattre l'impuissance par la tristesse, c'est-à-dire, dans la perspective de Spinoza, combattre l'impuissance par l'impuissance, il peut aussi rendre joyeux, et c'est tout l'enjeu du début de ce scolie, qui permet également de comprendre certains présupposés de la cinquième partie de l'*Éthique*, où l'imagination devient incontournable dans la lutte contre les affects de tristesse. De ce

---

[3] Voir les œuvres de Francisco de Quevedo, et notamment *Virtud militante* (1651) et *La Cuna y la sepultura* (1634). Sur le rapport de Spinoza à la littérature espagnole du siècle d'or et à l'anthropologie baroque, *cf.* Saverio Ansaldi, *Spinoza et le baroque. Infini, désir, multitude*, Paris, Kimé, 2001, notamment le chapitre V, auquel ces pages doivent beaucoup.

[4] Quevedo, *Virtud militante,* Alicante, Biblioteca Virtual Miguel de Cervantes, p. 281 *:* « Si mépriser [*despreciar*] le Monde est non seulement bon, mais saint ; comment le fait d'être soi-même méprisé par le monde pourrait-il être mauvais ? [...] Celui qui ne se méprise pas lui-même ne peut mépriser le monde, et celui qui se méprise lui-même estime que tout le monde le méprise ».

point de vue, le langage joue un rôle déterminant dans le dispositif de l'*Éthique*, ouvrant la voie à des enchaînements d'affects qui alimentent l'amour de Dieu. Ainsi, à travers l'action destructrice qu'il peut opérer sur l'individu qui se voit raillé ou moqué, fût-ce d'une manière très sophistiquée, par des récits satiriques notamment, il se voit conférer un pouvoir considérable. L'*irrisio* comme un dérivé de la haine est en effet orientée vers la destruction de son objet, elle n'est jamais dans son principe même totalement gratuite. Aussi, dans l'alternative que propose Spinoza, le rire et la plaisanterie sont-ils emblématiques d'une réorientation du discours dans le sens non pas de la destruction mais de la reconstruction ou simplement de la préservation de la nature et de la forme du corps et des aptitudes de l'esprit. C'est en ce sens que l'on peut interpréter la métaphore tant médicale qu'architecturale de la destruction comme déstabilisation des rapports de mouvement et de repos, de la rupture de l'équilibre et de la structure du corps, et de la réfection comme restauration de cet équilibre en vue du maintien de cette structure. L'opposition entre dérision et rire fait du langage la pierre de touche d'un renversement de l'éthique développée par les moralistes, qui se fonde sur le même constat de la servitude passionnelle des hommes. Dans les deux cas il est le moyen d'une variation de puissance, soit qu'il la diminue comme dans la raillerie[5] où la joie éprouvée par le railleur se mêle à un désir de destruction, soit qu'il l'augmente, le rire étant une « pure joie » qui accompagne la compréhension des choses singulières et de leur inscription dans un réseau causal complexe. Le *Court traité* attribuait déjà une dimension intellectuelle au rire, ce qui permettait d'ailleurs de le distinguer de la moquerie ou de la raillerie :

> La moquerie et la raillerie se fondent sur une fausse opinion et révèlent une imperfection dans le moqueur et le railleur. Elles se fondent sur une fausse opinion parce qu'on pense que celui dont on se moque est la cause première de ses actions et que celles-ci ne dépendent pas nécessairement de Dieu (comme les autres choses de la Nature) […]. Le rire ne renvoie à rien d'autre sinon à l'homme qui constate en lui-même quelque chose de bon ; et puisqu'il est une certaine espèce de joie, il n'y a rien à en dire qui n'ait déjà été dit de la joie. Je parle ici de ce rire produit par une certaine idée qui l'entraîne, et non de celui qui est produit par le mouvement des esprits animaux.[6]

Le rire dessine un usage du langage à la fois régénérateur et libérateur qui, au lieu d'engendrer des affects dérivés de la tristesse, conduit à une « pure joie ». Il

---

[5] *Éthique*, III, déf. aff., XI : « La moquerie [*irrisio*] est une joie qui naît de ce que nous imaginons qu'il se trouve quelque chose que nous mésestimons dans une chose que nous haïssons », trad. Bernard Pautrat, Paris, Seuil, 1988, p. 311 ; Geb. II, p. 193, l. 22-23.

[6] *Court Traité*, II, XI « De la moquerie et de la raillerie », trad. J. Ganault, *in* Spinoza, *Œuvres I*, *Premiers écrits*, publiées sous la direction de Pierre-François Moreau, Paris, Puf, coll. « Épiméthée », 2009, p. 313-315 ; Geb. I, p. 74, l. 3-23.

s'oppose ainsi à la raillerie dont la part joyeuse passe au second plan : elle est alors bien plus proche du blâme (*vituperium*) ou de l'offense[7] (*injuria*) qui au contraire font passer l'individu à un moindre degré de puissance, en provoquant en lui de la tristesse, sous diverses formes (honte, repentir, colère). Comme le précise le *Court traité*, la distinction renvoie à celle établie entre opinion et raison. Le rire ici accompagne un acte de connaissance, il n'est pas qu'un phénomène purement corporel et mécanique, un simple mouvement réflexe. Il indique que l'esprit comprend quelque chose et que le corps en éprouve du plaisir.

De quelle manière, par quels processus le corps est-il ainsi alimenté, ce qui conduit l'esprit à comprendre plusieurs choses à la fois ? Qu'est-ce qui, dans un usage poétique, inventif, inédit du langage permet à l'esprit de produire et de comprendre les notions communes c'est-à-dire de « comprendre plusieurs choses à la fois » ? L'exemple du rire issu du trait d'esprit, du badinage ou de la plaisanterie indique la possibilité d'une augmentation de puissance qui se donne comme recréation et réfection. Dans un tel usage du langage qui à première vue semble sans conséquence, absolument gratuit, quelque chose se joue de la santé du corps. Les plaisirs et au premier chef ceux que produit le langage dans le jeu qu'il instaure et l'impact qu'il suscite sur l'affectivité humaine sont bons pour la santé du corps et de l'esprit, ils vont dans le sens de la vie et non de la mort. L'opposition entre la santé et la maladie, entre la vie et la mort sert ici de critère à la règle de vie du sage. Là encore, Spinoza critique implicitement l'idéal ascétique défendu par certains auteurs espagnols, notamment Quevedo, qui confèrent à l'amour de la maladie et de la mort[8] le statut de vertu, en une morale de l'impuissance salvatrice. Au contraire, la littérature et au sens large l'usage poétique du langage qui creuse dans la langue de tous une sorte de langue étrangère se définit comme une « entreprise de santé », ainsi que le souligne Deleuze dans le premier chapitre de *Critique et clinique*[9]. Ainsi comprend-on mieux le choix du lexique de la nourriture, de

---

[7] Le blâme et l'offense sont cités par Spinoza comme étant deux obstacles à la satisfaction de soi (*acquiescentia in se ipso*) : *Éthique*, IV, pr. 52, scolie : « La satisfaction de soi-même [...] se trouve [...] de plus en plus perturbée par le blâme », *op. cit.*, p. 423 ; Geb. II, p. 249, l. 9-14 et V, pr. 10, scolie : « Si nous avons également sous la main [...] le fait que c'est de la règle de vie correcte que naît la plus haute satisfaction de l'âme (*par la Prop. 52 p.* 4) [...] : alors l'offense, autrement dit la haine qui en naît habituellement, occupera une part minime de l'imagination, et sera facile à surmonter », *op. cit.*, p. 501 ; Geb. II, p. 288, l. 6-12.

[8] *Op. cit.*, p. 285 et suiv.

[9] « La littérature et la vie » : « Écrire est une affaire de devenir, toujours inachevé, toujours en train de se faire, et qui déborde toute matière vivable ou vécue. C'est un processus, c'est-à-dire un passage de Vie qui traverse le vivable et le vécu. [...] La maladie n'est pas processus, mais arrêt du processus, comme dans le « cas

l'aliment pour décrire le plaisir esthétique à rebours de la contemplation désintéressée et distanciée qu'il impliquera ultérieurement : l'art, mais aussi la nature comme réservoir inépuisable de délectations, se « consomment », ils nourrissent, ils sont essentiels et nécessaires à la vie du corps et de l'esprit. C'est tout un usage du monde qui se dessine ici où il s'agit de tirer profit des corps extérieurs qui nous affectent pour maintenir l'intégrité du nôtre. La réfection, ou la réparation et la recréation du corps décrivent l'effet que procurent à la fois la satisfaction de nos besoins vitaux et l'agrément de plaisirs plus sophistiqués, considérés comme superflus voire impies par les morales ascétiques. Les plaisirs dans leur diversité et leur continuité, dans le flux qu'ils constituent sont essentiels à la stabilité du corps et à la sauvegarde de sa spécificité. Insistons là-dessus : c'est non seulement l'intégrité du corps mais aussi ce qui le distingue des autres corps, ce qui fait sa singularité qu'il faut préserver, entretenir en puisant continuellement à la source des plaisirs les plus divers. Ceux-ci nous font revivre, nous recréent, en ce qu'ils renouvellent sans cesse notre rapport au monde et à nous-mêmes, sans pour autant remettre en cause la forme de notre corps. Aussi les arts s'inscrivent dans cette démarche de sauvegarde d'un état du corps, qui en développe et en renforce les aptitudes. Être soi, demeurer singulier tout en étant déterminé et traversé par les causes extérieures requiert donc une règle de vie qui dans la profusion qualitative de plaisirs qu'elle recommande est à même de garantir cette individualité, qui n'empêche pas d'ailleurs le caractère social de certaines occupations citées en exemple dans le scolie, comme les jeux et les exercices du corps ou encore le théâtre.

Recomposer et ré-individualiser les noms

Cet éloge du rire et de la plaisanterie comme modèles appliqués ensuite aux autres formes de plaisirs ne peut se comprendre indépendamment du

---

Nietzsche ». Aussi l'écrivain comme tel n'est-il pas malade, mais plutôt médecin, médecin de soi-même et du monde. [...] La littérature apparaît alors comme une entreprise de santé. [...] Quelle santé suffirait à libérer la vie partout où elle est emprisonnée par et dans l'homme, par et dans les organismes et les genres ? », *Critique et clinique*, Paris, Les Éditions de Minuit, 1993, pp. 11 et 14. François Zourabichvili va dans le même sens lorsqu'il précise, dans « L'identité individuelle chez Spinoza », in *Spinoza : puissance et ontologie*, sous la direction de M. Revault d'Allones et d'H. Rizk, Paris, Kimé, 1994, p. 87, que « Spinoza rattache explicitement l'émotion et le jugement esthétique à une satisfaction d'ordre physiologique, au point que la sensation procurée au corps n'est pas seulement de l'ordre du plaisir [...] mais de l'ordre de la santé. [...] Qu'est-ce que l'art ? Une médication, l'excitation de mouvements salutaires dans le corps : ébranler l'oreille ou le nerf optique d'une manière qui augmente leur puissance d'agir, ou celle du corps tout entier ».

traitement complexe que Spinoza fait de la question du langage[10] : s'il reprend certains lieux communs de la critique classique comme son inadéquation considérée comme cause d'erreur et de fausseté, il manifeste en revanche un vif intérêt pour toutes les pratiques de discours, pour le langage dans sa matérialité sonore et ses manifestations concrètes que sont la langue et la parole. Ainsi dégagé de l'exigence de vérité, il devient un objet de connaissance, étudié pour lui-même, dont il s'agit de comprendre les mécanismes. Spinoza aborde pour la première fois directement la question de la nature et de l'origine des mots aux paragraphes 88 et 89 du *Traité de la réforme de l'entendement*. Jusque-là, ils n'avaient été évoqués que sous l'angle de leur inadéquation et de leur danger dans la perspective d'une réforme de l'entendement : ces signes qualifiés d'arbitraires (*ad placitum*)[11] ne font que conduire à l'erreur et à la fiction. Cette première définition intervient au moment où Spinoza met en garde contre les confusions entre l'imagination et l'entendement dans la recherche des idées vraies, dont les mots sont en partie responsables :

> De plus, comme les mots sont une partie de l'imagination, je veux dire que c'est selon qu'ils se composent vaguement dans la mémoire en vertu de quelque disposition du corps, que nous forgeons bon nombre de concepts, il ne fait pas de doute qu'ils peuvent aussi, tout autant que l'imagination, causer de multiples et graves erreurs, à moins que nous nous mettions sérieusement en garde contre eux.[12]

Les mots se définissent comme les résidus dans la mémoire des affections du corps. Aussi leur composition dans le discours nous est-elle donnée dans un souvenir, un agencement des traces que l'expérience et l'habitude ont déposées en nous[13]. Ils « se composent vaguement » nous dit Spinoza, soulignant ainsi l'absence de règle précise et la dimension flottante avec laquelle ils s'agencent, prennent place dans la mémoire, au hasard de nos rencontres et de nos affections. Le langage porte par conséquent l'histoire de nos sensations, et l'entendement n'intervient pas dans la constitution des mots. Ce processus imaginatif est du même coup opaque, d'autant que les lois selon lesquelles les mots s'ordonnent pour former un discours nous sont « étrangères ». À la fois proches et lointains, familiers et extérieurs, les mots comportent une dimension d'étrangeté pour l'entendement du fait même de leur origine imaginative. Car

---

[10] Sur cette question, je me permets de renvoyer à mon ouvrage : *De l'imagination à l'entendement. La puissance du langage chez Spinoza*, Paris, Classiques Garnier, 2011.

[11] *Traité de la réforme de l'entendement,* 19, trad. Michelle Beyssade, *in* Spinoza, *Œuvres I, Premiers écrits*, publiées sous la direction de Pierre-François Moreau, Paris, Puf, coll. « Épiméthée », 2009, p. 75 ; Geb. II, p. 10, l. 10.

[12] *Ibid.,* 88, *op. cit.*, p. 121 ; Geb. II, p. 33, l. 8-12.

[13] Sur ce point, voir Lorenzo Vinciguerra, *Spinoza et le signe. La genèse de l'imagination*, Paris, Vrin, 2005.

c'est selon la « fantaisie de la foule[14] » qu'ils sont formés. Rappelons brièvement, car cela est désormais bien connu[15], comment se construit le signe verbal d'après Spinoza afin de comprendre ensuite en quoi consiste le geste littéraire et poétique. L'*Éthique*[16] nous en fournit la généalogie à travers l'exemple du mot « *pomum* ». Deux corps se sont présentés simultanément et de manière fréquente : le son émis par la voix, l'image phonique « *pomum* » et l'image du fruit, la pomme, image visuelle, aussi, dans la terminologie spinoziste, le corps a imaginé deux choses, que l'esprit rapporte ensuite à une seule idée. La pensée du mot et sa signification résultent de l'association des deux images, à savoir le fruit et le son produit par la prononciation du vocable. La signification transforme du même coup la *vox* en *nomen* : le son possède alors un sens, et acquiert le statut de signifiant. Le mot devient le signe du fruit, et lorsque nous pensons au mot *pomum*, nous pensons au fruit. Les trois termes de l'association, image phonique, image visuelle et idée renvoient à une seule et même chose qui est tantôt idée, tantôt image, tantôt mot. Aussi « le langage [...] ne relie pas seulement une idée et une image. Il relie une idée et *deux* images[17] » et ce, de façon arbitraire, puisque le mot et l'image n'ont aucune ressemblance. C'est donc dans l'habitude, la familiarité que s'enracine le langage, à travers les liens qui se constituent au fil du temps et des usages entre les sons, les images et les idées des choses.

L'œuvre littéraire consiste précisément à arracher le langage à sa familiarité pour en faire résonner l'étrangeté, en combinant le son et le sens autrement que ce que l'ordinaire et le quotidien ont pour habitude de composer, en travaillant la syntaxe. Un langage nouveau, une « langue

---

[14] *Traité de la réforme de l'entendement*, 89, *op. cit.*, p. 121 ; Geb. II, p. 33, l. 13.

[15] *Cf.* Pierre-François Moreau, *Spinoza. L'expérience et l'éternité*, Paris, Puf, coll. « Épiméthée », 1994, p. 308 et suiv., ainsi que Lorenzo Vinciguerra, *op. cit.*

[16] *Éthique*, II, pr. 18, scolie : « par là nous comprenons clairement pour quelle raison l'esprit, de la pensée d'une chose, tombe aussitôt dans la pensée d'une autre chose qui n'a aucune ressemblance avec la première ; comme, par ex., de la pensée du mot *pomum*, un Romain tombera aussitôt dans la pensée d'un fruit qui n'a aucune ressemblance avec ce son articulé, ni rien de commun avec lui sinon que le corps de cet homme a souvent été affecté par les deux, c'est-à-dire que cet homme a souvent entendu le mot *pomum* alors qu'il voyait ce fruit, et c'est ainsi que chacun, d'une pensée, tombera dans une autre, suivant l'ordre que l'habitude a, pour chacun, mis dans son corps entre les images des choses. Car un soldat par ex., voyant dans le sable des traces de cheval, tombera aussitôt de la pensée du cheval dans la pensée du cavalier, et de là dans la pensée de la guerre, etc. Tandis qu'un paysan tombera, de la pensée du cheval, dans la pensée de la charrue, du champ, etc., et ainsi chacun, de la manière qu'il a accoutumé de joindre et d'enchaîner les images des choses, tombera d'une pensée dans telle ou telle autre », *op. cit.*, p. 139 ; Geb. II, p. 107, l. 13-28.

[17] Pierre-François Moreau, *op. cit.*, p. 321.

étrangère[18] » utilisant les ressorts mêmes de la langue naturelle, élaborant à partir de cet instrument des outils plus sophistiqués, capables de saisir et de signifier la complexité de nos états affectifs. Spinoza explique dans le *Traité de la réforme de l'entendement* que la déduction et la définition permettent d'outrepasser l'inadéquation des mots aux choses qu'ils désignent en travaillant cet instrument inné qu'est le langage, faisant appel à une comparaison artisanale : l'entendement forge ici de nouveaux outils[19], tout en fondant sa pratique sur la langue naturelle. Dans les redéfinitions qui parsèment son œuvre, mais aussi dans les définitions génétiques ou encore les démonstrations de l'*Éthique*, Spinoza fait exclusivement fond sur la langue de la foule. Si le but du travail d'écriture littéraire est différent puisqu'il ne se place pas dans une perspective gnoséologique, il se pense lui aussi en termes de technique et d'artefact. Ce qui distingue davantage encore ces deux entreprises, c'est la rupture du langage poétique avec l'usage, ce que, pour des raisons évidentes de communication du vrai et du bien, la langue philosophique élaborée par Spinoza se refuse à faire. Aussi lire un poème ou tout ouvrage littéraire, c'est faire l'expérience d'une recomposition des mots, d'un ordonnancement proprement inouï, qui s'extrait de l'usage de la foule et des besoins de la *vita communis*. Un nouvel usage se forge qui répond à d'autres exigences, non pas celles de la survie et de l'adaptation au monde, mais celle du maintien à la fois de l'équilibre du corps et du développement des aptitudes de l'esprit. Le travail du poète sur le langage consiste alors à délier et lier autrement image visuelle et image phonique dans le but de produire d'autres idées de ces corps que nous rencontrons si souvent que nous ne les voyons plus. Le langage poétique se

---

[18] *Cf.* Gilles Deleuze, *op. cit.*, p. 9 : « Le problème d'*écrire* : l'écrivain, comme dit Proust, invente dans la langue une nouvelle langue, une langue étrangère en quelque sorte. Il met à jour de nouvelles puissances grammaticales ou syntaxiques. Il entraîne la langue hors de ses sillons coutumiers, il la fait *délirer* ». Voir également Proust, *Contre Sainte-Beuve*, Paris, Gallimard, 1954, p. 297-298 : « Les beaux livres sont écrits dans une sorte de langue étrangère. Sous chaque mot, chacun de nous met son sens ou du moins son image qui est souvent un contresens. Mais dans les beaux livres, tous les contresens qu'on fait sont beaux ».

[19] § 31 : « En réalité, de même que les hommes, au début, avec des instruments naturels, ont pu faire certaines choses très faciles, bien qu'avec peine et de manière imparfaite, puis, une fois celles-ci façonnées, en ont façonné d'autres plus difficiles avec moins de peine et de manière plus parfaite, et ainsi, progressant par degrés des ouvrages les plus simples aux instruments, et des instruments à d'autres ouvrages et instruments, sont parvenus à parachever tant de choses et de si difficiles avec peu de peine ; de même aussi l'entendement, par sa propre force native, se forme des instruments intellectuels au moyen desquels il acquiert d'autres forces pour d'autres ouvrages intellectuels, et de ces ouvrages tire d'autres instruments, c'est-à-dire le pouvoir de pousser plus loin sa recherche, et ainsi progresse par degrés jusqu'à ce qu'il atteigne le faîte de la sagesse », *op. cit.*, p. 81-83 ; Geb. II, p. 13-14, l. 30-7.

place ainsi dans ce jeu, cet interstice entre le mot et la trace laissée par la rencontre de la chose singulière. Si dans la vie ordinaire nous nous satisfaisons de l'arbitraire, et si, dans le cadre de la recherche de la certitude, ces interférences sont clairement considérées comme nuisibles, elles sont au cœur d'un effort pour redynamiser les mots et les discours issus de la vie commune. Le vers d'Éluard « La terre est bleue comme une orange[20] » produit une perception totalement inédite, qui naît de la rencontre dans le langage même et dans le langage seul, d'images visuelles et phoniques extraites de deux agencements de traces, de deux histoires différentes. La terre comme planète bleue, et l'orange, le fruit de fête mais aussi la couleur de la chevelure de la femme aimée, se combinant pour donner une vision de l'amour comme plénitude, à l'image de la sphère, forme commune aux deux corps appartenant à des registres que l'habitude et l'usage ont éloignés. La poésie hérite donc de cette familiarité, de cette fréquentation des choses dans laquelle s'enracine le langage, jusqu'à s'appauvrir, s'évider de sa teneur sémantique. Aussi entend-elle restituer aux noms leur caractère d'étrangeté, celui qui précéda la rencontre entre l'image sonore et l'image visuelle. Défaire les liens qu'une trop longue expérience a noués et que l'habitude a figés, en finir avec les lieux communs de la langue. « Donner un sens plus pur aux mots de la tribu » dit Mallarmé dans le *Tombeau d'Edgar Poe*, voilà en quoi consiste le travail du poète dans l'immanence même de la langue de tous et des représentations de la foule.

Cela passe également par l'acte de redonner aux rencontres la singularité que l'abstraction propre aux noms a épuisée. Car lorsqu'il expose dans le *Traité de la réforme de l'entendement* le fonctionnement de l'imagination, Spinoza montre le rôle que jouent les noms dans le processus d'abstraction qui consiste à séparer la chose de son essence, c'est-à-dire à ôter à la chose sa singularité propre :

> Quand on conçoit les choses de manière si abstraite, et non par leur véritable essence, l'imagination y met aussitôt de la confusion. Car ce qui en soi est un, les hommes imaginent que c'est multiple : aux choses qu'ils conçoivent abstraitement, séparément et confusément, ils imposent en effet des noms qu'ils utilisent pour désigner des choses plus familières. Il en résulte qu'ils les imaginent de la même manière qu'ils ont coutume d'imaginer les choses auxquelles ils ont d'abord imposé ces noms.[21]

En dissociant la chose de son essence par l'acte de nomination, l'imagination alimente la confusion entre les choses. Lorsqu'il entend un nom, l'homme pense à plusieurs choses à la fois, à des choses qui portent le même nom mais qui possèdent une essence irréductiblement singulière. Or la primauté va aux choses les plus familières, celles qui ont été nommées pour la première fois en fonction

---

[20] *L'amour la poésie*, « Premièrement », VII, (1929), Paris, Gallimard, coll. « *Poésie*/Gallimard », n° 1, 1966, p. 153.
[21] § 21, note h, *op. cit.*, p. 77 ; Geb. II, p. 11, l. 2-7 de la note.

des besoins de la vie quotidienne. D'où l'habitude qu'ont eue les hommes de donner des noms positifs aux concepts qui pourtant représentent une limitation, une privation, par exemple le terme « fini » auquel le nom attribue une positivité alors qu'il est le contraire de l'infini[22]. En se séparant de la chose singulière qu'elle désigne, l'abstraction confond, dans son indétermination même, les choses qui portent le même nom. On comprend dès lors que le discours de la moquerie, en pointant les travers de l'individu pour en faire des vices, utilise le langage dans ce qu'il a de généralisant au sens où, ce qui est nié, c'est le caractère irréductiblement singulier des comportements humains, qui s'inscrivent toujours dans une configuration, un complexe causal déterminé. Aussi, à travers les correspondances, les relations, les rencontres qu'il provoque entre les noms, le travail littéraire sur le langage initie un retour à la singularité, en ré-individualisant le nom pour retrouver l'essence c'est-à-dire la chose même. Ainsi peut-on relire le scolie de la proposition II, 18 de l'*Éthique* : les associations nées des rencontres entre notre corps et les choses extérieures qui ont fini par se figer en un code ont perdu leur dynamisme, leur vitalité originaire. Le langage poétique est alors une manière de dépasser l'abstraction intrinsèque des mots, afin de retrouver ce qui a produit l'association d'un son et d'une chose. Il s'agit de reprendre à la source la trace laissée par les sensations, en venant contrer le processus d'abstraction par lequel les mots en viennent à se figer pour ne plus restituer les rencontres entre notre corps et les choses singulières. Se trouve ainsi réélaborée la relation entre le mot et la chose, créant entre l'image sonore et l'image visuelle une idée autre, par un retour à la rencontre première qui a joint le nom à la chose qu'il désigne.

Vertus de l'imagination

Pour cela, l'imagination doit être considérée également comme une vertu, une dimension de notre puissance. Si, dans le *Traité de la réforme de l'entendement*, l'imagination est considérée exclusivement comme une puissance néfaste, voire un vice qui introduit la corporéité dans la pensée, l'*Éthique* non seulement donne une définition positive de l'imagination, mais elle lui attribue un rôle primordial dans la lutte contre les affects passifs. L'imagination devient la perception immédiate que nous avons des choses. Une telle approche de l'imagination interdit de la considérer exclusivement comme une cause d'erreur. Considérée en elle-même, elle

---

[22] *Traité de la réforme de l'entendement*, 89 : « À tout ce qui est seulement dans l'entendement et non dans l'imagination, on a imposé des termes souvent négatifs, comme incorporel, infini, etc., et même on exprime de manière négative bien des choses qui sont en réalité positives, et inversement, comme incréé, indépendant, infini, immortel, etc., parce que nous imaginons bien sûr beaucoup plus facilement leurs contraires et que pour cette raison ceux-ci se sont présentés d'abord aux premiers hommes et ont accaparé les termes positifs », *op. cit.*, p. 121 ; Geb. II, p. 33, l. 15-22.

n'est ni vraie ni fausse. L'erreur surgit lorsque nous assimilons l'image à la chose présente, en oubliant que la chose nous est donnée dans l'imagination seulement *comme si* elle était présente, à travers la seule trace qu'elle a laissée dans notre corps :

> Et ici, pour commencer à indiquer ce qu'est l'erreur, je voudrais que vous notiez que les imaginations de l'esprit, considérées en soi, ne contiennent pas d'erreur, autrement dit, que l'esprit, s'il se trompe, ce n'est pas parce qu'il imagine ; mais c'est seulement en tant qu'on le considère manquer d'une idée qui exclut l'existence de ces choses qu'il imagine avoir en sa présence.[23]

Aussi, lorsque le lecteur ou l'auditeur reçoit les productions littéraires, il n'est pas dupe, l'idée que le récit est pure illusion vient contrecarrer le risque d'une méprise totale sur sa véracité. La croyance chère aux baroques en un univers d'apparences où rien n'est jamais ni totalement vrai ni totalement faux constitue au contraire un exemple de méprise entre ce qui est imaginé et ce qui existe réellement. Entre imaginer et affirmer que ce que l'on imagine existe réellement il y a une grande différence. Dès lors que l'on cantonne l'imagination à son domaine propre, celle-ci déploie toute sa puissance et constitue véritablement une source de plaisir esthétique. Aussi, les productions de l'art sont celles d'une imagination qui vaut par elle-même et pour elle-même, qui est considérée « en soi », indépendamment de l'erreur et de la vérité. Ce qui est alors envisagé ce n'est pas la relation de l'œuvre avec ce qu'elle représente, mais l'effet que l'image procure à celui qui la contemple ou l'éprouve, et ce qu'elle exprime de sa vitalité[24]. À travers elle s'exprime la puissance de l'esprit comme idée du corps. En effet, plus le corps est apte à percevoir un très grand nombre de choses, c'est-à-dire plus est grande notre puissance d'imaginer, plus l'esprit est apte à percevoir un très grand nombre d'idées[25]. Aussi, dans l'effort du poète pour construire de nouvelles associations entre les noms en jouant sur les interactions entre le son et le sens, l'imagination exerce sa vertu et fournit au

---

[23] *Éthique*, II, pr. 17, scolie, *op. cit.*, p. 137 ; Geb. II, p. 106, l. 11-15.

[24] *Cf.* Filippo Mignini, « Le problème de l'esthétique spinoziste à la lumière de quelques interprétations, de Leibniz à Hegel », in *Spinoza entre Lumières et Romantisme*, sous la coordination de P.-F. Moreau, Les Cahiers de Fontenay n° 36 à 38, E.N.S. Fontenay-aux-Roses Éditions, mars 1985, p. 125 : « La relation structurelle entre *cupiditas* et *imaginatio* montre enfin la nature et la genèse de l'art : elle exprime toutes les opérations réalisées selon les lois du corps uniquement, avec lesquelles l'individu tend à produire ou à reproduire des objets ou des situations extérieurs dont il a expérimenté les affections, grâce au sentiment de plaisir déterminé par les représentations spécifiques de chaque sens. Ainsi, l'art se manifeste comme une expression obligatoire et universelle de la nature, indispensable à la réalisation de la perfection humaine ».

[25] *Éthique*, II, 14 : « L'esprit humain est apte à percevoir un très grand nombre de choses, et d'autant plus apte que son corps peut être disposé d'un plus grand nombre de manières », *op. cit.*, p. 131 ; Geb. II, p. 103, l. 7-8.

corps cette alimentation nouvelle et variée qui correspond dans l'esprit à une plus grande perfection.

Mais comment comprendre cette capacité de déployer les possibilités de l'imagination dans une œuvre littéraire ou dans un discours poétique, ou même l'habileté qui s'observe dans une plaisanterie bien troussée ? L'Écriture sainte qui constitue le premier des grands textes littéraires dont Spinoza et ses contemporains se nourrissent constamment nous en donne quelques indices. Car elle porte la trace de la parole prophétique, qui est le fruit d'une « imagination vive[26] ». L'inspiration des prophètes n'a rien de surnaturel, elle ne se situe pas non plus du côté d'une connaissance intellectuelle. Le prophète est un « homme d'imagination » qui s'exprime par des paroles et des figures, qui diffère des autres hommes en vertu de la vigueur et de la vivacité de son imagination, dont la puissance excède de beaucoup celle de son entendement, et de sa disposition à la justice et à la charité. Deux actes sont clairement distingués : l'imagination et l'intellection, ce qui n'empêche pas que chez un même homme ils puissent se succéder, compte tenu de l'inconstance de l'activité imaginative[27]. L'imagination est conçue en termes de puissance, au même titre que l'entendement, sa passivité qui était soulignée dans le *Traité de la réforme de l'entendement* n'empêchant pas, loin de là, une réelle productivité, en ce qu'elle exprime à sa manière les affections du corps seul. Le statut du texte biblique qui doit être considéré du point de vue du sens et non plus de la vérité[28] ouvre la voie à une lecture poétique, qui considère le texte dans le miroitement de ses différents sens, sans jamais exiger de lui un discours vrai, de part en part rationnel. À la différence de Louis Meyer qui destine l'Écriture sainte aux seuls ignorants (encore) incapables d'accéder à son sens

---

[26] *Traité théologico-politique*, I, 7 : « tout ce que Dieu a révélé aux prophètes l'a été par des paroles ou par des figures, ou des deux façons à la fois, c'est-à-dire par des paroles et des figures ensemble. Ces paroles et ces figures étaient dans certains cas véritables et extérieures à l'imagination du prophète qui les voyait ou les entendait ; dans d'autres cas imaginaires, parce que l'imagination du prophète était disposée, même en état de veille, de façon qu'il lui parût clairement entendre des paroles ou voir quelque chose », traduction et notes par Jacqueline Lagrée et Pierre-François Moreau, in Spinoza, *Œuvres* III, publiées sous la direction de Pierre-François Moreau, Paris, Puf, coll. « Épiméthée », 1999, p. 83-85 ; Geb. III, p. 17, l. 9-15 et II, 1 : « les prophètes ont été doués non pas d'un esprit plus parfait, mais plutôt de la puissance d'imaginer avec plus de vivacité [*potentia vividius imaginandi*] », *op. cit.*, p. 113 ; Geb. III, p. 29, l. 16-18.
[27] *Ibid.*, II, 1 : « ceux qui excellent par l'imagination ne sont guère aptes à la pure intellection ; et au contraire ceux qui excellent par l'entendement, et qui le mettent le plus en œuvre, ont une puissance d'imaginer plus tempérée et plus dominée, la tenant comme sous le joug, afin qu'elle ne se mêle pas avec l'entendement », *op. cit.*, p. 113 ; Geb. III, p. 29, l. 25-29.
[28] *Ibid.*, VII, 5, *op. cit.*, p. 285 ; Geb. III, p. 100, l. 12-22.

vrai par l'intermédiaire de la méthode cartésienne[29], l'attitude de Spinoza face au discours allégorique et métaphorique du texte biblique – qu'il étudie pour lui-même et par lui-même et non pour y déceler un discours compatible avec la raison philosophique – est beaucoup plus nuancée. En ménageant pour le discours poétique une place spécifique, sans vouloir le rabattre sur un modèle rationnel extrinsèque, le *Traité théologico-politique* permet de comprendre le plaisir éprouvé par le savant à la lecture des textes sacrés. Car l'esprit humain ne prend pas seulement plaisir à la contemplation rationnelle, il peut également se recréer par les œuvres nées de l'imagination des hommes. L'écriture a un intérêt indépendamment de ce qu'elle révèle, indépendamment aussi de ce qu'elle enseigne. On le sait, d'après l'inventaire de sa bibliothèque, Spinoza est un lecteur de poésie et plus généralement, de littérature. Outre les grands noms de la poésie baroque espagnole, Quevedo et Góngora, il connaît les classiques latins, Virgile, Ovide, mais aussi l'Arioste, qui apparaissent à plusieurs reprises en filigrane dans son œuvre. Certes, la plupart du temps, lorsque Spinoza évoque les poètes, c'est dans le but de distinguer le faux du vrai, le fantaisiste du réaliste, la fable utopique de l'expérience concrète. Il suffit de songer au premier chapitre du *Traité politique* qui incite ceux qui veulent traiter de politique à revenir aux faits et à tirer les leçons de l'expérience concrète plutôt que de s'inspirer d'une chimère, d'une utopie, ou à l'« âge d'or des poètes[30] ». Néanmoins, la cinquième partie de l'*Éthique*, qui attribue à l'imagination réordonnée un rôle considérable dans le cheminement vers la béatitude nous invite à relativiser cette critique. Spinoza insiste sur la vigueur dont les mécanismes imaginatifs peuvent faire preuve, en utilisant à deux reprises le verbe « *vigere* », qui renvoie à la vigueur, la force ou l'énergie, rappelant précisément la vivacité que Spinoza attribue dans le *Traité théologico-politique* à l'imagination des prophètes : « Plus il y a de choses auxquelles se rapporte une certaine image, plus elle est fréquente, c'est-à-dire plus souvent elle devient vive et plus elle occupe l'esprit », puis « Plus il y a de choses auxquelles est jointe une image, plus souvent elle devient vive[31] ». Ainsi du point de vue de la nécessaire vivacité de l'imagination, toujours en éveil, attentive à la vie du corps, l'imagination du poète est comparable à celle du prophète. Il est celui qui voit, entend, éprouve mieux que les autres, ou

---

[29] Cf. *La Philosophie interprète de l'Écriture sainte* (1666), traduction, notes et présentation par J. Lagrée et P.-F. Moreau, Paris, Intertextes éditeur, coll. « Horizons », 1988.

[30] *Traité politique*, I, 1, trad. Charles Ramond, *in* Spinoza, *Œuvres* V, publiées sous la direction de Pierre-François Moreau, Paris, Puf, coll. « Épiméthée », 2005, p. 89 ; Geb. III, p. 273, l. 16-21.

[31] *Éthique*, V, pr. 11, trad. de Charles Appuhn légèrement modifiée. André Guérinot utilise le verbe « revivre », quant à Bernard Pautrat, il évoque une image qui « s'éveille » ; Geb. II, p. 289, l. 15-16, et pr. 13 ; Geb. II, p. 290, l. 4.

plutôt de manière plus intense, car aucune différence de nature n'existe entre le poète et ses semblables, mais une différence quantitative qui se comprend de manière dynamique.

La liberté de lier et de délier. Récit, fiction et chimère

Spinoza met en évidence dans le *Traité théologico-politique* certains des ressorts linguistiques de la superstition, montrant une réelle corrélation entre le discours et les affects, le langage jouant le rôle d'un variateur de puissance. Il existe en effet des techniques propres à susciter chez les individus certaines passions, notamment religieuses, qui s'appuient toutes sur l'affect d'*admiratio*, cet état de stupeur, cet étonnement provoqué par un discours habilement agencé. Le langage ainsi manipulé s'avère capable de suspendre l'activité de l'esprit en l'occupant tout entier[32], à tel point que celui-ci ne peut plus exercer son activité habituelle, c'est-à-dire enchaîner ses idées selon l'ordre des affections du corps. C'est ce mécanisme que Spinoza décrit dans la préface au *Traité théologico-politique*[33] où il fait référence aux orateurs dont le discours façonne des nouveautés et des mystères qui subjuguent la foule. Les tours que déploient les théologiens qui, sans créer de nouveaux mots, s'appuient sur les possibilités syntaxiques et une mise en scène de la parole, constituent ainsi un dévoiement de la

---

[32] *Éthique*, III, pr. 52, scolie : « Cette affection de l'esprit, ou imagination de chose singulière, en tant qu'elle se trouve toute seule dans l'esprit, s'appelle admiration, et si elle est mise en mouvement par un objet qui nous fait peur, elle est dite épouvante, parce que l'admiration d'un mal tient l'homme suspendu dans la seule contemplation de ce mal au point qu'il en est incapable de penser à d'autres choses qui pourraient le lui éviter. Mais, si ce que nous admirons, c'est la prudence d'un homme, son industrie ou quelque chose du genre, étant donné que par là même nous contemplons cet homme comme largement supérieur à nous, l'admiration s'appelle alors vénération ; et autrement horreur, si, ce que nous admirons, c'est la colère d'un homme, son envie, etc. [...] Et nous pouvons également concevoir de cette manière la haine, l'espérance, la sécurité et d'autres affects joints à l'admiration », trad. Pautrat, p. 285-287 ; Geb. II, p. 180-181, l. 15-28 et déf. aff. IV : « L'admiration est l'imagination d'une chose en quoi l'esprit reste fixé [*defixa*], à cause que cette imagination singulière n'est pas du tout enchaînée aux autres », *op. cit.*, p. 307 ; Geb. II, p. 191, l. 21-24 et expl. : « [...] quand l'image de la chose est nouvelle ; [...] l'esprit restera occupé dans la contemplation de la même chose jusqu'à ce que d'autres causes viennent le déterminer à penser à d'autres choses », *op. cit.*, p. 307 ; Geb. II, p. 191, l. 30-32.
[33] § 9 : « Le temple même a dégénéré en théâtre, où l'on écoutait non plus des docteurs de l'Église mais des orateurs, qui, tous, avaient le désir non d'instruire le peuple mais de le subjuguer d'admiration pour eux, de reprendre publiquement ceux qui ne partageaient pas leurs opinions et de n'enseigner que des choses nouvelles et inaccoutumées, ce que le vulgaire admirerait le plus », *op. cit.*, p. 65 ; Geb. III, p. 8, l. 15-20.

puissance poétique du langage investie des affects les plus nuisibles. Il est des fulgurances qui, loin de recréer et de nourrir le corps et par là même l'esprit, l'affament, le stérilisent dans une attitude hypnotique où le travail de l'imagination comme de l'entendement est comme suspendu, sapé dans son effort naturel pour comprendre. La description de ces foules happées par une parole qui stigmatise, dénigre de prétendus adversaires religieux montre une dimension mortifère du langage dont l'usage est comparable à celui que l'on trouve dans la raillerie, où l'innovation linguistique est mise au service de la haine et de la domination. C'est d'un rire sardonique, *diabolique* qu'il s'agit ici, un rire qui sépare au lieu d'unir. Au-delà de cette rhétorique de la haine, Spinoza décrit dans son œuvre quelques procédés qui sont au fondement de toute création littéraire, qu'elle soit théâtrale, romanesque ou poétique, dont le but est précisément de susciter chez le spectateur ou le lecteur une « pure joie ». Si ces procédés sont abordés par Spinoza du point de vue de leur écart par rapport au travail de l'entendement, il est néanmoins possible d'y lire l'expression d'une puissance proprement poétique du langage, issue d'un travail sur la matière linguistique ainsi libérée de son origine utilitaire. Ces différents faits de discours qui constituent précisément les ressorts de toute littérature incarnent un art de lier et de délier, de joindre et de disjoindre à contre-courant du langage ordinaire régi par l'usage et par l'habitude. Ainsi le récit, en articulant les noms entre eux au sein d'une construction originale, leur restitue une teneur dont leur généralité les avait privés. Cette singularité de l'enchaînement diégétique exerce une puissance sur le lecteur ou l'auditeur dont les récits contenus dans l'Écriture sainte fournissent un exemple. Spinoza décrit en effet le plaisir éprouvé par la foule à l'écoute d'un récit bien mené ménageant des surprises, des retournements, tout en soulignant le risque de sécularisation totale de ces intrigues séparées de leur enjeu éthique[34]. En dehors des récits bibliques, les récits de fiction que l'on peut lire dans l'Arioste et les *Métamorphoses* d'Ovide acquièrent une tout autre dimension dès lors qu'ils sont accompagnés par un travail de connaissance de l'intention des auteurs qui leur confère le statut de « rêveries[35] ».

La fiction occupe une place importante dans la théorie de l'idée vraie développée dans le *Traité de la réforme de l'entendement*. Du point de vue de la connaissance, ce que Spinoza appelle « l'idée fictive » résulte de la liberté laissée à l'imagination qui vient occuper la place laissée vacante par

---

[34] *Ibid.*, v, 18 : « La foule n'est donc tenue de connaître que les récits susceptibles de porter le plus fortement les âmes à l'obéissance et à la dévotion. Or la foule elle-même n'est pas suffisamment apte à en juger, surtout parce qu'elle se complaît [*delectatur*] davantage dans l'intrigue et les événements singuliers et inattendus que dans l'enseignement contenu dans les récits », *op. cit.*, p. 233 ; Geb. III, p. 79, l. 2-6.
[35] *Ibid.*, VII, 15, *op. cit.*, p. 307 ; Geb. III, p. 110, l. 20. Spinoza utilise le terme « *nugas* » qui signifie balivernes, sornettes, et renvoie à un discours frivole.

l'entendement. Ce que nous ne comprenons pas clairement et distinctement, nous l'imaginons confusément, et nous pouvons ainsi bâtir toutes sortes de fictions :

> le pouvoir qu'a l'esprit de forger des fictions est d'autant plus grand qu'il a moins d'intellections [*mens minus intelligit*] tout en ayant pourtant plus de perceptions, et ce pouvoir diminue d'autant plus qu'il a plus d'intellections. [...] moins les hommes connaissent la nature, plus il leur est facile de forger quantité de fictions : que des arbres parlent, que des hommes se changent subitement en pierres, en sources, que des spectres apparaissent dans des miroirs, que le rien devienne quelque chose, et même que des dieux se changent en bêtes et en hommes.[36]

Lorsque Spinoza évoque la fiction, il ne s'agit pas *a priori* d'un discours mais d'une construction imaginative qui peut ou non s'énoncer dans le langage, se raconter. Pour autant, la fiction n'est dangereuse que lorsqu'elle vient contaminer le terrain de la connaissance. L'énoncé seul ne doit pas être redouté, dès lors qu'il s'accompagne d'une perception claire et distincte. Or c'est ici que se situe le plaisir éprouvé par le lecteur de contes, de récits fantastiques ou merveilleux, « et autres semblables fantaisies [*phantasmata*] totalement incompréhensibles du point de vue de l'entendement[37] » : il sait que tout cela est faux, il sait qu'en vertu des lois de la nature, nul homme ne peut se changer en bête ou en arbre, son entendement comprend que cela est impossible, mais il se délecte de ce que son imagination puisse produire de telles combinaisons sans pour autant donner son assentiment à l'existence de telles combinaisons :

> Nous n'aurons donc nullement à craindre de forger une fiction, pourvu que nous percevions la chose clairement et distinctement. Car s'il nous arrive de dire que des hommes se changent subitement en bêtes, cela est dit de manière tout à fait générale.[38]

Aussi la fabulation ou le récit de fiction ne représentent-ils pas un danger pour celui qui cherche à connaître, ils lui sont même indifférents dès lors que son entendement est actif et n'attribue aucune existence à ce qui est forgé par l'imagination. Que fait celui qui construit une fiction, sinon selon son bon plaisir, au gré de sa fantaisie et non de sa raison, joindre et disjoindre des choses « délibérément et sciemment [*prudens, et sciens*][39] » ? La pure gratuité de la

---

[36] *Traité de la réforme de l'entendement,* 58, *op. cit.*, p. 99 ; Geb. II, p. 22, l. 13-25.

[37] *Traité théologico-politique,* VII, 15, *op. cit.*, p. 307 ; Geb. III, p. 110, l. 13-14.

[38] *Traité de la réforme de l'entendement,* 62, *op. cit.*, p. 103 ; Geb. II, p. 24, l. 6-8.

[39] *Pensées métaphysiques*, partie I, chapitre I : « Une chimère, un être forgé et un être de raison ne sont pas des êtres. [...] Pour un être forgé, il exclut la perception claire et distincte, attendu que l'homme usant simplement de sa liberté, et non, comme dans l'erreur, sans le savoir, mais délibérément et sciemment, conjoint les choses qu'il lui plaît de conjoindre et disjoint celles qu'il lui plaît de disjoindre », trad. Appuhn légèrement modifiée, Paris, Garnier-Flammarion, 1964, p. 337 ; Geb. I, p. 233, l. 23-29.

fiction, son absence d'impact sur la connaissance des choses est ici affirmée, de même qu'un espace pour un traitement artistique du langage, qui ne prête pas à mal, qui n'a rien de dangereux en ce que l'ordre et la connexion qu'il instaure se situent sur un terrain purement langagier. Dire n'importe quoi et se délecter de cet écart entre ce qui est dit et ce qui est, voilà de quelle manière le lecteur de conte, de poésie, ou celui qui comprend une plaisanterie se réjouit, voilà comment peut s'entendre ce plaisir auquel faisait référence le second scolie de la proposition IV, 45 de l'*Éthique*, qu'il faut considérer indépendamment de toute exigence purement gnoséologique[40]. Aussi, du point de vue de l'entendement, lorsqu'un philosophe parle d'une âme carrée ou d'une mouche infinie, il dit en effet n'importe quoi et pense de manière confuse, partielle et inadéquate. Mais cette alliance des contraires, ces contradictions qui n'ont d'existence et de valeur que verbale sont au fondement d'une poétique dont le but est d'initier et de faire entendre d'autres rencontres entre les choses et les dénominations. Le rapprochement fulgurant entre deux termes contradictoires est utilisé fréquemment dans la poésie baroque : l'antithèse, le paradoxe sont des figures stylistiques qu'affectionne particulièrement Quevedo, qui manie avec virtuosité le trait d'esprit, l'art de la formule et de la pointe, tout en conservant les mots en usage et en rejetant les constructions syntaxiques complexes, les emprunts savants aux langues anciennes[41]. Citons le premier quatrain du célèbre sonnet *À un homme au grand nez*, qui reprend un lieu commun, la difformité physique, en inversant les rapports, en mêlant tous les ordres, les êtres vivants et les choses inertes :

C'était un homme à un grand nez collé
Et c'était un grand nez superlatif,
C'était un alambic à moitié vif
C'était un poisson sabre et ébarbé.[42]

---

[40] *Cf.* François Zourabichvili, *op. cit.*, p. 87 : « L'émotion esthétique n'a pas d'intérêt épistémologique : elle ne nous apprend rien de l'objet, et favorise même l'illusion, en nous inclinant à traiter le beau comme une qualité de l'objet ».

[41] Une tendance au contraire que l'on trouve chez Góngora, d'ailleurs tournée en dérision par Quevedo dans *La Culta Latiniparla*, sous-titré « Cathecismo de vocablos, para instruir à las mugeres cultas, y hembrilatinas (manuel burlesque pour apprendre à parler le langage *gongorino*) ». La poésie baroque espagnole est en effet travaillée par des tendances contradictoires, entre cultéranisme ou cultisme – qui promeut des recherches formelles sur les mots avec des retours à l'étymologie, des néologismes, des latinismes, qui multiplie les périphrases, les métaphores sans éviter un certain hermétisme – et conceptisme, qui exploite davantage l'équivocité et la polysémie et dont la source est toujours la langue vulgaire.

[42] *Les Furies et les Peines*, « Sonnets satiriques et burlesques », 102 sonnets, choix, présentation et traduction de Jacques Ancet, édition bilingue, Paris, Gallimard, coll. « *Poésie*/Gallimard », n° 463, 2010, p. 230-231.

Ces correspondances inattendues illustrent assez bien la manière dont la langue est travaillée ici à travers les images provoquées par ces interférences entre des lexiques et des registres éloignés les uns des autres. De ce point de vue, la chimère fait figure de cas limite. Décrite au début des *Pensées métaphysiques* comme « ce dont la nature enveloppe une contradiction ouverte[43] », son être est, précise Spinoza, purement « verbal[44] », elle repose non plus sur la connexion mais sur la coïncidence impensable et inimaginable de deux choses contradictoires : ainsi le cercle carré ne peut être exprimé « autrement que par des mots[45] ». La chimère exhibe dans le langage seul ce qui en dehors de lui ne peut exister. Au-delà de l'ignorance des causes qui déterminent une chose à exister et à agir, si l'on quitte le terrain de la connaissance, elle incarne elle aussi une forme de liberté et d'autonomisation possible du langage à l'égard de l'entendement mais aussi de l'imagination. Elle n'est « rien qu'un mot[46] », mais révèle une productivité propre au langage que la poésie fait jouer à plein. Ces rencontres, qui n'ont d'existence possible que par et dans le langage, défont les liens que l'habitude a tissés entre les noms et produisent dans l'imaginaire du lecteur d'autres rencontres possibles qui renouvellent les associations existantes. Ainsi peut-on comprendre comment la création verbale contribue à une recréation du corps, comment la poésie, et tous les procédés qui s'y rapportent, nourrit et le corps et l'esprit.

---

[43] *Pensées métaphysiques*, I, 1, note I, *op. cit.*, p. 337 ; Geb. I, p. 233.
[44] *Ibid.*, I, 3, *op. cit.*, p. 345 ; Geb. I, p. 241, l. 10.
[45] *Ibid.*, *op. cit.*, p. 346 ; Geb. I, p. 241, l. 11.
[46] *Ibid.* ; Geb. I, p. 241, l. 14.

18. La musique des choses singulières

Sophie LAVERAN

La connaissance de l'essence des choses singulières chez Spinoza est communément – et à juste titre – considérée comme un point capital de son éthique, en particulier à partir de la proposition selon laquelle « plus nous comprenons les choses singulières, plus nous comprenons Dieu[1] ». Mais que signifie « comprendre les choses singulières » ? La démonstration de la proposition renvoie le lecteur à un corollaire du *De Deo*, qui établit que les choses particulières ne sont rien que des affections des attributs de Dieu, autrement dit des modes par lesquels les attributs de Dieu s'expriment de manière précise et déterminée. Nous pouvons en déduire que l'essence des choses singulières se comprend à partir de la notion d'affection et de l'acte d'auto-expression par lequel les attributs divins les produisent. Cela ne nous éclaire en soi pas davantage, et nous pouvons nous interroger encore : en quoi consiste, précisément, ce statut d'affection, ou d'expression ? Si de nombreuses études ont été consacrées à la question du rapport entre la substance infinie et les modes finis, il ne s'agit pas ici de revenir sur les discussions métaphysiques qu'elle a pu soulever. Cet article vise plutôt à explorer une hypothèse qui, à défaut de lever toutes les ambiguïtés qui entourent la notion d'essence de chose singulière, permet, nous semble-t-il, de la penser à travers un modèle étonnamment opérationnel, et qui est un modèle musical. Notre proposition est en effet la suivante : l'essence des choses singulières peut être envisagée comme une certaine forme de « musique ».[1]

Pour défendre cette idée quelque peu hétérodoxe, nous reviendrons, pour commencer, sur les rares textes dans lesquels Spinoza évoque explicitement le *thème* de la musique ; ceci nous permettra de préciser, en particulier, en quel sens *il ne faut pas* entendre cette « musique des choses singulières », autrement dit, le modèle musical que Spinoza rejette – et rejette de façon assez ferme. Nous nous attacherons ensuite à présenter ce que nous entendons par « musique des choses singulières », en prenant appui sur le *vocabulaire* musical que l'on peut déceler chez Spinoza, dans des réflexions qui ne sont pas consacrées à la musique, mais, précisément, à l'essence des choses singulières. Revenons donc sur le thème de la musique tel qu'il apparaît dans les textes de Spinoza. Comme le souligne Filip Buyse dans son article, le geste philosophique essentiel de Spinoza sur la question de la musique est d'opposer à une caractérisation objective de la musique une réflexion sur la perception des sons, qui a pour impact, d'une part, de relativiser les notions de beau et de laid en les intégrant à la théorie des

---

[1] *Éthique*, V, 24, traduction de B. Pautrat, Paris, Seuil, 1988, p. 517.

affects, et d'autre part, de critiquer les extrapolations métaphysiques, très en vogue à son époque, qui s'appuyaient sur l'idée d'une harmonie universelle pour penser les lois de la nature. Nous retrouvons tous ces éléments dans un passage célèbre de l'Appendice au *De Deo* :

> [les mouvements] qui émeuvent les oreilles sont dits produire du bruit [*strepitum*], du son [*sonum*] ou de l'harmonie [*harmoniam*], laquelle a fait perdre la tête aux hommes jusqu'à leur faire croire que Dieu, lui aussi, trouve du charme à l'harmonie. Et il ne manque pas de Philosophes pour s'être persuadés que les mouvements célestes composent une harmonie. Tout cela montre assez que chacun a jugé des choses d'après la disposition de son cerveau, ou plutôt a pris pour les choses les affections de son imagination.[2]

Plusieurs remarques peuvent être faites ici. Pour commencer, la production du son est rapportée à des « mouvements » physiques ; en ce sens, Spinoza s'inscrit très clairement dans la science mécaniste de son temps. Il avait certainement connaissance des débats de son époque autour de la nature du son et de la question de la consonance ; de fait, presque tous les esprits scientifiques de l'âge classique se sont intéressés à la musique. On peut relever trois types de sources probables de Spinoza à cet égard :

1. En premier lieu, les théoriciens de son pays : dans les Provinces-Unies, il faut d'abord évoquer le rôle majeur joué par Stevin, à qui l'on doit la division de l'octave en douze demi-tons, et qui est l'auteur d'un essai intitulé *Vande Spiegheling der Singconst*, consacré à l'art du chant et présenté comme un traité de géométrie. On peut également noter les réflexions de Beeckman sur la génération des sons (qu'il explique en termes corpusculaires) et ses travaux sur les cordes vibrantes (dans lesquels il démontre que la fréquence de vibration est inversement proportionnelle à leur longueur). Enfin, Christiaan Huygens, que Spinoza connaissait, et dont l'éducation musicale a été assurée par son père, le musicien Constantijn Huygens, a consacré de nombreuses pages à la musique.

2. La deuxième source possible de Spinoza en matière de théorie musicale est Descartes, ainsi que ses héritiers. Descartes a lui-même écrit un *Compendium Musicae* en 1618, suite à sa rencontre avec Beeckman, ouvrage inspiré des thèses de Zarlino. Mais c'est surtout Mersenne, avec son *Harmonie universelle* de 1636, qui a le plus contribué à la diffusion des questions d'acoustique dans l'Europe de la deuxième moitié du siècle. Sa théorie, fondée sur l'idée que le son n'est qu'un battement de l'air, explique de manière physique et mathématique le volume, le rythme, mais aussi la douceur relative des consonances, calculée à partir des divisions des intervalles ; elle s'appuie également sur des expériences sur la tension des cordes, qui conduit à la production de sons plus ou moins aigus. Le traité de

---

[2] *Éthique*, I, app., *op. cit.*, p. 89.

Mersenne est ainsi une application complète de la méthode expérimentale à la science de la musique.

3. Spinoza a enfin pu avoir connaissance des questions liées à la musique à travers les travaux de Galilée qui expose à la fin de la première journée des *Discours et démonstrations mathématiques concernant deux sciences nouvelles*, une théorie de la consonance fondée sur les propriétés mécaniques des pendules, remettant ainsi en cause les théories pythagoriciennes qui fondaient depuis l'Antiquité la consonance sur des divisions arithmétiques. Cette réflexion s'inscrit dans la continuité des travaux de son père, le musicien Vincenzo Galilei, qui avait effectué des mesures expérimentales en attachant des poids à des cordes (provoquant un mouvement pendulaire), dans le cadre de sa controverse avec Zarlino sur la division de l'octave. Il est d'ailleurs possible que ces expériences aient eu un impact sur la découverte de la loi des pendules par son fils. Dans le contexte scientifique du XVIIe siècle, la question de la musique est ainsi pleinement intégrée à la remise en question des modèles anciens et à la constitution d'une science mécaniste. Si l'on en croit Stillman Drake, la naissance de la science moderne ne peut pas être pleinement expliquée si on ne prend pas en compte le rôle qu'a joué la musique, en particulier parce que les problèmes d'acoustique mettent en évidence les limites d'une approche purement arithmétique des phénomènes.

Toutefois, l'originalité de Spinoza par rapport à ce mouvement intellectuel est d'insister sur les *effets* corporels et mentaux du son : en centrant sa réflexion sur les *affections* produites par les mouvements, les phénomènes acoustiques deviennent des phénomènes qui s'expliquent autant, voire davantage, par la constitution et l'état de l'individu affecté que par les propriétés de l'objet qui l'affecte. Sur cette question, l'approche de Spinoza est donc plus *esthétique* qu'à proprement parler *scientifique*, dans la mesure où elle s'intéresse avant tout aux données de la sensation, considérant que la production des sons est le résultat d'un concours de causes : les mouvements de la chose qui affecte et la disposition corporelle de la chose affectée. D'où son relativisme à l'égard de l'harmonie : pour Spinoza, la consonance ne saurait s'expliquer de manière purement objective, mais doit être pensée à partir de la perception et des affects. On retrouve cette idée dans une remarque bien connue de la préface à la quatrième partie de l'*Éthique* : « la musique est bonne pour le mélancolique, mauvaise pour l'affligé ; et, pour le sourd, ni bonne ni mauvaise[3] ». Cette caractérisation, d'ailleurs, permet de donner une place précise à la musique : elle est intégrée à la réflexion sur la diversification des plaisirs, qui constitue un des éléments de la stratégie éthique, en particulier en tant qu'elle implique de savoir « chasser la mélancolie ». Pour rappel, dans le scolie de la proposition 45 de la quatrième partie de l'*Éthique*, Spinoza souligne que l'homme sage se « refait » et « recrée » grâce à la nourriture, aux odeurs, à la

---

[3] *Éthique*, IV, préface, p. 341.

musique, *etc.* La musique constitue un aliment, parmi d'autres, permettant à l'individu de réparer ses forces, voire de développer ses aptitudes corporelles et mentales. C'est pourquoi la musique est particulièrement « bonne pour le mélancolique » : elle participe à sa « recréation », pour reprendre l'expression de Céline Hervet.

Cette conception du plaisir esthétique s'oppose, par exemple, à celle présentée par Hugo Boxel dans une des lettres qu'il adresse à Spinoza :

> Pour ce qui est de la beauté, il y a des choses dont les parties sont proportionnées les unes aux autres et qui sont mieux composées que certaines autres. Et Dieu a accordé à l'entendement et au jugement de l'homme un accord, une harmonie avec ce qui est bien proportionné, non avec les choses où il n'y a pas de proportions. De même à l'égard des sons qui s'accordent ou ne s'accordent pas : l'ouïe sait bien distinguer les consonances et les dissonances, parce que les unes procurent du plaisir, les autres de la peine.[4]

Pour Boxel, la beauté est une réalité objective, fondée sur la préordination divine, l'harmonie préétablie entre la nature des choses et les facultés cognitives de l'homme. Cette idée est également celle de Blyenbergh lorsqu'il écrit à Spinoza :

> Pour quelle fin cet entendement nous a-t-il été accordé, sinon pour que nous contemplions et connaissions les œuvres de Dieu ? Et quelle conséquence plus évidente tirer de là que l'existence nécessaire d'une harmonie entre les objets à connaître et notre entendement ?[5]

À travers la thématisation spinozienne de la beauté se joue donc bien plus qu'une théorie de la perception : les enjeux sont également, et peut-être fondamentalement, métaphysiques, et engagent la séparation de Spinoza d'avec le discours théologique.

Ce qui nous conduit au troisième point remarquable de la position de Spinoza par rapport à la musique : la relativisation des effets esthétiques de la musique est le fondement de la critique spinozienne des utilisations finalistes du modèle musical, en particulier lorsqu'il est mobilisé pour étayer la thèse d'une « harmonie de l'univers », ou pour penser la création divine en termes de composition musicale. Cette image, déjà présente dans l'Antiquité avec la théorie de l'harmonie des sphères célestes (chez Pythagore, Platon ou Aristote par exemple), reste très présente à l'âge classique, y compris dans les discours scientifiques : ainsi Kepler publie en 1619 les cinq livres composant *L'Harmonie du monde*, ouvrage dans lequel il défend l'idée que les principes de l'astronomie sont identiques à ceux de l'harmonie musicale ; ou encore Mersenne, qui avant son grand traité sur l'acoustique, a composé un plus petit ouvrage, le *Traité de l'harmonie*

---

[4] Lettre 55 de H. Boxel à Spinoza, in *Œuvres IV, Lettres*, traduction de C. Appuhn, Paris, Garnier-Flammarion, 1966, p. 295.
[5] Lettre 20 de G. de Blyenbergh à Spinoza, *op. cit.*, p. 199.

universelle, analysant la musique de façon philosophique et métaphysique et développant le thème de l'*harmonia mundi*, avec notamment l'idée qu'une « musique divine » gouvernerait le monde et constituerait le modèle de la musique humaine. On peut également évoquer la théorie de Zarlino, dont les écrits ont constitué la référence de toutes les discussions sur la musique à partir de la fin du XVIe siècle, théorie qui s'enracine dans l'idée que la musique des planètes et celle des humains se rejoignent dans l'harmonie générale qui ordonne les choses. À travers l'idée d'harmonie se joue donc l'articulation, voire l'identification entre l'arithmétique, la philosophie et la théologie. On la retrouve notamment dans la lettre qu'Albert Burgh adresse à Spinoza (Lettre 67), lorsqu'il compare « l'ordre admirable suivant lequel se dirige et se gouverne l'Église » à « l'harmonie percevable dans toutes les parties de l'univers », qui révèle selon lui « l'omnipotence, la sagesse et la Providence infinie qui a créé et conservé toutes choses[6] ». Spinoza pour sa part considère que l'attribution d'une harmonie à l'univers constitue la fiction d'une imagination qui s'abandonne au fantasme anthropocentrique d'un univers créé pour plaire aux hommes.

Spinoza rejette donc sans appel un certain modèle musical, celui qui fonde les conceptions erronées du monde et de Dieu, et avec elles, les institutions théologico-politiques qui maintiennent les hommes dans l'ignorance. Pourquoi, alors, penser l'essence des choses singulières à partir de la notion de musique ? Cette hypothèse est née à l'occasion d'une interrogation sur la proposition 57 de la troisième partie de l'*Éthique* :

N'importe quel affect de chaque individu discorde (*discrepat*) de l'affect d'un autre, autant que l'essence de l'un diffère (*differt*) de l'essence de l'autre[7] .

Cette proposition met clairement en jeu la question de l'essence des choses singulières, et en particulier celle des différences entre les essences, qui est ici pensée en corrélation avec les différences affectives. L'interrogation était la suivante : faut-il faire une distinction sémantique entre les verbes *discrepare* (traduit ici par « discorder ») et *differre* (traduit par « différer ») ? Spinoza parle-t-il de la même différence ? Et comment comprendre, en particulier, le verbe *discrepare* ? Faut-il entendre « discorder » au sens de « discorde », comme ce qui s'oppose à la concorde ? On pourrait le croire, notamment si l'on se réfère au scolie de la proposition 34 de la quatrième partie de l'*Éthique* : nous pouvons aisément montrer que toutes les autres causes de haine dépendent seulement de ce que les hommes discordent en nature, et non pas de ce qu'ils conviennent en nature. Examinons donc plus précisément la signification et les enjeux de cette notion de « discordance ». Les occurrences du verbe *discrepare* et du terme *discrepantia* sont assez rares chez Spinoza et, la plupart du temps, les

---

[6] Lettre 67 d'A. Burgh à Spinoza datée du 11 novembre 1675, *op. cit.*, p. 325.
[7] *Éthique*, III, 57, *op. cit.*, p. 297.

considérer comme des synonymes de *differre* ou *differentia* ne pose pas de problème majeur. Par exemple, le verbe *discrepare* intervient dans les *Principes de la philosophie de Descartes* pour marquer ce qui sépare Dieu des « autres êtres » :

> Il verra clairement aussi que l'idée de Dieu diffère (*differre*) beaucoup des idées des autres objets sitôt qu'il connaîtra que Dieu discorde (*discrepare*) entièrement, et quant à l'essence et quant à l'existence, des autres êtres[8].

Ce passage, qui s'articule à l'établissement de la thèse selon laquelle l'existence de Dieu est déductible de son essence, montre clairement que le terme *discrepare* est engagé dans une opposition forte, du moins d'un point de vue logique : quel que soit le lien ontologique que par ailleurs Spinoza (ou Descartes) pense entre Dieu et les choses qu'il produit, il reste qu'il existe entre leurs idées une différence de nature, dans la mesure où l'existence n'est enveloppée que dans l'essence divine, alors qu'elle ne l'est pas dans celle des « autres êtres ». On retrouve cette idée d'incompatibilité, sur un plan métaphysique, dans une lettre que Spinoza a adressée à Hugo Boxel :

> Je ne peux considérer les spectres que comme des songes qui diffèrent (*discrepant*) de Dieu autant que l'être et le non-être[9].

L'usage du verbe *discrepare* pour évoquer le rapport entre être et non-être fait ici signe vers une antinomie irréductible. Mais peut-on transposer cette analyse aux occurrences que nous trouvons dans l'*Éthique* ? Pour commencer, il convient de remarquer que dans cet ouvrage, le terme est toujours utilisé pour désigner un rapport entre des choses singulières, et jamais, par exemple, pour penser la différence entre Dieu et les modes. Cette évolution peut être comprise de plusieurs manières : en premier lieu, nous pouvons considérer que la théorie de la causalité immanente, qui n'est pas celle exposée dans les *Principes de la philosophie de Descartes*, où Spinoza présente la conception cartésienne, empêche de poser une rupture aussi radicale entre Dieu et ce qu'il produit – et ce, même si la différence logique du rapport d'enveloppement de l'existence dans l'essence demeure valide. Mais nous pouvons également admettre la possibilité qu'un déplacement est ici opéré, en raison du changement d'enjeu entourant le verbe *discrepare* : il ne s'agit plus seulement, en effet, d'étudier des relations ontologiques et/ou logiques, mais également de les intégrer à une réflexion pratique, en particulier en tant qu'elles ont un impact sur les rapports inter-humains. On serait dès lors tenté de revenir à l'hypothèse de tout à l'heure : le verbe

---

[8] Spinoza, *Principes de la philosophie de Descartes*, première partie, proposition V, scolie, trad. Appuhn légèrement modifiée, in *Œuvres 1,* Paris, Garnier-Flammarion, 1964, p. 256.

[9] Lettre 54 de Spinoza à H. Boxel datée d'octobre 1674, *op. cit.*, p. 292.

discrepare interviendrait tout particulièrement lorsqu'il s'agit d'accentuer l'idée de contrariété et d'animosité, comme cela semble être le cas dans le scolie de la proposition 34 du *De Servitute Humana*, qui pose que « les [...] causes de haine dépendent seulement de ce que les hommes discordent en nature[10] ».

Toutefois, cette explication ne nous paraît pas totalement convaincante. En effet, elle ne suffit pas à rendre compte du sens que prend le verbe *discrepare* dans la proposition 57 de la troisième partie, qui suggère une « discordance » dans les affects proportionnelle à la différence des essences. Dans cette proposition en effet, il n'est pas si évident que le verbe *discrepare* désigne un rapport d'opposition, ni même que la « discordance » dont il est ici question s'accompagne nécessairement de contrariété, d'affects tristes ou même d'idées inadéquates. Il s'agit ici de poser une diversité affective incompressible, qui échappe aux notions communes élaborées par Spinoza pour déployer son analyse génétique des désirs, des joies et des tristesses. Par ailleurs, Spinoza indique que la singularité des affects est corrélée à la singularité des essences. Or qu'est-ce que la différence des essences ? Pour Spinoza, l'essence d'une chose se confond avec sa puissance ; la différence des essences s'entend donc, en un premier sens, comme différence quantitative de puissance, dans la mesure où les choses ont plus ou moins de force pour persévérer dans l'être, et qu'elles sont, à ce titre, susceptibles d'être comparées entre elles. Et en effet, c'est de cette manière que l'on peut rendre compte de la vie affective en tant qu'elle est passive (la force d'une passion se définissant par la puissance d'une cause extérieure « comparée à la nôtre »). C'est également en ce sens que l'on peut envisager une stratégie éthique qui fasse jouer toutes les règles de ces rapports de force en notre faveur. Dans cette perspective, l'ensemble de la quatrième partie de l'*Éthique* peut être lue comme la théorie de la chose singulière en tant qu'elle est toujours « plus » ou « moins » puissante que les autres (propositions 1 à 18), autant que comme l'amorce d'un mouvement d'évaluation éthique dont l'horizon est l'affermissement du *conatus* (propositions 19-73). À cet égard, il n'est certainement pas anodin de trouver dans le scolie de la proposition 57 de la troisième partie, qui porte sur la différence entre les essences et la discordance des affects, une distinction entre le contentement de l'ivrogne et celui du philosophe :

> Quoique donc chaque individu vive content de sa nature telle qu'elle est constituée, et s'en réjouisse, néanmoins cette vie dont chacun est content, et ce contentement, n'est rien d'autre que l'idée ou âme de ce même individu, et par suite le contentement de l'un diffère de nature du contentement de l'autre, autant que l'essence de l'un diffère de l'essence de l'autre. Enfin, il suit de la Proposition précédente que la différence, non plus, n'est pas mince entre le

---

[10] *Éthique*, IV, 34, scolie, *op. cit.*, p. 389.

contentement qui, par ex., mène [*ducitur*] l'ivrogne, et le contentement que possède [*potitur*] le Philosophe.[11]

Les différences évoquées ici peuvent parfaitement se comprendre à partir de la théorie déjà esquissée dans le *De Mente*, qui identifie le fait de « différer » au fait de contenir plus ou moins de « réalité » :

Les idées diffèrent entre elles comme leurs objets, et <que> l'une l'emporte [*præstantiorem*] sur l'autre, et contient plus de réalité, dans la mesure où l'objet de l'une l'emporte sur l'objet de l'autre, et contient plus de réalité[12].

La présence du verbe *præstare* indique clairement que la différence est appréhendée en un sens comparatif et évaluatif. Dès lors, l'on peut comprendre également que, dans la mesure où le contentement de l'ivrogne et celui du philosophe ne sont « rien d'autre que l'idée » de chacun de ces êtres, ces idées doivent elles aussi « différer entre elles comme leurs objets », autrement dit, que « l'une l'emporte sur l'autre ». Et puisque le contentement du philosophe provient de sa capacité à former des idées adéquates, alors que le contentement de l'ivrogne procède d'affects passifs, il est évident que le premier l'emporte sur le second au moins à l'égard du second critère de supériorité posé par Spinoza : plus les actions d'un corps dépendent de lui seul, et moins il y a de corps qui concourent avec lui pour agir, plus son esprit est apte à comprendre de manière distincte.

Les actions du philosophe « dépendent » davantage de « lui seul » que celles de l'ivrogne, ce qui se traduit notamment, dans le passage où Spinoza les confronte, par la manière dont chacun se rapporte à son contentement : tandis que le premier le « possède (*potitur*) », le second est « mené (*ducitur*) » par lui. Ainsi, à travers la notion de différence affective, Spinoza introduit les principes de distinctions éthiques fondamentales, en particulier entre adéquation et inadéquation : il est très clair, ici, que la supériorité du philosophe ne se joue pas dans le type d'affect qu'il éprouve, puisqu'il s'agit d'un contentement qui a les mêmes propriétés que celui éprouvé par l'ivrogne (que l'on peut connaître par notions communes). Si le philosophe l'« emporte » sur l'ivrogne, c'est plutôt parce qu'il est maître de son contentement, en tant qu'il le comprend, et qu'il est capable de mettre en place des moyens pour en jouir fréquemment sans se rendre esclave d'un objet nuisible, en un mot en tant qu'il a une pleine conscience de sa cause, de sa puissance et de son utilité. Cependant, s'il est indiscutable que le verbe *differre* recouvre, dans certains passages de l'*Éthique*, cette signification comparative et évaluative, il n'est pas si évident que l'on puisse complètement l'assimiler au verbe *discrepare* et les traiter comme des synonymes interchangeables. Il y a en effet une autre manière de comprendre la singularité et les différences entre les choses : non comme le

---

[11] *Éthique*, III, 57, scolie, *op. cit.*, p. 299.
[12] *Éthique*, II, 13, scolie, *op. cit.*, p. 119.

résultat d'une comparaison entre leurs essences ou puissances, mais plutôt comme diversité des essences et puissances, en tant que chacune d'elles exprime la puissance de Dieu d'une manière précise et déterminée. Si l'on suit cette piste, il est possible de considérer aussi la « discordance » affective dont il est question dans la proposition 57 du *De Affectibus* comme faisant référence à la diversité des manières dont Dieu s'exprime. Dès lors, le verbe *discrepare* contient un nouveau principe de distinction entre les choses singulières, qui gagne, nous semble-t-il, à être pensé à partir du sens musical du verbe : *discrepare*, cela signifie d'abord « rendre un son différent ». Le principe de distinction des choses singulières relèverait alors de la dissonance, qui se manifesterait à travers les variations singulières que chacun offre de tel ou tel affect – l'amour, la colère, la lubricité, le contentement, *etc*. Pour étayer cette hypothèse, on peut remarquer que cette connotation semble être présente, quoique discrètement, à travers une occurrence du terme *discrepantia* dans le *Traité théologico-politique*, lorsque Spinoza s'attache à expliquer pourquoi les scribes n'ont pas corrigé les erreurs de la Bible et ont laissé les annotations en marge :

> Peut-être l'ont-ils fait par sincérité, parce qu'ils voulaient transmettre la Bible à la postérité telle qu'eux-mêmes l'avaient trouvée dans leur petit nombre d'exemplaires originaux, et qu'ils ont décidé de noter les divergences [*discrepantias*] entre ces originaux non comme des leçons douteuses, mais comme autant de variantes [*varias*][13].

L'association des termes *discrepantias* et *varias* produit ici un véritable écho au vocabulaire musical, et en particulier aux principes de la musique baroque telle qu'elle existe à l'époque de Spinoza. La composition musicale, au XVIIe siècle, est en effet fondée sur l'art de la variation, et la plupart des pièces impliquent la pratique de l'improvisation à partir de deux éléments essentiels : – le *basso continuo*, ou partition de la « basse », réalisée par des instruments monodiques graves (violoncelle, viole de gambe, contrebasse,...) ; – la mélodie, jouée par un ou plusieurs instruments harmoniques (clavecin, orgue, luth, guitare baroque,...) qui complètent l'harmonie, en fonction des chiffres notés sous les accords lorsqu'il y en a, ou en fonction des autres parties lorsque ces chiffres sont absents. Dans ce cadre, les variations constituent un principe compositionnel qui consiste à utiliser un référent musical dans le but de le faire varier selon des techniques différentes (ornements, agréments, contrepoint, *etc*.), et qui s'applique essentiellement à la mélodie. L'essor des instruments polyphoniques tels que le luth, l'orgue ou le clavecin génère des formes instrumentales de style improvisé comme la *toccata* ou la *fantasia*. Aux Pays-Bas, par exemple, les œuvres de Sweelinck sont considérées comme des ancêtres de la fugue, en

---

[13] *Traité théologico-politique*, IX, 20, traduction et notes par Jacqueline Lagrée et Pierre-François Moreau, *in* Spinoza, *Œuvres* III, publiées sous la direction de Pierre-François Moreau, Paris, Puf, coll. « Épiméthée », 1999, p. 383.

raison notamment de leur grande rigueur contrapuntique. Quant aux pièces de Jacob van Eyck (par exemple, *Prins Robert Masco*), elles s'inspirent des manuels de l'art de l'improvisation qui circulent en Europe depuis le XVIᵉ siècle, et dont le procédé principal consiste à remplacer les intervalles d'une ligne mélodique par une profusion de notes plus courtes, appelées « diminutions » (par exemple, en montant à la tierce, ou en descendant à la quarte). Ainsi, une figure particulièrement développée dans les variations flamandes est celle de l'écho, qui consiste en la répétition d'un court motif à l'octave, et qui a donné naissance à un genre à part entière : celui de l'Écho Fantasia. D'une manière générale, la spécificité du style flamand est la préférence pour la répétition de structures rythmiques. Avec Sweelinck, et encore plus avec Van Eyck, la plupart des variations sont d'abord composées d'une valeur rythmique, avec des ruptures de cadence. Il nous semble que c'est à partir de ce modèle musical que l'on peut comprendre le sens du verbe *discrepare* tel qu'il apparaît dans la proposition 57 de la troisième partie de l'*Éthique* : les affects « discordent », ou « dissonent » parce qu'ils correspondent à des variations singulières autour du même thème. Dans cette perspective, on peut aussi souligner la présence du vocabulaire musical pour décrire la vie affective dans le scolie de la proposition 59 de cette même partie :

> Les affects peuvent composer (*componi*) les uns avec les autres de tant de manières, et il peut en naître tant de variations, qu'on ne peut les dénombrer[14].

Cette association du verbe « composer » et du motif de la « variation » pour décrire les possibilités infinies de la production d'affects constitue, me semble-t-il, un autre indice de la présence, en creux, d'un vocabulaire musical dans les textes spinoziens, et en particulier lorsqu'il s'agit d'évoquer la diversité affective. Et il est assez intéressant de remarquer au passage que les théoriciens de la musique baroque attribuaient justement aux dissonances le rôle d'exprimer les affects, leurs nuances, leurs fluctuations. Dès lors, la nature dans son ensemble n'est plus à comprendre comme le résultat d'une harmonie préétablie, mais comme une dynamique ouverte laissant place à l'improvisation – ou plutôt, pour le dire dans les termes de Spinoza, à la production d'une infinité de variations, de modifications, d'affections. La variation en effet apparaît comme constitutive de l'essence des choses singulières, c'est-à-dire des modes finis : la condition de « parties de la nature » implique l'irréductibilité de la vie affective, et donc des variations continuelles de la puissance d'agir. Comme le souligne Spinoza, « nous vivons dans une variation continue (*in continuâ vivimus variatione*)[15] ». Si nous suivons cette piste, nous pouvons alors entendre le propos de Spinoza, dans la proposition 57 du *De Affectibus*, comme une invitation à prêter l'oreille à ces sons différents, qui sont comme autant de versions ou de

---

[14] *Éthique*, III, 59, scolie, traduction de Pautrat modifiée, p. 303.
[15] *Éthique*, V, 39, scolie, traduction de Pautrat modifiée, p. 535.

variantes de la même mélodie : chaque individu « joue » l'amour, la colère, la lubricité ou le contentement d'une manière singulière, dans laquelle il est à la fois possible de reconnaître la partition commune et de repérer les infimes – ou grossières – variantes qu'il en propose en fonction de son essence et de ses évolutions. Si donc tout affect porte dans sa structure une tonalité précise – augmentation, diminution ou stagnation de puissance –, il lui est irréductible car il fait également « résonner », pourrait-on dire, l'essence de celui qui l'éprouve. Le rapport d'expression entre une essence et une affection pourrait alors se comprendre à partir de ce vocabulaire musical.

Pour revenir au problème que nous évoquions en introduction, celui de l'articulation entre la compréhension des choses singulières et celle de Dieu, la question devient alors : peut-on aller jusqu'à penser la relation entre Dieu et ses affections de la même manière ? Si tel est le cas, il faut dire qu'être une chose singulière, un mode, une affection de la substance, c'est en quelque sorte faire « sonner » ou « résonner » Dieu d'une certaine manière, qui est absolument unique, et qui ne s'accorde pas nécessairement avec celle des autres ; le terme de « mode » lui-même serait à comprendre comme « modulation », variation singulière d'un thème commun. La musique des choses singulières, c'est donc la dissonance ou la discordance affective à travers laquelle chacun fait entendre son essence, c'est-à-dire sa propre variante de la puissance infinie de la nature. Pour conclure, nous pourrions dire que là où la plupart de ses contemporains ont construit leur conception de l'univers à partir de la métaphore de la consonance, Spinoza inscrit plutôt sa réflexion sur les essences et les rapports entre les choses singulières sous le signe de la dissonance. Il n'est dès lors pas étonnant de constater, à même le réel, des grincements, des discordances, des frictions : ni dans la nature, ni dans les relations inter-humaines, il n'y a d'harmonie préétablie, et c'est bien parce que les hommes « discordent en nature », en un sens, que leur concorde n'est jamais un donné, mais toujours l'horizon d'un art. Et si la discordance peut devenir discorde, il est important de souligner qu'elle ne s'y identifie pas. L'art politique tel que le présente Spinoza dans le *Traité théologico-politique* et le *Traité politique* est au contraire fondé, il me semble, sur ces dissonances, qu'il ne s'agit pas de réduire mais plutôt de faire fructifier : de la cacophonie des opinions diverses qui sous-tend la radicale défense de la liberté d'expression à la fin du *Traité théologico-politique*, à l'idée que les hommes « s'affinent en délibérant, en écoutant et en discutant » dans le *Traité politique*, il semble que la discordance ait une place dans le processus d'union et de mise en commun des puissances auquel Spinoza invite les hommes.

Ouvrages et articles cités

Bouissou, Sylvie, *Vocabulaire de la musique baroque*, Paris, Minerve, coll. « Musique ouverte », 1996.

Coelho, Victor (éd.), *Music and Science in the Age of Galileo*, Dordrecht-Boston-London, Kluwer Academic Publishers, 1992.

Cohen, Hendrik Floris, *Quantifying Music. The Science of Music at the First Stage of the Scientific Revolution*, 1580-1650, Dordrecht-Boston-Lancaster, D. Reidel Publishing Company, 1984.

Doussot, Joëlle-Elmyre, *Vocabulaire de l'ornementation baroque*, Paris, Minerve, coll. « Musique ouverte », 2007.

Drake, Stillman, « Renaissance Music and Experimental Science », *in* : *Journal of the History of Ideas*, vol. XXXI, n° 4 (Oct.-Dec., 1970), Philadelphia, University of Pennsylvania Press, p. 483-500.

Huygens, Christiaan, *Œuvres complètes*. Tome vingtième. Musique et mathématique. Musique. Mathématiques de 1666 à 1695, La Haye, Martinus Nijhoff, 1940, Hollandsche maatschapij der wetenschappen, Amsterdam, Swets & Zeitlinger, 1978.

Stevin, Simon, *The Principal Works*, Vol. V, *Music,* edited by A. D. Fokker, Amsterdam, C. V. Swets & Zeitlinger, 1966.

Van Baak Griffioen, Ruth, *Jacob van Eyck's* Der Fluyten Lust-Hof (1644-c. 1655), Utrecht, Koninklijke Vereniging voor Nederlandse Muziekgeschiedenis, 2005.

Liste des illustrations

P. 46 : *Tieranny Van Eigenbaat In het Eiland van Vrijekeur,* Zinnespél. De tweede druk op nieuws overgezien, verbeeterd, en van veele drukfeilen, enz. gezuiverd, Amsterdam, gedrukt voor het kunstgenootschap en te bekomen by de erven van J. Lescaille, 1705 (frontispice).

P. 59 : Le squelette de l'homme (André Vésale, *De humani corporis Fabrica,* Bâle, [Oporinus], 1543. Exemplaire de l'Universitätsbibliothek Basel, AN I 15).

P. 60 : Les muscles de l'homme (André Vésale, *De humani corporis Fabrica,* Bâle, [Oporinus], 1543. Exemplaire de l'Universitätsbibliothek Basel, AN I 15).

P. 61 : La tête d'un homme (Govard Bidloo, *Anatomia humani corporis,* Amsterdam, Van Someren, Boom, 1685).

P. 62 : Le cerveau d'un homme (Govard Bidloo, *Anatomia humani corporis,* Amsterdam, Van Someren, Boom, 1685).

P. 63 : Un éphémère [het haft] (Swammerdam J., *The Book of Nature ; or, the History of Insects,* London, Seyffert, 1758, illustration n° 14).

P. 64 : L'œil d'une abeille (Swammerdam J., *The Book of Nature ; or, the History of Insects,* London, Seyffert, 1758, illustration n° 20).

P. 65 : L'éphémère [het haft], (Swammerdam J., *Bybel der Natuure,* Leyden, I. Severinus, B. Vander Aa et P. Vander Aa, 1737, illustration n° 15).

P. 66 : Les ovaires d'une abeille (Swammerdam J., *Bybel der Natuure,* Leyden, I. Severinus, B. Vander Aa et P. Vander Aa, 1737, illustration n° 19).

P. 67 : *De formatione pulli in ovo* (Malpighi M., *Dissertatio epistolica de Formatione Pulli in Ovo,* Londini, J. Martyn, 1673).

P. 68 : La structure des poumons (Malpighi M., *De pulmonibus observationes anatomicæ,* Bologne, Ferroni, 1661).

P. 69 : a) La sympathie des horloges (dessin original réalisé par Chr. Huygens, cf. *Œuvres complètes de Christiaan Huygens* (citées *OCH*), tome XVII, *L'horloge à pendule de 1651 à 1666,* La Haye, Société hollandaise des sciences - M. Nijhoff, 1932, 183, figure 75) ;

P. 69 : b) La sympathie des horloges (dessins originaux réalisés par Chr. Huygens, cf. *OCH,* XVII, 185, figures 76 et 77).

P. 71 : Les métronomes asynchrones.

P. 71 : Les métronomes synchrones.

P. 162 : Pieter de Hooch, *Homme remettant une lettre à une femme dans le hall d'entrée d'une maison,* 1670, Rijksmuseum, Amsterdam.

P. 163 : Pieter de Hooch, *Homme remettant une lettre à une femme dans le hall d'entrée d'une maison,* 1670, Rijksmuseum, Amsterdam (détail).

Index des noms propres

Capasso Bartolomeo : 23n.
Casearius Johannes : 195.
Casteleyn Vincent : 20n., 25.
Cavaillé Jean-Pierre : 83 et n.
Cesi Federico : 58.
Chareix Fabien : 52n.
Chassain Adrien : 7, 142.
Chateaubriand (de) François-René : 119.
Chouchan Nathalie : 8, 223.
Christus Petrus : 156n.
Cobb Matthew : 62n.
Cocceius Johannes : 81n.
Coelho Victor : 269.
Cohen Hendrik Floris : 269.
Colerus Johannes : 9, 19 et n., 20., 30, 31, 32,
   58, 144, 193 et n., 194 et n., 195 et n., 199,
   202n.
Colombier (du) Pierre : 186n.
Comenius Iohannes Amos : 33 et n., 34.
Comparato Victor Ivo : 28n.
Coppier André-Charles : 193 et n., 194.
Corneille Pierre : 15, 40, 41, 84.
Coster Samuel : 78.
Coursaget Françoise : 139n.
Cromwell Oliver : 24.
Cues (de) Nicolas : 133, 134 et n.,135 et n., 136,
   138, 139 et n.
Czolczynski Krzysztof : 73n.

D

Damascius : 134.
Danto Arthur : 183, 211 et n.
Darlu Alphonse : 143.
Daudet Léon : 142, 149.
Deleuze Gilles : 133 et n., 134, 135 et n., 142n.,
   152 et n., 153, 243, 247n.
Della Francesca (dei Franceschi) Piero : 121,
   128, 129 et n., 130n., 131n., 132n.
Demoustier Adrien : 82n.
Descartes René : 33, 34, 35n., 36 et n., 54, 76n.,
   104, 113, 148, 167, 195 et n., 206, 259, 263
   et n.
Descombes Vincent : 143n.
Deugd (de) Cornelis : 207n.
Dewey John : 230.
Diederichs Eugen : 20n.
Diliberto Reale Maria Adonella : 165n.
Diodato Roberto : 197n.
Diogène : 138.
Donatello : 131.

Dongelmans Bernardus Petrus Maria : 38n.,
   39n., 40n., 41n., 42n., 45n.
Donzelli Joseph : 29.
Dop Moesman : 36.
Dorra Max : 147n.
Dostoïevski Fiodor : 148.
Doussot Joëlle-Elmyre : 269.
Drake Stillman : 260, 269.
Drieux Philippe : 8, 213.
Duclert Vincent : 143n.
Dvořák Max : 138n.

E

Ekkart Rudolf Erik Otto : 20 et n., 31.
Éluard Paul : 248.
Épicure : 114.
Esposito (D') Francesco : 23n.
Euchner Walter : 25n.

F

Faber Johannes (Giovanni) : 58.
Fattori Marta : 33.
Fauve Jacques : 182n.
Fernández García Eugenio : 52n.
Filangieri Gaetano : 31n.
Finelli Roberto : 193n.
Flaubert Gustave : 10, 197.
Fontana Francesco : 58.
Formaggio Dino : 35n.
Fraisse Luc : 147n.
Francastel Pierre : 141 et n.
Francès Madeleine : 165n.
Franits Wayne E. : 156.
Fransen Jan : 79n.
Fredericksz Jan : 21n.
Freud Sigmund : 92, 147n.
Fumaroli Marc : 27n.

G

Galasso Giuseppe : 21, 22n.
Galilei Galileo (Galilée) : 58, 70, 72 et n., 131n.,
   260, 269.
Galilei Vincenzo : 260.
Gallimard Gaston : 149n.
Gamaliel Rabban (dit l'Ancien) : 195.
Ganault Joël : 202n., 242n.
Gandillac (de) Maurice : 134n., 135n.
Gautier Claude : 137n.
Gebhardt Carl : 9, 11, 18 et n., 35n., 38n., 77n.,
   165n., 240n.
Gehlen Arnold : 171 et n.

Notice sur les auteurs

Roberto BORDOLI (Università Carlo Bo Urbino)
Roberto Bordoli enseigne la philosophie de l'histoire à l'Université d'Urbino. Ses recherches portent sur le cartésianisme et le spinozisme dans les Provinces-Unies, l'*Aufklärung*, Hegel et sur la pensée théologico-politique de la gauche hégélienne, notamment sur David Friedrich Strauss et son ouvrage *Das Leben Jesu*.

Laurent BOVE (Université de Picardie Jules Verne)
Laurent Bove est professeur émérite en philosophie de l'Université d'Amiens et chercheur à l'IHRIM-UMR 5317 (ENS de Lyon). Ses travaux portent sur le spinozisme, l'éthique et la politique à l'âge classique et sur les moralistes français. Il a notamment publié : *La Stratégie du* conatus. *Affirmation et résistance chez Spinoza* (Vrin, 1996, réédition 2012) ; une édition du *Traité Politique* de Spinoza (Le Livre de Poche, Les Classiques de la philosophie, 2002) ; *Vauvenargues ou le séditieux. Entre Pascal et Spinoza. Une philosophie pour la seconde nature* (H. Champion, 2010) ; *Albert Camus, de la transfiguration. Pour une expérimentation vitale de l'immanence* (Publications de la Sorbonne, 2014) ; *Pieter Bruegel, le tableau ou la sphère infinie. Pour une réforme théologico-politique de l'entendement* (Vrin, 2019). Il co-dirige les éditions des *Œuvres complètes* de Vauvenargues.

Filip BUYSE (Université de Paris I Panthéon-Sorbonne)
Après des études en biochimie, Filip Buyse a étudié la philosophie à la KU Leuven et obtenu un DEA en philosophie des sciences à l'ULB. Il a soutenu une thèse sur la conception des corps chez Galilée et Spinoza. Il a participé à de nombreuses conférences dans différents pays. Dans ses publications, il traite surtout de sujets métaphysiques, notamment de l'interaction entre les sciences et la philosophie au XVIIᵉ siècle.

Adrien CHASSAIN (ENS Lyon)
Agrégé de lettres modernes, Adrien Chassain prépare une thèse de doctorat à Paris 8 sous la direction de Bruno Clément, thèse consacrée aux imaginaires et discours du livre à venir aux seuils du régime moderne d'historicité (XVIᵉ/XXᵉ siècles). Il exerce les fonctions d'ATER à l'ENS de Lyon, où il enseigne la littérature française des XXᵉ et XXIᵉ siècles.

Nathalie CHOUCHAN (Lycée Henri IV, Paris)
Nathalie Chouchan est professeur en Khâgne au lycée Henri IV et est rédactrice en chef de la revue *Cahiers philosophiques*.

Philippe DRIEUX (CERPHI)
Philippe Drieux est ancien élève de l'ENS de Lyon, agrégé de philosophie, docteur, auteur d'une thèse sur « Perception et sociabilité. La communication des passions chez Descartes et Spinoza », parue chez Classiques Garnier en 2014. Ses recherches portent sur la philosophie de l'âge classique (Descartes, Malebranche, Louis de La Forge, Spinoza), en particulier sur la question des rapports intersubjectifs et de la communication affective. Il enseigne actuellement dans un lycée de l'Académie de Rouen et à l'Université de Rouen.

Julie HENRY (ENS de Lyon, Triangle, UMR 5206)
Julie Henry est maître de conférences en philosophie à l'ENS de Lyon et directrice de programme au Collège international de philosophie sur la thématique « Relire l'éthique en santé à l'aune d'une anthropologie spinoziste : philosophie de l'âge classique et médecine d'aujourd'hui ». Elle a publié *Spinoza, une anthropologie éthique. Variations affectives et historicité de l'existence* (Classiques Garnier, 2015) et a dirigé l'ouvrage *Redéfinir l'individu à partir de sa trajectoire. Hasard, déterminismes et rencontres* (Éditions Matériologiques, 2015).

Céline HERVET (Université de Picardie Jules Verne)
Née en 1978, Céline Hervet est agrégée, docteur en philosophie et maître de conférences à l'Université de Picardie Jules Verne. Parmi ses publications : *De l'imagination à l'entendement. La puissance du langage chez Spinoza* aux éditions Classiques Garnier en 2012. Ses recherches portent sur la philosophie de l'âge classique, le langage dans les domaines éthique et politique, et sur la littérature.

Mériam KORICHI (Philosophe, dramaturge et metteur en scène)
Après l'agrégation de philosophie, Mériam Korichi obtient un doctorat portant sur *La définition de l'esprit humain par Spinoza : l'éthique ou les limites de la métaphysique*. Tout en travaillant sur la définition des termes de l'affectivité humaine, elle enseigne à la Protection Judiciaire de la Jeunesse, à l'Université de Lille, à l'Université de Grenoble, à Sciences-Po Paris. Elle effectue un post-doctorat en éthique contemporaine à l'ENS auprès de Monique Canto-Sperber. Elle a publié chez Gallimard *Lettres sur le mal*, une étude sur la correspondance entre Spinoza et Blyenbergh, des études sur *L'Étranger* et *La Peste* d'Albert Camus, *Notions d'esthétique*, *Notions d'éthique*, une biographie d'Andy Warhol. Parallèlement, elle travaille comme assistante à la mise en scène, puis comme dramaturge et metteur en scène. Elle a notamment collaboré à mettre en scène à la Comédie-Française *Les Précieuses ridicules* de Molière, *La Grande Magie* d'Eduardo de Filippo et plus récemment *La Tragédie d'Hamlet* de Shakespeare (5 juin-26 juillet 2015). Elle a traduit et adapté pour la scène *La Comédie des erreurs* (traduction publiée chez l'Arche, créée au théâtre Vidy-Lausanne, en tournée au théâtre des Bouffes du Nord à Paris) et *Les Trois*

Richard, d'après *Richard III* de Shakespeare (créé au Printemps des Comédiens à Montpellier), adapté *Ubu enchaîné* d'Alfred Jarry (créé au Théâtre Le Phénix à Valenciennes, en tournée au théâtre de l'Athénée à Paris). Par ailleurs elle conçoit et programme des Nuits de la philosophie depuis 2010 (à l'École normale supérieure de Paris, 4 juin 2010, à l'Institut français de Londres, 7 juin 2012 et 8 juin 2013, à la Maison de France de Berlin, 13 juin 2014).

Sophie LAVERAN (Université de Paris I)
Sophie Laveran est agrégée et docteur en philosophie. Sa thèse, consacrée à la question de la singularité chez Spinoza, a été publiée aux éditions Classiques Garnier sous le titre *Le Concours des parties. Critique de l'atomisme et redéfinition du singulier chez Spinoza* en 2015. Elle a par ailleurs dirigé un ouvrage collectif, *Spinoza. La raison à l'épreuve de la pratique*, paru aux Publications de la Sorbonne en 2013, et créé en 2010 à l'Université de Paris 1, un atelier de lecture mensuel consacré à Spinoza et ouvert à tous.

Pierre-François MOREAU (ENS de Lyon, CERPHI)
Pierre-François Moreau est Professeur à l'ENS de Lyon. Parmi ses publications : *Spinoza. L'expérience et l'éternité*, Paris, Puf, 1994 ; *Lucrèce. L'âme*, Paris, Puf, 2002 ; *Problèmes du spinozisme*, Paris, Vrin, 2006.

Sergio ROJAS PERALTA (Universidad de Costa Rica)
Sergio Rojas Peralta a fait ses études de droit et de philosophie à l'Université du Costa Rica. Docteur en philosophie de l'Université de Toulouse après avoir soutenu une thèse intitulée : *Spinoza : fluctuations et simultanéité*, il a publié plusieurs articles sur Spinoza, Nietzsche et Wittgenstein. Il travaille actuellement sur la connaissance par ouï-dire et la rumeur.

Maxime ROVERE (PUC, Rio de Janeiro)
Professeur de philosophie à la PUC de Rio de Janeiro, Maxime Rovere a publié *Le Clan Spinoza. Amsterdam, 1677. L'invention de la liberté*, Paris, Flammarion, 2017 ; *Exister. Méthodes de Spinoza* (Paris, CNRS Éditions, 2010) ainsi que la traduction des lettres du philosophe (*Spinoza, Correspondance*, Paris, GF Flammarion, 2010). Il est également l'auteur d'une biographie de Casanova (Paris, Gallimard, Folio biographies, 2011) et a traduit entre autres les textes de Darwin, d'Agamben, de Lewis Carroll (Rivages poche, Petite Bibliothèque).

Andrea SANGIACOMO (University of Groningen)
Andrea Sangiacomo est assistant professeur à l'Université de Groningen. Il a obtenu son doctorat en co-tutelle entre l'Université de Macerata et l'ENS de Lyon. Il est spécialiste de la philosophie de l'âge classique et de Spinoza en particulier. Dans sa thèse, il a étudié la théorie de la causalité chez Spinoza et ses racines dans les débats scientifiques de son temps. Il s'occupe maintenant des

conséquences éthiques et politiques de la théorie spinoziste des affects et de leur rôle pour le développement d'une conception relationnelle de l'autonomie individuelle et politique. Parmi ses publications récentes : *Gli occhiali di Spinoza* (Recco, Le Mani, 2013) ; *L'essenza del corpo. Spinoza e la scienza delle composizioni* (Hildesheim, Olms, 2013).

Ariel SUHAMY (Collège de France)
Maître de conférences au Collège de France, Ariel Suhamy a animé le site « La vie des idées » (www.laviedesidees.fr). Il a été post-doctorant au CRÆ pour le projet « Ethica ». Il a notamment publié : *Spinoza par les bêtes*, livre illustré par Alia Daval, chez Ollendorff & Desseins (2008) et *Spinoza Pas à Pas* chez Ellipses (2011).

Pina TOTARO (ILIESI CNR, Roma)
Pina Totaro est Senior Researcher à l'ILIESI (CNR) de Rome. Ses intérêts portent sur l'histoire de la philosophie, la terminologie de la culture et sur l'histoire des idées entre la Renaissance et les Lumières. Parmi ses principales publications : l'édition du *Compendio di Grammatica della lingua ebraica* de Spinoza, introduzione di P. Totaro, trad. it. e note di M. Gargiulo, Firenze, Olschki, 2013 ; *Tradurre filosofia. Esperienze di traduzione di testi filosofici del Seicento e del Settecento* (ed.), Firenze, Olschki, 2011 ; Instrumenta mentis. *Contributi al lessico filosofico di Spinoza*, Firenze, Olschki, 2009 ; B. de Spinoza, *Tractatus theologico-politicus – Trattato teologico-politico*, traduzione, introduzione, note di P. Totaro, Napoli, Bibliopolis, 2007.

Lorenzo VINCIGUERRA (Université d'Amiens, CNRS, CRÆ)
Professeur de philosophie et d'esthétique à l'Université d'Amiens, en délégation au CNRS, Lorenzo Vinciguerra dirige le *Centre de Recherche en Arts & Esthétique* (CRÆ, EA 4291), ainsi que sa revue *Tetrade*, qu'il a contribué à fonder en 2013. Depuis 2007, avec François Flahault, il anime le séminaire « Anthropologie générale et philosophie » à l'EHESS de Paris. Parmi ses dernières publications : *Spinoza* (Rome, Carocci, 2015, 2016) ; *La semiotica di Spinoza* (Pise, ETS, 2012) ; *L'Œil et l'Esprit. Merleau-Ponty entre art et philosophie* (Reims, Epure, 2010, 2015) ; *Pourparlers. Deleuze entre art et philosophie* (Reims, Epure-ESAD de Reims, 2013). À paraître aux éditions Vrin, la seconde édition revue et augmentée de *Spinoza et le signe*. Il dirige le projet « ETHICA » (UPJV/FMSH/CNRS).

Cristina ZALTIERI (Università di Bergamo)
Cristina Zaltieri enseigne la philosophie au Liceo Classico "Tito Livio" de Milan et collabore à la chaire de Philosophie Morale de l'Université de Bergame. Elle dirige la collection « Le corps de la philosophie » chez Negretto Editore avec Rossella Fabbrichesi. Elle anime, avec Vittorio Morfino et

Gianfranco Mormino, un séminaire sur Spinoza à l'Università degli Studi de Milan. Principales publications : *L'invenzione del corpo. Dalle membre disperse all'organismo* (Mantova, Negretto, 2010) ; *Il divenire della* Bildung *in Nietzsche e in Spinoza* (Milano, Mimesis, 2014). Elle a également dirigé l'édition de la traduction en italien des œuvres de François Zourabichvili : *Una fisica del pensiero* (Mantova, Negretto, 2012) ; *Il vocabolario di Deleuze* (Mantova, Negretto 2012).

PHILOSOPHIE
AUX ÉDITIONS L'HARMATTAN

Dernières parutions

MACHIAVEL ET LA COMMUNICATION POLITIQUE
Sagar Seck
Cet ouvrage montre comment la communication politique a subi l'influence des préceptes du Prince, ceci même si l'oeuvre de Machiavel n'a pas toujours été lue. Néanmoins, l'étrange familiarité qui lie Machiavel au mal, dans sa pensée politique, semble relever d'une nécessité qui souvent commande les rapports gouvernants-gouvernés. Ce lien entre Machiavel et les politiques modernes se lit surtout à travers l'évocation d'une expression propre au pouvoir et que dissimule le politique grâce aux médias, ce qui décrit un nouveau rapport entre pouvoir et presse.
(Coll. Questions contemporaines, 296 p., 31 euros)
ISBN : 978-2-343-18211-7, EAN EBOOK : 9782140131721

CRISE DANS LA REPRÉSENTATION
Photographie, médias & capitalisme, 3
Corée / France
Sous la direction de François Soulages
Le problème de la présence oblige à mettre en oeuvre la représentation, comme si, pour l'être humain, la présence ne pouvait se suffire à elle-même et devait s'accompagner de représentation et de langage. Mais la représentation fait elle-même problème au point qu'il y a crise dans la représentation. En effet, les hommes hésitent entre croyance et doute face aux représentations : qu'elles soient celles des médias, de la photographie, de l'économie ou de la politique, c'est une crise généralisée de et dans la représentation.
(Coll. Eidos, 200 p., 20,5 euros)
ISBN : 978-2-343-18640-5, EAN EBOOK : 9782140131639

LA RÉPUBLIQUE DÉMOCRATIQUE DU CONGO, PRODIGUE OU PRODIGE ?
Essai d'une philosophie politique et d'une théologie pour le Congo
Justin Adriko Mundua
Quelle philosophie politique et quelle théologie pour l'Afrique, en général, et pour le Congo, en particulier, en ce vingt et unième siècle qui totalise bientôt deux décennies ? Devant le paradoxe congolais, l'auteur propose de passer de la répétition des pensées philosophiques et théologiques d'importation à une pensée philosophique et théologique propre au Congo et à même de répondre aux défis du moment. Le livre se veut une réponse à la quête identitaire multiséculaire des Congolais et, plus largement, des Africains.
(Coll. Droits, Sociétés, Politiques "Afrique des Grands Lacs", 262 p., 26 euros)
ISBN : 978-2-343-17428-0, EAN EBOOK : 9782140130632

DE L'AMOUR IMAGINAIRE À LA PLÉNITUDE DU MANQUE
Christian Martin
Il semble n'exister aucune borne à la férocité de l'homme envers son semblable. L'amour ment à longueur de journée. Peut-être parce qu'il recouvre d'une même lumière diffuse la passion érotique, l'attachement, l'amitié et l'amour du prochain tout autant que l'espoir illusoire de toutes nos névroses. Écartelé entre égoïsme et altruisme, je peux établir une relation d'amour avec l'autre en le considérant comme un objet, un miroir, une idée désincarnée ou un sujet de droit. Mais qu'il soit pulsion, fusion, communion ou communication, l'amour est une construction sociale imaginaire. L'amour

communicant et respectueux semble se différencier positivement des autres formes qui tentent de combler un manque primordial.

(Coll. Ouverture Philosophique, 252 p., 25 euros)

ISBN : 978-2-343-18396-1, EAN EBOOK : 9782140131233

CHILI : LES SILENCES DU PARDON DANS L'APRÈS PINOCHET

Javier AGUERO AGUILA

Le philosophe chilien Javier Agüero Águila a consacré ses recherches à la psychanalyse, à la philosophie française contemporaine - avec une attention toute particulière à la pensée de Jacques Derrida -, à la « philosophie politique » : la violence, la démocratie et les droits de l'homme, l'hospitalité, la communauté et l'extranéité, la marginalité mais encore l'héritage, la mémoire, l'oubli, le pardon, etc. C'est autour du pardon que ce livre s'organise, engageant un débat sur le processus chilien de transition et de démocratisation mis en oeuvre après la dictature militaire de Pinochet.

(Coll. La philosophie en commun, 252 p., 26 euros)

ISBN : 978-2-343-17784-7, EAN EBOOK : 9782140130779

ENTRER EN PHILOSOPHIE ANTIQUE

Barthélemy Kabwana Minani

Face aux interrogations de la vie, la philosophie se déploie pour libérer l'homme du fanatisme et de l'étroitesse d'esprit. Elle lui apprend à marcher et lui montre le chemin. La philosophie antique, née en Afrique (Égypte), s'est étendue sur les rivages de l'Asie Mineure et à la Sicile, avant de se fixer à Athènes puis à Rome. Les grandes écoles de la philosophie antique embrassent tous les domaines, de la métaphysique aux sciences. Entrer en philosophie, c'est d'abord apprendre à penser par soi-même, c'est aussi se jucher sur les épaules des géants qui nous ont précédés.

(Coll. Pour Comprendre, 208 p., 21,5 euros)

ISBN : 978-2-343-18279-7, EAN EBOOK : 9782140130823

PENSER L'ENTRE-DEUX
Potentialités, devenir, visage

Emmanuel·le·s Weislo

85 000 antonymes organisent nos perceptions et relations dans une culture de l'opposition : l'un ou l'autre, sans alternatives. Cet « ordre des choses » imprègne nos pensées. Pourtant, le réel résiste à nos regards et se dessine le plus souvent en entrelacs, métissages, oscillations. Alors, comment penser cet entre-deux ? En déport d'une « pensée duelle » qui sépare et réduit, il s'agit de laisser émerger une pensée qui distingue et relie, invitant à prendre en compte la diversité, la complexité et la continuité du monde pour observer des potentialités et des relations d'intérité qui façonnent le « devenir visage » de chaque personne.

(Coll. Ouverture Philosophique, 224 p., 23,5 euros)

ISBN : 978-2-343-18241-4, EAN EBOOK : 9782140130243

GASTON BACHELARD, L'INATTENDU
Les chemins d'une volonté

Jean-Michel Wavelet

Comment Bachelard, fils d'un cordonnier, professeur de physique et chimie, a-t-il pu devenir cet humaniste aussi savant que philosophe, aussi penseur que poète ? Il n'a pas emprunté les chemins balisés, ceux des élites universitaires et culturelles. Il a contrarié les pronostics et les conventions. Il s'est adjugé contre vents et marées le droit de penser par lui-même en bousculant les frontières des savoirs et de la culture et en dérangeant les us et coutumes établis. « Un ouvrage aussi lumineux que la destinée et l'oeuvre de Gaston Bachelard. Au plus près de sa vie et de sa pensée. » (Philippe Meirieu)

(Coll. Biographies, 278 p., 29 euros)

ISBN : 978-2-343-18246-9, EAN EBOOK : 9782140130168

Structures éditoriales du groupe L'Harmattan

L'Harmattan Italie
Via degli Artisti, 15
10124 Torino
harmattan.italia@gmail.com

L'Harmattan Hongrie
Kossuth l. u. 14-16.
1053 Budapest
harmattan@harmattan.hu

L'Harmattan Sénégal
10 VDN en face Mermoz
BP 45034 Dakar-Fann
senharmattan@gmail.com

L'Harmattan Mali
Sirakoro-Meguetana V31
Bamako
syllaka@yahoo.fr

L'Harmattan Cameroun
TSINGA/FECAFOOT
BP 11486 Yaoundé
inkoukam@gmail.com

L'Harmattan Togo
Djidjole – Lomé
Maison Amela
face EPP BATOME
ddamela@aol.com

L'Harmattan Burkina Faso
Achille Somé – tengnule@hotmail.fr

L'Harmattan Guinée
Almamya, rue KA 028 OKB Agency
BP 3470 Conakry
harmattanguinee@yahoo.fr

L'Harmattan Côte d'Ivoire
Résidence Karl – Cité des Arts
Abidjan-Cocody
03 BP 1588 Abidjan
espace_harmattan.ci@hotmail.fr

L'Harmattan RDC
185, avenue Nyangwe
Commune de Lingwala – Kinshasa
matangilamusadila@yahoo.fr

L'Harmattan Algérie
22, rue Moulay-Mohamed
31000 Oran
info2@harmattan-algerie.com

L'Harmattan Maroc
5, rue Ferrane-Kouicha, Talaâ-Elkbira
Chrableyine, Fès-Médine
30000 Fès
harmattan.maroc@gmail.com

L'Harmattan Congo
67, boulevard Denis-Sassou-N'Guesso
BP 2874 Brazzaville
harmattan.congo@yahoo.fr

Nos librairies en France

Librairie internationale
16, rue des Écoles – 75005 Paris
librairie.internationale@harmattan.fr
01 40 46 79 11
www.librairieharmattan.com

Lib. sciences humaines & histoire
21, rue des Écoles – 75005 Paris
librairie.sh@harmattan.fr
01 46 34 13 71
www.librairieharmattansh.com

Librairie l'Espace Harmattan
21 bis, rue des Écoles – 75005 Paris
librairie.espace@harmattan.fr
01 43 29 49 42

Lib. Méditerranée & Moyen-Orient
7, rue des Carmes – 75005 Paris
librairie.mediterranee@harmattan.fr
01 43 29 71 15

Librairie Le Lucernaire
53, rue Notre-Dame-des-Champs – 75006 Paris
librairie@lucernaire.fr
01 42 22 67 13

www.ingramcontent.com/pod-product-compliance
Lightning Source LLC
Chambersburg PA
CBHW071124030726
47586CB00001B/256